Droemer
Knaur®

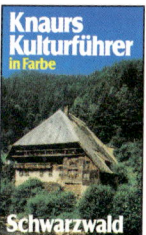

Knaurs Kulturführer in Farbe

Schwarzwald

Knaurs Kulturführer in Farbe

Thüringen

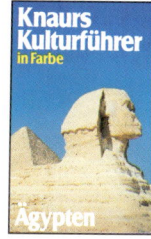

Knaurs Kulturführer in Farbe

Ägypten

Knaurs Kulturführer in Farbe

Belgien und Luxemburg

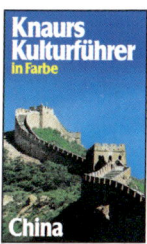

Knaurs Kulturführer in Farbe

China

Knaurs Kulturführer in Farbe

Dänemark

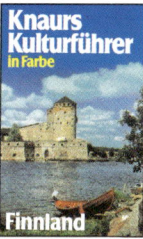

Knaurs Kulturführer in Farbe

Finnland

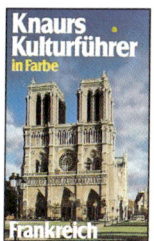

Knaurs Kulturführer in Farbe

Frankreich

Knaurs Kulturführer in Farbe

Bretagne

Knaurs Kulturführer in Farbe

Burgund

Knaurs Kulturführer in Farbe

Elsaß

Knaurs Kulturführer in Farbe

Paris und Ile de France

Knaurs Kulturführer in Farbe

Provence und die Côte d'Azur

Knaurs Kulturführer in Farbe

Tal der Loire

Knaurs Kulturführer in Farbe

Griechenland

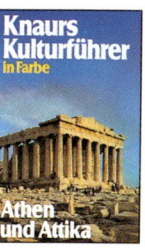

Knaurs Kulturführer in Farbe

Athen und Attika

Marianne Mehling (Hg.)

KNAURS KULTURFÜHRER IN FARBE PRAG

Über 255 farbige Fotos und Grundrisse
sowie 2 Seiten Karten

Droemer Knaur

Autor: Anne Kotzan

Fotos: Horst Schmeck

Die Deutsche Bibliothek - CIP Einheitsaufnahme

Knaurs Kulturführer in Farbe Prag / Marianne Mehling [Hg.].
[Autoren: Anne Kotzan...Fotos: Horst Schmeck]. –
München: Droemer Knaur, 1993
ISBN 3-426-26701-2
NE: Mehling, Marianne [Hrsg.]; Kotzan, Anne; Schmeck, Horst

Idee: Redaktionsbüro Harenberg (Schwerte)
Gestaltung: von Delbrück, München
Karten: Herbert Winkler, München
Stadtplan: Kartographie Huber, München
Grundriße: Karl Schneider, Solms
Reproduktion: Repro Ludwig, Zell am See
Einbandgestaltung: Franz Wöllzenmüller
Umschlagabbildung: Prag, Blick über die Moldau mit Karlsbrücke und Hradschin
(Foto: IFA-Bilderteam)
Texterfassung und Filmbelichtung: Appl, Wemding
Umbruch: Ventura Publisher im Verlag
Druck: Appl, Wemding
Aufbindung: Großbuchbinderei Sigloch, Künzelsau
Printed in Germany
ISBN 3-426-26701-2

5 4 3 2 1

VORWORT

Prag ist nicht nur das Herz Böhmens, sondern eine der schönsten und interessantesten Städte Europas. Mit seiner unvergleichlichen Ansammlung von Baudenkmälern und Kunstschätzen war Prag schon immer Heimat und Treffpunkt für Literaten, Musiker, Gelehrte, Magier, Künstler, Komponisten, Historiker und Freidenker, die von seinem unvergleichlichen Zauber angezogen wurden, Ruhe und Bereicherung suchten oder auf den Spuren einer allgegenwärtigen Vergangenheit wandelten. Gustav Meyrink erinnert sich wie folgt: »Schon damals, als ich über die uralte Steinerne Brücke schritt, die hinüberführt über die ruhevoll fließende Moldau zum Hradschin mit seinem den finsteren Hochmut alter Habsburggeschlechter aushauchenden Schoß, da befiel mich ein tiefes Grauen, für das ich keine Erklärung wußte. Jene Bangigkeit hat mich seit diesem Tage nicht einen Augenblick verlassen, solange ich – ein Menschenalter hindurch – in Prag lebte, der Stadt mit dem heimlichen Herzschlag.« Als alter Handelsknotenpunkt war Prag seit der romanischen Zeit eine Metropole. Hier an der Moldaufurt, die ab dem 12. Jh. von einer Brücke überspannt wird, kreuzten sich die Wege von Nord und Süd, Orient und Okzident und begünstigten einen regen Austausch nicht nur von Waren, sondern auch von kulturellen Gütern. Neben den seit Jahrhunderten hier ansässigen Slawen siedelten sich als Fremde vor allem Juden und Deutsche an, was die Stadt auf besondere Weise geprägt hat. So lebten Tschechen, Juden und Deutsche als größte Bevölkerungsgruppen zusammen in einer Art Drei-Völker-Staat, was sich bis heute an Familiennamen, Straßen- und Ortsnamen ablesen läßt. Hinzu kamen die französischen und italienischen Zuwanderer, zumeist Baumeister und Handwerker. Das tschechisch-jüdisch-deutsche Zusammenleben wurde 1939 durch die deutsche Okkupation, die Deportation Zehntausender von Tschechen und den Mord an allein 40 000 Prager Juden durch das NS-Regime beendet.
Heute erstreckt sich die 1000jährige Stadt beiderseits der Moldau zwischen den Burgen Vyšehrad und Pražský hrad und weit darüber hinaus auf einer Fläche von über 600 qkm in einer Hö-

Moldau, Altstadt >

he zwischen 177 m im Tal und 383 m auf dem Weißen Berg (Bílá Hora).

Prag ist in dreifacher Hinsicht Hauptstadt: einmal Verwaltungssitz des Kreises »Gebiet der Hauptstadt Prag«, zum anderen des Mittelböhmischen Bezirks und Hauptstadt der Tschechischen Republik. Die Stadt selbst ist in 10 Verwaltungsbezirke aufgeteilt; so entspricht der Bezirk Prag 1 dem historischen Kern aus den Stadtvierteln Josefov, der Altstadt, Kleinseite, Hradčany und Teilen der Neustadt. Das alles, die gesamte Neustadt und der Stadtteil Vyšehrad eingeschlossen, ist heute Denkmalschutzgebiet.

Im Jahre 1922 entstand Groß-Prag mit seinen ca. 1,3 Millionen Einwohnern durch Eingemeindung von 37 Vororten und dehnt sich noch immer mit Neubaugebieten an den Rändern aus. So ist Prag mit seinen Bau- und Kunstdenkmälern nicht nur ein unvergleichliches Museum, sondern auch eine pulsierende Metropole, Sitz der Regierung und zahlreicher Ministerien, internationaler Organisationen und Handelsunternehmen, diplomatischer Vertretungen und Hochschulen. Dazu ist Prag auch ein wichtiges Industriezentrum, dessen Schwerpunkt der Maschinenbau bildet.

Mit seinen berühmten Theatern, Galerien, Kunstakademien und Konzertveranstaltungen wie dem zum Begriff gewordenen »Prager Frühling«, gehört Prag zur internationalen Kulturszene.

Wie in den übrigen Bänden der Reihe stehen auch hier die Farbabbildungen gleichrangig neben dem Text. Die einzelnen Sehenswürdigkeiten sind jeweils fett gedruckt. Im Anhang befinden sich ein Rahmenartikel »Geschichte und Kulturgeschichte«, ein Artikel über die böhmische Kochkultur, ein Register der Fachausdrücke, ein Künstlerregister und ein Register der Sehenswürdigkeiten von Prag.

Praha (Prag)

•— Metro mit Station

0   300 m

H r a d č a n y
(Hradschin)

Jeleni

Mariánské hradby

Královská
zahrada

Jizdárna
(Reitschule)

Katedrála sv. Víta
(St.-Veits-Dom)

Královský
letohrádek
(Belvedere)

Chotkovy
sady

Chotkova

Staré
zámecké schody

Obránců míru

Na valech

I. V. MiČurina

Gogolova

Pionýrů

Obránců míru

Keplerova

Nový Svět

U Brusnice

Šternberský
palác

Arcibiskupský
palác

Toskánský
palác

Černínský
palác

Loreta

Loretánská

Hradčanské
nám.

Úvoz

Pohořelec

Strahovský klášter
(Kloster Strahov)

Schwarzenberský
palác

Zámecké
schody

Thun-Hohenšt.-
palác

Nerudova

Morzinský palác

Kostel sv.
Mikuláše

Ledebourský
palác

Pražský hrad
(Prager Burg)

Valdštejnská

Valdštejnský
palác

Kostel sv.
Tomáše

Letenská

Vojanovy
sady

Malostranské
nám.

Kostel sv.
Josefa

Malostranská beseda

Kostel sv. Jana
Nepomuckého

Vlašská

Vlašská

Lobkovický palác

Chrám Panny Marie
Vítězné

Vrtbovská
zahrada

Tržiště

Maltézské
nám.

Karmelitská

Mostecká

Malostranská
mostecká věž

U tři pštrosů

(Karlsbrücke)

Kostel Panny
Marie pod řetězem

Velkopřevorský
palác

Nostický
palác

Klárov

Staré
zámecké schody

náb.

M a l á   S t r a n a
(K l e i n s e i t e)

Strahovská
Hladová zeď

(Hungermauer)

Rozhledna
(Aussichtsturm)

Kostel sv. Vavřince
na Petříně

Kostel sv. Mari
Magdaleny

Michnovský
palác

Újezd

Kostel sv. Jana
Křtitele na Prádle

Říční

Kampa

Čertovka

Střelecký

Most

ostrov

Spartakiádní

Olympijská

Chaloupeckého

Jezdecká

Šermířská

partakiádní
stadión

Petřín
(Laurenzíbg.)

Hvězdárna hlavního
města Prahy

Sternwarte

Petřinské
sady

Zahrada
Kinských

Vitězná

Zborovská

Janáčkovo nábřeží

Dětský
ostrov

Na Hřebenkách

Na Hřebenkách

Zapova

Mošnova

Holečkova

Grafická

Plzeňská

Švédská

Kostel sv. Michala

Národopisné
muzeum

Holečkova

Nikose Belojannise

Kartouzská

Letohrádek
Portheimka

Kostel sv.
Václava

Preslova

Matoušova

V botanice

Zborovská

Lidická

Nábř.

Bývalý malostranský
hřbitov

S. M. Kirova

El. Peškové

V botanice

e t e n s k é s a d y

Národní technické muzeum

Letenský tunel

Jaroše

11

Ostrov Štvanice

nábř. kpt.

Švermův most

Těšnovský tunel

(Moldau)

nábř. L. Svobody

Vltava

navský ilon

Kaple svaté Maří Magdaleny

Most Svatopluka Čecha

Na Františku

Muzeum poštovní známky

Kostel sv. Klimenta na Poříčí

Klimentská

ošе

Dvořákovo nábř.

Pařížská

Kostel sv. Šimona a Judy

Anežský klášter (Agneskloster)

Revoluční

Soukenická

Kostel sv. Petra na Poříčí

J o s e f   o v

Bílkova

Kozí

Haštalská

rý židovský hřb. tér Jüd. Friedh.)

Uměleckoprůmyslové muzeum

Staronová syn.

Španělská syn.

Dlouhá

Truhlářská

Na poříčí

Muzeum hlavního města Prahy

Rudolfinum

Klausova syn.

Kostel sv. Ducha

Mánesův most

Pinkasova syn.

Židovská radnice

Vysoká synagóga

Masná

Rybná

Kostel sv. Josefa

Na poříčí

Nové Město

Kostel sv. Salvatora

Maislova syn.

(JOSEFSTADT)

Kaprova

Palác Kinský

Kostel sv. Jakuba

nám. Republiky

Muzeum V. I. Lenin

Praha Masarykovo nádraží (Prag-Masaryk-Bhf.)

Kostel sv. Mikuláše

Týn (Teynhof)

Nová radnice

Staroměstské nám.

Kostel Panny Marie před Týnem (Teynkirche)

Obecní dům

U Hybernů

Hybernská

el sv. Františka Serafínského

Klementinum

Staroměstská radnice

Celetná

Prašná brána

(Neustadt)

městská ostecká věž

Clam-Gallasovský palác

Ovocný

Karolinum

Na příkopě

nám. M. Gorkého

rlův st

Malé nám.

Palác Jiřího z Poděbrad

Kostel sv. Havla

Tylovo divadlo

Nekázanka

Jubilejní synagóga

Opletalova

K. sv. Salv.

Karlova

eum richa tany)

Kostel sv. Klimenta

Anenské nám.

Kostel sv. Jiljí

Staré Město

Kostel sv. Jindřicha

Divadlo Na zábradlí

Náprstkovo muzeum

Betlémská kaple

(Altstadt)

Kozuna

Fanská

Jindřišská

Růžová

Hlavní nádraží (Hauptbahnhof)

Uhelný trh

Rytířská

Smetanovo nábř.

mník ntiška I. ●

Rotunda sv. kříže

Kostel sv. Martina ve zdi

Kostel Panny Marie Sněžné

řijna

28

Budova Hlavní pošty (Hauptpost)

Palác nských

Jungmannovo nám.

Václavské náměstí (Wenzelspl.)

Opletalova

Laterna Magika

Národní třída

Mac-Nevenův palác

Vodičkova

Washingtonova

Wilsonova

Nové scéna

Kostel sv. Voršily

Divadlo ABC

Smetanovo divadlo

dní divadlo ionaltheater)

Ostrovní

Kostel sv. Michala

Jungmannova

Parlament

vanský strov

Pštrossova

Lazarská

Štěpánská

Národní muzeum (Nationalmuseum)

Divadélko Špejbl a Hurvínek

Kostel sv. Vojtěcha Jirchářích

U Fleků (Zum Fleck)

Novoměstská radnice

Spálená

Balbínova

Lidových milicí

Mánes

Myslíkova

Žitná

Školská

Ke

Žitná

Anglická

Londýnská

Masarykovo nábř.

Rašín nábř.

náměstí

Karlovo

Rotunda sv. Longina

Kostel sv. Štěpána

Ve Smečkách

Krakovská

Wilsonova

Divadlo na Vinohradech

kův ost

Kostel sv. Cyrila a Metoděje

Resslova

Kostel sv. Václava na Zderaze

(Karlsplatz)

Ječná

Kostel sv. Ignáce

Ječná

Rumunská

Belehradská

Lublaňská

Lidových milicí

Nové Město (Neustadt)

Kateřinská

Vila Amerika

Na bojišti

Karlovu

U nemocnice

Faustův dům

Kostel sv. Kateřiny

U kalicha (Zum Kelch)

Na Moráni

Viničná

lost ackého

Emauzy, Klášter

Kostel sv. Jana Nepomuckého

U-BAHN-PLAN PRAG

LINIE A
Dejvická
Hradčanská
Malostranská
Staroměstská
Můstek
Národní třída
Karlovo náměstí
Anděl
Smíchovské nádraží

LINIE B
Nové Butovice
Jinonice
Radlická

Náměstí Republiky

LINIE C
Nádraží Holešovice
Vltavská
Florenc
Hlavní nádraží
Muzeum

I.P. Pavlova
Náměstí Míru

LINIE B
Českomoravská
Palmovka
Invalidovna
Křižíkova

Jiřího z Poděbrad
Flóra
Želivského
Strašnická
Skalka
LINIE A

Vyšehrad
Pražského povstání
Pankrác
Budějovická
Kačerov
Roztyly
Chodov
Opatov
Háje
LINIE C

Vltava (Moldau)

Praha/Prag

Einw.:	1 300 000	7. Theater	171
Höhe:	177–383 m	8. Brauereien	176
Stadtplan:	Seite 10/11	9. Mühlen und Wassertürme	177
U-Bahn-Plan	Seite 12	Straßen, Plätze, Märkte	179
		Parks, Gärten, Denkmäler	214
Einleitung	13	Metro	220
Sakralbauten	17	Bahnhöfe	221
1. Kirchen	17	Brücken	222
2. Klöster	60	Inseln	234
3. Kapellen	73	Museen, Galerien	237
4. Synagogen	75	Außerdem sehenswert	241
5. Friedhöfe	81	Nähere Umgebung	241
Profanbauten	85	Geschichte und Kulturgeschichte	242
1. Burgen	85	Böhmische Kochkultur	249
2. Palais, Schlösser	118	Register der Fachausdrücke	252
3. Villen, Pavillons	142	Künstlerregister	259
4. Patrizier- und Bürgerhäuser	145	Sehenswürdigkeiten von Prag	263
5. Geschäfts- und Verwaltungs-		Nützliche Begriffe	
bauten	155	aus dem Tschechischen	268
6. Öffentliche Gebäude	158	Abkürzungen	268

EINLEITUNG

Prag, die Goldene Stadt, die Hunderttürmige, die Königsstadt, das Jerusalem Europas... Mit dem Namen Prag werden die unterschiedlichen Assoziationen verbunden; man hört die Klänge von Smetanas »Moldau«, man denkt an Kaiser Karl IV. oder den kunstliebenden Hof Rudolfs II., an Mozarts Reise nach Prag, an Rilke und Kafka, an Begriffe wie Prager Fenstersturz, Prager Frühling oder Prager Schinken.

Viel gerühmt ist die hervorragende Lage der Stadt zu beiden Seiten der ruhig dahinfließenden Moldau, umrahmt v. grünen Hügeln zwischen den zwei Burgen Vyšehrad und Pražský hrad (Hradschin, Prager Burg). Schon im mittelalterlichen Europa genoß Prag den Ruf eines kulturellen und wirtschaftlichen Zentrums und gehört heute zu den wenigen Städten, die eine fast 1000jährige Kontinuität in der Entwicklung ihrer Baukunst vorweisen können.

So schrieb 1826 Franz Grillparzer in sein Tagebuch: »Ich kam mit einer Art Vorurteil gegen Prag hier an. Demungeachtet aber konnte ich mich des grandiosen Eindrucks nicht erwehren, den diese Stadt auf jeden Beschauenden machen muß. Die Lage im Kessel von schönen, reich bepflanzten Bergen, überall vorteilhafte Linien bildend, der breite Fluß mitten durch die Stadt, das Häusergewühl durch sonderbare Türme und hervorragende Gebäude aller Art wohltuend unterbrochen und in Partien gesondert, der Hradschin das Ganze krönend, alles trägt dazu bei, diese Stadt recht gemäldehaft, zu einer der schönsten für den Beschauer zu machen. Es ist hier etwas, das an Venedig erinnert, das Fortlebende nämlich, das Altertümliche zwischen und neben dem Neuen.«

Prag ist auch eine moderne Millionenstadt der Gegenwart, die im Mittelpunkt des politischen Geschehens steht, mit Alltagshektik, Verkehrsstaus und futuristisch anmutenden Bauten wie dem neuen Fernsehturm. Bekannt ist die Stadt für ihre zahlreichen Theater- und Konzertveranstaltungen. In ihrem Antlitz

14 **Prag**

spiegeln sich die großen Stilepochen von der Romanik bis zu Funktionalismus und Postmoderne wider, und doch ist sie kein stilles Museum, sondern eine Stadt voller Lebendigkeit, in der Vergangenheit und Gegenwart auf harmonische Weise miteinander verschmelzen. Doch so friedlich die Stadt dem Besucher auf seinen Spaziergängen über die Karlsbrücke, hinauf zur Burg, über die Kampa-Insel oder die Gassen der Altstadt auch erscheinen mag, sie ist geprägt von einer bewegten Geschichte von Machtkämpfen, Bränden, Pest, Unterdrückung und Freiheitskämpfen. Der Prager Schriftsteller Johannes Urzidil sagt dazu:»Aufregende Ereignisse wie jene Flucht des Winterkönigs waren in der Geschichte der Stadt nichts Ungewöhnliches. Die Stadt überlebte sie nicht nur, sondern es war, als bedürfe sie ihrer geradezu zum Leben.«

Ein unbestimmter Zauber, ein Stück Magie geht von der Stadt aus; man kann sich bezaubern und inspirieren lassen, in Stille verharren, sich mitreißen lassen oder von der Enge bedroht fühlen. Franz Kafka schreibt:»Dieses Mütterchen hat Krallen. Da muß man sich fügen oder –. An zwei Stellen müßten wir es anzünden, am Vyšehrad und am Hradschin, dann wäre es möglich, daß wir loskommen.«

Die Entstehungsgeschichte von Prag ist auf das engste mit der ihrer beiden hoch über der Moldau liegenden Burgen Vyšehrad und Hradschin verknüpft. Im Norden bestimmten die Přemysliden, ein Stamm der Tschechen, schon im 9.Jh. den Ort der heutigen Prager Burg zu ihrem Fürstensitz, und im Süden wurde wenig später auf der rechten Flußseite der Vyšehrad gegründet. Im Schutz der Burgen siedelten sich die ersten Kaufleute und Handwerker an. Eine dritte bedeutende Ansiedlung entstand auf dem Gebiet des heutigen Altstädter Rings mit dem Teynhof, einem Rast- und Stapelplatz für ausländische Kaufleute. Die archäologische Forschung konnte den überlieferten Bericht des 965 in Prag gewesenen spanisch-jüdischen Kaufmanns Ibrahim-Ibn-Jakub bestätigen, der die Stadt aus Stein und Lehm erbaut und als eine der reichsten Handelsstädte seiner

Zeit beschrieb. In der Folge entstanden weitere Siedlungen und Handelszentren im sogenannten Prager Kessel, dem Gebiet des heutigen Stadtzentrums. Die bedeutendsten erhielten noch im Mittelalter das Stadtrecht, die Altstadt 1230, die Kleinseite 1257 und die Neustadt mit ihrer Gründung 1348. Bis zur Ernennung Prags zur Königlichen Hauptstadt im Jahre 1784 blieben sie selbständige Städte; die ehem. Prager Judenstadt wurde erst 1830 als Josefstadt angegliedert. So erklärt sich die jeweilige Anlage der heutigen Stadtteile um einen großen Platz mit einem Rathaus und einer zentralen Kirche.

Von den ehemaligen Stadtbefestigungen sind noch der Pulverturm, die Hungermauer, das »Brückchen« in der Metrostation Mústek und ein Stück Befestigungsmauer unterhalb der Marienkirche am Karlshof erhalten.

Als Viertel haben sich die ehemaligen Städte etwas von ihrer Eigenart bewahrt. Über die Kleinseite schreibt Jan Neruda in seinen »Kleinseitner Geschichten«: »Die Kleinseite – Häuser wie Menschen – haben etwas Stilles an sich, etwas Würdiges, Altertümliches, sagen wir auch Verschlummertes, ...«

Alle großen Stilepochen spiegeln sich in den Bauwerken der Stadt wider. Aus der Zeit der Romanik haben neben den Burgen vor allem die Rotunden ihre Spuren hinterlassen, aber auch in den Kellern vieler Häuser der Altstadt und Kleinseite finden sich roman. Gewölbe und Säulen. Die großangelegten Bauunternehmungen der Gotik unter Kaiser Karl IV., der Prag zum Mittelpunkt des Reiches und einer der bedeutendsten Städte Europas machte, prägen noch heute das Stadtbild. Am französischen Hof erzogen, stieß Karl IV. für Böhmen das Fenster zur Welt auf, als er bedeutende Baumeister und Künstler aus Frankreich, Italien und Deutschland nach Prag holte. Schon 1344 begann der französische Baumeister Matthias von Arras mit dem Neubau des St.-Veits-Doms nach dem Vorbild von Narbonne. Im Jahre 1348 gründete Karl IV. die Neustadt und das Carolinum

Kleinseitner Brückentürme und Nikolauskirche >

als 4. Universität in Europa nach Paris, Padua und Bologna. Im gleichen Jahr wurde mit dem Bau der Burg Karlstein als Aufbewahrungsort für die Krönungsinsignien und zahlreiche Reliquien begonnen. Neun Jahre später legte er den Grundstein für die von Peter Parler erbaute Karlsbrücke und ließ den Königspalast auf der Burg umgestalten.

Die Gründung der Neustadt durch Karl IV. 1348 war für die Stadt von weitreichender Dimension. Für die damalige Zeit galt sie als phantastisch, doch in ihrer Planung genial und weitblickend, denn erst die letzten Jahrhunderte vermochten sie vollständig zu bebauen.

Nach den Hussitenkriegen (1419–36) erlebte die Baukunst erst unter König Vladislav Jagiello (1471–1516) eine Wiederbelebung. Der Architekt Benedikt Ried aus Piesting erbaute den berühmten Vladislav-Thronsaal mit dem spätgotischen Rippengewölbe. Mit dem Habsburger König Ferdinand I. zog die Renaissance auf der Prager Burg ein. In Südeuropa erzogen, beabsichtigte er, die mittelalterliche Prager Burg dem Lebensstil der italienischen Renaissance anzupassen, und als bedeutendstes Bauwerk ließ er für seine Frau das Lustschloß »Belvedere« erbauen. Weitere herausragende Renaissancebauten in Prag sind das Palais Schwarzenberg und Schloß Stern. Unter Kaiser Rudolf II., einem Kunstsammler und Mäzen, erlebte Prag eine neue Blütezeit. Er holte Künstler von internationalem Ruf wie Hans von Aachen, Adriaen de Vries und Bartholomäus Spranger an den Hof und richtete die berühmte Rudolfsgalerie ein.

Nach der Schlacht am Weißen Berg 1620, in der die protestantischen böhmischen Stände vom katholischen Heer der Habsburger geschlagen wurden, begann der die Stadt bis heute neben der Gotik am stärksten prägende Baustil des Barock sich auszubreiten. Die neuen Auftraggeber waren weltliche und geistliche Feudalherren bzw. Würdenträger. Im Rahmen der Rekatholisierung forcierte man vor allem die erneute Niederlassung der Orden, allen voran den Orden der Jesuiten als Träger der Gegenreformation. Das wiederum hatte eine rege Bautätigkeit im Bereich der Sakralbauten zur Folge. Die führenden Baumeister wie Anselmo Lurago und Domenico Canevalle kamen aus Norditalien. Der neue Baustil verkörperte das Verlangen nach Repräsentation und erlaubte die Demonstration von Macht und Reichtum. Die unter diesen Prämissen entstehenden monumentalen Bauten fraßen sich in die mittelalterliche Kleinbebauung der Stadt, z. B. das Kloster Clementinum und das Waldsteinpalais. Mit dem französischen Architekten Jean-Baptiste Mathey, dem Schöpfer der Kreuzherrenkirche als erstem Kuppelbau von Prag, begannen die einheimischen Tendenzen im südlichen Barock aufzugehen und sich den Gegebenheiten der Stadt anzupassen. Weitere bedeutende Architekten der Zeit waren Jan Blažej Santini-Aichel, František Maximilián Kaňka, Bernhard Fischer von Erlach u. a. Seine Vollendung fand der Prager Barock in der Baukunst des Kilian Ignaz Dientzenhofer (1689–1751), der den prächtigen Kuppelbau der St.-Nikolaus-Kirche auf der Kleinseite, ein Projekt seines Vaters Christian Dientzenhofer, vollendete. In der bildenden Kunst spielten die Maler V. V. Reiner, Karel Škréta und der Bildhauer Johann Georg Bendl eine bedeutende Rolle; doch erst Ferdinand Maximilian Brokoff und Matthias Bernhard Braun entwickelten sich zu Künstlern von Weltrang.

In der 2. Hälfte des 18. Jh. setzten sich die klassizistischen Einflüsse der Wiener Baukunst mit dem Habsburger Hofarchitekten Niccolo Pacassi durch, der der Prager Burg ihre einheitliche Gestalt verlieh (1753–75). Durch die von Joseph II. eingeleitete Säkularisation wurde die Kirche an den Rand gedrängt. Die neuen Bauherren waren nun reich gewordene und geadelte Bürger. Die reinste Form des Prager Klassizismus verkörpert das von Anton Hafenecker projektierte Tyl-Theater.

Bedingt durch die schnell voranschreitende Industrialisierung entstanden im 19. Jh. die ersten Industrievororte, z. B. 1816 Karlín als 1. Prager Vorstadt. Die Stadt bot nicht genug Platz für die ständig wachsende Zahl der Fabrikarbeiter. Der Chotek-Park wurde als 1. öffentlicher Park angelegt und der Smetana-Kai erbaut. Ab Mitte des 19. Jh. im Rahmen der allgemeinen Aufklärung entwickelte sich parallel zu der entstehenden Arbeiterbewegung und dem wachsenden Widerstand gegen die Wiener Regierung ein starkes tschech. Nationalbewußtsein. Die Leitfiguren dieser Bewegung waren Karel Havlíček Borovský und der Historiker František Palacký und vorläufiger politischer Höhepunkt der 2. Slawenkongreß und die Revolution von 1848. Auch die Künstler besannen sich auf nationale Traditionen und Werte. In der Architektur setzten sich die historisierenden Baustile durch. Es entstanden Bauwerke im Stil der böhmischen Renaissance, z. B. das Nationaltheater, Rudolfinum und Nationalmuseum; bedeutende Vertreter dieser Stilrichtung sind Ignác Ullmann, Josef Zítek, Josef Schulz und Antonín Wiehl. Für den Neobarock stehen Namen wie Osvald Polívka, Jan Koula und Václav Roštlapil, die auch an der Ausformung des späteren tschechischen Sezessionsstils beteiligt waren. Ausgezeichnete Jugendstilbauten sind das Hotel Evropa, der Hauptbahnhof und viele Stadthäuser.

In der Musik gilt Bedřich (Friedrich) Smetana (1824–84) als Begründer der tschechischen Nationalmusik; sein sinfonischer Zyklus »Mein Vaterland« (»Má vlast«) wurde weltberühmt. Die Oper »Libuše« handelt von der sagenumwobenen Přemyslidenfürstin Libuše, die auf dem Vyšehrad die Gründung Prags geweissagt haben soll.

Antonín Dvořák (1841–1904) ist ein weiterer weltweit bekannter Vertreter der tschechischen Musik. Beide verbrachten den größten Teil ihres Lebens in Prag.

Maler wie Josef Mánes, Josef Navrátil und Mikoláš Aleš sind ebenso herausragende Vertreter der Hinwendung zu nationalen tschechischen Traditionen wie die Bildhauer Ladislav Sucharda und Josef Myslbek und die Schriftsteller Alois Jirásek, der sich mit dem Stoff der alten tschechischen Sagen befaßte, und Jan Neruda, der Verfasser der »Kleinseitner Geschichten«.

Eine architektonische Besonderheit ist der schon vor dem 1. Weltkrieg in Prag aufkommende kubistische Baustil, repräsentiert von Josef Chochol und Josef Gočár, der das Haus Zur schwarzen Mutter Gottes in der Altstadt projektierte. Zu dieser Zeit blühte in Prag auch eine weltberühmt gewordene Literaturszene, über die Karl Kraus sagte: »Es brodelt und kafkat und werfelt und kischt.«

Der Zusammenbruch der Habsburger Doppelmonarchie nach dem 1. Weltkrieg führte zur ersten tschechoslowakischen Staatsgründung nach 300 Jahren Fremdherrschaft. Mit der Wahl des Philosophen Tomáš G. Masaryk zum ersten Staatspräsidenten der jungen Republik am 28. 10. 1918 begann auch eine neue kulturelle Ära, die mit dem Befreiten Theater von Jan Werich und Jiří Voskovec weltweit von sich reden machte. Diese Blütezeit wurde jäh durch die Okkupationspolitik der Nationalsozialisten 1939 beendet. Nach der Befreiung 1945 durch die Rote Armee begann 1948 die von Klement Gottwald geführte sozialistische Regierung durch die Vorgabe des Stils des Sozialistischen Realismus jegliche freie Kunst- und Kulturentwicklung zu unterdrücken, so daß viele Künstler ins Ausland emigrierten. Mit der Reformbewegung innerhalb der Kommunistischen Partei 1968, die ihren Höhepunkt im »Prager Frühling« fand, sind Namen wie A. Dubček, J. Smrkovský, J. Svoboda und F. Kriegel verbunden, deren Reformpolitik durch den Einmarsch der Warschauer-Pakt-Staaten unterdrückt wurde. Erst nach der »Sanften Revolution« 1989 beginnt eine neue Ära, 1992 kommt es zur Spaltung in die Tschechische und Slowakische Republik.

SAKRALBAUTEN

1. Kirchen

Kostel svatého Apolináře / St. Apollinaris (Nové Město / Neustadt, Apolinářská ulice): Die Kirche wurde v. Karl IV. in der 2. Hälfte des 14. Jahrhunderts auf dem Berg Větrov gegr. und v. einem unbekannten Baumeister als einschiffiger got. Bau mit einem Turm errichtet. Im Jahre 1897 restaurierte sie Josef Mocker*. Bemerkenswert sind die in der Kirche befindlichen, 1921 restaurierten Überreste got. *Wandmalereien.* Den Hauptaltar schmückt eine Gruppe v. Plastiken, bestehend aus 4 Aposteln und Maria (Mitte des 18. Jh.). Das Seitenaltarbild der *Jungfrau Maria vom Karlov,* der Patronin der schwangeren Frauen, schuf Johann G. Heinsch (1697). Die gesamte Ausstattung stammt aus der →Karlshofer Kirche.

Kostel svatého Cyrila a Metoděje / St. Kyrill und Method, ehem. St. Karl Borromäus (Nové Město/Neustadt, Resslova ulice): Diese etwas höher gelegene Barockkirche wurde in den Jahren 1730–36 v. dem Baumeister Kilian Ignaz Dientzenhofer* im Auftrag des Altersheims für Priester erbaut. Der gleiche Baumeister vollendete 1740 das bereits v. Paul Ignaz Bayer* und Johann Christoph Spannbrucker begonnene Gebäude des Ruhestandshauses (Nr. 9/CN 307), an das s die Kirche anschließt. Die dreischiffige Kirche ist ein länglicher Bau mit einem rechteckigen Chor und einem Vorhof, dessen Treppe Plastiken schmücken. Die schmale Eingangsfassade wird durch Halbsäulen akzentuiert. Das Deckengewölbe im Inneren der Kirche trägt ein Fresko mit Szenen aus dem Leben des hl. Karl Borromäus. Der Maler war wahrscheinlich Karl Schöpf*. Die Stuckumrahmung stammt v. Michael Ignaz Palliardi*. Im Jahre 1783 wurden das Altersheim und die Kirche aufgehoben, und die Gebäude dienten seit dem 19. Jahrhundert der Tschechischen Technischen Hochschule.

In der Krypta der Kirche verbargen sich 1942 die Widerstandskämpfer, die das Attentat auf den nationalsozialistischen Reichsprotektor Reinhard Heydrich ausgeführt hatten. Nachdem sie entdeckt worden waren, starben sie hier im Kampf (18. 6. 1942). Daran erinnert eine Bronzetafel aus dem Jahre 1947 von dem Bildhauer František Bělský, die an der Außenwand der Kirche befestigt ist. Als Reaktion auf das Attentat machten Gestapo, SS und SD das Dorf *Lidice* (heute Gedenkstätte) dem Erdboden gleich und ermordeten oder verschleppten seine Bewohner.

Heute dient das Gebäude der Tschechoslowak. orthodoxen Kirche als Gotteshaus. In den Jahren 1934–35 wurde sie dementsprechend umgestaltet.

Kostel svatého Cyrila a Metoděje / St. Kyrill und Method (Karlín/Karolinenthal, Karlínské náměstí): Diese drei-

St. Apollinaris

schiffige Basilika mit 2 hohen Türmen und einem Querschiff wurde 1854–63 v. dem Architekten Karl Rössner* und dem Baumeister Ignác Ullmann* errichtet. Sie ist der bedeutendste neuroman. Kirchenbau v. P. Die Tympana der 3 Portale an der W-Front zieren Reliefs v. Václav Levý*. Die Reliefs an den Türen wurden nach Vorlagen v. Josef Mánes*, Ludvík Šimek* und Karel Dvořák* 1827 v. dem Prager Josef Götzel in Bronze gegossen. Die Plastiken über den Portalen v. Čeněk Vosmík sind Darstellungen der böhm. Landespatrone.

Die Glas- und Wandmalereien in der Kirche schuf Josef Trenkwald. Die Fresken an den Stirnwänden sind Werke v. Peter Maixner* (1868–72): r der hl. Wenzel und l die Jungfrau Maria.

Am Hauptaltar finden sich Gemälde v. Bedřich Wachsmann*. Der Baldachin darüber wurde v. Hillmann* nach Plänen v. K. Rössner* geschaffen. An den 2 Seitenaltären Gemälde v. Josef Mánes* und Antonín Lhota*.

Kostel svatého Ducha/Heilig-Geist-Kirche (Josefov/Josefstadt, Dušní ulice): Die einschiffige got. Kirche wurde 1346 in der Regierungszeit Karls IV. erbaut. Nach einem Brand 1689 teilweise barok-

kisiert, erhielt sie ihr heutiges Aussehen nach einer Restaurierung im Jahre 1925. In der Kirche befindet sich eine wertvolle *Pieta* vom Ende des 14. Jh. aus dem Parler-Umkreis. Vor der Kirche steht eine Plastik des hl. Johannes v. Nepomuk, ein Werk des Bildhauers Ferdinand Maximilian Brokoff*.

Kostel svatého Františka Serafinského/ Kreuzherrenkirche oder St. Franziskus Seraphicus (Staré Město/Altstadt, Křížovnické náměstí): Dieser barocke Zentralbau mit kreuzförmigem Grundriß und einer Kuppel wurde in den Jahren 1680–89 von Domenico Canevalle* nach den Plänen v. Jean-Baptiste Mathey* erbaut. Auftraggeber dieses ersten Kuppelbaus v. P. war der Kreuzherrenorden mit dem roten Stern. Urspr. stand an dieser Stelle eine frühgot. Kirche, deren Fundamente in der heutigen Krypta zu finden sind. Die Statuen an der Frontfassade, die böhm. Landespatrone und der Kirchenpatron, wurden wahrscheinlich v. Andreas Philipp Quittainer* geschaffen. Die beiden Statuen am Kirchencingang schuf Richard Prachner* (1758): die Jungfrau Maria und der hl. Johannes v. Nepomuk. Die Engel auf der Attika sind nach Originalen v. Matthäus Wenzel

St. Kyrill und Method/Neustadt

Heilig-Geist-Kirche, St. Joh. v. Nepomuk

Jäckel* v. dem Bildhauer J. Hnátek nachgebildet worden. An der Straßenekke zur Křížovnická ulice steht eine *Winzersäule* mit Wenzelsstatue v. Johann Georg Bendl* (1676), die erst 1848 hier aufgestellt wurde. Beachtenswert sind auch die Pflasterreste aus dem 12. Jahrhundert.

Der mit Marmor belegte Innenraum der Kirche ist mit Stukkaturen v. Tomaso Soldatti* und Fresken v. V. V. Reiner* geschmückt. Von letzterem Maler stammt auch das Kuppelgemälde »Jüngstes Gericht« (ca. 1722). Die Nischenfiguren schufen die Bildhauer Jeremias und Konrad Süßner sowie Matthäus Wenzel Jäckel*. Auch der Hauptaltar v. Josef Dobner* aus dem Jahre 1701 weist Plastiken v. M. W. Jäckel* auf, außerdem ein Gemälde v. J. K. Liška*, das die Stigmatisierung des hl. Franziskus zum Thema hat. Sehenswert sind auch die spätgot. Madonnenstatue aus dem Jahre 1482 und ein Zinntaufbecken aus der gleichen Zeit.

Kostel svatého Haštala / St. Kastulus (Staré Město / Altstadt, Haštalská náměstí): Urspr. stand an dieser Stelle eine bereits 1234 erwähnte roman. Kirche.

Der heutige Bau stammt aus dem 14. Jh., und seine got. Elemente sind vor allem in den Seitenschiffen trotz einer Barockisierung erhalten geblieben. In der Sakristei findet man got. Wandmalereien vom Ende des 14. Jh. Außerdem sehenswert ist ein Kalvarienberg aus der Schule des Barockbildhauers Ferdinand Maximilian Brokoff*.

Kostel svatého Havla / St. Gallus (Staré Město / Altstadt, Havelská ulice): Die Kirche wurde 1232–63 als eine der Hauptpfarrkirchen der Altstadt im ehem. *Galliviertel* erbaut. Nach der Überführung der Reliquie (Haupt des hl. Gallus) aus der Schweiz wurde sie im 14. Jh. got. umgebaut. Als sie um 1630 in den Besitz des Karmeliterordens kam, ließen diese das Hauptschiff und die beiden Türme im Barockstil umgestalten. Die geschwungene Fassade wurde 1722/23 v. Paul Ignaz Bayer* nach Plänen von Jan Blažej Santini-Aichel* realisiert. Trotz des Barockumbaus sind im Inneren der Kirche got. Rippengewölbe aus dem 14. Jh. erhalten geblieben. In der linken Seitenkapelle befindet sich ein hölzerner Kalvarienberg mit Kreuzigungsgruppe und den vier Evangelisten,

Kreuzherrenkirche (innen) >

Kreuzherrenkirche

St.-Gallus-Kirche

wahrscheinlich eine Arbeit des Bildhauers Ferdinand Maximilian Brokoff* aus dem Jahre 1726. In der rechten Seitenkapelle das Grab des bedeutenden tschech. Barockmalers Karel Škréta* (1604–74). Hinsichtlich des Schöpfers der Gemälde am Hochaltar und des Marienzyklus bestehen in der Forschung verschiedene Auffassungen. Sie werden den Malern Johann G. Heinsch oder J. K. Liška* zugeschrieben. In der Kirche predigten bedeutende Persönlichkeiten wie der Reformator Konrad Waldhauser (1363–69), der 1393 in der Moldau (Vltava) ertränkte und 1729 heiliggesprochene Johannes v. Nepomuk (1380 bis 1390) und 1404 der Reformator Johannes Hus.

Kostel svatého Ignáce/St. Ignatius (Nové Město/Neustadt, Karlovo náměstí): Die Kirche gehört zu dem 1658–1667 an der Stelle v. 23 Häusern und 13 Gärten erbauten Jesuitenkolleg. Dieses zweigeschossige Gebäude an der O-Seite des Karlovo náměstí (→Straßen, Plätze, Märkte) dient seit der Aufhebung des Jesuitenkollegs im Jahre 1773 als Krankenhaus. Beachtenswert sind die beiden *Portale* mit plastischem Schmuck v. Johann J. Wirch* (3. Viertel des 18. Jh.). Die Kirche wurde in den Jahren 1665–70

St.-Ignatius-Kirche

v. Carlo Lurago* und Domenico Orsi* erbaut. Den viereckigen Turm ergänzte 1686/87 Paul Ignaz Bayer*. Von letzterem Architekten stammt auch der Arkadenportikus an der Fassadenfront. Die Statue auf dem Giebel stellt den hl. Ignatius im Strahlenkranz dar. Sie stammt wie die übrigen Statuen und Stukkaturen von Tomaso Soldatti*. Der Innenraum ist ein Saalbau mit Tonnengewölbe, Seitenkapellen und einem rechtwinkligen Chor. Den aus Kunstmarmor errichteten Hochaltar aus der 2. Hälfte des 18. Jh. schmückt das Gemälde »Die Verherrlichung des hl. Ignatius« von Johann G. Heinsch*. Das Gewölbe in der vorderen rechten Seitenkapelle zeigt ein Fresko mit dem Motiv des Jüngsten Gerichts.

Kostel svatého Jakuba/St. Jakob (Staré Město/Altstadt, Malá Štupartská ulice): Die Kirche gehörte zu dem 1232 v. Wenzel I. gegr. Kloster des Minoritenordens. Den Grundstein dieser urspr. got. Kirche legte König Johann v. Luxemburg 1319 für den Chor und 1335 für das Langhaus. Aber beendet wurde der Bau erst 1374 unter Karl IV. Die dreischiffige hochgot. Basilika mit ihren 2 Türmen ist nach dem Veitsdom der zweitlängste Kirchenbau v. P. Nach einem Brand im Jahre 1689 erfolgte ein Wiederaufbau im Barockstil durch Jan Šimon Pánek. Die drei großen Stuckgruppen an der Front stammen aus der gleichen Zeit und sind ein Werk des Bildhauers Ottavio Mosto*. Sie stellen v. l nach r dar: den hl. Jakobus, den hl. Franziskus und den hl. Antonius. Hier spürt man den Einfluß Lorenzo Berninis. In den Jahren 1736–39 erhielt der Innenraum nach einer hochbarocken Umgestaltung sein heutiges Aussehen mit Pilastern v. Chr. Schatzmann*, Stukkaturen von A. Bolla*, Deckenfresken v. F. G. Voget*, Emporengeländern v. F. Drack* und einem mit Plastiken umrahmten Hauptaltar v. Matthias Schönherr*. Das Altarbild v. V. V. Reiner* zeigt das Martyrium des hl. Jakobus. Auch die übrigen Altäre sind reich verziert und tragen Bilder bedeutender Maler wie Peter Brandl*, J. K. Liška* und Johann G. Heinsch*. Bes. sehenswert ist eine *Pieta* aus dem 15. Jahrhundert, die zwischen den Säulen des Hauptaltars steht. In der Barockzeit wurde diese Holzplastik als wundertätig bes. verehrt. Das *Grabmal* des Oberstkanzlers Johann Václav Vratislav Graf z Mitrovic im linken Seitenschiff gilt als eine der besten barocken Grabplastiken v. P. Der Architekt Johann Bernhard Fischer v. Erlach* und der Bildhauer Ferdinand Maximilian Brokoff* schufen dieses Meisterwerk, in dem französische und ital. (L. Bernini) Einflüsse verschmelzen. Die Jakobskirche ist die am reichsten und prächtigsten ausgestattete Barockkirche v. P. und auch bekannt für ihre Orgelkonzerte. Das ehemalige Kloster wurde bereits 1841 als Schule umgebaut.

Kostel svatého Jana Křtítele na Prádle/St. Johannes d. T. an der Bleiche (Malá Strana/Kleinseite, Říční ulice): Diese bereits 1142 erwähnte frühgot. Kirche war die Pfarrkirche der Ortschaft Újezd, die 1360 in die Kleinseite einbezogen wurde. Das Kirchenschiff ist bei einem Umbau in der Mitte des 13. Jh. entstanden, der Renaissancechor in den Jahren 1641–44. Im Inneren finden sich Reste got. Wandmalereien aus der 2. Hälfte des 14. Jahrhunderts. Vor der Kirche steht eine Plastik des hl. Johannes v. Nepo-

muk v. Michael Josef Brokoff* (1715). Der Name der Kirche beruht auf der Umwandlung des Gotteshauses in eine Wäscherei im Jahre 1748. Nach ihrer Erneuerung 1935 wurde sie der tschechoslowak. hussitischen Kirche zugesprochen.

Die Kirche wird v. dem tschech. Schriftsteller Jan Neruda (1834–91) in seinen »Kleinseitner Geschichten« erwähnt.

Kostel svatého Jana na Zábradlí/St. Johannes am Geländer (Staré Město/Altstadt, Anenské náměstí): aufgelöst, →Theater, Na Zábradlí.

Kostel svatého Jana Nepomuckého/St. Johannes v. Nepomuk (Hradčany, Kanovnická ulice): Als Klosterkirche der Ursulinerinnen wurde sie 1720–29 v. Kilian Ignaz Dientzenhofer* erbaut. Sie ist der erste Sakralbau dieses bedeutenden Architekten des Hochbarock. Im Jahre 1735 errichtete er auch die daneben liegenden Klostergebäude. Die Kirche ist ein Zentralbau über einem kreuzförmigen Grundriß. Ihr im Jahre 1815 zerstörter Turm wurde 1819 auf die heutige Länge verkürzt. Die Statue an der Kirchenfront zeigt den hl. Johannes v. Nepomuk. Das Deckengewölbe im Inneren

St. Jakob, Stuckgruppe (Heiliger Antonius)

trägt Fresken v. V. V. Reiner* (1727) mit Motiven aus der Legende des heiligen Johannes v. Nepomuk. Die Altarbilder stammen von Michael L.L.Willmann* und J.K.Liška*.

Nach der Aufhebung des Klosters 1784 diente die Kirche erst als Lagerraum, dann als Armeekirche und das Kloster als Kaserne.

Kostel svatého Jana Nepomuckého na Skalce/St. Johannes von Nepomuk auf dem Felsen (Nové Město/Neustadt, Vyšehradská třída): Die Kirche wurde im Auftrag der Johannes-v.-Nepomuk-Bruderschaft 1730–39 v. Kilian Ignaz Dientzenhofer* im Barockstil erbaut. Diese über dem Straßenniveau gelegene Kirche ist ein polygonaler Zentralbau mit 2 Türmen. Die doppelarmige Freitreppe errichtete Johann Schmidt* 1776–78, den plastischen Schmuck schuf Bernard Seeling* (ca. 1880).

Das Frontportal säumen 2 mächtige Säulen. Bes. sehenswert in der Kirche: ein Deckenfresko »Glorifizierung des hl. Johannes v. Nepomuk« von Karel Kovář mit seiner Selbstdarstellung als Maler mit Staffelei (1748), die Holzplastik desselben Heiligen auf dem Hauptaltar v. Johann Brokoff* (1683), die als Modell

für die gleichnamige Bronzeplastik auf der Karlsbrücke (→Brücken) diente.

Kostel svatého Jiljí / St. Ägidius (Staré Město/Altstadt, Husova ulice): An dieser Stelle befand sich urspr. eine roman. Kapitelkirche. Der heutige frühgot. Bau wurde im Auftrag des Bischofs Johannes IV. v. Dražice und später v. Erzbischof Ernst v. Pardubitz in den Jahren 1339–71 v. einem unbekannten Architekten errichtet. Sie ist ein dreischiffiger Saalbau ohne Chor und mit 2 Türmen. Nach einem Brand im Jahre 1432 wurde die Kirche wieder aufgebaut, doch blieb der n Turm unvollendet. Der Architekt František Špaček führte 1733 einen Barockumbau des Innenraumes durch. Dabei blieben ihre Gesamtdisposition sowie das profilierte Portal des s Seitenschiffs und die Wappen der Bauherren v. der got. Kirche erhalten.

Das Deckengewölbe ist mit Fresken v. V. V. Reiner* gestaltet. Die reichen Stukkaturen stammen v. Bernardo Spinetti*. Der Hauptaltar v. Matthias Schönherr* trägt ein Bild mit dem Thema der Gründung des Dominikanerordens von Johann Friedrich Heß* (1660).

Die Seitenaltäre sind Arbeiten v. Franz Ignaz Weiß und Johann A.Quittainer*,

St.-Jakobs-Kirche

St. Johannes v. Nepomuk auf dem Felsen

die Beichtstühle schuf Richard Prachner*, und die Gemälde sind Werke v. Johann Peter Molitor* und V.V.Reiner*. Das Grab v. letzterem Maler befindet sich am Ende des linken Seitenschiffs. Das älteste Stück der Kirche ist ein got. Holzkruzifix vom Anfang des 15.Jh.
In der Zeit der Gegenreformation wurde die Kirche den Dominikanern übergeben, die neben ihr ein großes vierflügeliges Kloster nach den Plänen v. Carlo Lurago* errichten ließen.

Kostel svatého Jindřicha / St. Heinrich (Nové Město/Neustadt, Jindřišská ulice): Die Kirche wurde um das Jahr 1348 als Pfarrkirche für die gleichzeitig gegr. Neustadt Karls IV. erbaut. Sie hat nur einen Turm, der nach einem Brand 1745 sein heutiges barockes Aussehen erhielt. Die urspr. got. dreischiffige Kirche wurde 1738 barockisiert und 1875 v. Josef Mocker* äußerlich regotisiert. Vor dem Eingang steht eine Sandsteinstatue des hl. Johannes von Nepomuk, die wahrscheinlich Josef Michael Brokoff* schuf, der ältere Bruder des berühmten Ferdinand Maximilian Brokoff. Die an den Außenwänden aufgestellten Grabsteine stammen vom ehem. Friedhof, der um die Kirche angelegt war.

Der 1932 restaurierte Innenraum hat ein v. vier Pfeilern getragenes Kreuzrippengewölbe. Das Gemälde am Hochaltar zeigt die hll. Heinrich und Kunigunde, ein Werk v. Johann G.Heinsch* aus dem Jahre 1698. Der Altar des hl. Johannes v. Nepomuk s des Eingangs trägt ein Tafelbild der Muttergottes aus dem 15.Jh. In der s Kapelle der schmerzhaften Muttergottes befinden sich 2 große Gemälde v. V.V.Reiner*: Christi Verklärung und Immaculata.
Der *Glockenturm* der Kirche ist etwas ungewöhnlich plaziert. Er steht isoliert auf der anderen Straßenseite. Er wurde im spätgot. Stil erbaut (1472–76), diente 1648 bei der Belagerung durch die Schweden als Wehrturm und wurde 1879 v. Josef Mocker* regotisiert.

Bazilika svatého Jiří/St. Georg (Hradčany, Jiřské náměstí): →Profanbauten: Burgen, Pražský hrad S. 103.

Kostel svatého Josefa/St. Josef (Malá Strana/Kleinseite, Josefská ulice): Als Kirche des 1656 unter Ferdinand III. gegr. Konvents der unbeschuhten Karmeliterinnen ca. 1686–92 erbaut. Die Urheberschaft ist noch nicht ganz geklärt. Sie wird Abraham Parigi oder Ignatius

St.-Ägidius-Kirche

St.-Heinrich-Kirche, Glockenturm

v. Leuven zugeschrieben. An dem Zentralbau mit Kuppel ist bes. beachtenswert die Fassade im Stil des niederländischen Barock. Die Statuen an der Frontfassade von Matthäus Wenzel Jäckel* sind Darstellungen der heiligen Josef, Theresa v. Ávila und Johannes vom Kreuz. Vom selben Künstler stammt auch der bildhauerische Schmuck im Inneren der Kirche. Die Altäre sind Arbeiten des Prager Tischlers Markus Nonnenmacher*. Über dem Hauptaltar hängt ein Bild der heiligen Familie v. Peter Brandl* aus dem Jahre 1702. Von ihm stammt auch das Bild der hl. Theresa, der Schutzpatronin des Ordens.

Urspr. stand auf dem Gelände der Kirche der 1419 v. den Hussiten niedergebrannte Bischofshof. Nach der Aufhebung des Karmeliterinnenordens 1782 wurde das Kloster (Gebäude Nr. 4/CN 43) Sitz des Ordens der Englischen Fräulein und nach dem Jahre 1920 das Finanzministerium.

Kostel svatého Josefa / St. Josef (Nové Město/Neustadt, Náměstí republiky Nr. 2/CN 1077): Als Klosterkirche des 1630 v. dem Grafen G. v. Questenberg gegr. Kapuzinerklosters in den Jahren 1636–53 v. dem Architekten Melchior Mayer* erbaut. Die Kirche mit ihrem kleinen Vorhof ist durch eine hohe Mauer v. direkten Einblicken und dem Lärm der Straße geschützt. In der Mauer stehen 2 große *Nischenfiguren* aus Sandstein v. F. Preiß: der hl. Johannes v. Nepomuk (1719) und der hl. Franziskus Seraphicus (1708), der sich bis 1855 auf der Karlsbrücke befand. Die 2 Engel im Vorhof gehörten zu der letztgenannten Figur. Links von ihnen befindet sich ein Standbild des hl. Judas Thaddäus aus dem Jahre 1741.

In dem schlichten Innenraum mit Tonnengewölbe hängen u.a. 2 Gemälde v. Karel Škréta* (1653): der heiligen Antonius v. Padua und der hl. Felix v. Cantalice. Der Rokokoaltar auf der linken Seite enthält eine Darstellung des Leidens des heiligen Fidelis.

< *St. Josef, Neustadt, Statue Franziskus Seraphicus*

Unter der Grabplatte in der Raummitte befindet sich die Gruft des volkstümlichen österreichischen Heerführers W. L. Radetzky.

Das Kloster wurde 1795 aufgehoben, 1833 zurückgegeben, und im 19. Jh. erbaute man nach dem Abriß der Klostergebäude eine Kaserne.

Kostel svatého Karla Borromejského pod Petřínem/St. Karl Borromäus (Malá Strana/Kleinseite, Vlašská ulice): →Straßen, Plätze, Märkte.

Karlov/Karlshof (Nové Město/Neustadt, Ke Karlovu Nr. 1/CN 453) →Sakralbauten: Kirchen, Kostel Nanebevzetí Panny Marie a Karla Velikého/St. Mariä Himmelfahrt und des Kaisers Karl d. Gr.

Kostel svaté Kateřiny/St. Katharina (Nové Město/Neustadt, Kateřinská ulice): Als Klosterkirche des 1354 v. Karl IV. aus Dankbarkeit für seinen errungenen Sieg bei San Felice in Italien (1332) gegr. Klosters des Ordens der Augustinerinnen erbaut (1355–67). Während der hussitischen Aufstände (1420) zerstört, 1518–22 wieder aufgebaut, wurde sie schließlich in den Jahren 1737–41 v. Kilian Ignaz Dientzenhofer* und Franti-

šek Maximilián Kaňka* neu errichtet. Ungewöhnlich ist der Gegensatz zwischen ihrem achteckigen got. Turm und ihrer sonstigen Barockgestalt. In der Kirche befinden sich Deckenfresken v. V. V. Reiner* mit Motiven aus dem Leben der hl. Katharina.

Das bereits 1715–30 v. František Maximilián Kaňka* barockisierte Kloster wurde 1787 aufgehoben und dient seit 1822 als Krankenhaus. In der Kirche befindet sich heute das *Lapidarium* des Museums der Hauptstadt P. Die Kirche ist zur Zeit nicht zugänglich.

Kostel svatého Klimenta / St. Clemens (Staré Město/Altstadt, Karlova ulice): Die in den großen Gebäudekomplex des Clementinums (→Sakralbauten: Klöster, Clementinum) einbezogene Kirche hatte einen roman. Vorgängerbau, der seit Anfang des 13. Jh. im Besitz der Dominikaner war. Erst 1556 wurde sie v. den Jesuiten übernommen, die in den Jahren 1711–15 die heutige Barockkirche errichteten. Baumeister war wahrscheinlich František Maximilián Kaňka*. Es handelt sich bei dem Bau um eine Wandpfeilerkirche mit einem zweijochigen Langhaus, einem Chor und einem Vorraum. Die Säulen im Inneren tragen

Kirche St. Josef, Neustadt

Heilig-Kreuz-Rotunde

Longinus-Rotunde

Gemälde Ignaz Raabs und Sandsteinsta-
tuen der 4 Evangelisten v. Matthias
Bernhard Braun*. Von diesem Bildhauer stammt auch die übrige plastische
Ausstattung. Die Deckenfresken mit
Szenen der Clemens-Legende schuf Johann Hiebl* (1716). Den Hauptaltar an
der Rückwand gestaltete Josef Kramolín* als gemalte Illusionskulisse. Das Altarbild des hl. Leonhard malte Peter
Brandl* 1770.
Heute dient die Kirche der griechisch-
kath. Kirche als Gotteshaus.

**Kostel svatého Klimenta na
Poříčí/St. Clemens am Poříčí** (Nové
Město/Neustadt, Klimentská ulice): Als
Kirche der ehem. Siedlung Újezd im
11. Jh. erbaut, wurde sie ab 1226 die erste
Prager Niederlassung des Dominikanerordens. Im 3. Viertel des 14. Jh. erfolgte
ein got. Umbau. Das Gewölbe entstand
erst 1578. Als die Kirche 1850 für die ev.
Kirchengemeinschaft helvetischer Konfession umgestaltet wurde, war sie schon

seit 1784 nicht mehr benutzt worden.
Nach einer Regotisierung in den Jahren
1893–94 führte man in den Jahren 1975–
1980 eine Generalrekonstruktion durch.
Seit 1918 ist sie im Besitz der Böhm.
Brüder.

**Rotunda svatého Kříže/Heilig-Kreuz-
Rotunde** (Staré Město/Altstadt, Karolíny
Světlé): Diese roman. Rotunde ist eine
der letzten noch erhaltenen Rundkir-
chen, die den Weg v. der Prager Brücke
(→Brücken, Karlův most) zum Vyšehrad
(→Profanbauten: Burgen) und sogar bis
S-Böhmen säumten.
Die Laterne dieser ca. 1100 erbauten
Rotunde hat 4 Fenster mit einfachen
Säulen. Das neuroman. Gitter ringsum
wurde erst 1865 nach einem Entwurf Jo-
sef Mánes* gegossen. In dieser Zeit er-
folgte auch eine umfassende Restaurie-
rung durch den Architekten Ignác
Ullmann* und den Maler Bedřich

Loreto-Heiligtum >

Loreto, Casa Santa

Wachsmann*. Die got. *Wandmalerei* im Inneren mit dem Motiv »Krönung Mariens« aus dem 14. Jahrhundert wurde 1874 restauriert und teilweise erneuert. In der Apsis und auf dem Triumphbogen findet man Malereien v. Peter Maixner* (1870).

Heute dient das Gotteshaus der altkath. Kirche.

Kostel svatého Kříže / Heilig-Kreuz-Kirche (Nové Město/Neustadt, Na příkopě): →Straßen, Plätze, Märkte.

Rotunda svatého Longina / Longinus-Rotunde (Nové Město/Neustadt, Na Rybníčku): Diese Rundkirche wurde in der 2. Hälfte des 12. Jh. als Pfarrkirche des Dorfes Rybníček erbaut. Das Dorf wurde 1348 in die soeben gegr. Prager Neustadt einbezogen. Die Rotunde war dem hl. Stephanus geweiht, bis in ihrer unmittelbaren Nähe eine große →St.-Stephans-Kirche entstand. Danach weihte man sie dem hl. Longinus.

Dieser roman. Bau aus Plänerkalkquadern hat got. Maßwerkfenster aus dem 14. Jh. und eine im Barockstil neugestaltete Laterne. Im Inneren befindet sich ein schöner Barockaltar v. 1762.

Zwischen 1782 und 1844 erfüllte die Rotunde keine kirchliche Funktion, sondern wurde als Lagerraum genutzt. Anschließend erweiterte man den wieder als Kirche dienenden Bau um ein Langhaus, das bei der Restaurierung im Jahre 1929 abgerissen wurde.

Loreta / Loreto-Heiligtum (Hradčany, Loretánské náměstí): Der heutige Gebäudekomplex des Loreto ist in zahlreichen Bauetappen entstanden. Das erste Gebäude war die *Casa Santa,* die auch das religiöse Zentrum der Wallfahrt ist. Nach dem Sieg der kath. Liga in der Schlacht am Weißen Berg (Bílá Hora) 1620 stiftete Benigna Katharina v. Lobkowitz das 1626–31 v. dem Baumeister Giovanni Orsi und seinen Nachfolgern O. Allio und Silvestre Carlone erbaute Marienheiligtum, die Casa Santa. Es ist eine Kopie des Hauses der Jungfrau Maria, das der Legende nach v. Engeln aus Nazareth nach Loreto in Italien gebracht wurde.

Urspr. waren die Außenwände bemalt. Die figuralen Stukkaturen stammen erst aus den Jahren 1664/65 und sind ein Werk der Bildhauer Jacopo Agosto*, Giovanni Battista Colombo* und Giovanni Battista Cometa*. Dargestellt sind die Propheten des Alten Testaments und Szenen aus der Marienlegende.

Im fensterlosen Inneren befindet sich ein silberner Altar mit einer Marienstatue aus dem 3. Viertel des 17. Jh. Der Freskenzyklus wurde erst Ende des 18. Jh. hinzugefügt. Der die Casa Santa umgebende Arkadenumgang wurde in den Jahren 1634–65 errichtet. Die 45 Felder des unteren Umgangs tragen Deckenfresken mit Motiven der *Lauretanischen Litanei* v. Felix Anton Scheffler* (1750). Dabei handelt es sich um ein frühmittelalterliches Flehgebet, das den Namen v. seiner Anwendung bei Prozessionen im ital. Loreto hat und bis heute in der kath. Kirche gebräuchlich ist.

Im Innenhof stehen 2 barocke Brunnen, die mit Kopien der Statuengruppen

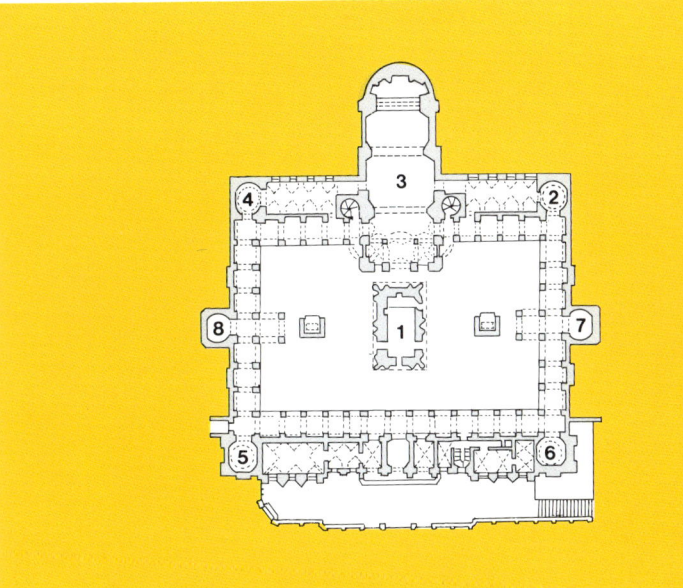

Loreta / Loreto-Heiligtum 1 Casa Santa **2** Heilig-Kreuz-Kapelle **3** Christi-Geburt-Kapelle **4** Kapelle des hl. Josef **5** Kapelle der Anna selbdritt **6** Kapelle zur Schmerzensreichen Muttergottes **7** Kapelle des hl. Antonius **8** Franziskus-Kapelle

»Mariä Himmelfahrt« und »Auferstehung Christi« v. Johann Michael Brüderle* geschmückt sind. Die Originale stehen im städtischen Lapidarium. In der SO-Ecke des Kreuzgangs, der ca. 1740 v. Kilian Ignaz Dientzenhofer* um die 1.Etage erweitert wurde, befindet sich eine Heilig-Kreuz-Kapelle v. 1691 mit einem Deckenfresko der Jungfrau Maria und des hl. Dismas. An der O-Seite ersetzten Kilian Ignaz Dientzenhofer* und Johann Georg Aichbauer* eine 1661 erbaute St.-Anna-Kapelle durch den Bau der barocken Christi-Geburt-Kirche (Kostel Narození Páně) in den Jahren 1734–35. Die Gestaltung des dreijochigen Innenraums ist künstlerisch bes. be-achtenswert. Das Deckengemälde im Presbyterium v. V. V. Reiner* behandelt das Thema »Christus im Tempel« (1735). »Die Anbetung der Hl. Drei Könige« und die »Anbetung der Hirten« sind Arbeiten v. Johann Adam Schöpf* (1742). Das Altarblatt »Christi Geburt« stammt v. dem Maler Johann Georg Heinsch*, die Gemälde der hl. Apolena (l) und der hl. Agathe (r) auf den Seitenaltären schuf Anton Kern*. Die Wände wurden v. Johann Hennevogel* mit Kunstmarmor belegt. Die Holzstatuen und vergoldeten Schnitzereien sind ein Werk v. Matthias Schönherr* (1736–37), die Orgel stammt v. dem Orgelbauer Josef Helwig* (1734–38).

Die in der NO-Ecke liegende Kapelle des heiligen Josef aus dem Jahre 1691 schmückt eine Deckenmalerei mit einem Christusmotiv, wahrscheinlich von F. A. Scheffler. Von diesem Maler stammt wahrscheinlich auch das Marienfresko unter der Decke der NW-Kapelle der Anna selbdritt. In der SW-Kapelle zur Schmerzensreichen Muttergottes aus dem Jahre 1685 befinden sich 2 schöne Rokokoaltäre und ein Deckengemälde mit der Darstellung der Grablegung Christi. In der Mitte des s Umgangs steht die Kapelle des hl. Antonius vom Anfang des 19. Jh. Ihr gegenüber in der Mitte der N-Seite wurde zur gleichen Zeit die Franziskus-Kapelle erbaut. Ausgestattet ist sie mit Plastiken v. Matthäus Wenzel Jäckel* und einem Altarbild v. Peter Brandl*.

Die gewaltige Frontfassade wurde erst nachträglich v. Christoph Dientzenhofer* und seinem Sohn Kilian Ignaz Dientzenhofer* 1721–24 im Barockstil erbaut. Der Vater erlebte die Fertigstellung nicht mehr. Der Skulpturenschmuck an der Fassade stammt v. Johann Friedrich Kohl*. Dargestellt sind unter anderem im Dachzonenbereich der Englische Gruß, eine vor ihrem Betpult kniende Maria und der ihr die Botschaft bringende Engel. Auf der Balustrade stehen Plastiken der 4 Evangelisten und über dem Portal Josef (l) und Johannes d. T. (r). Die Putti auf der Terrasse sind Arbeiten v. Andreas Philipp Quittainer*, dem Vater des bedeut. Johann Anton Quittainer. Eine besondere Attraktion ist das im frühbarocken Turm befindliche *Glockenspiel*, das 1694 v. Peter Naumann* geschaffen wurde. Dazu verwendete er 27 v. K. Fromm in Amsterdam gegossene Glocken. Mit der Klaviatur im Turm kann man auf diesen Glocken frei spielen. Doch werden sie normalerweise v. einem Uhrwerk bewegt und lassen stündlich das Marienlied »Sei tausendmal gegrüßt« erklingen. In der 1. Etage des Arkadenumgangs befindet sich die *Schatzkammer* des Loreto-Heiligtums, die 1962 erneuert wurde. Hier sind ca. 300 Monstranzen und andere liturgische Geräte sowie Gewänder aus dem 16. bis 18. Jh. ausgestellt. Das berühmteste Exponat ist die sog. *Diamantenmonstranz*. Den Auftrag erteilte die Gräfin Ludmilla Eva v. Kolowrat. Angefertigt wurde sie 1698 nach einem Entwurf v. Johann Bernhard Fischer von Erlach* v. dem Goldschmied Johann Baptist Känischbauer und dem Juwelier Matthias Stegner. Sie ist aus vergoldetem Silber gefertigt und mit 6222 Diamanten besetzt – ein künstlerisches Meisterwerk. Das älteste Objekt ist ein got. Kelch aus vergoldetem Silber; seinen reichverzierten Fuß schmücken Emailmedaillons (1510).

Die Öffnungszeiten sind täglich, außer Mo: vormittags 9–12 Uhr und nachmittags 13–17 Uhr.

Loreto, Casa Santa (innen)

Kostel svaté Ludmily/St. Ludmilla (Nové Město/Neustadt. Náměstí míru): Die Kirche inmitten des Platzes wurde 1883–1893 v. Josef Mocker* als neugot. dreischiffige Basilika erbaut. Sie hat eine doppeltürmige W-Fassade. Das Tympanon des Hauptportals wurde nach Entwürfen von Josef Myslbek* gearbeitet. Die Giebelstatuen stammen v. den Künstlern Ludvík Šimek*, Bernard Seeling*, F. Hergessel* und Antonín Procházka*. Dargestellt sind die böhm. Schutzheiligen: Ludmilla, Cyrill und Methodius, Prokop und Adalbert. Im Inneren des neugot. Ziegelbaus zieren Malereien v. J. Jobst* die Wände. Die Fenster sind nach Entwürfen v. František Sequens*, František Ženíšek*, A. Liebscher* und F. Urban* gestaltet.

Kostel Panny Marie na Slovanech/Marienkirche bei den Slawen (Nové Město/Neustadt, Vyšehradská třída): →Sakralbauten: Klöster, Klášter Emauzy na Slovanech.

Kostel Panny Marie na Slupi/Kirche der Jungfrau Maria auf der Säule (oder: auf dem Rasen; Nové Město/Neustadt, Na Slupi): Sie wurde als Klosterkirche des Servitenordens in den Jahren nach 1360

im got. Stil erbaut. Bemerkenswert ist ihr quadratisches Schiff, das in den Jahren 1436 bis 1480 eine neu eingewölbte Decke erhielt. Der Architekt Bernard Grueber* gestaltete die Kirche 1858–63 im Stil der Neugotik um und stattete sie mit Mobiliar des gleichen Stils aus. Der Innenraum besitzt eine zentrale Mittelstütze. Das Hauptaltarbild stammt v. L. Kuppelwieser*.
Die Klostergebäude wurden nach ihrer Zerstörung während des Dreißigjährigen Krieges in den Jahren 1666–1726 wieder aufgebaut. Das Kloster wurde 1785 aufgehoben und Mitte des 19. Jahrhunderts durch den heutigen neugotischen Bau von Bernard Grueber ersetzt. An dieser Stelle befindet sich ein Forschungsinstitut der Karlsuniversität.

Kostel Panny Marie na Strahově/Mariä-Himmelfahrt-Kirche (Hradčany, Strahovské nádvoří): →Sakralbauten: Klöster, Strahovský klášter.

Kostel Panny Marie pod řetězem/St. Maria unter der Kette (Malá Strana/Kleinseite, Lázeňská ulice): Die Kirche wurde als Bestandteil des mit Mauern umwehrten Gebäudekomplexes der Kommende des Johanniterordens 1169

St. Maria unter der Kette (Türme)

St. Maria unter der Kette (Portal)

Teynkirche, Türme

v. Vladislav I. als dreischiffige Basilika erbaut. Überreste dieser romanischen Kirche findet man im heutigen Innenhof und im rechten Seitenschiff der Kirche. Ca. 1250 wurde dieser Kirchenbau nach Abbruch der Apsiden durch einen frühgot. Chor vergrößert. Doch schon 100 Jahre später riß man die Basilika ab, um an ihrer Stelle eine prächtigere, hochgot. Kirche zu errichten. Fertiggestellt wurden jedoch nur die Fassade, die 2 viereckigen Türme und die Vorhalle, deren Zinnenschmuck erst im Jahre 1836 entstand.

Die Reste der bereits abgerissenen roman. Kirche bilden den heutigen Kircheninnenhof. Der obere Teil der Türme wurde 1519 abgetragen. Die Kirche wurde durch einen Umbau des ehem. frühgot. Chores an der Wende vom 16. zum 17. Jh. errichtet. Ihr barockes Äußeres erhielt sie durch den Baumeister Carlo Lurago* 1640–60.

< *St. Ludmilla*

Zur bildnerischen Ausstattung des Innenraumes tragen vor allem der Hauptaltar v. J. P. Benda* mit reichen Holzschnitzereien und 2 Gemälde des bedeutendsten böhm. Barockmalers Karel Škréta* bei: »Jungfrau Maria und Johannes der Täufer beteiligen sich an der Verteidigung v. Malta 1565« und »Enthauptung der hl. Barbara«. In den Jahren 1965–85 erfolgte eine umfassende Restaurierung der Kirche.

Kostel Panny Marie před Týnem/Teynkirche oder Kirche der Jungfrau Maria vor dem Tein (Staré Město/Altstadt, Staroměstské náměstí/Altstädter Ring): Nach dem Veitsdom (→Profanbauten: Burgen, Pražský hrad) ist die Teynkirche der zweitbedeutendste Sakralbau in P. Ihr Charakteristikum sind die beiden die Altstadt überragenden Türme. Mit ihrem Bau wurde 1370 v. den Baumeistern Peter Schmelzer* und Otto Schauffler* an der Stelle einer älteren roman. Kirche begonnen. Diese bereits 1135 erwähnte

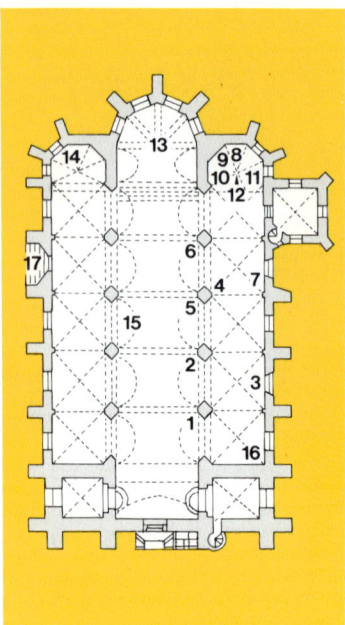

Kostel Panny Marie před Týnem / Teyn-kirche (Nummern-Referenzen im Text)

Teynkirche, Altar Johannes der Täufer

roman. Kirche gehörte zum Spital für fremde Kaufleute im heutigen Týn (Teynhof oder Ungeld). So erklärt sich, daß der mächtige Bau der Teynkirche hinter der viel kleineren, aber älteren Häuserfassade am Altstädter Ring steht. Im Jahre 1380 übernahm die Dombauhütte Peter Parlers* die Fortsetzung des Baus der dreischiffigen got. Basilika, v. der die Seitenschiffe und die Stirnwand bereits fertiggestellt waren. Zuerst entstand eine Fensterwand, dann das Gewölbe des Hauptschiffs, das Frontfenster und der flache Chorabschluß. Beachtenswert ist das künstlerisch reichgestaltete n Seitenportal (17) Parlers, das im Tympanon eine plastische Darstellung der Leidensgeschichte Christi aufweist (Original heute in der Nationalgalerie). Doch konnte auch Peter Parler* das Bauwerk nicht beenden. Während der revolutionären Bewegung der Hussiten wurde der Weiterbau der Kirche unterbrochen.

Trotzdem wurde sie ca. 1419 zur Hauptkirche der böhm. Utraquisten erklärt. Im Jahre 1457 wurde die Arbeit mit dem Bau des Mittelschiffdaches fortgesetzt. Der N-Turm entstand in den Jahren 1463 bis 1466, wurde 1819 durch einen Brand zerstört und 1834/35 originalgetreu nachgebildet. Den S-Turm hingegen errichtete man in den Jahren 1506–11. Nach einem Brand 1679 wölbte man das Hauptschiff frühbarock ein. In den Seitenschiffen blieb das got. Gewölbe erhalten.

Im Inneren der Kirche stehen got. und barocke Elemente in lebhaftem Kontrast zueinander. In der 1. Arkade des rechten Seitenschiffs befindet sich ein Wenzelaltar (1) v. 1664 mit Statuen v. Johann Georg Bendl*. In der nächsten Arkade steht hinter dem Stammbaum-Christi-Altar (2) v. 1691, geschmückt mit einem Gemälde v. Johann G. Heinsch*, ein Altar der hl. Anna (3) v. 1706. Rechts neben der plastisch verzierten got. Kanzel (4) v. ca. 1450 sieht man den Altar Jo-

Teynkirche, spätgotischer Baldachin

Teynkirche, Grabmal Tycho Brahe

hannes d. T. (5) mit einem geschnitzten Renaissanceschrein und einem Holzrelief »Taufe Christi« v. ca. 1600. Hinter der Kanzel, in der 4. Arkade, befindet sich hinter dem Altar »Christus am Ölberg« (6) das *Grabmal des dänischen Astronomen Tycho Brahe* (1546–1601), der 1599 als Hofastronom v. Kaiser Rudolf II. nach Prag gekommen war (→Straßen, Plätze, Märkte: Pohořelec Nr. 2/CN 118). Bes. wertvoll ist eine got. Sitzmadonna mit Jesuskind (7) aus Lindenholz auf einem neugot. Altar. Der Thron, die Krone und das Zepter wurden erst 1869 hinzugefügt. Im Chorabschluß des r Seitenschiffs steht ein Altar der Schmerzhaften Muttergottes (8), v. Bedřich Wachsmann* entworfen und mit Gemälden v. Antonín Lhota* ausgestattet (ca. 1860). Links v. ihm ein Altar der hl. Barbara (9) mit einem Gemälde v. Karel Škréta* und die Marmorgruppe Cyrillus und Methodius (10) v. Emanuel Max aus dem Jahre 1847. An der Wand gegenüber sieht man eine Sedilie (11)

mit einem Maßwerkrahmen, der v. Kopfkonsolen getragen wird. Es sind Porträtdarstellungen eines Königs und einer Königin. Diese Arbeit stammt aus der Parler*-Hütte (ca. 1390). Davor steht das zweitälteste böhm. Zinntaufbecken (12) auf 3 Krallenfüßen, geschmückt mit einem Relief der 12 Apostel (1414). Der Deckel mit der kleinen Statue datiert erst aus dem Jahre 1846. Der Hochaltar (13) v. 1649 trägt 2 Gemälde des bedeutenden Barockmalers Karel Škréta*: »Mariä Himmelfahrt« und »Hl. Dreifaltigkeit«. Im Chorabschluß des linken Seitenschiffs findet man auf einem Altar v. 1762 eine wertvolle hölzerne Kreuzigungsgruppe (14), die wahrscheinlich noch aus der vorhussitischen Zeit stammt (ca. 1400). Der spätgot. Baldachin (15) in der mittleren Arkade wurde 1493 v. Matěj Rejsek* aus Pístor in Stein gearbeitet; unter ihm befindet sich ein neugot. Altar.
Eine kleine Kuriosität verbirgt sich in der 1. Arkade des rechten Seitenschiffs:

Über einem Altar befindet sich r oben ein Fenster (16) das zur Wohnung der Familie Kafka in der Celetná ulice (→Straßen, Plätze, Märkte) Nr. 3/CN 602 gehörte. In diesem Zimmer mit Blick in die Teynkirche hat der Prager Schriftsteller Franz Kafka Teile seines Romans »Der Prozeß« geschrieben.

Der 1463 errichtete W-Giebel war mit der Statue des Hussitenkönigs Georg v. Podiebrad und einem goldenen Kelch geschmückt, bis er im Jahre 1626 durch eine Marienstatue v. Hieronymus Barthel* ersetzt und der Kelch zu einem Strahlenkranz umgearbeitet wurde. Zur Zeit der hussitischen Revolution war die Teynkirche die Hauptkirche der Reformbewegung (ihr Symbol war der Kelch). Ab der Mitte des 14. Jh. predigten hier so bedeutende Reformatoren wie Konrad Waldhauser und Jan Milíč z Kroměříže und ab 1424 der zum späteren hussitischen Erzbischof ernannte Jan Rokycana.

Kostel Panny Marie Sněžné / Maria-Schnee-Kirche (Nové Město/Neustadt, Jungmannovo náměstí/Jungmannplatz): Die 1379 bis 1397 erbaute Kirche gehörte zu dem 1347 v. Kaiser Karl IV. gegr. Kloster der Karmeliter. Geplant als drei-schiffige Basilika mit einer Länge v. 100 m, sollte sie Karl IV. als Krönungskathedrale dienen. Obwohl der Bau in dieser Form nie durchgeführt wurde, ist sie mit ihrer Höhe v. über 30 m die höchste Kirche v. P. Man begann mit dem Bau des hohen Chores, der heute allein die Kirche bildet. So erklärt sich ihre zwar sehr hohe, aber unverhältnismäßig kurze Gestalt.

Der N-Turm der Kirche wurde Anfang des 15. Jh. erbaut. Das geplante dreischiffige Langhaus wurde zwar begonnen, aber nie beendet. Heute findet man noch got. Mauerteile des urspr. geplanten n und s Seitenschiffs in den Barockkapellen im Vorhof. An der N-Seite des Chors befinden sich die Überreste der Wände einer kleineren Kirche, die den Karmelitern vor dem Bau der Maria-Schnee-Kirche gedient hat (ca. Mitte des 14. Jahrhunderts). Davor steht ein Portal aus der gleichen Zeit (meistens verschlossen). In seinem Tympanon sind dargestellt: der Lebensbaum, Karl IV. und seine Frau Blanche v. Valois und die Krönung Mariens.

Der Weiterbau der Maria-Schnee-Kirche wurde während der hussitischen Revolution unterbrochen. Als Zentrum des radikalen Flügels der Hussitenbewegung

Teynkirche, Hauptaltar

Maria-Schnee-Kirche

hat sie eine große historische Bedeutung erlangt. Hier predigte Jan Želivský, der einer der Anführer der Bewegung war. Am 30.7.1419 war hier der Ausgangspunkt der Prozession, die zum Neustädter Rathaus (→Profanbauten: öffentliche Gebäude, Novoměstská radnice) zog, wo es zum berühmten 1. Prager Fenstersturz kam. Der Leichnam des hingerichteten Jan Želivský wurde 1422 in dieser Kirche begraben. Im 16. Jh. verödete das Gotteshaus; Fassade und Wölbung stürzten teilweise ein. Im Jahre 1606 wurde sie dem Franziskanerorden übergeben, der die Kirche wieder aufbaute. Es entstanden das Netzgewölbe der Decke im Renaissancestil, die Stirnwand und später ein Pfarrgebäude (1788) vor der Kirche, wodurch der Vorhof in seiner heutigen Form geschlossen wurde.
Im Hof vor dem Eingangsportal stehen 2 Plastiken v. J. Ulrich Mayer aus dem Jahre 1715: der hl. Johannes v. Nepomuk und der hl. Petrus v. Alcántara. Die Kirchenfront schmückt ein Mosaik mit einer Mariendarstellung v. V. Foerster*.
Im Inneren ist der *Hauptaltar* bes. sehenswert. Er ist als Portalkulisse gestaltet und gilt als der größte v. P.; an ihm wurde um 1625 gearbeitet. Beeindruckend ist auch die Höhe des einschiffigen

stützenlosen Raumes. Der 1. Seitenaltar trägt das Gemälde »Mariä Verkündigung« v. V. V. Reiner* (1724). Das zinnerne Taufbecken entstand i. J. 1459.
Die ehem. Klostergebäude liegen an der S-Seite der Kirche. Sie wurden zur Zeit der Klostergründung 1347 erbaut und haben heute ein barockes Äußeres v. einem Umbau im 17. Jh. Die got. Kellergewölbe kann man in der Weinstube »U Františkáů« (»Bei den Franziskanern«) sehen. Sie ist zu erreichen durch den r vom Kirchenhof gelegenen *Františkánská zahrada* (Franziskanergarten), der auch eine Verbindung zu den Straßen Palackého und Vodičkova und dem Václavské náměstí/Wenzelsplatz herstellt.
Vor der Kirche steht das *Standbild Josef Jungmanns* auf dem nach ihm benannten Platz Jungmannovo náměstí. Der Sprachwissenschaftler, Schriftsteller und Übersetzer Jungmann (1773–1847) gilt als der Begründer der modernen tschech. Literatursprache. Die Statue wurde 1878 v. Ludvík Šimek, der Sockel v. Antonín Barvitius geschaffen.

Chrám Panny Marie Vítězné/St. Maria de Victoria (Malá Strana/Kleinseite, Karmelitská ulice): Das Gotteshaus wur-

Maria-Schnee-Kirche und Franziskanergarten

de als 1. barocker Kirchenbau v. P. in den Jahren 1611–13 v. dt. Lutheranern als Dreifaltigkeitskirche nach dem Vorbild der Kirche Santa Trinità dei Monti (Rom) errichtet. Damals befand sich ihr Eingang im W, dem heutigen Chor, mit Ausblick auf den Berg Petřín. Der Umbau erfolgte im Auftrag der Unbeschuhten Karmeliter, denen die Kirche nach dem Sieg des kath. Heeres der Habsburger in der Schlacht am Weißen Berg (Bílá Hora) 1624 übergeben wurde. Der Chor wurde in den W-Teil verlegt und die der Straße zugewandte Frontfassade in den Jahren 1636–40 v. einem unbekannten Architekten erbaut. Der Turm entstand erst 1669. Von der urspr. Kirche blieben nur ein Portal (rechte Seite der Frontfassade) und im Inneren ein marmornes Taufbecken erhalten. Berühmt ist die Kirche durch die Wachsfigur des *Prager Jesuleins* (Bambino di Praga), die noch heute das Wallfahrtsziel vieler Katholiken ist.

Die ca. 60 cm hohe Figur wurde v. einer spanischen Prinzessin nach P. gebracht und v. deren Tochter Polyxena v. Lobkowitz 1628 der Kirche geschenkt. Als wundertätig verehrt, ist sie mit wertvollen Votivgaben ausgestattet und im Besitz kostbarer Kleider. Eines soll eine Handarbeit der Kaiserin Maria Theresia sein. Der Silberschrein, in dem sich die Wachsfigur befindet, ist eine Arbeit des Goldschmiedes J. Pakeni aus dem Jahre 1741. Das Heiligtum befindet sich an der rechten Seite über einem Altar aus Kunstmarmor von F. M. Lauermann* (1776) mit plastischem Schmuck v. Peter Prachner*. Der Hauptaltar stammt v. Johann Ferdinand Schor* (1723), die Kanzel und Seitenaltäre schufen der Schreiner Markus Nonnenmacher* und der Schnitzer Johann L. Schleiermann* (ca. 1680), 3 Altarblätter sind Arbeiten v. Peter Brandl* (ca. 1720).

Chrám Panny Marie Vítězné / St. Maria de Victoria auf dem Weißen Berg (Řepy, Bílá Hora): Nach dem Sieg der Habsburger über die böhm. Stände in der Schlacht am Weißen Berg im Jahre 1620 wurde 1622 an dieser Stelle eine Kapelle errichtet. Der Maler Christian Luna* gründete 1704 eine Bruderschaft, die zum Ziele hatte, die Kapelle in eine Wallfahrtskirche umzugestalten. Der Umbau in die heutige Kreuzkuppelkirche erfolgte in den Jahren 1704–14 durch einen unbekannten Architekten. Der die Kirche umgebende Kreuzgang wurde 1717–29 hinzugebaut. Die dort befindlichen Gewölbemalereien stammen von Johann A. Schöpf* (1728). Das Kuppeldeckenfresko »Mariä Himmelfahrt« im Kircheninneren malte Cosmas Damian Asam* 1728. Das Deckengemälde in der S-Kapelle stammt von V. V. Reiner* (1718), das in der N-Kapelle v. Johann A. Schöpf (1728). Beides sind Darstellungen aus der Marienlegende. Auf dem Giebel des Hauptportals (1710) steht eine Statuengruppe »Mariä Verkündigung« v. Johann Ulrich Mayer* (1729). Die Kirche befindet sich direkt an der Endhaltestelle der Straßenbahnlinie Nr. 22, in die man im Zentrum in Richtung Repy z. B. an der Národní třída und am Malostranské náměstí einsteigen kann.

Interessant ist auch die n der Kirche gelegene *Gedenkstätte,* die an die Schlacht am Weißen Berg erinnert. Am 8. 11. 1620 kam es hier zum entscheidenden Kampf zwischen dem Heer der böhm. Stände und dem der Habsburger. Mit der Niederlage der böhm. Stände wurde nicht nur der sog. Böhm. Krieg entschieden, sondern auch die Geschichte Böhmens für die folgenden 300 Jahre. Diese Zeit wird auch »Temno« (»Dunkelheit«) genannt. Von diesem Punkt überblickt man das damalige Gebiet des Schlachtfeldes, das zum Nationalen Kulturdenkmal erklärt wurde.

An der Karlovarská ulice Nr. 4/CN 1 steht das Gebäude eines *Gasthauses.* Es wurde v. den Serviten mit der Absicht einer Klostergründung 1628 errichtet, aber nie seiner Bestimmung zugeführt. Bes. sehenswert ist das in einem ehem. Wildpark gelegene *Schloß Hvězda (Stern)* (→Profanbauten: Palais, Schlösser), das sich in der Nähe befindet. Dorthin gelangt man am einfachsten mit der Linie 22, wenn man an der Haltestelle Vypich aussteigt und den Weg bis zum

St. Maria de Victoria, Kleinseite, »Prager Jesulein« >

Eingangstor des Parks zu Fuß zurücklegt.

Kirche St. Martin in der Mauer >

**Kostel Panny Marie u Kajetánů / Kirche
der Jungfrau Maria v. der immerwährenden Hilfe bei den Kajetanern** (Malá
Strana / Kleinseite, Nerudova ulice):
→Straßen, Plätze, Märkte.

Kostel svaté Markéty / Margaretenkirche
(Břevnov, Markétská ulice): →Sakral-
bauten: Klöster, Bývalý benediktinský
klášter.

**Rotunda svatého Martina / St.-Martins-
Ro-tunde** (Vyšehrad, V pevnosti):
→Profanbauten: Burgen, Vyšehrad.

**Kostel svatého Martina ve zdi / St. Martin
in der Mauer** (Staré Město/Altstadt,
Martinská ulice): Die Kirche wurde ca.
1178–87 als Pfarrkirche der nach ihr be-
nannten ehem. Siedlung Újezd des hl.
Martin im Auftrag der Fürstin Adelheid,
Gemahlin v. Soběslav I., erbaut. Beim
Bau der Altstädter Stadtmauern teilte
man die Siedlung in 2 Teile (ca. 1250).
Für die nun zur Altstadt gehörende Kir-
che hatte dies zur Folge, daß ihre S-
Wand direkt an der Mauer lag. So kam

sie zu ihrem Namen. Im Jahre 1350 erfolgte ein got. Umbau: Das Kirchenschiff
wurde erhöht und neu eingewölbt, ein
quadratischer Chor hinzugebaut, und an
der SW-Ecke entstand ein Turm. Das
wertvolle Netzrippengewölbe im Chor
entstand erst 1360–70. Ihr heutiges Äußeres erhielt die Kirche durch einen
spätgot. Umbau 1488, der v. der Familie
Holec z Květnice finanziert wurde, die
im Haus nebenan wohnte. Zu der urspr.
einschiffigen Kirche ergänzte man 2 Seitenschiffe.

Das neue Oratorium im N-Schiff hat ein
schönes Rippengewölbe in Sternform
und ist nach den Donatoren benannt.
Hinzugebaut wurde auch die Elogiuska-
pelle, deren Decke heute gemalte Pflanzen aus dem 17. Jh. zieren. Nach einem
Brand 1678 wurde der Turm umgestaltet.
Nach 1784 diente die Kirche als Lager-,
Wohn- und Geschäftsraum. In den Jahren 1905–06 wurde sie v. Kamil Hilbert*
restauriert und erhielt neue Renaissancegiebel. Eine Generalrenovierung erfolgte
1975. Die urspr. einschiffige roman. Kirche ist in ihrer Anlage noch im heutigen

*St. Maria de Victoria auf dem Weißen
Berg, Řepy*

*St. Maria de Victoria auf dem Weißen
Berg, Řepy, Fresken im Kreuzgang*

Hauptschiff erhalten geblieben. An der Außenwand des Presbyteriums befindet sich eine *Gedenktafel an die Bildhauerfamilie Brokoff**, die hier auf dem zugehörigen Friedhof begraben wurde. Das Porträt des Ferdinand Maximilian Brokoff ist eine Arbeit v. Josef Mařatka (1909).

Die Kirche nahm in der hussitischen Bewegung eine zentrale Stellung ein. Im Jahre 1414 fand hier zum erstenmal das Abendmahl in beiderlei Gestalt statt. Es wurden Brot und ein Kelch mit Wein gereicht. Der Kelch war zuvor ein Privileg der Priester; danach wurde er zum Symbol der gesamten hussitischen Bewegung. Heute dient die Kirche der ev. Religionsgemeinschaft der Böhm. Brüder als Gotteshaus. Spaziert man auf der Národní třída in Richtung Jungmannovo náměstí, so erblickt man auf der linken Straßenseite, ungefähr auf der Höhe des Hauses Nr. 37/CN 416, durch 2 Durchgänge die eng umbaute Kirche.

Kostel svaté Maří Magdaleny / St. Maria Magdalena (Malá Strana / Kleinseite, Karmelitská ulice Nr. 2/CN 388): Als Klosterkirche der Magdalenerinnen Anfang des 14. Jahrhundert erbaut, wurde sie während der hussitischen revolutionären Bewegung 1420 zerstört. Die Rui-

ne ging 1604 in den Besitz der Dominikaner über, die 1656–77 eine neue frühbarocke Kirche errichten ließen. Architekt war Francesco Caratti*, die Bauleitung hatte Giovanni de Capauli*. Sein heutiges Spätempire-Aussehen erhielt der Bau durch J. Wachtel* und J. v. Wetzl*.

In den Jahren 1791–1849 diente die Kirche als Postamt und anschließend als Gendarmeriekaserne. Nur die achteckige Kuppel erinnert an ihre urspr. Bestimmung. Das ehem. Kloster, an dessen Bau Kilian Ignaz Dientzenhofer* mitwirkte, beherbergt heute das Staatsarchiv für neuere böhm. Geschichte.

Kostel svatého Matěje / St. Matthias (Dejvice): Die Kirche liegt auf einem Hügel zwischen den Siedlungen Hanspaulka und Baba mit Blick in das Tal Tichá Šárka. An der Stelle des heutigen Spätbarockbauwerks v. Ignaz Palliardi* stand eine ältere, 1771 abgerissene Kirche. Der Hauptaltar, im Rokokostil errichtet, trägt ein Gemälde des hl. Matthias, 1699 v. K. Dittmann* geschaffen. Es gehörte noch zur Ausstattung der urspr. Kirche.

Auf der rechten Seite des Triumphbogens sieht man ein gewaltiges Kruzifix

Ehem. Maria-Magdalena-Kirche

St. Matthias

aus der Barockzeit, zwischen dem Chor und dem Kirchenschiff ein schönes Rokokogitter. Auf dem Kirchenfriedhof befindet sich das Grab des böhm. Historikers J. Šusta (1874–1945).

An der Straße Šárecká steht ein Schlößchen, das im 18. Jh. zu dem Gut v. Hans Paul Hippmann gehörte. Nach ihm wurde die Siedlung Hanspaulka genannt (Nr. 29/CN 15). Heute gehört der Bau zum Museum der Hauptstadt P. Die Siedlung ist ein modernes Villenviertel. Hierher gelangt man mit den Buslinien 125 (ab dem Moldauufer Na Františku) und 131 (ab Metrostation Hradčanská).

Kostel svatého Michala / St. Michael (Malá Strana/Kleinseite, Kinského zahrada): →Parks und Gärten.

Kostel svatého Michala / St. Michael (Nové Město/Neustadt, Opatovická ulice): Neben der urspr. roman. Kirche gründete Anfang des 12. Jh. der Abt v. Kladruby (Benediktinerorden) ein Gehöft, v. dem heute noch das Haus Nr. 20/CN 158 erhalten ist. Nach dem Abt (auf tschech. = opat) wurde die ehem. Siedlung bis zur Gründung der Neustadt Opatovice genannt.

Im 14. Jahrhundert erfolgte ein got. Umbau der Kirche. An das Hauptschiff wurde ein Chor angebaut, anschließend errichtete man die beiden Seitenschiffe in der Zeit Ende des 14./Anfang des 15. Jh. Das Kreuzrippengewölbe des Haupt- und S-Schiffs stammen aus dem Jahre 1511. Die Barockkapelle im N-Schiff entstand ca. 1750, der Turm wurde bereits 1717 errichtet. In den Jahren 1980 bis 1983 erfolgte die Restaurierung der Kirche.

Seit 1789 war St. Michael im Besitz der dt. Lutheraner, bis sie 1945 v. den slowak. Lutheranern übernommen wurde. In einem Kirchenfenster befindet sich eine Darstellung Martin Luthers aus dem Jahre 1915.

Kostel svatého Michala / St. Michael (Staré Město/Altstadt, Melantrichova ulice Nr. 17/CN 970/971): Diese urspr. roman. Kirche aus dem 12. Jh. wurde zweimal got. umgebaut. Im Jahre 1626 ging die dreischiffige Kirche in den Besitz des Servitenordens über, der 1636–64 um die Kirche herum ein Kloster errichten ließ. Die heutige Barockkirche wurde ca. 1650 renoviert und erhielt an ihrer S-Wand eine Renaissancekapelle. Der Barockumbau erfolgte in der 1. Hälfte des 18. Jh. durch F. I. du Prée*, der die got. Mauern miteinbezog. Im Jahre 1786 wurde das Kloster aufgehoben und seine Gebäude in Wohnhäuser umgebaut. An den Häuserfassaden erinnern Barockgitter und ein Relief des hl. Michael über dem Portal an die urspr. Funktion. In der als Lager benutzten Kirche befinden sich noch Reste der Deckenmalereien v. J. V. Spitzer.

Im 15. Jh. wirkten hier bedeutende Persönlichkeiten der reformatorischen Hussitenbewegung. Der Magister Johannes Hus predigte in dieser Kirche in den Jahren 1400–02 und Magister Křištán z Prachatic v. 1406 bis 1439. Letzterer, Rektor der Universität v. P., war ein Freund v. Johannes Hus und einer seiner Begleiter auf dem Konzil in Konstanz, an dessen Ende Hus als Ketzer verbrannt wurde. In den Jahren 1439–51 predigte hier der Magister Petr z Mladoňovic, der den überlieferten Bericht über den Konstanzer Hus-Prozeß geschrieben hat.

St. Nikolaus, Altstädter Ring

St. Nikolaus, Altstädter Ring

**Kostel svatého Mikuláše / St. Nikolaus
(Altstädter Ring)**

Kostel svatého Mikuláše / St. Nikolaus
(Staré Město / Altstadt, Staroměstské
náměstí): Das Gotteshaus wurde als
frühgot. Kirche v. dt. Kaufleuten errichtet und diente bis zum Bau des Altstädter Rathauses 1338 als Versammlungs-
ort. Im 14. Jh. wurde sie in eine got.
Basilika ohne Chor, aber mit Turm umgebaut. Im Jahre 1634 kam die Kirche in
den Besitz der slaw. Benediktiner, die ihr
Kloster Na Slovanech (→Sakralbauten:
Klöster) den spanischen Benediktinern
v. Montserrat überlassen mußten. Nachdem die Kirche 1660 im Frühbarockstil
umgestaltet worden war, riß man sie
1732 ab, um eine neue Kirche zu errichten. Das heutige Bauwerk projektierte
Kilian Ignaz Dientzenhofer*, realisiert
wurde es durch den Baumeister Hans
Fitz in den Jahren 1732–35. Der Kuppelbau über kreuzförmigem Grundriß er-

hielt als architektonische Besonderheit
an seiner breiten Stirnseite das v. zwei
Türmen flankierte Hauptportal. Zu dieser Zeit war die Fassadenfront noch
nicht der Weite des Altstädter Rings zugewandt, sondern durch das ihr direkt
gegenüber liegende Krennhaus der Enge
der Altstadtgassen angepaßt worden
(→Straßen, Plätze, Märkte: Staroměstské náměstí). Ihr reicher Statuenschmuck stammt v. dem Bildhauer Anton Braun*. Die Plastiken auf dem
Portal sind allegorische Darstellungen
des Alten und Neuen Testaments. Zwischen den Doppelsäulen stehen die hll.
Nikolaus und Prokop. Auf dem Seg-
mentsims darüber befinden sich die hll.
Benedikt und Scholastika. Die Türme
tragen die böhm. Landespatrone. Auch
die Kuppel über dem polygonalen Innenraum schmücken Plastiken v. Anton
Braun*. Die Gemälde darunter, die
Kuppelfresken und die Wandmalereien

St. Nikolaus, Kleinseitner Ring >

im Chor stammen v. dem bayerischen Maler Cosmas Damian Asam*. Das Kuppelbild der 4 Evangelisten ist im Jahre 1914 übermalt und ergänzt worden.

Von der urspr. Ausstattung ist nur der Hauptaltar erhalten geblieben. Ihn schmückt ein neueres Marienbild v. Karel Špillar* (1917). Bes. sehenswert ist ein im Hauptschiff hängender großer *Lüster* aus Metall mit reichem Kristallglasschmuck, der in der böhm. Glashütte in Harrachov Ende des 19. Jahrhunderts für die russisch-orthodoxe Kirchengemeinschaft angefertigt wurde.

An der Außenwand des Chors befindet sich ein Standbild des hl. Nikolaus auf einem Sockel v. B. Šimanovský (1905). In der Ecke l unter ihm steht ein mit Delphinen gestalteter Brunnen im Empirestil.

Zu der Kirche gehörte auch ein Kloster, das 1727–30 v. Kilian Ignaz Dientzenhofer* und František Maximilián Kaňka* barock umgestaltet wurde. Im Jahre 1787 hob man das Kloster auf, und 1898 wurden seine Gebäude abgerissen. Zuvor fand jedoch in dem als Theater umgebauten Kloster 1832 eine Aufführung v. Wolfgang Amadeus Mozarts Oper »Don Giovanni« statt.

Heute stehen hier im Stil des Neubarock errichtete Wohnhäuser (Pařížská ulice Nr. 1/CN 1073 und U radnice Nr. 5/CN 24). Die Kirche benutzte man ab 1865 als Konzertsaal, bis sie 1871 der russisch-orthodoxen Kirche zugesprochen wurde. Seit 1920 ist sie die Hauptkirche der Tschechoslow. Kirchengemeinschaft. In den Jahren 1965–77 wurde der Kirchenbau umfassend restauriert.

Bemerkenswert ist noch das l neben der Kirche stehende Haus. Es ist das Geburtshaus des Prager Schriftstellers Franz Kafka (1883–1924) (→Profanbauten: Patrizier- und Bürgerhäuser, U věže/Zum Turm).

Kostel svatého Mikuláše/St. Nikolaus (Malá Strana/Kleinseite, Malostranské náměstí/Kleinseitner Ring): Die Kirche wird als eines der bedeutendsten Barockwerke n der Alpen angesehen. Sie wurde an der Stelle einer got., im Jahre 1283 dem hl. Nikolaus geweihten Kirche auf der Mitte des Platzes errichtet. 3 Ge-

St. Nikolaus, Kleinseitner Ring Deckenmalerei v. J. L. Kracker

nerationen bedeutender Barockarchitekten waren an ihrer Fertigstellung beteiligt. Die Bauherren waren die Jesuiten, deren Orden 1628 die urspr. Kirche mit den sie umgebenden Häusern v. Ferdinand II. geschenkt bekommen hatte. Bevor die Kirche in den Besitz der Jesuiten kam, gehörte sie den Hussiten. Hier predigte der Reformator Jan Milíč z Kroměříže 1364, der auch »Vater der tschechischen Reformation« genannt wird. Jan Rozacius Hořovský wirkte hier in den Jahren 1618 bis 1622. Nach der Schlacht am Weißen Berg wurden die Anführer der böhm. Stände v. den kaiserlichen Siegern zum Tode verurteilt. In seiner Funktion als Pfarrer begleitete J. R. Hořovský die 27 Angeklagten zu ihrer Hinrichtung auf den Staroměstské náměstí/Altstädter Ring (→Straßen, Plätze, Märkte).

Zuerst wurde 1674 v. dem Architekten Francesco Caratti* und dem Baumeister Domenico Orsi* das Kolleggebäude er-

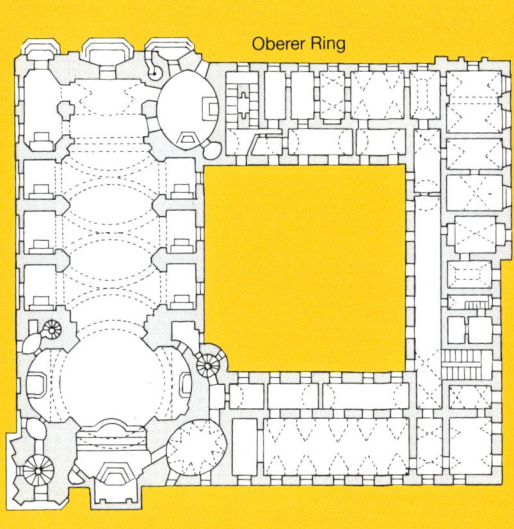

Oberer Ring

Kostel svatého Mikuláše / St. Nikolaus (Kleinseitner Ring)

richtet (→Straßen, Plätze, Märkte: Malostranské náměstí Nr. 25/CN 2). Direkt neben dem Jesuitenkolleg begann Christoph Dientzenhofer* im Jahre 1704 mit dem Bau der neuen St.-Nikolaus-Kirche, und bis 1711 hatte er bereits das Hauptschiff, die Seitenkapellen, das Gewölbe und die Galerien beendet. In den Jahren 1737–52 setzte sein Sohn Kilian Ignaz Dientzenhofer* den Bau fort. Er ergänzte das Presbyterium und die prächtige Kuppel, die eine lichte Höhe v. 75 m hat. Anselmo Lurago* errichtete 1756 den Glockenturm. Die Kuppel mit ihrem Turmaufbau und der Turm, beide ca. 79 m hoch, gehören zu den bekanntesten Ansichten v. P. Der plastische Schmuck an der Außenfassade wird in der Forschung dem Bildhauer J. F. Kohl* zugeschrieben. Die künstlerische Innenausstattung ist das beste Beispiel für das Pompöse des Prager Hochbarocks. Das *Deckenfresko* über dem Langhaus v. Johann Lukas Kracker* (1760–61) ist mit seinen 1500 qm eines der größten in ganz Europa. Es zeigt Szenen aus dem Leben des hl. Nikolaus. Die Ausmalung der Kuppel erfolgte 1752–53 durch Franz Xaver Balko mit Darstellungen der Hl. Dreifaltigkeit und den Engeln im Himmel. Darunter befinden sich 4 überlebensgroße Standbilder der Kirchenlehrer und Jesuitenheiligen, geschaffen v. dem Bildhauer Ignaz Franz Platzer*, der auch der Schöpfer der Holzplastiken im Hauptschiff und im Chor ist. Auch die Statue des hl. Nikolaus auf dem Hauptaltar ist ein Werk dieses Künstlers (die Plastiken entstanden in der Zeit zwischen 1752 und 1769). Die v. Josef Hennevogel* mit Kunstmarmor verkleideten Wände und Pfeiler schmücken Fresken v. Johann Lukas Kracker. Die durchgehenden Galerien zieren Fresken v. Josef Redelmayer*, der zusammen mit Josef Hager die

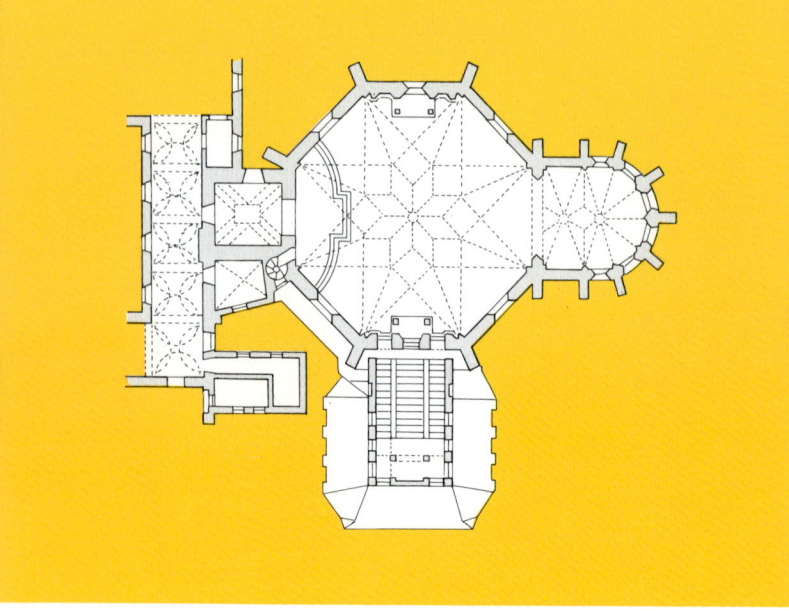

Kostel Nanebevzetí Panny Marie a Karla Velikého / Mariä Himmelfahrt und Kaiser Karls d. Gr. (Karlshof)

Deckenmalereien in den Seitenkapellen geschaffen hat. Das Altarbild in der 1. Seitenkapelle l ist eine Darstellung des hl. Kreuzes v. Karel Škréta*. Ein Altar auf der gleichen Seite trägt ein Gemälde des hl. Michael v. dem neapolitanischen Maler Francesco Solimena*. Auf dem Altar l v. der Kuppel steht die got. Plastik der *Jungfrau Maria aus Foyen,* die, aus dem belgischen Wallfahrtsort stammend, 1629 hier aufgestellt wurde. Rechts vom Eingang befinden sich ein zinnernes Taufbecken und ein Gemälde der hl. Anna aus der Vorgängerkirche. Ein bildhauerisches Meisterwerk ist die mit schönem Rokoko-Ornament verzierte, aus Kunstmarmor und vergoldetem Holz v. Richard und Peter Prachner** gearbeitete *Kanzel* (1765). Die Orgel schuf Thomas Schwarz* im Jahre 1745.

Kostel Nanebevzetí Panny Marie a Karla Velikého/Mariä Himmelfahrt und Kaiser Karls d. Gr., auch **Karlshof** genannt (Nové Město/Neustadt, Ke Karlovu): Der Bau wurde als Klosterkirche des Augustinerchorherren-Ordens 1350 von Karl IV. gestiftet. Zu Ehren Karls d. Gr. erbaute man den got. Zentralraum nach dem Vorbild der Pfalzkapelle in Aachen als Oktogon. Außerdem erhielt der Bau einen kurzen Chor und eine quadratische Orgelempore. Nach dem Tod Karls IV. gerieten die Bauarbeiten ins Stocken, und der Chor erhielt erst 1498 ein Netzgewölbe. Das kunstvolle Sternrippengewölbe über dem Oktogon entstand noch später. Es wurde 1575 unter Maximilian II. wahrscheinlich v. Bonifaz Wohlmut* ergänzt. Der Baumeister Jan Blažej Santini-Aichel* gestaltete Teile des Innenraumes im Barockstil um (1708). Aus dieser Zeit stammen auch die an der S-Seite gelegene *hl. Stiege* und die *Christi-Geburt-Kapelle* darunter. Die dreigliedrige Treppe ist eine Kopie der

Karlshof (Mariä Himmelfahrt)

hl. Stiege im Lateran in Rom. Der Legende nach stammt sie aus dem Palast des Pilatus und wurde v. der hl. Helena als Reliquie nach Rom gebracht, weil auf ihr Jesus ein Stück seines Leidensweges gegangen war. Der mittlere Treppenaufgang ist nur auf Knien begehbar. Die Kapelle wurde der Christi-Geburt-Grotte in Bethlehem nachgebildet. An den Seitenemporen entstanden in den Jahren 1733–1738 die barocken Plastikengruppen »Mariä Verkündigung« und »Jesus vor Pilatus« v. J. J. Schlansovský*. Die Altäre (ca. 1738–40) tragen Gemälde v. Johann G. Heinsch*, Josef Redelmayer* und Franz Theodor Dallinger*. Im 18. Jh. erhielt der Innenraum einen Sternenhimmel. Im Jahre 1872 erfolgte eine teilweise Regotisierung der Kirche (z. B. Hauptaltar v. Bedřich Wachsmann* v. 1872).

Das r an die Kirche anschließende *Kloster* wird bereits im 14. Jh. erwähnt. Im barocken Stil wurde es 1660–68 v. Giovanni Orsi* umgestaltet. Die neue *Prälatur* baute 1716 bis 1729 František Maximilián Kaňka* hinzu. Heute dienen die Klostergebäude als Museum des Ministeriums des Inneren.

Kostel Narození Páně / Christi-Geburt-Kirche (Hradčany, Loretánské náměstí): →Sakralbauten: Kirchen, Loreta.

Kostel Nejsvětějšího srdce Páně / Herz-Jesu-Kirche (Vinohrady, Náměstí Jiřího z Poděbrad): Diese moderne Kirche wurde in den Jahren 1928–32 v. Josip Plečnik* erbaut. Auffallend ist ihr breiter Turm. Im Inneren befinden sich auf dem Hauptaltar die Statuen Christi und der böhm. Schutzheiligen v. D. Pešan*.

Kostel svatého Petra na Poříčí / St. Peter am Poříčí (Nové Město / Neustadt, Petrská ulice): Das Gotteshaus wurde bereits in der Mitte des 12. Jh. als Pfarrkirche der Siedlung Poříčí erbaut. Die Siedlung war eine Gründung dt. Kaufleute im 11. Jh. und wurde 1348 in die v. Karl IV.

gegründete Neustadt einbezogen. Die romanische dreischiffige Basilika gehörte ab 1215 dem deutschen Ritterorden und ab 1235 dem Kreuzherrenorden mit dem roten Stern. Von ihr erhalten sind 2 Türme und die aus behauenen Quadersteinen erbaute W-Wand. Im 14. und 15. Jahrhundert wurde die Kirche got. umgebaut und 1874 bis 1879 v. Josef Mocker* regotisiert. Das neugot. Eingangsportal stammt v. Ludvík Šimek* (1876).

Der Hauptaltar trägt ein Gemälde v. V. V. Reiner* mit dem Motiv »Christus und der hl. Petrus« (1730). In der linken Ecke steht eine Plastik des Heiligen v. Matthäus Wenzel Jäckel* aus dem Jahre 1722. Das Zinntaufbecken v. 1544 ist eines der ältesten Ausstattungsstücke. Der spätgot. Glockenturm mit der nachträglich aufgesetzten Barockkuppel war früher der Eingang zum nahe gelegenen Friedhof.

Kostel svatého Petra a Pavla / St. Peter und Paul (Vyšehrad): →Profanbauten: Burgen, Vyšehrad.

Kostel svatého Prokopa / St. Prokop (Malá Strana/Kleinseite, Prokopská ulice Nr. 3/ CN 625): Die ursprünglich romanische Kirche wurde als Pfarrkirche für die Johanniter Anfang des 13. Jahrhunderts erbaut. Bevor der Baumeister Anselmo Lurago* in den Jahren 1689–1693 die Barockkirche errichtete, wurde die alte Kirche abgerissen. Von ihr sind noch Mauerreste in der Krypta erhalten.

Im Jahre 1784 wurde die Kirche aufgehoben und in ein Wohnhaus verwandelt. An seine ursprüngliche Funktion erinnern heute die Apsis zur Straßenseite und eine Plastik des heiligen Prokop über dem Portal. Die Figur ist eine Arbeit des Bildhauers Ignaz Franz Platzer* aus dem Jahre 1780.

Kostel svatého Rocha / St. Rochus (Hradčany, Strahovské nádvoří): →Sakralbauten: Klöster, Strahovský klášter.

Kostel svatého Rocha / St. Rochus (Žižkov, Olšanské hřbitovy/Wolschaner Friedhof): Auf dem neu angelegten Pestfriedhof (→Sakralbauten: Friedhöfe) wurde der Bau 1680–82 als Friedhofskirche errichtet. Der Architekt des elliptischen Zentralbaus mit Kuppel war wahrscheinlich Jean-Baptiste Mathey*, der Baumeister Jan Hainric. Im Inneren be-

Herz-Jesu-Kirche

finden sich als älteste Ausstattungsstücke ein zinnernes Taufbecken vom Ende des 16. Jahrhunderts und ein Fresko im Presbyterium v. Josef Stetter* (1766).
Die Kirche steht im ältesten Teil des Friedhofs und ist v. künstlerisch wertvollen *Grabmälern* v. der Wende des 18. zum 19. Jh. umgeben.

Kostel svatého Salvatorá / St. Salvator
(Staré Město/Altstadt, Anežská ulice): →Sakralbauten: Klöster, Anežský klášter.

Kostel svatého Salvatorá / St. Salvator
(im Clementinum; Staré Město/Altstadt, Křižovnické náměstí/Kreuzherrenplatz): Die Kirche gehört zu dem großen Gebäudekomplex eines ehem. Jesuitenkollegs, des Clementinums (→Sakralbauten: Klöster, Klementinum). Der Bau dieser 1. Jesuitenkirche Böhmens wurde an der Stelle eines Bürgerhauses im Jahre 1578 v. einem unbekannten Architekten mit dem O-Chor begonnen. Bis 1601 waren bereits die 3 Schiffe des Langhauses, das Querschiff und 3 Marmorportale errichtet. In den Jahren 1648/49 erhielt die Basilika durch den Architekten Francesco Caratti* eine Kuppel. Den aus 3 Bogen

Salvator-Kirche, Clementinum (Augustinus li., Gregor re.)

konstruierten und durch Doppelpilaster strukturierten Portikus der Hauptfassade fügte in den Jahren 1651–53 der Baumeister Václav Michna v. Vacínov hinzu. Den reichen *Statuenschmuck* der Frontfassade schuf Johann Georg Bendl* ca. 1659. Über dem Portal in der Mitte stehen v. l nach r die 4 Kirchenpatrone: Augustinus, Gregor d. Gr., Ambrosius und Hieronymus. In der prächtigen Giebelnische befindet sich ein Standbild der Maria. Die Giebelspitze trägt die Darstellung »Christus der Welterlöser« (mit Weltkugel), der v. den 4 Evangelisten umgeben ist. Auf den Ecken der Balustrade befinden sich die Figuren eines Papstes sowie eines Bischofs und auf den Giebelecken die hll. Ignatius und Franz Xaver. Der Ausbau der beiden Türme erfolgte durch František Maximilián Kaňka* 1714.
Da die Kirche in der Übergangszeit zweier Stilepochen erbaut wurde, vereint sie in sich sowohl Elemente der Gotik als auch der Renaissance. Durch spätere Umgestaltungen mischen sich diese mit Arbeiten aus der Zeit des Barock und des Rokoko. So sind über der Chor und das Querschiff spätgot. erbaut und das Innere im Stil der Renaissance gestaltet. In den Jahren 1638–1640 errichtete Carlo Lurago* die Emporen in den Seitenschiffen. Die Wände und Wölbungen wurden mit Stukkaturen verziert. Das heutige Holzgewölbe über dem polygonalen Raum der Vierung entstand erst 1729/30. Die Verkleidung des Chorabschlusses mit Kunstmarmor stammt aus der Zeit des Rokoko, so auch das Deckenfresko »Die 4 Erdteile« v. dem Maler Karel Kovář* (1748). Der Rokokohochaltar trägt eine Kopie J. G. Haerings (1632) v. Raffaels Gemälde »Verklärung Christi«. Über den 2 von František Maximilián Kaňka* projektierten Seitenaltären (ca. 1720) hängen Gemälde der Ordensheiligen Ignatius und Franz Xaver v. Johann G. Heinsch*. Beachtenswert sind auch die barocken Beichtstühle (1673), die mit Holzplastiken der 12 Apostel v. Johann Georg Bendl*, dem Schöpfer der Fassadenplastik, geschmückt sind. Das schmiedeeiserne Gitter beim Kircheneingang wurde in der 2. Hälfte des 17. Jh. gefertigt.

< *Salvator-Kirche, Clementinum*

Kostel svatého Salvátora / St. Salvator
(Staré Město/Altstadt, Salvátorská ulice): Die dreischiffige Kirche wurde im
Auftrag der dt. Lutheraner 1611–14 v.
Johann Christoph aus Graubünden* erbaut. Da sie an der Wende v. der Gotik
zur Renaissance entstand, ist sie v. beiden Stilen geprägt worden. Ermöglicht
wurde der Bau durch die v. Kaiser Rudolf II. (1576–1611) erklärte Religionsfreiheit, woraufhin in ganz Europa für
diese Kirche gesammelt wurde. Doch
nach der Schlacht am Weißen Berg ging
sie 1626 in den Besitz des Paulaneror-
dens über. In der 2. Hälfte des 17. Jh. ließ
er die Kirche im Barockstil umbauen.
Es entstanden die Seitentribünen und
Stuckverzierungen. Ihr ca. 1682 am Staroměstské náměstí (Altstädter Ring) errichtetes Kloster verbanden sie mit der
Kirche durch einen gedeckten Gang. Der
Glockenturm stammt aus dem Jahre
1720. Am inneren Gewölbe findet man
noch Aufschriften und Wappen aus der
Bauzeit. Die übrige Ausstattung ist mo-
dern.
Nach ihrer Auflösung 1748 wurden Kloster und Kirche 1857 als Münzstätte ge-

nutzt, bis die Kirche 1863 der ev. Kirchengemeinschaft der Augsburger Konfession übergeben wurde. Seit 1918 ist sie
die Hauptkirche der Böhm. Brüderge-
meinschaft. In den 70er Jahren des
20. Jh. wurde die Kirche renoviert.

**Kostel svatého Šimona a Judy / St. Simon
und Juda** (Staré Město/Altstadt, U mi-
losrdných): Der Vorgängerbau der Kirche war eine schon den gleichen Heiligen
geweihte Kapelle aus der Mitte des
14. Jh. Die heutige Barockanlage ist typisch für die Spitalkirchenbauten der
Böhm. Brüder, auch wenn sie später
nochmals umgestaltet wurde. Die heutige Kirche entstand in den Jahren
1615–20 im Auftrag der Böhm. Brüder,
die die Kapelle zu einer Saalkirche im
Renaissancestil, aber noch mit got. Re-
miniszenzen, umbauen ließen. Nach 1620
kam sie in den Besitz der Barmherzigen
Brüder, die an der Stelle des Spitals ein
Kloster und ein Krankenhaus gründeten.
Die sich über die Kirche und die angrenzenden Bauten erstreckende Spätba-
rockfassade entstand bei einem Umbau
in der Mitte des 18. Jh. durch die Architekten J. J. Hrdlička*. Im Inneren ist
noch ein schönes Netzrippengewölbe
vom Anfang des 17. Jh. erhalten. Der als

St.-Simon-und-Juda-Kirche

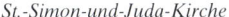

Fresko gemalte Hauptaltar v. J.Hager*
aus dem Jahre 1773 trägt ein Gemälde
der hll. Simon und Juda v. V.V.Reiner*
(ca. 1730). Beachtenswert ist eine aus
Plänerkalkstein gearbeitete *Madonnenstatue* aus der Mitte des 16.Jh. Auf der
Kirchenorgel spielten die berühmten
Komponisten Josef Haydn und Wolfgang Amadeus Mozart während ihrer
Prag-Besuche.

Kostel svatého Štěpána / St. Stephan

(Nové Město/Neustadt, Štěpánská ulice):
Das Gotteshaus wurde im Jahre 1351 als
Hauptpfarrkirche der oberen Prager
Neustadt gegr. Bis 1394 waren der Chor
und die 3 Schiffe der got. Basilika fertiggestellt. Der prismatische Turm wurde
erst Anfang des 15.Jh. hinzugebaut.
An der S-Seite errichtete man 1668 eine
Barockkapelle, die sog. *Kornel-Kapelle.*
In ihr hängt ein Gemälde der Kreuzabnahme Christi v. Matthias Zimprecht*
(1680). Davor befindet sich die Grabstätte des Barockbildhauers Matthias Bernhard Braun* (1648–1738). Die Kapelle
an der N-Seite stammt aus dem Jahre
1736 und gehörte der Neustädter Bür-
gerfamilie Branberger. Sie ist mit einem
Gemälde des Jüngsten Gerichts v. J.Zin-
ner* (1739) ausgestattet. 1866 erhielt die

St. Stephan

Kirche eine neue Vorhalle. Anschließend wurde sie v. Josef Mocker* regotisiert (1876–79), 1936 restauriert.
Das Innere der Kirche ist geprägt v. dem
Kontrast zwischen got. Architektur und
spätgot. sowie barocker Ausstattung.
Den Hauptaltar gestaltete der Tischlermeister Samuel Kraus* 1669 als frühbarocke Portalkulisse. Er trägt Statuen der
böhm. Landespatrone v. Johann Georg
Bendl* und zwei Gemälde v. Matthias
Zimprecht: »Die Steinigung des hl. Stephanus« und »Hl. Dreifaltigkeit«. Weitere Gemälde stammen v. Karel Škréta*,
V.V.Reiner* und Matthias Zimprecht*.
An den Wänden des Hauptschiffs befinden sich Fresken v. Josef Scheiwl*
(1880). Dargestellt sind Szenen aus dem
Leben des hl. Stephanus. An der Stirnwand des linken Seitenschiffs steht ein
Epitaph des Druckers M.Petrle aus An-
naberg, 1580 von dem Hofmaler Bartholomäus Spranger* gemalt.
Vor dem Altar der Taufe Christi ein v.
3 Klauenfüßen getragenes got. Zinntaufbecken v. Bartoloměj Konvář* aus dem
Jahre 1462. Beachtenswert ist auch die
steinerne Kanzel aus der 2.Hälfte des
15.Jh. Künstlerisch bes. wertvoll ist die
Madonna v. St. Stephan aus dem Jahre
1472, eine got. Tafelmalerei mit urspr.
Rahmen, darauf 8 Rahmenminiaturen.
Dargestellt sind Szenen aus dem Leben
der Maria und die Kindheit Christi.
Hinter der Kirche, in der Straße Na
Rybníčku; befindet sich eine weitere Se-
henswürdigkeit: die *Longinus-Rotunde*
(→siehe Seite 30).

Kostel svatého Tomáše / St. Thomas

(Malá Strana/Kleinseite, Letenská ulice):
Ursprünglich befanden sich an dieser
Stelle eine kleinere St.-Thomas-Kirche
und eine St.-Dorothea-Kapelle. Die heutige Kirche entstand zusammen mit dem
Bau des v. Wenzel II. gestifteten Klosters der Augustinereremiten in den Jahren 1285–1379. Die dreischiffige Basilika
mit ihrem langgestreckten Chor (bereits
1316 geweiht) und dem W-Turm wurde
in 2 Bauetappen v. unbekannten Architekten errichtet. In der Mitte des
14.Jahrhunderts wurden die Sakristei
mit einem Kreuzrippengewölbe und einer Mittelsäule sowie der Vorraum hin-

zugefügt. Die marmornen Renaissance-
portale stammen von Bernardo de Alberto* (1596). Ihr heutiges Aussehen erhielt die Kirche durch einen
Barockumbau v. Kilian Ignaz Dientzenhofer* in den Jahren 1723–31. Die Por-
talstatuen an der W-Fassade, die hll.
Augustinus und Thomas, sind Arbeiten
v. Hieronymus Kohl* (1684). Das Gewölbe trägt eine prächtige Deckenmalerei v. V.V. Reiner* aus dem Jahre 1730.
Im Langhaus sind Szenen aus dem Leben der hl. Augustinus und Thomas, in
der Kuppel eine Allegorie der 4 Erdteile
und im Chor jubilierende Engel dargestellt. Der Hauptaltar wurde wahrsch.
nach einer Vorlage von Kilian Ignaz
Dientzenhofer* von dem Tischlermeister
Christán Kovář* angefertigt (1731). Die
Schnitzereien stammen v. Johann Anton
Quittainer*, so auch die 2 überlebensgroßen Figuren im Altarraum. Diese beiden Künstler schufen auch die prächtige
Kanzel. Die 6 Statuen der böhm. Landespatrone sind Arbeiten v. Ferdinand
Maximilian Brokoff* und seinem Schüler
Ignaz Müller. Urspr. dienten diese Figu-
ren als Modelle für Silberstatuen, die v.
Franz Michael Redelmayer* gegossen
und nur an Festtagen gezeigt wurden.
Anfang des 19. Jh. schmolz man sie aus
Geldnot ein. Interessant sind die Altarbilder »Hl. Augustinus« und »Martyrium
des hl. Thomas« nach Gemälden v. Peter
Paul Rubens* (Kopien). Die Originale
hängen in der Nationalgalerie. Die meisten Altarbilder schufen die Maler Karel
Škréta* und Franz Xaver Balko*. Zur
Zeit Rudolfs II., als St. Thomas zur Hof-
kirche erhoben wurde, befand sich hier
eine Begräbnisstätte berühmter katholischen Persönlichkeiten.
Erhalten ist noch ein im Kreuzgang befindliches Epitaph der englischen Dich-
terin E.J. Vestonia von 1612. Aus der
gleichen Zeit stammt ein l im Chor be-
findlicher Altar des hl. Sebastian mit einem Gemälde, das Bartholomäus Spranger* zugeschrieben wird.
Die *Klostergebäude* wurden im Verlauf
der Jh. nach Bränden mehrfach umgebaut. Ihr heutiges Aussehen stammt v.
einem Umbau durch G. de Capauli* aus
dem 17. Jh. Innen ist noch eine got. St.-
Barbara-Kapelle erhalten geblieben.

Zum Kloster gehörte auch eine 1358
gegr. *Bierbrauerei*. Heute setzt sich diese
gastliche Tradition in dem neueren
Gebäude (1763), Letenská ulice
Nr. 12/CN 33, fort. Gleich um die Ecke,
in der Tomášská ulice Nr. 4/CN 26, findet
man eines der schönsten Hauszeichen v.
P. Am Haus »*Zum goldenen Hirsch*«
(→Profanbauten: Patrizier- und Bürger-
häuser, U zlatého jelena) sieht man die
Plastik »St. Hubertus mit dem Hirsch« v.
Ferdinand Maximilian Brokoff* (1726).

Kostel svatého Václava / St. Wenzel
(Smíchov, Náměstí 14. října): Die zum
Erzdekanat gehörige Kirche wurde in
den Jahren 1881–85 v. den Baumeistern
J. Linhart und V. Milde nach Plänen v.
Antonín Barvitius* als Neurenaissancebau errichtet. Sie ist einer der bedeutendsten Sakralbauten v. P. aus der
2. Hälfte des 19. Jh. Ihr plastischer Fassadenschmuck sowie die Brustbilder der
böhm. Schutzheiligen sind Arbeiten v.
Ludvík Šimek*. Der dreischiffige Innenraum ist im Stil einer altchristlichen Basilika gestaltet. An der reichen Ausstattung waren viele bedeutende Künstler
beteiligt. In der Hauptapsis befindet sich
ein Mosaik mit dem Motiv Christus und
die böhm. Schutzheiligen v. Josef Trenk-

St. Thomas, Klostergebäude (Kreuzgang)

wald. Unterhalb Szenen aus dem Leben des hl. Wenzel v. František Sequens*. Die Seitenapsiden haben Zikmund Rudl* mit dem Bild »Himmelfahrt Christi« und Max Pirner* mit einer »Marienkrönung« ausgemalt. Der Hauptaltar trägt Statuen v. Čeněk Vosmík*.

Kostel svatého Václava / St. Wenzel (Vršovice, Náměstí Svatopluka Čecha): Die Kirche ist ein herausragendes Beispiel für den Konstruktivismus in der Sakralarchitektur v. P. Sie wurde in den Jahren 1929/30 als Mittelpunkt des Platzes v. dem Architekten Josef Gočár* als kubistischer Saalbau mit Vorhalle erbaut. Schon v. weitem sieht man ihren 80 m hohen Turm. Zum Chor hin ist der Bau durch Stufen erhöht. Ausgestattet ist der Innenraum u.a. mit einem Marienaltar v. Karel Pokorný*, einem auf dem Hauptaltar befindlichen Kreuz v. Čeněk Vosmík*, einem Kreuzweg v. Bedřich Stefan* und einer nach einem Karton v. Josef Kaplický angefertigten Glasmalerei im Hauptchor.

Kostel svatého Václava na Zderaze/ St. Wenzel am Zderaz (Nové Město/ Neustadt, Resslova ulice): Die Kirche liegt auf einem ehem. Hügel, der nach einer Regulierung der Höhenunterschiede in der Neustadt heute kaum noch als solcher erkennbar ist. Im MA befand sich hier die nach einer Sagengestalt benannte Siedlung Zderaz, in der 2 Kirchen, ein Kloster und eine kleine got. Burg von König Wenzel IV. standen. Eine der Kirchen ist die im 12.Jh. als Pfarrkirche errichtete romanische St.-Wenzels-Kirche. Im Jahre 1399 wurde sie got. umgebaut, ihre 2 Schiffe wölbte man jedoch erst 1586/87 neu ein. Der frühbarocke Chor und die Sakristei stammen aus dem 17.Jahrhundert. In den Jahren 1909 und 1926 wurde die Kirche regotisiert. Das spätgot. Gewölbe zeigt Darstellungen der St.-Wenzels-Legende von Josef Hager (2.Hälfte 18.Jahrhundert). Im Chor findet man noch Reste gotischer Wandmalereien (ca. 1400). Die Kirchenbänke und ein Altar mit einem Kruzifix sind Arbeiten von F.Bílek* (1930).

Kostel svatého Vavřince / St. Laurentius (Malá Strana, Hellichova ulice Nr.16/ CN 396): Nach ihrer Aufhebung im Jahre 1784 wurde die urspr. roman. Kirche in ein Wohnhaus umgebaut. An den eigtl. Kirchenbau erinnern noch ein auf Blech gemalter hl. Laurentius an der Frontfassade, Spitzbogenfenster und im

St. Wenzel, Smíchov

St. Laurentius, Laurenziberg (Petřín)

Inneren des Hauses ein erhaltener got. Vorraum v. einem Umbau im 14. Jahrhundert

Kostel svatého Vavřince na Petříně / St. Laurentius (Malá Strana/Kleinseite, Petřín/ Laurenziberg): Die auf dem Laurenziberg gelegene Barockkirche mit ihren 2 Türmen und einer Kuppel ist durch den Umbau einer älteren Kirche unter Ignaz Palliardi* in den Jahren 1735–70 entstanden. Sie wurde in die sich über den Berg ziehende Hungermauer aus der Zeit Karls IV. (→Parks und Gärten, Petřín S.216) eingefügt. Im S-Teil der Kirche sind noch Reste des urspr. roman., bereits 1135 erwähnten Baus erhalten.
Eine Statue des legendären Kirchengründers St. Adalbert steht an der Außenwand. Sie ist eine Arbeit v. F.Dvořáček* (1842). Der Hauptaltar trägt ein Gemälde v. Jean Claude Monnot* mit der Darstellung des Martyriums des hl. Laurentius (1693).
Neben der Kirche wurde 1735 eine *Kalvarienberg-Kapelle* errichtet, mit einem Sgraffitobild »Auferstehung« v. Mikuláš Aleš*. Außerdem findet man in der Nähe eine Nachahmung des *Kerkers Christi* und des *Hl. Grabes.*

Katedrála svatého Víta / St.-Veits-Dom (Hradčany/Hradschin): →Profanbauten: Burgen, Pražský hrad S.90.

Kostel svatého Vojtěcha v Jirchářích / St. Adalbert (Nové Město / Neustadt, Vojtěšská ulice): Als die Moldau (Vltava) noch nicht befestigt war, stand die Kirche nahe dem Flußufer in der ehem. Gerbersiedlung. So reicht die Geschichte der urspr. got. zweischiffigen Kirche bis ins 13.Jh. zurück. Ihr heutiges Barockaussehen stammt v. einem Umbau in den Jahren 1720–30. Am Ende des 19.Jh. wurde sie regotisiert. Der hinter der Kirche stehende Glockenturm datiert v. ca. 1700, die angebaute Kreuzkapelle v. 1690. Im Inneren der Kirche befinden sich noch Deckenmalereien aus der 1.Hälfte des 16.Jh. Der Hauptaltar v. 1875 trägt ein Bild des hl. Adalbert v. Peter Maixner*. Beachtenswert sind noch eine Statue der *Jungfrau Maria vom Zderaz* (→Kirchen, St. Wenzel am Zderaz S.58) aus einer nicht mehr erhaltenen Kirche und ein got. Zinntaufbecken.
Interessant ist auch das zur Kirche gehörende spätbarocke *Pfarrhaus* in der Parallelstr. Pštrossova Nr.17/CN 214. Es ist mit Plastiken v. Ignaz Franz Platzer* und mit Illusionsmalereien v. Johann Hoff-

St.-Ursula-Kirche, Figurengruppe mit Johannes v. Nepomuk

Agneskloster

mann* ausgestattet. In dem Gedenkraum für den Komponisten Josef
Bohuslav Foerster (1859–1951), einen
Freund Gustav Mahlers, finden manch-
mal Konzerte statt. Sehenswert ist auch
die *Sammlung barocker Musikinstrumente.* Das Haus, in dem J. B. Foerster seine
Kindheit verbrachte, liegt direkt neben
der Pfarrei.

Kostel svaté Voršily / St.-Ursula (Nové
Město/Neustadt, Národní třída): Als
Klosterkirche des 1674–78 v. Marco Antonio Canevalle* erbauten Klosters der
Ursulinerinnen wurde das Gotteshaus
1702–04 errichtet. Auch für den Kirchenbau wird Marco Antonio Canevalle als
Baumeister angenommen, doch schreibt
man Paul Ignaz Bayer oder Jean-Baptiste Mathey den Entwurf zu.
Links vom Eingang steht eine Figurengruppe des hl. Johannes v. Nepomuk mit
Putten v. Ignaz Franz Platzer*. Der
plastische Fassadenschmuck stammt v.
Franz Preiß*. Dieser Bildhauer ist auch

der Schöpfer der Hauptaltarplastik. Das
Altarblatt der hl. Ursula stammt v.
J. K. Liška* (1706), der Himmelfahrts-
Altar trägt ein Gemälde von Peter
Brandl*. Prächtige Stukkaturen v. Tomaso Soldatti* und Deckenfresken v. Johann Jakob Steinfels* schmücken den
Saalraum. In den ehem. Klostergebäuden befinden sich heute medizinische In-
stitute und die *Klosterweinstube* »Klá-
šterní vinárna«.

2. Klöster

Anežský klášter / Agneskloster (Staré
Město/Altstadt, Anežská ulice): Das
Kloster befindet sich im N der Altstadt
nahe dem Moldauufer. Die ehem. Klosteranlage bestand zu ihrer Blütezeit aus
7 Kirchen (3 davon erhalten), einem *Klarissinnenkonvent,* einem Minoritenkloster und 2 Kreuzgängen. Heute gehört es
zu den herausragenden ma historischen
und baulichen Monumenten v. P.

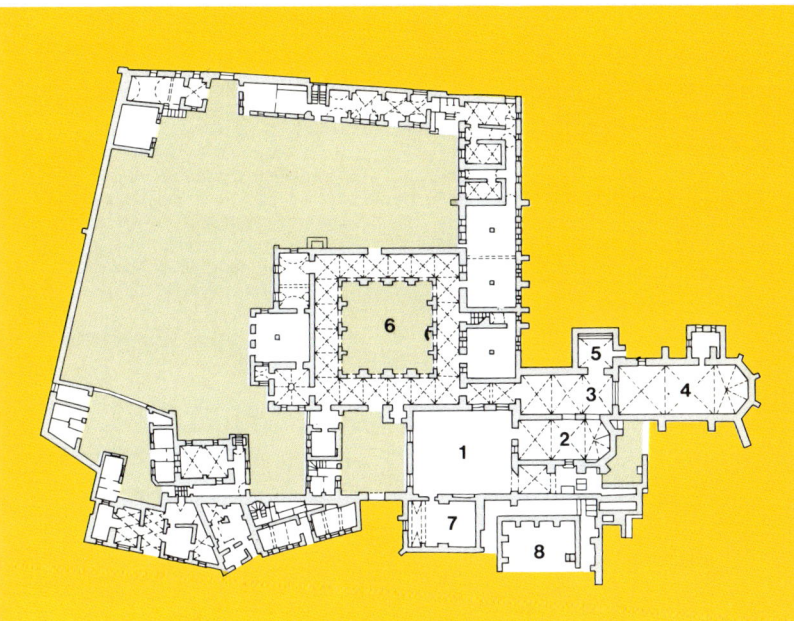

Anežský klášter / Agneskloster 1 Franziskuskirche (Schiff) **2** Franziskuskirche (Chor) **3** Kapitelsaal **4** Salvatorkirche **5** Maria-Magdalenen-Kapelle **6** Kreuzgang **7** Barbarakapelle **8** Minoritenkloster

In den Jahren 1231–34 gründete hier König Wenzel I. auf Anregung seiner Schwester Agnes ein Kloster. Dieser Klarissinnenkonvent wurde nach dem Vorbild der hl. Klara, die ein Frauenkloster bei Assisi leitete, gestaltet. Daß die beiden Frauen im Kontakt miteinander standen, belegt ein überlieferter Briefwechsel. Ab 1235 nahm die hl. Agnes (erst 1989 heiliggesprochen) die Stellung der Äbtissin ein. Der große Gebäudekomplex entstand in mehreren Etappen bis zum Jahre 1280 und wurde sogar noch zu Lebzeiten der Ordensgründerin fertiggestellt. Die einzelnen Gebäude sind in verschiedener Ausprägung vom Stil der burgundischen Zisterziensergotik geprägt. In den Jahren 1231–40 wurden

der O-Flügel des Konvents und die zweischiffige *Franziskuskirche* (1) errichtet. Den *Chor* (2) baute man erst 1238–45 hinzu, zur gleichen Zeit wie das s der Kirche angeschlossene *Minoritenkloster* (8). Der den Versammlungen dienende *Kapitelsaal* (3) entstand aus der ehem. Wohnung der Äbtissin (ca. 1250) mit einer frühgot. Balkendecke und einem anschließenden Refektorium, das als Andachtsraum benutzt wurde. Die *Salvatorkirche* (4) mit dem für sie charakteristischen Dachreiter und der *Maria-Magdalenen-Kapelle* (5) wurde in den Jahren 1275–80 erbaut. Die Forschung nimmt an, daß sie als *Mausoleum der Přemysliden-Herrscher* diente. Als Unterstützung dieser Annahme wird u. a. der zwischen Kirche und Kapitelsaal befindliche Arkadenbogen herangezogen. Seine Kapitelle tragen bekrönte Porträtmasken, die als stilisierte Bildnisse der Přemysliden gedeutet werden. Als gesichert gilt jedenfalls, daß in dieser Kirche die hl. Agnes im Jahre 1282 beigesetzt wurde. Der um den Paradieshof quadratisch angelegte *Kreuzgang* (6) entstand erst 1330. Die *Barbarakapelle* (7) wurde noch Ende des 14.Jh. ergänzt. In der Zeit der hussitischen Bewegung wurde das Klosterareal verlassen. Das Männerkloster verfiel und das der Frauen bezogen 1556 die Dominikaner, bis die Klarissinnen im Jahre 1626 zurückkamen. In ihrem Auftrag wurde an der N-Seite des Konvents die Prälatur erbaut (2.Hälfte des 17.Jh.) und die Barbarakapelle barockisiert (ca. 1700).

Nach der Aufhebung des Klosters im Jahre 1782 durch den Habsburger Joseph II. nutzte man die Gebäude als Lager und als Armenwohnungen. Die ganze Anlage verwahrloste zunehmend, bis 1892 eine Gesellschaft zur Erneuerung des Agnesklosters gegr. wurde. Nach mehreren archäologischen Untersuchungen in der Mitte des 20.Jh. übergab man den Auftrag der detaillierten Rekonstruktion dem Institut für Denkmalpflege in P.; Architekt war Josef Hejzlar.

1980 konnte die *Nationalgalerie* in den restaurierten Räumen ihre Ausstellung »Kunsthandwerk und tschech. Malerei des 19.Jh.« eröffnen und damit auch die Klostergebäude dem Publikum zugänglich machen. Im Erdgeschoß, in der Ab-

teilung Kunsthandwerk, sind künstlerisch wertvolle Objekte aus der Zeit des Empire bis hin zum Jugendstil ausgestellt. Die kunstgewerblichen Exponate umfassen Möbel sowie u.a. Keramik, Porzellan, Gold, Silber, Zinn, Textilien und vor allem das weltberühmte böhm. Glas. In der 1.Etage präsentiert sich die tschech. Malerei u.a. mit Künstlern wie August Piepenhagen*, Josef Navrátil*, Karel Purkyně*, Mikoláš Aleš*, Jakub Schikaneder* und Josef Mánes*, dem bedeutendsten Prager Maler des 19.Jahrhunderts.

Die Galerie ist täglich außer Mo v. 10 bis 18 Uhr geöffnet.

Bývalý benediktinský klášter / Kloster Břevnov oder Bräunau (Břevnov, Markétská ulice): In der Regierungszeit v. Boleslav II. gründete hier der hl. Adalbert, der 1.böhm. Bischof, bereits im Jahre 993 das erste Männerkloster Böhmens.

Von der urspr. roman. Basilika hat man bei grundlegenden archäologischen Untersuchungen im Jahre 1962 unter dem Chor der heutigen Barockkirche die Krypta gefunden.

Das Klosterareal der Benediktiner betritt man durch ein prächtiges Barock-

Kloster Břevnov

portal v. Kilian Ignaz Dientzenhofer* (1740), das mit einer Statue des heiligen Benedikt, des Ordensheiligen, geschmückt ist. Sein Schöpfer war der bayrische Bildhauer Karl Josef Hiernl*, der auch die Johannes-v.-Nepomuk-Figur vor der Kirche geschaffen hat.

Nach Plänen v. Christoph Dientzenhofer* wurden die Klostergebäude 1708–40 und die Kirche *svaté Markéty/St. Margaretha* 1708–15 errichtet. Die im Stil des röm. Illusionismus Borrominis gebaute Kirche gehört zu dem Typ der Saalbauten. Ihr plastischer Giebelschmuck stammt von Matthäus Wenzel Jäckel*. Den einschiffigen Innenraum bilden 4 sich überschneidende Ovale und ein Presbyterium. Die Deckenfresken schuf Johann Jakob Steinfels*. Sämtliche Altarbilder stammen v. Peter Brandl*; hervorzuheben ist das Gemälde »Der Tod und der hl. Günther«. Der Hauptaltar v. dem Tischler Josef Dobner nach Entwurf v. Christoph Dientzenhofer* (1718) trägt eine Plastik der hl. Margarethe v. Matthäus Wenzel Jäckel*.

Für die Innenarchitektur der Klostergebäude war Kilian Ignaz Dientzenhofer*, der Sohn v. Christoph Dientzenhofer, verantwortlich. Am bekanntesten ist der Prälatensaal, auch Theresianischer Saal genannt, wegen seines eindrucksvollen Deckenfreskos von Cosmas Damian Asam*. Die dominante Szene zeigt den hl. Günther und das Pfauenwunder. Trotz der Fastenzeit war der Heilige v. einem Fürsten zum Mahl geladen worden. Da er nicht ablehnen konnte, betete er. Darauf erhob sich ein gebratener Pfau und ging davon. Der Heilige war gerettet. Der Überlieferung nach wurde er in diesem Kloster begraben (etwa in der 1. Hälfte des 11. Jh.).

Vom Zentrum gelangt man zum Kloster am einfachsten mit den Straßenbahnlinien 8 und 22 in Richtung Řepy.

Nicht weit entfernt befinden sich noch weitere Sehenswürdigkeiten: die Kirche Panny Marie Vítězné/St. Maria de Victoria und die Gedenkstätte an die Schlacht am Weißen Berg (Bílá Hora; →Sakralbauten: Kirchen) sowie das Schloß Hvězda/Stern (→Profanbauten: Palais, Schlösser).

Emauzy, Klášter na Slovanech/Emmaus, Kloster bei den Slawen (Nové Město, Vyšehradská třída): Das Kloster wurde 1347 v. Kaiser Karl IV. noch vor der Gründung der Neustadt den Benedikti-

Kloster Břevnov, St. Margaretha, Deckenfresko über dem Chor

Kloster Břevnov, St. Margaretha, barocke Marien-Statue

Emmaus-Kloster

Clementinum (Innenhof)

nern des slaw. Ritus gestiftet. Mit der Wiederbelebung der Cyrillus-Methodius-Tradition durch die Einführung der altslawischen Sprache in die Messe verfolgte die Kirche u. a. das Ziel, größeren Einfluß im O zu erlangen. Zuerst ließen sich Benediktiner aus den Balkanländern an der Kapelle der heiligen Cosmas und Damian nieder. Sie ist heute noch, jedoch barock umgestaltet, im Klostervorhof zu sehen. Am Ostermontag im Jahre 1372 wurde die Kirche geweiht. Da an diesem Tag »Der Gang nach Emmaus« aus dem Evangelium gelesen wurde, bekamen Kloster und Kirche ihren entspr. Namen.

Eine herausragende Stellung als Bildungsstätte nahm das Kloster vor allem im 14. und 15. Jh. ein. Es war bekannt für seine zahlreichen Übersetzungen und illuminierten Handschriften. Hier entstand u. a. auch der glagolitische Teil des Evangeliars v. Reims, auf den die französischen Könige bis 1782 ihren Eid leisteten. In den folgenden Jh. wechselte die

Anlage mehrere Male ihre Besitzer. In den Jahren 1419–1589 gehörte sie den Hussiten, nach 1630 den spanischen Benediktinern v. Montserrat, die eine umfassende Barockisierung der Klostergebäude vornahmen und sie um eine Etage aufstockten. Ab 1880 kam sie in den Besitz der Benediktiner aus Beuron, die sie wiederum regotisierten. Ein moderner Anbau wurde noch 1930 hinzugefügt. Im Jahre 1941, während der Okkupation, lösten die Nationalsozialisten das Kloster auf.

Die Kirche Panny Marie na Slovanech/St. Maria bei den Slawen, 1348–72 als got. Kirche mit 3 gleichgroßen Schiffen erbaut, unterlag jeweils demselben Wandel wie das Kloster. Bei einem anglo-amerikanischen Bombenangriff 1945 wurde die ganze Anlage sehr stark beschädigt. So auch die ehem. 2 Barocktürme, die die W-Fassade der Kirche zierten. Erst 1967 wurden sie durch den Bau v. 2 konkaven Spitztürmen, die der Form v. Segeln oder Flügeln ähneln, ersetzt.

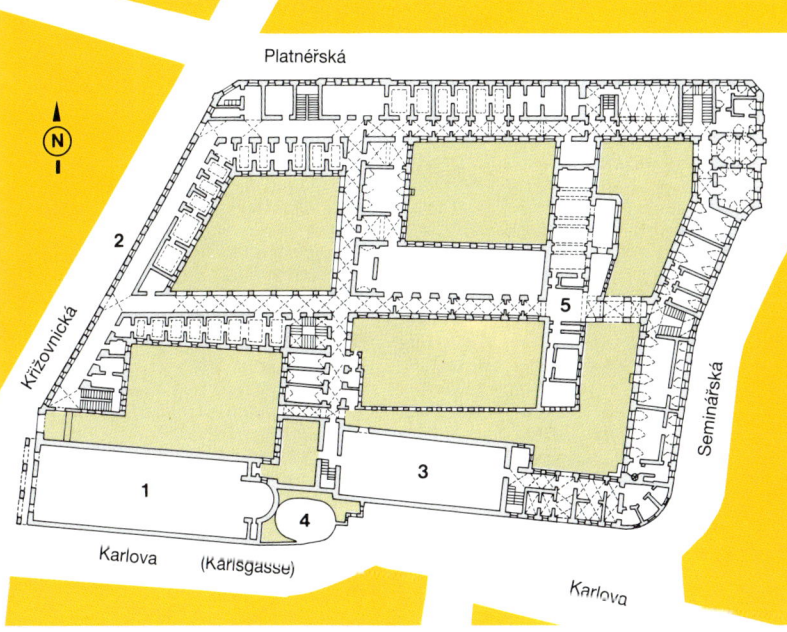

Platnéřská

N

Křižovnická

Seminářská

1

2

3

4

5

Karlova (Karlsgasse)

Karlova

Der Architekt war František M.Černý*. Aus der Gründungszeit blieben 2 besondere Kostbarkeiten erhalten: die mehrfach restaurierten Wandmalereien des Kreuzganges (1360), auf deren 26 Flächen eine Art spätmittelalterliche Armenbibel dargestellt ist (Ereignisse des Alten und Neuen Testaments sowie Wunderlegenden), und die *Kreuzigungstafel v. Emmaus.* Sie gilt als herausragendes Beispiel der böhmischen Hofmalerei des 14.Jahrhunderts. Heute ist sie in der Nationalgalerie (→Museen) ausgestellt.
Ab 1949 dienen die Klosterräume der Tschechoslowak. Akademie der Wissenschaften.
In der Kirche finden des öfteren Konzerte statt.

Klášter svatého Jiří / St.-Georgs-Kloster (Hradčany, Jiřské náměstí): →Profanbauten: Burgen, Pražský hrad S.107.

Klementinum/Clementinum, ehem. Jesuitenkolleg (Staré Město / Altstadt,

Clementinum 1 St.-Salvator-Kirche 2 Hauptfassade 3 St.-Clemens-Kirche 4 Welsche Kapelle 5 Sternwarte

Křižovnic-ké náměstí/Kreuzherrenplatz): Dieser nach der Prager Burg zweitgrößte Gebäudekomplex v. P. mit einer Fläche v. ca. 2 ha grenzt an die Straßen: Karlova (S), Platnéřská (N) und an die Plätze: Křižovnické (W), Mariánské náměstí (O). Die vierflügelige Anlage mit 5 Innenhöfen, Zwischentrakten, 3 Kirchen und einer Sternwarte wurde im Lauf der Jh. in mehreren Bauabschnitten errichtet.
Urspr. standen an dieser Stelle ein 1232 erbautes Dominikanerkloster, 3 Kirchen, 32 Bürgerhäuser und mehrere Gärten. Im Zuge der Gegenreformation waren 1556 v. Ferdinand I. die Jesuiten nach P. gerufen worden. Sie übernahmen das Dominikanerkloster, erwarben die angrenzenden Grundstücke und begannen im Jahre 1578 mit dem Bau des Chores

der St.-Salvator-Kirche (1); (→Sakral-
bauten: Kirchen, Kostel svatého Salvátora) als erstes Gebäude des Clementinums. Fortgesetzt wurden die
Bauarbeiten erst in den Jahren 1648–
1729, zunächst unter der Bauleitung v.
Francesco Caratti*, anschließend v.
František Maximilián Kaňka*. Im Anschluß an die St.-Salvator-Kirche entstand die heute dreigeschossige Hauptfassade (2), sie ist gegliedert durch
22 Fensterachsen und breite rustizierte
Pilaster mit verzierten Kapitellen. Darüber befinden sich reicher Ornamentschmuck, plastische Köpfe der römischen Kaiser (v. Giovanni B.Cometa)
und 2 doppelköpfige Adler. Die Dachlu-
karnen über dem Sims wurden später
hinzugebaut. Der N-Flügel wurde Ende
des 17.Jh. erbaut, der O-Flügel Anfang
des 18.Jh. mit einem schönen Barockportal, das v. Giebel und Balkon betont
wird. Der S-Flügel besteht größtenteils
aus den Fassaden der Kirchen *St. Salvator* (1) und *St. Clemens* (3) (→Sakralbau-
ten: Kirchen, Kostel svatého Klimenta)
sowie der in der Mitte gelegenen *Welschen Kapelle* (4); (→Sakralbauten: Kapellen, Vlašská kaple). Die Clemenskirche stammt noch aus dem urspr.
Dominikanerkloster und wurde in den

Jahren 1711–13 v. František Maximilián
Kaňka zu dem heutigen Barockbau umgestaltet. Dieser Architekt errichtete
1721–23 auch den Turm der *Sternwarte*
(5), der 1748 umgestaltet wurde. Hier
richtete sich der Astronom Josef Steep-
ling (1716–78) die Sternwarte ein, in der
seit 200 Jahren meteorologische Auf-
zeichnungen gemacht werden. Sein im
Hof stehendes Denkmal schuf Ignaz
Franz Platzer*. Die Atlasstatue auf der
Turmspitze stammt v. einem unbekannten Künstler. Die letzten baulichen Umgestaltungen nahm Ladislav Machoň in
den Jahren 1924–29 vor.
Nach der Schlacht am Weißen Berg (Bílá
Hora) wurde 1622 das urspr. reformato-
rische Carolinum (→Profanbauten: öffentliche Bauten, Karolinum) dem Jesuitenkolleg angeschlossen.
Am Ende des Dreißigjährigen Krieges
(1648) war hier das Zentrum der Prager
Studenten, die auf der Karlsbrücke
(→Brücken, Karlův most S.223) gegen
die anstürmenden Schweden erfolgreich
kämpften. Im sw Hof erinnert die Plastik
»Prager Student« an dieses Ereignis.
Nachdem 1773 das Jesuitenkolleg aufgehoben wurde, befand sich hier das Erzbischöfliche Seminar. Im Jahre 1777 wurde
die Universitätsbibliothek eingerichtet.

Clementinum, Front am Mariánské náměstí

Von den Innenräumen ist der bekannteste der v. František Maximilián Kaňka* 1721 bis 1727 erbaute *Bibliothekssaal.* Den sich über 2 Geschosse des O-Flügels erstreckenden barocken Saal schmückt ein Deckenfresko v. Johann Hiebl* (1727). Dargestellt sind Motive der Wissenschaft und der Kunst. Die an den Wänden stehenden Eichenregale sind mit Büchern gefüllt. In der Saalmitte wurde eine Reihe Erd- und Himmelsgloben vom 17. bis Mitte des 19. Jh. aufgestellt. Eine umlaufende Galerie mit schmiedeeisernen Gittern wird v. vorgesetzten gedrehten Säulen getragen. An der Stirnseite des Raumes hängt ein Gemälde v. Kaiser Joseph II. Sehenswert ist auch die ebenfalls v. F. M. Kaňka erbaute *Spiegelkapelle* (1724) mit ihren vergoldeten Stukkaturen und dem Deckengemälde »Szenen aus dem Leben Mariens«. Heute finden hier Ausstellungen und Konzerte statt. Der *Mozartsaal* im N-Flügel ist im Rokokostil gestaltet. Interessant sind die Reste eines an die Wand gemalten Altars der urspr. hier befindlichen roman. Kirche *St. Martin der Kleinere.* Im anschließenden *Mathematiksaal* befindet sich eine beachtliche Tischuhrensammlung aus der Mitte des 18. Jh.

Die Decken der langen Gänge im W-Flügel beleben Stukkaturen und Fresken, die Motive aus der Geschichte des Jesuitenordens zeigen. Heute ist hier der Sitz der *Staatsbibliothek,* die eine wertvolle Sammlung v. über 5 Millionen Bänden, darunter ca. 6000 Handschriften und ca. 3000 Inkunabeln, birgt. Eine berühmte Kostbarkeit ist das *Vyšehrader Krönungsevangeliar* aus dem Jahre 1086. Außerdem sind in den Gebäuden die Universitätsbibliothek, die Bibliothek der Technischen Hochschule und die Slaw. Bibliothek untergebracht.

Strahovský klášter / Kloster Strahov (Hradčany, Strahovské nádvoří): Das hoch über der Stadt auf dem Petřín/Laurenziberg w v. der Prager Burg gelegene Kloster erkennt man schon vom Tal aus an seinen 2 charakteristischen Kirchtürmen.

Auf einer Strahov genannten Stelle gründete Vladislav II. mit dem Bischof Jindřich Zdík im Jahre 1140 ein Prämonstratenserkloster. Es bildet den Kern der heutigen, nach mehreren Um- und Erweiterungsbauten stark veränderten Klosteranlage. Reste der urspr. roman. Ge-

Clementinum, Studentischer Lesesaal

Kloster Strahov, Abteikirche Mariä Himmelfahrt

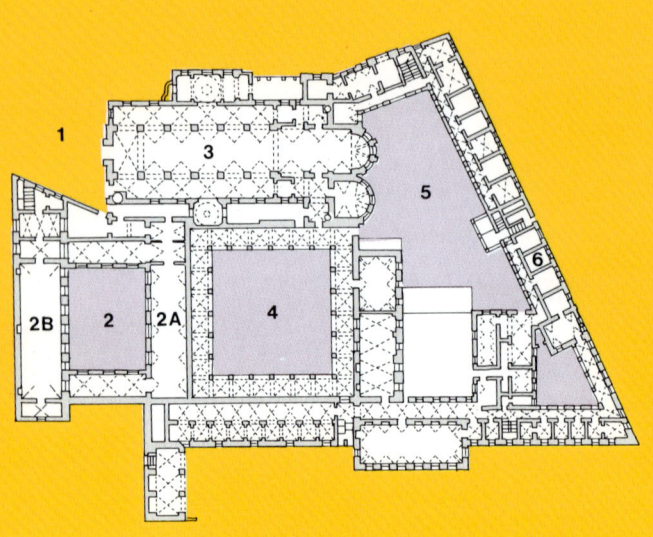

Strahovský klášter / Kloster Strahov 1
Klostervorhof **2** Bibliotheksgebäude **2A**
Theologischer Saal **2B** Philosophischer
Saal **3** St. Mariä Himmelfahrt (Abteikirche)
4 Konvent **5** Haupthof **6** Prälatur

bäude wurden 1950/51 bei intensiven archäologischen Untersuchungen gefunden.
Das nach einem Brand 1258 mehrfach
got. umgebaute Kloster gestaltete man
1614–26 im Renaissancestil um. Ende
des 17.Jh. verlieh ihm der Baumeister
Jean Baptiste Mathey* seine Barockgestalt, v. der leider nur wenig erhalten geblieben ist. Sie wurde zu großen Teilen
während des Österreichischen Erbfolge-
krieges 1741 zerstört. Das heutige Äußere des Klosters wurde nach 1741 geprägt.
Vom Strahovské nádvoří/Strahover Platz
gelangt man durch ein prächtiges Ba-
rocktor, bekrönt mit einer Plastik des *hl.
Norbert* (Ordensgründer der Prämonstratenser) v. Johann Anton Quittainer*
(ca. 1742) in den *Klostervorhof* (1). Auf

eine im spätgot. Stil errichtete Steinsäule
zugehend, die die Statue des Ordensheiligen trägt, sieht man l die St.-Rochus-
Kirche, r das *Bibliotheksgebäude* (2),
während sich in der Mitte die mächtige
Frontfassade der *Abteikirche St. Mariä
Himmelfahrt* (3) erhebt. Die *Kirche svatého Rocha/St. Rochus,* in den Jahren
1603–12 erbaut, wurde v. Kaiser Rudolf II. aus Dankbarkeit für die Erlösung
v. der Pest (1599) gestiftet. Der über
kreuzförmigem Grundriß im spätgot. Stil
errichtete Bau weist zusätzlich Renaissance-Elemente auf (z.B. das Maßwerk
der Fenster). Die Kirche diente vor ihrer
Aufhebung im Jahre 1784 als Pfarrkirche
des Pohořelec/Brandplatzes (→Straßen,
Plätze, Märkte). Nach ihrer Renovierung
in den Jahren 1970–73 befindet sich hier
der Ausstellungssaal *Musaion* des Museums der tschech. Literatur. Die *Abteikirche Svaté Panny Marie na Straho-
vé/St. Mariä Himmelfahrt* (3) erbauten
die Prämonstratenser bereits 1140–82 als
dreischiffige roman. Basilika. Dieser roman. Kern der Kirche hat all die baulichen Veränderungen während der Jh.

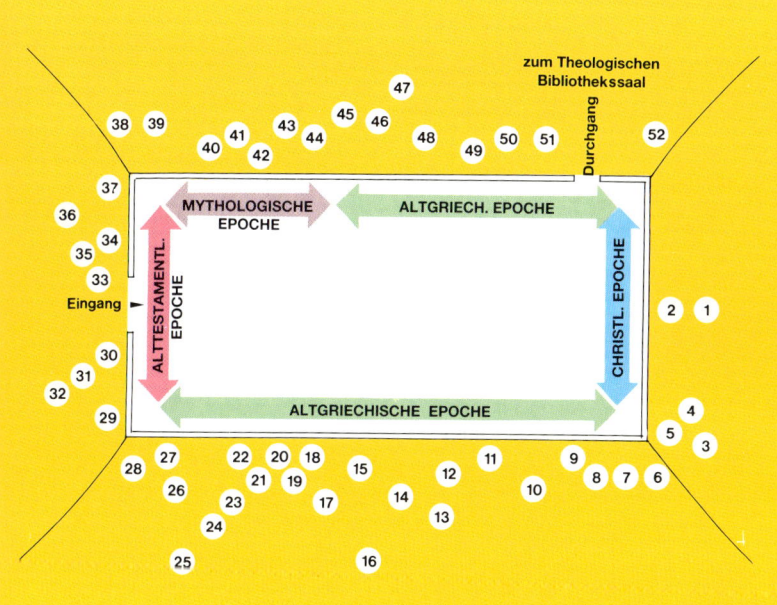

Strahovský kláster / Kloster Strahov, Philosophischer Bibliothekssaal, Dek-kenmalerei

überdauert. Dagegen ist das Querschiff v. der Gotik geprägt. Die äußere Gestalt und die Ausstattung im Inneren stammen jedoch vorwiegend aus der Zeit des Barock. Nach den Kriegszerstörungen v. 1741 entstand die durch Pilaster gegliederte und mit Mittelrisalit und Giebel versehene Frontfassade. Das v. Doppelsäulen eingerahmte Kirchenportal trägt eine qualitätvolle Immaculata-Figur v. Johann Anton Quittainer*. Auf den Stufen des ansteigenden Giebels stehen Plastiken; v. l nach r: der hl. Augustin, der hl. Adrian, das Gotteslamm, der hl. Jakobus und der hl. Norbert. Die beiden hohen, den Chor flankierenden Türme gestaltete Anselmo Lurago* in ihrer heutigen Form (1743–52).

Das Deckengewölbe des Innenraumes ist durch Stuckkartuschen v. Michael Ignaz

1 Altar des unbekannten Gottes **2** Ewige Flamme der Vestalinnen **3** Ludmilla **4** Wenzel **5** Hieronymus **6** Augustin **7** Adalbert **8** Joh. von Nepomuk **9** Norbert **10** Sokrates und Freunde **11** Xanthippe **12** Philosophie **13** Engel **14** Figur mit Säule (philosophische Gedanken) **15** Descartes **16** Sturz der Laster **17** Diderot **18** Voltaire **19** Magier Cleobulus und Tochter **20** Platon und Schüler **21** Pythagoras **22** Solon **23** Archimedes Thales (Fernrohr) **24** Sphinx Hippokrates **25** Baum der Erkenntnis **26** Adam und Eva **27** Kain und Abel **28** Arche Noah **29** Isaak Abraham **30** Engel **31** Moses **32** Allegorie des Alten Testaments **33** Bundeslade **34** Salomon **35** Aaron **36** Engel **37** David **38** Haß, Krieg **39** Grausamkeit **40** Satyr **41** Bachus **42** Silen **43** Bacchantin mit Tamburin **44** Kentaur **45** Streitroß Alexanders **46** Alexander d. Gr. **47** Aristoteles **48** Crates **49** Demokrit **50** Diogenes in der Tonne **51** Phanias **52** Juden, Türken, Heiden

Palliardi* in Felder aufgeteilt (1743), die im folgenden Jahr ausgemalt wurden. Die mittlere Freskenreihe v. Josef Kramolín* zeigt 8 Szenen aus der Marienlegende. Die übrigen 32 Gewölbezwickel tragen Mariensymbole v. Ignaz Raab*. Über den 12 Arkadenbogen der Seitenschiffe befinden sich Darstellungen aus der Norbertlegende v. Wilhelm Neunherz*. Den Hochaltar, aus rotem Marmor v. Josef Lauermann* geschaffen, versah 1768 Ignaz Franz Platzer* mit schönen Holzschnitzereien. Diese beiden Künstler sind zusammen mit Johann Anton Quittainer* auch die Schöpfer der Seitenaltäre. Die Altargemälde stammen überwiegend v. den bedeutenden Barockmalern J. K. Liška*, Michael Lukas Leopold Willmann* und Franz Xaver Balko*. Beachtenswert ist auch das frühbarocke Chorgestühl v. Franz Ryckel. In einer Kapelle des rechten Seitenschiffs befindet sich das Epitaph des Grafen Gottfried Heinrich Pappenheim, der ebenso wie der Schwedenkönig Gustav Adolf in der Schlacht bei Lützen 1632 gefallen ist. In der Ursulakapelle im linken Seitenschiff werden die Reliquien der hll. Ursula und Norbert aufbewahrt. Die Fresken malte der Prämonstratenser-Mönch Siard Nosecký*, der auch im Theologischen Bibliothekssaal wirkte. In der Kapelle befinden sich 2 bes. kostbare *Plenarien* (Reliquienplatten) vom Anfang des 14. Jahrhunderts. Die eine trägt auf einer mit Silber beschlagenen und mit Edelsteinen und Perlen verzierten Holzplatte ein Relief »Krönung Mariens«, das andere zeigt die 4 Evangelisten auf Emailmedaillons.

Das *Bibliotheksgebäude* (2) wurde erst in den Jahren 1782–84 v. dem Architekten Ignaz Palliardi* im Auftrag des Abtes Wenzel Mayer errichtet. Als plastischer Schmuck zieren die Hauptfassade Vasen, symbolische Attribute und ein Wappen des Kaisers Josef II. v. Ignaz Michael Platzer*. Hinter der Fassade verbirgt sich der 2 Geschosse einnehmende, prächtig ausgestattete *Philosophische Saal*. Seine die gesamte Wandfläche einnehmenden Bücherschränke wurden v. Johann Lachhofer* gefertigt und aus dem mährischen Kloster Louka (Klosterbruck) hierhergebracht. Unterteilt wird der Raum durch eine umlaufende Galerie mit holzgeschnitzter Balustrade. Das Tonnengewölbe der Decke schmückt ein Fresko des österreichischen Malers Franz Anton Maulpertsch* (1749). Dargestellt ist ein Geschichtszyklus, der anhand der dargestellten Personen und Er-

Kleinseite mit Kloster Strahov

eignisse durch die 4 großen Weltepochen führt.

Man betritt den Saal üblicherweise unterhalb der Darstellung der *alttestamentlichen Epoche,* die r vom Eingang mit dem Baum der Erkenntnis und Adam und Eva beginnt. Direkt über der Tür wird die Bundeslade, in Richtung Fensterfront werden Haß, Krieg und Grausamkeit gezeigt. Hier ist der Übergang zur *mythologischen Epoche,* die mit dem Kentaur abschließt. Dem Kentaur gegenübergestellt ist Alexander d. Gr. mit seinem Streitroß, Anfang der *altgriech. Epoche,* die auch Aristoteles und Diogenes in seiner Tonne zeigt. Über dem Durchgang beginnt die *christliche Epoche* mit der Darstellung einer Gruppe v. Heidenvölkern. An der Stirnseite sieht man unter dem Altar des unbekannten Gottes die ewige Flamme der Vestalinnen, l die Figur des Paulus und r die böhm. Schutzheiligen Ludmilla und ihren Enkel Wenzel. Die Epoche endet mit dem hl. Norbert. Hier schließt die andere *altgriech. Epoche* mit dem Philosophen Sokrates an und führt über Xanthippe, die französischen Enzyklopädisten Descartes, Diderot und Voltaire sowie Platon, Pythagoras und Archimedes zu Asklepios mit Schlange und Hippokrates, wo der Zyklus wieder am Baum der Erkenntnis endet. Die Deckenmitte schmückt das Gemälde »Verherrlichung der Göttlichen Weisheit«. Im Saal steht eine Büste des Kaisers Franz I. v. Franz Xaver Lederer*. Auf dem Weg zum Theologischen Saal kommt man an einer Glasvitrine vorbei, in der das berühmte *Strahover Evangeliar* ausgestellt ist. Es enthält 218 Blätter (entstanden ca. 800), 4 Bilder der Evangelisten (gegen Ende des 10. Jh.) und einen später hinzugefügten, mit Samt überzogenen hölzernen Einband (wohl 2. Hälfte des 12. Jh.). Die Forschung nimmt als urspr. Besitzer dieser Kostbarkeit das Kloster St. Martin bei Trier an.

Der *Theologische Saal* entstand bereits in den Jahren 1671–79 durch den Baumeister Domenico Orsi* als dreijochiger Raum. Die zusätzlichen 2 Joche beim Eingang sind erst 1721 ergänzt worden. Die stuckierte Decke läßt in ihrem dichten Rankenwerk und den voll ausgeformten Kartuschen noch den ital. Stil um 1670 erkennen. Die Ausmalung der einzelnen Felder erfolgte in den Jahren 1723–27 durch den Prämonstratenser Siard Nosecký*. In den kunstvollen Schränken und Vitrinen sind zahlreiche theologische Handschriften und Bücher

Kloster Strahov, Philosoph. Bibliothekssaal

ausgestellt. Bes. interessant sind die Globen aus dem 17. Jh. in der Saalmitte.

In den ehem. Klostergebäuden (4), vor allem im Kreuzgang mit seinen anschließenden Räumen, hat nach der umfassenden Renovierung von 1950 bis 1953 das *Museum des nationalen Schrifttums* (Památník Národního písemnictví) seinen Sitz. Der Eingang befindet sich auf der rechten Seite des Haupthofes (5), der hinter dem Chor der Kirche liegt. Die Sammlung besteht aus 2000 Handschriften, 100000 Bänden, 1200 Inkunabeln und einmaligen Stichen und Landkarten. Gezeigt werden auch Räume, die speziell zu wichtigen Themen der böhm. Geschichte ausgestattet sind, so z. B. ein Raum für die Přemysliden (1. Herrschergeschlecht v. Böhmen), einer für Kaiser Karl IV. und einer für den Reformator Johannes Hus.

Durch ein schmales Tor in der ö Klostermauer gelangt man in die das Kloster umgebenden *Gärten.* Von hier bietet sich ein besonders schöner Ausblick auf das Dächermeer v. P. mit seinen zahlreichen Türmen. Linker Hand erhebt sich die Burganlage mit dem gewaltigen St.-Veits-Dom (→Profanbauten: Burgen, Hradschin). Man kann seinen Weg auch hier fortsetzen, z. B. in Richtung Burg,

Kleinseite und Laurenziberg/Petřín. Anzumerken ist noch, daß sich in der ehem. Prälatur (6) des Klosters das reizvoll eingerichtete Restaurant »Oživlé dřevo« (»Belebtes Holz«) befindet.

Zbraslavský klášter / Kloster Zbraslav (Zbraslav/Königssaal): Das Kloster Zbraslav liegt in der gleichn. Stadt, die 1974 in die Hauptstadt eingemeindet wurde.

Dort, wo das Flüßchen Berounka in die Moldau (Vltava) einmündet, errichtete Přemysl Otakar II. in den Jahren 1253– 1278 einen Jagdhof. In der Regierungszeit Wenzels II. baute man ihn in ein 1292 gegr. Zisterzienserkloster um. Die Forschung vermutet hier eine Grabstätte des Herrschergeschlechts der Přemysliden. Die während der hussitischen Revolution 1420 zerstörte Klosteranlage wurde 1716 durch den Neubau eines dreiflügeligen Konvents des Architekten Jan Blažej Santini-Aichel* ersetzt. František Maximilián Kaňka* beendete das Bauwerk im Jahre 1732.

Die urspr. got *Kirche svatého Jakuba/St. Jakob* wurde in den Jahren 1650– 1654 barockisiert. Ihr Hauptaltargemälde »Mariä Himmelfahrt« stammt v. Giambattista Piazzetta* (1743). Der

Kloster Strahov, Theologischer Bibliothekssaal

rechte Seitenaltar trägt die Kopie eines got. Tafelbildes der *Madonna v. Zbraslav* (heute in der Nationalgalerie im Georgskloster, →Profanbauten: Burgen, Pražský hrad S.107).

Die übrige bildnerische Ausstattung haben Karel Škréta* und Peter Brandl* geschaffen. Im linken Seitenschiff ist bes. die Plastik »Přemysl der Pflüger« v. Jan Štursa* interessant. Sie befindet sich auf einem Grabmal der letzten Přemysliden (Wenzel II., sein Sohn Wenzel III. und seine Tochter Elisabeth) v. Pavel Janák* (1924).

Im Jahre 1784 wurde das Kloster aufgehoben und 1911–25 umfassend restauriert. Heute ist hier eine *Abteilung der Nationalgalerie* untergebracht, die eine permanente Ausstellung v. Skulpturen des 19. und 20. Jh. präsentiert. Die bekanntesten Vertreter dieses Zeitabschnitts sind Josef V. Myslbek*, der Schöpfer des mächtigen Wenzel-Denkmals auf dem gleichnamigen Platz in der Neustadt (→Straßen, Plätze, Märkte, Václavské náměstí) und Jan Štursa* Das Museum ist täglich außer Mo v. 10 bis 18 Uhr geöffnet. Die ehem. Prälatur gestaltete Dušan Jurkovič* 1911–12 neu um. Heute dient sie staatl. Repräsentationszwecken.

Kloster Zbraslav

3. Kapellen

Betlémská kaple / Bethlehemskapelle (Staré Město / Altstadt, Betlémské náměstí): Die heutige Kapelle ist eine originalgetreue Rekonstruktion der urspr. Kapelle nach Stichen und alten Zeichnungen durch den Architekten Jaroslav Fragner* (1950–54). Den ansonsten schlicht gehaltenen Sakralbau erkennt man leicht an seinen 2 hohen Satteldächern.

Im Jahre 1391 wurde v. den Bürgern der Stadt P. an dieser Stelle die Bethlehemskapelle errichtet, um einen Raum für die Lesung der Messe in tschech. Sprache (statt in lat.) zur Verfügung zu haben. In dem einfachen Raum ohne Chor und Seitenschiffe fanden ca. 3000 Menschen Platz. In der Größe entspricht sie somit eher einer Kirche als einer Kapelle, doch war ein Kirchenbau für die tschech. Messe nicht erlaubt. In den Jahren 1402–13 predigte hier der bedeutende Reformator Johannes Hus (1369–1415), Rektor der Prager Universität, der sich vehement gegen die Weltlichkeit und Prunksucht der Kirche wandte. Auf dem Konzil in Konstanz wurde er 1415 zum Tod auf dem Scheiterhaufen verurteilt, weil er an seiner Überzeugung festhielt. Un-

gefähr 100 Jahre später, 1521, wirkte hier der dt. Bauernführer Thomas Müntzer (um 1490–1525), der sich sowohl für die reformatorischen Ideen einsetzte als auch für soziale gesellschaftliche Gerechtigkeit. In den Jahren 1605–20 war die Kapelle Sitz der Kirchengemeinschaft der Böhm. Brüder. Ab 1627 war nur noch der kath. Glaube zugelassen, und die Kapelle ging in den Besitz des Jesuitenordens über. I. J. 1786 riß man sie ganz ab und errichtete an ihrer Stelle ca. 1835 ein Wohnhaus. Bei der Rekonstruktion verw. man auch die Mauerreste der urspr. Kapelle, die man beim Abriß des Wohnhauses entdeckt hatte. Die Innenwände sind nach Vorbildern des Jenaer Codex v. Schülern der Akademie der bildenden Künste bemalt worden.

Im O schließt das ebenfalls erneuerte *Predigerhaus* an. Es war u. a. das Wohnhaus des Magisters Johannes Hus und ist heute als Gedenkhaus eingerichtet. Im Keller ist noch der Raum einer urspr. dort befindlichen Mälzerei erhalten.

1962 wurde die Kapelle aufgrund ihrer besonderen hist. Bedeutung zum nationalen Kulturdenkmal erklärt. Nach einer Totalrenovierung wird sie wahrscheinlich ab Sommer 1993 wieder öffentlich zugänglich.

Kaple svatého Kříže / Heilig-Kreuz-Kapelle (Hradčany): →Profanbauten: Burgen, Pražský hrad S.89.

Kaple Panny Marie v hradbách / Marienkapelle in den Schanzen (Vyšehrad, V pevnosti): →Profanbauten: Burgen, Vyšehrad.

Kaple svaté Mařĺ Magdaleny / St. Maria Magdalena (Letná, Nábřeží kapitána Jaroše): Am Fuß des Letná bei der Svatopluk-Čech-Brücke liegt die Kapelle malerisch am Flußufer. 1635 wurde sie als frühbarocker Rundbau mit Kuppel v. einem unbek. Architekten erbaut. Auftraggeber war der Cyriakenorden, der seine heute nicht mehr erhaltenen Klostergebäude am gegenüberliegenden Flußufer hatte. Um die Kapelle zu retten, wurde sie bei einer Verbreiterung des Brückenkopfes um ca. 35 m verschoben. Heute dient die 1984 renovierte Kapelle der altkatholischen Kirche als Gotteshaus. Das dahinter liegende Empiregebäude gehört zu der ältesten Prager Badeanstalt (Občanská plovárna); sie entstand 1840.

Kaple svatého Václava / Wenzelskapelle (Hradčany): →Profanbauten: Burgen,

Kloster Zbraslav

Bethlehemskapelle

Pražský hrad S.91. Diese Kapelle befindet sich im St.-Veits-Dom (Katedrála svatého Víta).

Vlašská kaple / Welsche Kapelle (Staré Město/Altstadt, Karlova ulice): Der Rundbau der Kapelle liegt zwischen dem Chor der St.-Salvator-Kirche und der Eingangsfront der St.-Clemens-Kirche. Diese 3 Sakralbauten bilden zusammen die s Fassade des Clementinums (→Sakralbauten: Klöster, Clementinum).
Die Kapelle wurde in der Regierungszeit Rudolfs II. im Auftrag der Welschen Kongregation, einer Vereinigung v. in P. lebenden ital. Einwanderern, in den Jahren 1590–1600 errichtet.
Der Organisation gehörte schon ein Hospital in der Vlašská ulice (→Straßen, Plätze, Märkte).
In der Forschung wird der Römer Ottaviano Mascarino* als Architekt dieses 1. barocken Zentralbaus v. P. angenommen. Über ihrem ovalen Grundriß erhebt sich ein Kuppeldach mit einer Laterne. Die schlichte Außenfassade wird durch große dreigeteilte Rundbogenfenster aufgelockert. Der Portikus mit dem schmiedeeisernen Gitter und der Balustrade wurde erst 1715 v. František Ma-

ximilián Kaňka* hinzugefügt. Er dient auch als Verbindung zur Clemenskirche. Im Inneren befinden sich unter dem Arkadenumgang 7 Kapellen, deren Gewölbe mit Mariendarstellungen ausgemalt sind. Die Kuppel schmückt das Gemälde »Mariä Himmelfahrt«.

Kaple Všech svatých / Allerheiligenkapelle (Hradčany): →Profanbauten: Burgen, Pražský hrad. Die Kapelle befindet sich im →Alten Königspalast (Starý královský palác) hinter dem Vladislav-Saal (Vladislavský sál).

4. Synagogen

Die Geschichte der im Norden der heutigen Altstadt gelegenen alten Prager Judenstadt (Židovské Město) geht bis auf das 12. Jahrhundert zurück. Doch werden bereits jüd. Niederlassungen im Prager Stadtgebiet im 10. Jh. erwähnt. Von der alten Prager Judenstadt blieben nach der Assanierung dieses Viertels nur 6 Synagogen, der Alte Jüdische Friedhof und das Zeremonienhaus (→Sakralbauten: Friedhöfe, Starý židovský hřbitov) und das Jüd. Rathaus (→Profanbauten:

Kapelle Maria Magdalena

Staatl. Jüd. Museum, Hohe Synagoge: Koruna na Tóru

öffentliche Bauten, Židovska radnice) erhalten.

Bei der Assanierung wurde ein Wohnhaus nach dem anderen abgerissen und durch ein neues im Stil der Jahrhundertwende (19./20. Jh.) ersetzt. 3 große barocke Synagogen fielen dieser Maßnahme zum Opfer: die *Zigeuner-*, die *Grossenhof-* und die *Neue Synagoge.*

Die erhaltenen Synagogen und der Friedhof sind nicht nur bedeutende Baudenkmäler, sondern auch die einzigen Zeugen der Geschichte und des Lebens der Juden in P. Die Synagogen dienten nicht nur als Gotteshäuser, sondern auch als Zentren des gesellschaftlichen Lebens, der Erziehung und der Bildung. In der Zeit der dt. Besatzung 1939–45 wurden sie von den Nationalsozialisten geschlossen und in Lagerräume für den beschlagnahmten privaten Besitz der Juden bzw. das Eigentum ganzer jüd. Kultusgemeinden umgewandelt, während man die Juden in die verschiedenen Vernichtungslager verschleppte. Dies geschah mit der furchtbaren Absicht, das bereits bestehende Museum (seit 1906) in ein »exotisches Museum für die ausgerottete Rasse der Juden« umzuwandeln. Deshalb entgingen viele jüd. Kultusgegenstände, Dokumente und Kunstwerke der Vernichtung. Nach der Niederlage des NS-Regimes wurden die Synagogen samt ihren kostbaren Sammlungen dem Jüd. Museum zurückgegeben, das 1950 in den Besitz des Staates überging.

Das *Staatliche Jüd. Museum* (Státní židovské muzeum) begann mit den umfassenden Restaurierungsarbeiten und präsentierte bald darauf eine einzigartige Kollektion synagogaler Gegenstände; in der Vysoká synagóga/Hohe Synagoge: synagogale Textilien und Silber, in der Klausova synagóga/Klausen-Synagoge: alte hebräische Drucke und Handschriften, in der Maislova synagóga/Maislsynagoge: synagogales Silber. Die Pinkasova synagóga/Pinkasschule dient als Gedenkstätte der Judenverfolgung unter dem Nationalsozialismus, die Staronová synagóga/Altneusynagoge wird von der jüd. Gemeinde zum Gottesdienst genutzt, und die Španělská synagóga/Spanische Synagoge wird zur Zeit umfassend restauriert. Besonders eindrucksvoll sind

Staatliches Jüd. Museum 1 Klausensynagoge **2** Maislsynagoge **3** Pinkasschule **4** Spanische Synagoge **5** Altneusynagoge **6** Hohe Synagoge und Jüd. Rathaus **7** Jüd. Friedhof **8** ehem. Zeremonienhalle

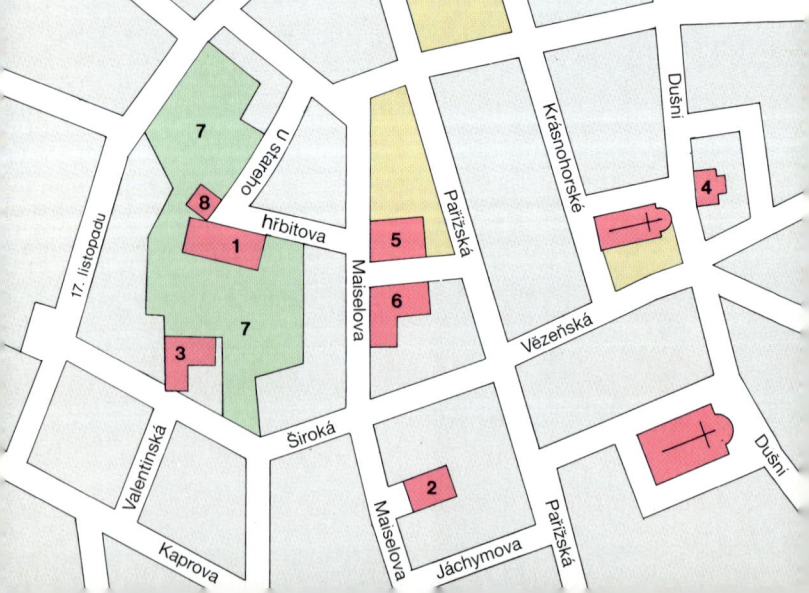

die Zeichnungen, die die Kinder im Konzentrationslager Theresienstadt gemalt haben. Sie sind im Zeremonienhaus ausgestellt. Außer den bereits erwähnten Synagogen gab es im näheren Umkreis und in der Prager Judenstadt auch private und Vereinsbethäuser. Nach dem erneuten Erlangen der bürgerlichen Gleichberechtigung in der Mitte des 19. Jh. verließen viele Juden dieses Stadtviertel und gründeten eigene jüd. Gemeinden im Gebiet der heutigen Hauptstadt P. In *Karlín* wurde in der Vítkova ulice v. der seit 1817 in diesem Stadtviertel ansässigen jüd. Gemeinde eine Synagoge mit maurischen und neuroman. Stilelementen erbaut. Heute dient sie der tschech. hussitischen Kirche als Gotteshaus. In *Libeň* wurde an der Stelle einer älteren (Anfang 16. Jh.) eine neue, neuroman. Synagoge in der Ludmilina ulice errichtet. In *Smíchov* erbaute man im Jahre 1863 eine neuroman. Synagoge, die 1931 v. Architekt Leopold Ehrmann* im funktionalistischen Stil umgebaut wurde (Ecke Plzeňská / Stroupežnického ulice).

Die größte Synagoge v. P. errichtete der Architekt Wilhelm Stiassny in den Jahren 1896–98 im Stadtviertel *Vinohrady* in der Sázavská ulice. Sie wurde jedoch bei einem Luftangriff gegen Ende des 2. Weltkrieges zerstört. Im Stadtteil *Žižkov* gründete der dort ansässige jüdische Kultusverein 1893 eine selbständige Gemeinde. Anstelle einer Synagoge benutzten sie ein Bethaus, das sich in der 1. Etage eines Wohnhauses in der Kalininova ulice befindet. Heute ist es im Besitz der tschechisch hussitischen Kirche. Architektonisch interessant ist die in der Prager *Neustadt* erbaute →Jubiläumssynagoge.

Das gesamte Museumsareal in der ehem. Prager Judenstadt, heute Josefov, ist täglich außer Sa v. 9 bis 17 Uhr in den Sommermonaten und v. 9 bis 16.30 Uhr in den Monaten November–März geöffnet.

Jubilejní synagóga / Jubiläumssynagoge (Nové Město / Neustadt, Jeruzalémská ulice): Nachdem bei der Assanierung der ehem. Prager Judenstadt die 3 bereits erwähnten barocken Synagogen niedergerissen wurden, gründete man einen Verein für den Bau einer neuen Synagoge. Der Architekt Wilhelm Stiassny* und der Baumeister Alois Richter realisierten den Plan in den Jahren 1905–06. Die so in der Neustadt entstandene Synagoge vereinigt Elemente des Jugendstils mit maurischer Architektur, was dem Bau ei-

Zeremonienhaus

nen besonderen Reiz verleiht. Den Haupteingang bildet ein mächtiger zurückgesetzter Portikus, bekrönt v. einem islamischen Bogen. Die Wände des Innenraumes der Synagoge strukturiert eine doppelstöckige Arkadengalerie. Die bildnerische Ausschmückung stammt v. František Fröhlich*.
Die Synagoge dient der jüd. Gemeinde v. P. bis heute als Kultusstätte.

Klausova synagóga / Klausensynagoge (Josefov/Josefstadt, U starého hřbitova/ Am Alten Friedhof): Die an den Alten Jüd. Friedhof angrenzende Barocksynagoge wurde 1694 an der Stelle v. 3 kleineren Gebäuden erbaut. Benannt wurde sie nach diesen urspr. Bet- und Unterrichtshäusern, den »Klausen«. Das Tonnengewölbe des Saalraumes der Synagoge ist reich mit Stukkaturen verziert, die Wände gliedern Pilaster. Im Jahre 1884 erfolgte ein Umbau durch den Architekten B. Münzberger*, der u. a. die breiten Emporen, die ehem. Frauengalerien, hinzufügte. Der barocke Aron ha-Kodesch an der O-Seite wurde 1983 restauriert, und 1 Jahr später eröffnete in der Synagoge die permanente Ausstellung hebräischer Handschriften und Drucke. Auf der Empore finden wechselnde Ausstellungen statt.

Maislova synagóga / Maislsynagoge (Josefov/Josefstadt, Maiselova ulice): Der Bürgermeister der ehem. Prager Judenstadt, Mordechai Maisl (auch Maisel oder Meisel), gründete, mit einem Privileg v. Kaiser Rudolf II. ausgestattet, in den Jahren 1590 bis 1592 die nach ihm benannte Synagoge als privates Bethaus. Diesen der Überlieferung nach größten und prächtigsten Renaissancebau des Stadtviertels errichteten Josef Wahl* und Juda Goldšmíd de Herz* als dreischiffigen, auf 20 Pfeilern ruhenden Saalbau. Nachdem sie bei dem großen Feuer im Ghetto 1689 niedergebrannt war, wurde sie 1691, jedoch in kleinerer Form erneuert. Von den urspr. Pfeilern sind heute noch 14 erhalten. Weitere Umbauten folgten in den Jahren 1862–64 durch den Architekten J. M. Wertmüller* und 1893 bis 1905 während der Assanierung des ganzen Viertels durch den Architek-

ten Alfred Grotte* im neugot. Stil. Es entstanden u. a. das Rippengewölbe, die Emporen und der Haupteingang, der im Rahmen dieser Umgestaltung v. O auf die W-Seite verlegt wurde. Das Vestibül entwarf der Architekt E. Králíček.
Nachdem 1956 das Staatliche Jüd. Museum die Synagoge übernahm, erfolgte in den Jahren 1963–64 eine umfangreiche Innenrestaurierung. Schon 1 Jahr später eröffnete die Ausstellung synagogalen Silbers mit einer kostbaren Sammlung jüd. Kult- und Kunstgegenstände, wie Thorazeiger, Schilde, Kronen, Gewürzbüchsen, Pokale, Leuchter etc. Neben böhm. Silberschmiedearbeiten des 17.–19. Jh. werden auch hervorragende Arbeiten aus Wien, Augsburg und Nürnberg gezeigt.

Pinkasova synagóga / Pinkasschule (Josefov/Josefstadt, Široká ulice): Ende des 15. Jh. errichtete an dieser Stelle die Familie Horowitz, eine der angesehensten Familien der alten Prager Judenstadt, ein Bethaus als Teil ihres Wohnhauses. Zu dieser Zeit bestätigte König Vladislav Jagiello die Vorrechte der jüd. Gemeinde v. P. (1501), was einen wirtschaftlichen und gesellschaftlichen Aufschwung zur Folge hatte. Im Jahre 1535 erweiterte

Klausensynagoge

Aron Meschullam Horowitz (Žalman Hořovský, genannt Manka) das Bethaus zu einer Synagoge. Ihren Namen Pinkasschule erhielt sie wahrscheinlich nach dem Rabbiner Pinkas Horowitz aus Krakau, dem Enkel des Aron Meschullam Horowitz.

In dem Bau mischen sich architektonische Elemente der Gotik und der Renaissance. Der langgestreckte, schmale einschiffige Saal wird v. einem schönen Netzgewölbe überspannt. Das Eingangsportal gilt als hervorragendes Beispiel für den Stil der Frührenaissance. Anfang des 17. Jh. erfolgte ein Umbau durch den Architekten Juda Goldšmíd de Herz*. Es entstanden das Frauenschiff, das Vestibül und die Galerie in der Haupthalle. Nach Hochwasserschäden wurde der Aron ha-Kodesch im 18. Jh. barockisiert. Das schmiedeeiserne Rokokogitter stammt aus dem Jahre 1793, die zinnerne Thoralade entstand 1838. In der 2. Hälfte des 19. Jahrhunderts wurde nach einer weiteren Überschwemmung das Niveau des Innenraums um 1,5 m erhöht, was die urspr. Proportionen des Baus zerstörte. Bei Renovierungsarbeiten in den Jahren 1950–53 wurden die Aufschüttungen wieder entfernt und die Überreste v. verschiedenen Vorgängerbauten – die älte-

sten stammen aus dem 11. Jh. – und eines Ritualbades entdeckt. Nach dieser Renovierung wandelte man das Innere der Synagoge in eine Gedenkstätte und ein erschütterndes Mahnmal an die Massenvernichtung der böhm. und mähr. Juden durch die Nationalsozialisten in den Jahren 1940–45 um. Die Wände sind beschrieben mit den Namen v. 77 297 Juden, ihrem Geburtsdatum und dem Tag ihres Abtransportes in eines der Vernichtungslager. An der Wand neben dem Thoraschrein stehen die Namen dieser Konzentrationslager.

Španělská synagóga/Spanische Synagoge, auch Tempelsynagoge (Josefov/Josefstadt, Dušní ulice): Der nicht mehr erhaltene Vorgängerbau der Spanischen Synagoge, die *Altschul* (Stará synagóga), gilt als älteste Synagoge der ehem. Prager Judenstadt. Ihren Namen erhielt sie erst, als in der 2. Hälfte des 13. Jh. die Neue Synagoge, die heutige →Altneusynagoge (Staronová synagóga), erbaut wurde. Nach einer wechselhaften Geschichte v. Zerstörungen, Bränden und Wiederaufbauten schildert sie eine Überlieferung (um 1700) als 33 Ellen langes und 15,5 Ellen breites Gebäude mit Satteldach und Anbauten am Längs-

Spanische Synagoge

Altneusynagoge mit Moses-Statue

schiff. Ab 1837 fand in dieser Synagoge der erste reformierte Gottesdienst v. P. statt, und gleichzeitig begann man mit der Pflege synagogaler Musik. Beauftragt wurde der Komponist František Škroup, bekannt als Autor der tschech. Nationalhymne und der ersten tschech. Oper.

Schließlich wurde die Altschul im Jahre 1867 abgerissen. An ihrer Stelle begann schon 1868 der Architekt Ignác Ullmann* mit dem Bau der Spanischen Synagoge im maurischen Stil mit Kuppel, Rundbögen und Zinnen. Ihren Innenraum gestaltete Josef Niklas* nach dem Vorbild der Alhambra in Granada. Bes. prächtig sind die Stuckarabesken und Holzschnitzereien. Die Synagoge ist zur Zeit wegen Restaurierungsarbeiten unzugänglich.

Stará synagóga/Altschul (Josefov/Josefstadt, Dušní ulice): →Španělská synagóga/Spanische Synagoge.

Staronová synagóga / Altneusynagoge (Josefov/Josefstadt, Červená ulice): Die Altneusynagoge ist die älteste noch erhaltene in Europa. Der jüd. Gemeinde dient sie bis heute als Gotteshaus. Urspr. wurde sie *Neue* oder *Große Synagoge* genannt, bis eine weitere, noch neuere errichtet wurde; daraufhin erhielt sie die Bezeichnung Altneusynagoge.

Das Bauwerk vom letzten Drittel des 13. Jh. gilt als eines der herausragenden Beispiele für eine zweischiffige ma Synagoge, wie sie auch aus Regensburg und Krakau bekannt ist. Äußerlich schlicht gehalten, erhebt sie sich über einem rechteckigen Grundriß mit einem auffallend steilen Satteldach und 2 Backsteingiebeln, die Ende des 15. Jahrhunderts entstanden.

Ihr Eingang liegt etwas unterhalb des Straßenniveaus. Man betritt zuerst den ältesten Teil der Synagoge, das frühgotische Vestibül, das ursprünglich als Bethaus diente, bis der an sie anschließende zweischiffige Saal vollendet war. Im 17. Jh. errichtete man in der Vorhalle 2 Kassen für die sog. Judensteuer. Die 2 weiteren Anbauten, die Frauenschiffe, stammen aus dem 17. und 18. Jh. Bei älteren Synagogen wurden die Frauen-schiffe nachträglich angebaut, da die Frauen im MA nicht zum Gottesdienst zugelassen waren.

Das Stufenportal zum Hauptschiff wird v. einem Tympanon mit einer bes. schönen Lebensbaumdarstellung überdacht. Das schlichte, aber kunstvolle fünfteilige Rippengewölbe des Innenraums tragen 2 achtseitige Pfeiler. Konsolen, Kapitelle und Schlußsteine sind mit Reliefs pflanzlicher Motive geschmückt. In der Mitte des Raumes steht der v. einem got. schmiedeeisernen Gitter abgetrennte *Almemor*, eine Kanzel zur Verlesung der Thora. Darüber hängt die große Fahne, die der Judengemeinde 1358 v. Kaiser Karl IV. verliehen wurde. An der ö Stirnwand befindet sich das größte Heiligtum, der Aron ha-Kodesch. Hier wird die Pentateuch-Pergamentrolle (5 Bücher Mose) im v. 2 Säulen flankierten *Thoraschrein* aufbewahrt. Darüber erhebt sich ein Tympanon mit Weinrankenrelief. Beachtenswert sind auch die Bronzelüster aus dem 19. Jh. Im Jahre 1883 wurde die Synagoge durch Josef Mocker* restauriert, weitere Instandsetzungen folgten in den Jahren 1921–26 und 1966–67. Als bedeutende Rabbiner wirkten hier die Gelehrten Jehuda Löw ben Bezalel, genannt Rabbi Löw, Ezechiel Landau, Schelomo Juda Rapoport. An das Osterpogrom v. 1389 wird alljährlich durch Lesung der Elegie des Rabbiners Avigdor Kara gedacht. Damals wurden die Bewohner des jüdischen Ghettos, die sich in die Synagoge geflüchtet hatten, hier niedergemetzelt. Der Rabbiner Avigdor Kara überlebte das Massaker und verfaßte die Elegie. Östlich der Synagoge steht eine *Mose-Statue* v. František Bílek (1872–1941).

Vysoká synagóga/Hohe Synagoge, auch Rathaussynagoge (Josefov / Josefstadt, Červená ulice): Die 2. Hälfte des 16. Jh. war die große Blütezeit der ehem. Prager Judenstadt, in der deshalb auch viele neue Bauwerke entstanden, so auch das Jüd. Rathaus (→Profanbauten: öffentliche Bauten) und die dazugehörige Hohe Synagoge. Diese Zeit ist eng mit dem Namen des damaligen Bürgermeisters der Prager Judenstadt, Mordechai Maisl, verbunden.

Die Synagoge wurde im Jahre 1586 im Renaissancestil v. dem Baumeister Pankratius Roder* fertiggestellt. Ihr Eingang befand sich in der 1. Etage des Rathauses. Aus dieser räumlichen Lage als auch aus ihrer gesellschaftlichen Stellung erklärt sich ihr Name. Den quadratisch angelegten Saal bekrönt ein reich mit Stukkaturen geschmücktes Sterngewölbe. Der Architekt J. M. Wertmüller baute die Synagoge im Jahre 1883 um. Ihr Rathauseingang wurde zugemauert, und man fügte ein Treppenhaus und einen Straßeneingang hinzu. Der heutige Eingang stammt aus dem Jahre 1907. Nach einer intensiven Restaurierung des Innenraumes richtete hier das Staatliche Jüd. Museum (Státní židovské muzeum) 1982 eine permanente Ausstellung synagogaler Textilien ein. Gezeigt werden u. a. Thoravorhänge und -mäntelchen, Decken, Draperien und Baldachine vom Ende des 16. bis Anfang des 20. Jahrhunderts.

5. Friedhöfe

Bývalý malostranský hřbitov/Kleinseitner Friedhof (Smíchov, Plzeňská třída): Im Jahre 1680 als Pestfriedhof angelegt, diente er ab 1786 bis 1884 als Gemeindefriedhof der Kleinseite und des Stadtteils Hradčany. Heute ist die Anlage mit ihren künstlerisch bedeutenden Grabplastiken ein öffentlicher Park, der zu einem erholsamen Spaziergang einlädt. Einige der Grabmäler stammen v. so bekannten Künstlern wie Ignaz Michael Platzer*, Václav Prachner*, Josef und Emanuel Max**. In der Mitte des Areals steht das ca. 5 m hohe Grabmal des Passauer Bischofs Graf Leopold Thun-Hohenstein, dessen ehem. Gutshof im benachbarten Stadtteil Košíře liegt (→Profanbauten: Palais, Schlösser; Cibulka). Die eindrucksvolle Eisenstatue wurde v. V. Dominik Zafonk nach einem Modell v. Václav Prachner in den Jahren 1830/31 gegossen. Weitere bedeutende Persönlichkeiten sind auf diesem Friedhof begraben: das Ehepaar Dušek, Freunde und Gastgeber v. Wolfgang Amadeus Mozart (→Profanbauten: Villen und Pavillons; Bertramka), und der Komponist Václav Tomášek. Die *Hl.-Dreifaltigkeits-Kirche* (Kostel svaté Trojice) wurde in den Jahren 1831–1837 anstelle einer Barockkapelle im Empirestil errichtet. Die *St.-Rochus-Kapelle* (Kaple svatého Rocha) beim Friedhofseingang stammt aus dem Jahre 1860.

Hohe Synagoge

Olšanské hřbitovy / Wolschaner Fried-höfe (Žižkov, Olšanské náměstí und Vinohradská ulice): Im Jahre 1680 wurde in dem ehem. Dorf Olšany ein Pestfried-hof angelegt und die Barockkirche *St. Rochus* (→Sakralbauten: Kirchen) er-richtet. Nach dem Verbot v. Kaiser Jo-seph II. 1787, die Verstorbenen in besie-delten Gebieten zu bestatten, wurde dieser Friedhof für die auf dem rechten Moldauufer liegenden Stadtviertel zur zentr. Beerdigungsstätte. Deshalb dehn-te er sich schnell aus, und es entst. auch einige selbständige Friedhöfe, z.B. der Russische, die heute zusammen eine Flä-che v. ca. 500 000 qm bedecken.

Viele bedeutende Persönlichkeiten des Prager Kulturlebens sind hier begraben. Es sind u.a. der Architekt Antonín Bar-vitius, die Bildhauer Bohumil Schnirch, Josef Mařatka und die Brüder Josef und Emanuel Max, deren Statuen auf der Karlsbrücke, in Kirchen und auf Fried-höfen zu finden sind; die Maler Jaroslav Čermák, Josef und Guido Mánes, Josef Navrátil und August Piepenhagen, deren Bilder im Agnes-Kloster (Anežský klá-šter) ausgestellt sind; die Schriftsteller Jan Kollár, Julius Zeyer und Josef Jung-mann, der Begründer der modernen tschech. Literatursprache; der Philosoph Bernhard Bolzano, ein bedeutender Theoretiker der Phänomenologie, dessen Gedenktafel an seinem Sterbehaus in der Celetná ulice Nr.25/CN 590 ange-bracht ist. Schließlich der Komponist Jo-sef Bohuslav Foerster, ein Freund v. Gu-stav Mahler, der neben der Kirche St. Adalbert in der Neustadt aufgewach-sen ist (Gedenkraum →Sakralbauten: Kirchen, St. Adalbert) und die Gründer des Turnvereins »Sokol«, Jindřich Füg-ner und Miroslav Tyrš (→Profanbauten: Palais, Schlösser, Michna-Palais). Hier ist auch der Student Jan Palach beerdigt, der sich 1969 aus Protest gegen die Nie-derschlagung des sog. »Prager Frühlings« auf dem Wenzelsplatz verbrannte. Ein großer Teil der Grabplastiken auf die-sem Friedhof wurde v. bedeutenden Bildhauern vom Ende des 18.Jh. bis in die heutige Zeit geschaffen: Václav Prachner*, Fr. X.Lederer*, Ignaz Micha-el Platzer*, Josef Mařatka*, Bohumil Kafka* und Josef V.Myslbek*.

Starý židovský hřbitov / Alter Jüd. Fried-hof (Josefov/Josefstadt, U starého hřbi-tova): Der Alte Jüd. Friedhof ist neben der Altneusynagoge (→Staronová syn-agóga) das bedeutendste historische Denkmal der alten Prager Judenstadt

Kleinseitner Friedhof, Grabmal v. Graf Thun-Hohenstein

und als erhaltene jüd. Begräbnisstätte einzigartig auf der ganzen Welt. Noch ältere Friedhöfe befanden sich auf dem Gebiet der heutigen Kleinseite (Malá Strana) und der Neustadt (Nové Město). Er wurde bereits in der 1. Hälfte des 15. Jahrhunders angelegt und war bis zum Verdikt v. Kaiser Joseph II. im Jahre 1787 in Gebrauch. Heute gehört er zum *Staatl. Jüdischen Museum* (Státní židovské muzeum).

Auf dem hügeligen, unter Bäumen gelegenen Friedhofsareal findet man ca. 12 000 Grabmäler, zumeist Stelen, die in bizarrer Anordnung den gesamten Friedhof gleich einer zerklüfteten Felslandschaft bedecken. Dieses poetische Erscheinungsbild ist das Ergebnis einer jahrhundertealten Entwicklung und gilt heute als sein Charakteristikum. Die eng umgrenzte Fläche des Friedhofs war für die ca. 200 000 hier begrabenen Menschen nicht ausreichend; deshalb wurden die Gräber übereinandergeschichtet. Bei archäologischen Untersuchungen hat man bis zu 9 solcher Schichten gefunden. Zusätzlich vermoderten die hölzernen Grabmäler, und der Boden sank an einigen Stellen ab.

In der Forschung hat man den besonderen Wert dieser Grabsteine als wissenschaftliche und künstlerische Zeitdokumente erkannt und jede einzelne Inschrift erfaßt und ausgewertet. Auf jedem Stein stehen der Name des Verstorbenen, der Name des Vaters oder bei verheirateten Frauen der Name des Ehemannes, das Datum des Todes und der Beerdigung. Der übrige Text ist in poetischer Sprache abgefaßt, beschreibt die Trauer der Hinterbliebenen und lobt die Taten des Verstorbenen. Die kunstvollen Reliefs stehen symbolisch für den Namen des Verstorbenen (Bär, Gans, Hahn u. a.) oder seinen Beruf bzw. gesellschaftlichen Stand (ärztlich-medizinische Symbole, Priestersymbole). Da das Abbilden v. lebenden wie toten Personen verboten war, wurde bes. einfallsreich auf diese Möglichkeit der Versinnbildlichung des Namens und des Berufs zurückgegriffen.

Die auf den Grabmälern aufgereihten Steinchen sind Zeichen des Gedenkens und der Verehrung, eine orientalische Sitte, die in der jüdischen Diaspora fortgesetzt wird: Auf das Grab kommen keine Blumen, sondern Steine, die den Leichnam vor wilden Tieren schützen sollten.

Die aus Sandstein oder Marmor gearbeiteten Grabsteine stammen aus der Zeit

Alter Jüdischer Friedhof

der Hochgotik bis zum Spätbarock. Das älteste gefundene Monument ist das Grabmal des Dichters Avigdor Karo aus dem Jahre 1439, dessen Elegien auf das Osterpogrom v. 1389 noch heute zur Erinnerung an dieses blutige Ereignis gelesen werden. Der jüngste Stein trägt den Namen Moses Beck und die Jahreszahl 1787.

Auf dem Friedhof sind so bedeutende Persönlichkeiten begraben wie der Rabbiner Jehuda Löw ben Bezalel, genannt Rabbi Löw (1520–1609). Dieser Gelehrte ist der Begründer der Rabbinerschule in der alten Prager Judenstadt und gilt als der Schöpfer des künstlichen Menschen aus Lehm, dem Golem. Die Golem-Legende wurde v. dem Schauspieler und Filmregisseur Paul Wegener aufgegriffen und auch in der Literatur v. verschiedenen Schriftstellern bearbeitet, so z.B. v. dem bekannten Prager Journalisten und Schriftsteller Egon Erwin Kisch (1885–1948) in seinem Buch »Pulverturm« und v. Gustav Meyrink (in den Jahren 1868–1932) in seinem Roman »Der Golem« v. 1915.

Das Grab des Rabbi Löw ist ein Sarkophag mit einem eingemeißelten Löwen. Hier sind auch der Bürgermeister (Primator) der ehem. Prager Judenstadt,

Mordechai Maisl (→Synagogen), der Historiker und Astronom David Gans (†1613), der Gelehrte Josef Schelmo Delmedigo (†1655) und der Gelehrte David Oppenheim (†1736), ein Vorfahr des amerikanischen Atomphysikers Robert Oppenheimer. Eines der prächtigsten Gräber ist das der Hendele Bassevi (†1628), der Gattin des in den Adelsstand gehobenen Prager Juden Jakob Bassevi; ihren gesellschaftlichen Stand symbolisiert ein Adelswappen.

Dem dt. Schriftsteller Wilhelm Raabe diente der Friedhof teilweise als Schauplatz für seine Novelle »Holunderblüte«. Rechts vom Eingang steht das *ehemalige Zeremonienhaus der Begräbnisbruderschaft.* Es wurde 1906 im neuroman. Stil an der Stelle eines älteren aus dem 16. Jahrhundert von dem Architekten F.Gerstl* erbaut. Heute befindet sich hier die Ausstellung literarischer, musischer und bildnerischer Werke von Kindern und Jugendlichen aus dem Konzentrationslager Theresienstadt (Terezín). Gezeigt werden Zeichnungen, Schulhefte, Tagebücher, Partituren etc. Die Exponate verdeutlichen auf beeindruckende Weise das Leiden der Juden unter dem Naziterror aus der Sicht v. Kindern.

Alter Jüd. Friedhof, Grabmal Rabbi Löw

Jüdischer Friedhof, Grab Franz Kafka

Vinohradský hřbitov/Weinberger Friedhof (Vinohrady, Vinohradská ulice): Den Mittelpunkt des 1885 angelegten Friedhofs bildet die neugot. *St.-Wenzels-Kirche* (Kostel svatého Václava). Sie wurde 1897 nach den Plänen v. A.Turek* errichtet. Um die Kirche herum sind Arkaden angelegt. Am Rande steht das Gebäude des 1929–30 im konstruktivistischen Stil erbauten *Krematoriums,* das v. einem Urnengräberfeld umgeben ist. Hier wurde auch der Prager Journalist und Schriftsteller Egon Erwin Kisch, bekannt als der »rasende Reporter«, 1948 bestattet. Sein Geburts- und Wohnhaus findet man in der Altstadt (→Profanbauten: Patrizier- und Bürgerhäuser, U dvou zlatých medvědů/»Zu den zwei goldenen Bären«).

Ebenfalls auf dem Friedhof begraben sind die Maler Jakub Schikaneder und František Kysela, der Bildhauer Otto Gutfreund und der Architekt Jan Kotěra.

Vyšehradský hřbitov/Ehrenfriedhof auf dem Vyšehrad →Profanbauten: Burgen, Vyše-hrad.

Židovský hřbitov/Jüd. Friedhof (Žižkov, Jana Želivského): Dieser ö an die Wolschaner (Olšanské) Friedhöfe anschließende neue Jüd. Friedhof wurde 1895 angelegt. Der berühmte Prager Schriftsteller Franz Kafka fand 1924 hier seine letzte Ruhestätte. Sein Grab und das seiner Eltern findet man in Abt.21, Reihe 14, Nr.33.

PROFANBAUTEN

---

1. Burgen

Nový hrad / Neue Burg (Kunratice): Mitten im Wald Kunratický les liegen die Reste der kleinen got. Burg oberhalb eines Baches. In den Jahren 1411–12 wurde sie für König Wenzel IV. erbaut, der 1419 dort starb. Aber bereits 10 Jahre später fiel sie den Auseinandersetzungen während der hussitischen Revolution zum Opfer. Erhalten blieben nur die Fundamente des Wohnpalastes und des

Turms. Heute steht hier ein 1878 umgebautes ehem. Barockschlößchen, in dem sich ein Depositorium des Nationalmuseums befindet. Von T.Hafenecker* erhielt auch die frühgot. Kirche St.Jakob der Größere (Kostel svatého Jakuba většího) ihr barockes Aussehen.

Pražský hrad / Prager Burg (Hradčany/Hradschin): Die Prager Burg ist nicht nur ein herausragendes Denkmal einer mehr als 1000jährigen Vergangenheit, sondern auch bis heute Schauplatz bedeutender politischer und kultureller Ereignisse. Die Geschichte der Burg ist auf das engste mit der der Stadt Prag sowie des ganzen Landes verknüpft.

Den kahlen Hügel über der Moldaufurt besiedelten schon im 6.Jh. die ersten slaw. Stämme. Als die Přemysliden die Vorherrschaft über die Slawenstämme erlangten, verlegten sie ihre Wehrburg Levý Hradec (14 km n v. P.) in der 2.Hälfte des 9.Jh. hierher und errichteten eine dreiteilige hölzerne Burgstätte, umgeben v. einem Lehmwall.

Mit Fürst Bořivoj und seiner Gattin Ludmilla, die sich beide vom Erzbischof des Großmähr. Reiches, Methodius, hatten taufen lassen, setzte die Christianisierung Böhmens ein. Bald darauf wurde das 2. christliche Heiligtum, eine Marienkirche auf dem Prager Burgberg, errichtet. Das 1., die Kirche des hl.Klemens, befand sich in Levý Hradec. Weitere Kirchenbauten folgten: die St.-Georgs-Kirche 915–20, die St.-Veits-Rotunde 926–29, das St.-Georgs-Kloster 973 und anstelle der Rotunde eine große roman. Basilika 1061–1096.

973 wurde Böhmen selbständige Diözese; der Bischofspalast lag im w Teil des Burggeländes. Im 11. und 12.Jh. erfolgten entscheidende Umbauten der Burgstätte: Fürst Břetislav I. ersetzte ca. 1042 einen niedergebrannten Palisadenwall durch eine mit Türmen befestigte Steinmauer. Vratislav II. weihte 1096 die v. seinem Bruder Spytihněv II. gegr. Basilika ein und ersetzte die Holzbauten durch Steingebäude. Es entstand das unterste Geschoß des Alten Königspalastes. Um 1135 erweiterte und verstärkte Soběslav I. die Befestigungsanlagen, v. denen ein großer Teil bis heute erhalten ist.

Nachdem Kaiser Friedrich Barbarossa 1158 dem Fürsten Vladislav II. die persönliche Königswürde verliehen hatte, wurde die Burg fortan zum Sitz der böhm. Könige und nahm an Bedeutung zu. Die Burg und die an der Moldau liegenden Siedlungen und Dörfer (das heutige P.) erlebten einen wirtschaftlichen und kulturellen Aufschwung. Im 13. Jahrh. nahm Přemysl Otakar II. den Weiterbau des Alten Königspalastes auf, den erst Kaiser Karl IV. und sein Sohn Wenzel IV. entscheidend weiterführten. Karl IV. verfolgte das Ziel, P. zu einem Zentrum in Europa zu erheben und die Burg entsprechend einer kaiserlichen Residenz umzubauen. Im Jahre 1344 wurde mit dem Bau des St.-Veits-Doms begonnen, der erst 1929 fertiggestellt werden konnte. Trotz der eingeleiteten Verbesserungsmaßnahmen verlegte König Wenzel IV. seinen Sitz in den Königshof in der heutigen Altstadt, und der Burg kamen für die nächsten 100 Jahre nur noch symbolische und administrative Bedeutung zu. Die Bautätigkeit stagnierte jedoch erst während der hussitischen Revolution um 1420. 1484 zog König Vladislav Jagiello wieder zurück auf die Burg und leitete eine neuerliche Umgestaltung ein, wovon z. B. der bis heute er-

Prager Burg, Kleinseite

haltene Vladislavsaal im Alten Königspalast zeugt.

Außer kriegerischen Auseinandersetzungen waren Feuersbrünste immer eine große Gefahr für die Burg gewesen und haben ihr im Lauf der Zeit erhebliche Schäden zugefügt; so bes. die Brände v. 1142, 1303 und 1541. Mit dem Einzug des durch Heirat an den Thron gelangten Habsburgers Ferdinand I. veränderte sich das got. Erscheinungsbild der Burg in das einer weitläufigen Renaissance-Anlage; u. a. wurden der Königliche Garten und das Königliche Lustschloß (Belvedere) angelegt.

Als kaiserliche Residenz Rudolfs II. (1576 bis 1612), eines Kunstliebhabers und Wissenschaftsförderers, erlebte P. eine neue Blütezeit und wurde zum glänzenden Mittelpunkt des Abendlandes. Nach dem 2. Prager Fenstersturz v. 1618 übernahmen die sich gegen die Habsburger Vormachtstellung wehrenden böhm. Stände den Regierungssitz, bis nach der verlorenen Schlacht am Weißen Berg

Pražský hrad / Prager Burg (Nummern-Referenzen im Text) **6** St.-Veits-Dom **7–40** →Innendetailplan **44** Alter Königspalast **45–59** →Innendetailplan >

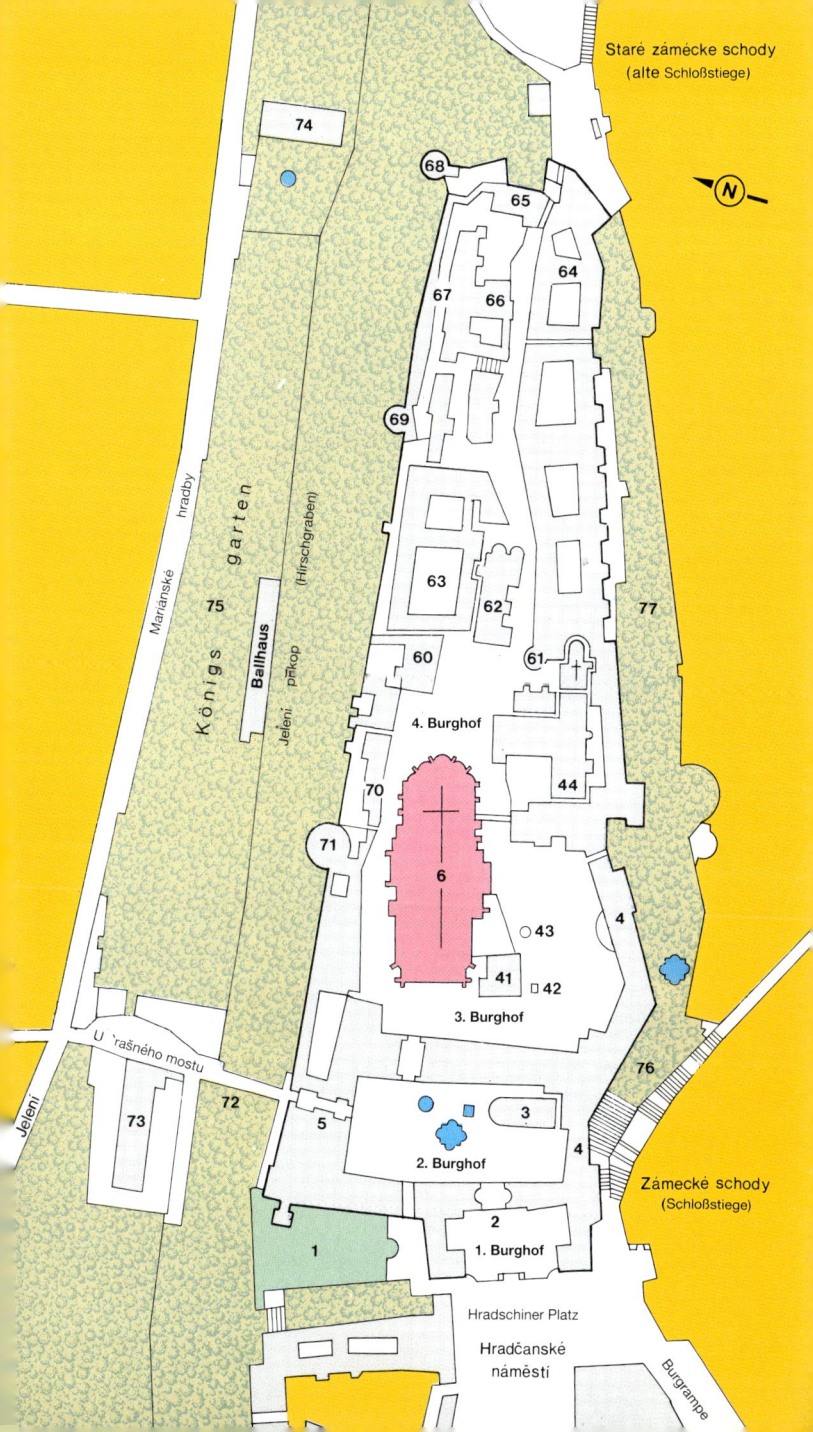

Staré zámecké schody
(alte Schloßstiege)

N

74

68

65

64

67 66

69

63 62

77

61

60

4. Burghof

44

70

71

6

4

43

41 42

3. Burghof

76

Königs garten

Ballhaus

Jeleni přikop (Hirschgraben)

Mariánské hradby

75

U Prašného mostu

Jeleni

73 72 5

3

2. Burghof

4

1

2

1. Burghof

Zámecké schody
(Schloßstiege)

Hradschiner Platz

Hradčanské náměstí

Burgrampe

(1620) die absolutistische Monarchie der Habsburger wiederhergestellt war. Dies bedeutete für die folgenden 300 Jahre das Ende der Selbständigkeit des böhm. Staates. Wien wurde zur habsburgischen Residenz, der Prager Burg fiel dagegen nur zweitrangige Bedeutung zu. So sind aus der Zeit wenige Bauten hinzugekommen, wie z.B. einige Brunnen, das Matthiastor und die Reitschule. Durch die v. Kaiserin Maria Theresia angeordnete umfassende Instandsetzung und Modernisierung der Burganlage in der 2. Hälfte des 18. Jh. verlor die Burg viel von ihrem ursprünglichen Gesicht. Erst am 28. 10. 1918 wurde nach 300 Jahren Fremdherrschaft die selbständige Tschechoslowak. Republik gegr. und die Burg zum Sitz des Staatspräsidenten bestimmt, deren erster Tomáš Garrigue Masaryk war. Unter seiner Präsidentschaft erfolgten umfangreiche Instandsetzungen und Modernisierungen durch den Architekten Josip Plečnik* sowie die archäologischen Erforschungen in den Jahren 1920–1928, die auf Masaryks Initiative zurückgehen. – Üblicherweise wird mit dem *Rundgang* über das Gelände der Prager Burg vom Hradschiner Platz aus begonnen. In der nachfolgenden Beschreibung ist jedes Objekt mit einer Ziffer in Text und Plan

bezeichnet. Daher dürfte auch ein anderer Ausgangspunkt keine Schwierigkeiten bereiten, z.B. wenn man die Burg über die Pulverbrücke (Prašný most) oder v. O über die Alte Schloßstiege (Staré zámecké schody) erreicht.

Man betritt den durch ein Rokokogitter abgeschlossenen *1. Burghof* (Ehrenhof) zwischen den überlebensgroßen Plastiken kämpfender *Giganten,* die auf den Sockeln des Eingangsportals stehen. Diese Figuren sowie der plastische Schmuck (allegorische Gestalten und militärische Embleme) auf der Attika der ansonsten schlichten klassizistischen Palastfassade stammen v. Ignaz Franz Platzer* (1756ff.); heute sind es Kopien. Die einheitliche, den Ehrenhof bildende Fassadenfront wurde in den Jahren 1763–71 bei den großangelegten, v. Kaiserin Maria Theresia veranlaßten Umbauten der Burg v. ihrem Hofarchitekten Niccolo Pacassi* unter Mitarbeit so bedeutender Baumeister wie Anselmo Lurago* und Anton Hafenecker* gebaut. Im Rahmen dieser Umgestaltung schüttete man den urspr. hier verlaufenden ma Burggraben zu, der als natürliche Senke vom Hradschiner Platz quer über den 1. Burghof verlief.

Nördlich des 1. Burghofs befindet sich

Prager Burg, 1. Burghof

der sog. *Basteigarten/Zahrada na baště* (1), benannt nach einer v. den letzten Přemyslidenfürsten aufgeschütteten Bastei. Der heutige Garten wurde 1930 v. Josip Plečnik* angelegt. Man erreicht ihn durch ein Gittertor vom Hradschiner Platz oder vom 2. Burghof aus.

In den mittleren Flügel ist das urspr. frei stehende *Matthiastor/Matyášova brána* (2), benannt nach Kaiser Matthias (1611–19), reliefartig einbezogen. Es wurde nach dem Vorbild röm. Triumphbogen aus Sandstein v. Giovanni Maria Philippi* gearbeitet und trägt im Giebel das kaiserliche Wappen (1614). In diesem den Zugang zum 2. Burghof bildenden Tor befindet sich r ein Rokokoaufgang, 1765–66 v. N. Pacassi geschaffen, der zu einer prächtigen Flucht v. Salons führt: u. a. ein Thron-, ein Spiegel- und ein Musiksaal, die als Repräsentationsräume des Staatspräsidenten dienen und daher nicht zugänglich sind. Hinter dem linken Treppenaufgang verbirgt sich ein über alle Stockwerke erstreckender Säulensaal. Der sich dem heutigen Besucher präsentierende *2. Burghof* ist das Ergebnis der Aufschüttung v. 2 Befestigungsgräben aus dem 13. Jh. und einer baulichen Umgestaltung aus der 2. Hälfte des 18. Jh. durch den Architekten Niccolo Pacassi*. Der Eindruck des Hofs wird v. dem hervortretenden Bau der Heilig-Kreuz-Kapelle (3) und 3 Brunnen geprägt. Die Mitte dominiert eine Barockfontäne des Steinmetzen Francesco de Torre*, geschmückt mit Plastiken v. Hieronymus Kohl* (1686). Links v. ihr steht ein Ziehbrunnen, umgeben v. einem schmiedeeisernen Gitter (1702). Gegenüber dem Brunnen neben der Kapelle errichtete der Bildhauer Vincenc Makovský* in den Jahren 1965–67 den Löwenbrunnen in Zusammenarbeit mit dem Architekten Jaroslav Fragner*, der auch das Granitpflaster des Hofs entwarf.

Die **Heilig-Kreuz-Kapelle / Kaple svatého Kříže** (3) wurde 1753–63 v. Anselmo Lurago* nach Plänen v. N. Pacassi an der Stelle älterer Bauten errichtet. Die klassizistische Kapelle erhielt in den Jahren 1852–56 ihr heutiges Empire-Aussehen. Die Nischenfiguren der Apostel Petrus und Paulus schuf Emanuel Max* 1854; Schieferdach und Turm datieren v. 1888. Der mit Plastiken v. Ignaz Franz Platzer* geschmückte Hauptaltar und das dazugehörige Gemälde »Der Gekreuzigte« v. Franz Xaver Balko* stammen noch aus der Bauzeit. Die Szenen aus dem Alten

Prager Burg, Giganten

Prager Burg, Giganten

und Neuen Testament in den Decken-
fresken v. Wilhelm Kandler* und die
Statue des hl. Johannes v. Nepomuk v.
Emanuel Max* datieren aus der 2. Bauetappe. Seit 1961 wird hier der *St.-Veits-
Domschatz* aufbewahrt und der Öffentlichkeit zugänglich gemacht. Diese v.
Kaiser Karl IV. gegr. Sammlung enthält
wertvolle Schatzstücke des frühen MA.
Teile davon wurden bereits 1069 im Zusammenhang mit der ehem. Basilika v.
Fürst Spytihněv erwähnt; hinzu kamen
Arbeiten aus der Spätgotik, der Renaissance und des Barock. Ausgestellt sind
u. a. liturgische Geräte, Textilien, Gefäße
und Reliquienschreine. Zu den Besonderheiten zählen die sog. Rolandshörner
(10. Jh.), ein roman. Kreuz aus Limoges
(ca. 12. Jh.), Silberbüsten der hll. Ludmilla, Adalbert und Veit (14. und 15. Jh.)
und das Meßgewand des hl. Wenzel
(2. Hälfte 14. Jh.) sowie das Krönungs-
und das sog. Záviš-Kreuz.
Die s Fassadenfront, auch *Stadttrakt* genannt (4), da ihre äußere Fensterfront
der Stadt P. zugewandt ist, zieht sich bis
zum Alten Königspalast/Starý královský
palác (44). Auch sie entstand, wie die
übrigen 3 Flügel, im Zuge der theresiani-

*Prager Burg, Rokoko-Aufgang
zu den Repräsentationsräumen des
Staatspräsidenten*

schen Umbauten, 1755–61. In der SO-
Ecke entdeckte die Forschung roman.
Burgmauerreste aus der Zeit v. Fürst
Soběslav I. und des urspr. Weißen
Turms, der schon Mitte des 12. Jh. als
Staatsgefängnis diente. Die N-Seite ent-
hält in den oberen Stockwerken den Spa-
nischen Saal, die Rudolfgalerie und im
Erdgeschoß in den 1964 umgebauten
Marställen die von Jaromír Neumann
eingerichtete *Gemäldegalerie der Prager
Burg/Obrazárna Pražského hradu* (5).
Der *Spanische Saal/Španělský sál,* 1602–
1606 von Giovanni Maria Philippi* er-
baut, 1748–50 von Kilian Ignaz Dient-
zenhofer* und 1754 von Anselmo
Lurago* umgebaut, gehört heute zu den
großen Empfangs- und Repräsentationsräumen der Burg – ein langgestreckter
Saal mit reichen Stukkaturen, großen
Spiegeln und aufwendigem Parkett. Die
Rudolfgalerie/Rudolfinská galerie erbaute Giovanni Gargioli* 1597–98 als Aufbewahrungsort für die umfangreichen
Kunst- und Raritätensammlungen Kaiser
Rudolfs II.
Der Eingang in die **Gemäldegalerie** (5)
befindet sich im Durchgangsbogen, der
zur Pulverbrücke hinausführt. Ausgestellt sind vor allem Bilder und Plastiken
der urspr. Sammlung v. Rudolf II. We-
sentliche Teile davon wurden 1648 v. den
Schweden als Kriegsbeute mitgenom-
men, z. T. nach Dresden und Wien über-
führt oder bei der sog. josefinischen Ver-
steigerung 1782 verkauft. Bereits in der
2. Hälfte des 17. Jh. baute Ferdinand III.
die Sammlung neu auf. Unter den Exponaten befinden sich Werke so berühmter
Künstler wie Hans v. Aachen*, Adriaen
de Vries*, Peter Paul Rubens*, Tizian*
und Bartholomäus Spranger*. Bei archäologischen Untersuchungen wurden
in einem Raum Reste des ältesten christlichen Bauwerks der Prager Burg, der
Marienkirche v. Bořivoj (Ende 9. Jh.),
entdeckt. In einem anderen Raum der
Galerie wird die aufwendige Arbeit der
Gemälderestaurierung und -konservie-
rung demonstriert.
Durch die ö Toreinfahrt, in der noch
Mauerreste der roman. Befestigungsanlage zu sehen sind, geht man in den
3. Burghof, geradewegs auf die mächtige
Frontfassade des **St.-Veits-Doms/Kate-**

drála svatého Víta zu (6). Der 1. Vorgängerbau der Kathedrale war die nach 925
v. Herzog Wenzel (dem späteren Heiligen) gegr. *St.-Veits-Rotunde,* der dritte
christliche Bau nach der Marienkirche
von Bořivoj und der St.-Georgs-Kirche
von Vratislav I. auf dem Burggelände.
Nach ihrem Begründer heißt sie auch
St.-Wenzels-Rotunde. Der Legende nach
wurde sie über der Reliquie des hl. Veit,
nämlich seinem Arm, den der dt. König
Heinrich I. dem böhm. Herzog Wenzel
geschenkt hatte, errichtet. Der neue
größere Bau der *roman. Basilika* begann
1060 unter Spytihněv II. und wurde 1096
von Vratislav II. als bischöfliche Kirche
eingeweiht. Überreste dieser Vorgängerbauten sind unter der Heilig-Kreuz-
Kapelle im Dom und außen an der
S-Seite unter einem kleinen Dach zu sehen.
Den Grundstein der heutigen got. Kirche
legte am 22.11. 1344 der böhm. König
Karl, der 10 Jahre später als Karl IV.
zum Kaiser gewählt wurde. Unter dem
am französischen Königshof bei seinem
Onkel erzogenen Karl wurde der Bau
nach dem Vorbild französischer Kathe-
dralen angelegt. Noch im gleichen Jahr
erhob er das Prager Bistum zum Erzbistum. Der 1. Baumeister des Doms war
der Franzose Matthias v. Arras*, der in
den Jahren 1344–52 8 Kapellen und den
anschließenden Chorumgang fertigstell-
te. Nach seinem Tod übernahm der aus
Schwäbisch Gmünd stammende Peter
Parler* die Fortführung des Baus. Er beendete den unteren Kapellenteil des
Chors und errichtete den Hochchor mit
kompliziertem Netzgewölbe und Stützsy-
stem. Nach der Choreinweihung 1385
wurde 1392 der Grundstein des Kirchenschiffs und 1396 der des s Hauptturms
gelegt.
Nach Peter Parlers Tod 1399 setzten seine Söhne das Werk fort. Während der
Zeit der revolutionären Hussitenbewegung (um 1420) stagnierte die Bautätigkeit zunehmend, danach wurde z. B. ein
1509 begonnener N-Turm nie fertiggestellt. Durch Kämpfe und Plünderungen
entstanden Schäden an dem unvollende-
ten Bau, ebenso durch den verheerenden
Brand auf der Kleinseite v. 1541. Die
Baumeister Hans Tirol* und Bonifaz
Wohlmut* reparierten 1560–62 die Schäden, und letzterer setzte dem Hauptturm
einen Renaissancehelm auf. Im Verlauf
des Ständeaufstands v. 1619 fanden erneut Plünderungen statt. Der Baumeister Orsi* legte 1673 die Fundamente für
das Kirchenschiff, doch blieben auch die-

Prager Burg, Heilig-Kreuz-Kapelle, St.-Veits-Domschatz

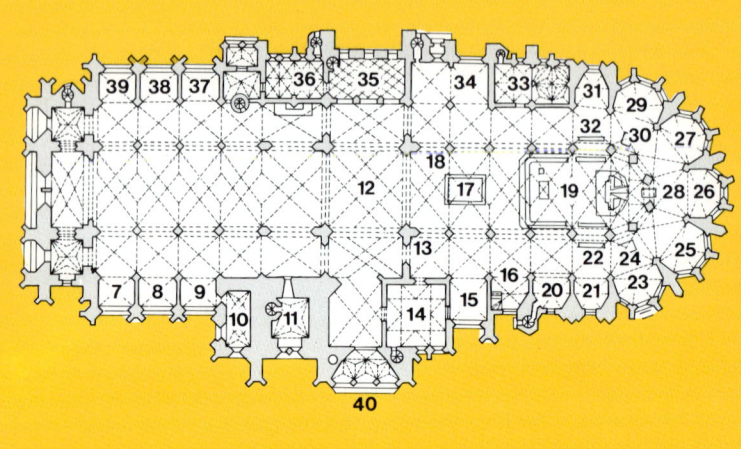

se Bemühungen, den Bau zu vollenden, aufgrund v. Kriegsunruhen und einer finanziellen Misere stecken.
Schließlich wurde – ähnlich wie in Köln – im Jahre 1861 ein *Dombauverein* (»Vereinigung zur Fertigstellung des Veitsdoms«) gegr., in dessen Auftrag die bedeutenden Baumeister Josef Mocker* und Josef Kranner* begannen, den Bau fortzusetzen, den Kamil Hilbert* im Jahre 1929 beenden konnte. Am 28. 9. 1929 (Tag des Millenniums der Ermordung des hl. Wenzel) wurde der Dom geweiht. Seine sich über 1 Jtd. erstreckende Baugeschichte hat eine Vielfalt architektonischer Stilelemente hervorgebracht, die sich in der äußeren Erscheinung des Doms zu einem harmonischen Ganzen verbinden.
Aus der Zeit der Hochgotik stammen der Chor und der anschließende Mittelteil mit dem prunkvollen S-Portal v. Matthias v. Arras* bzw. der parlerischen Bauhütte (1344–1406). Im Jahre 1770 ersetzte Niccolo Pacassi* das durch einen

Katedrála svatého Víta / St.-Veits-Dom
(Nummern-Referenzen im Text)

Blitz zerstörte Turmdach durch den heutigen Barockhelm. Das Längsschiff, die beiden prismatischen W-Türme und die Frontfassade mit 3 den Haupteingang bildenden Bronzeportalen stammen erst aus der letzten Bauetappe. Der Dom erstreckt sich über eine Länge v. 124 m; er mißt im Querschiff 60 m und in der W-Fassade 37,5 m; die Gewölbehöhe beträgt 34 m. Die W-Türme erreichen eine Höhe v. 82 m, die der ältere S-Turm mit 96,6 m noch überragt. Der Durchmesser der Rosette über dem Hauptportal beträgt 10,4 m.
Beiderseits der Rosette hat Václav Sucharda 1929 Reliefs mit den Bildnissen der Domerbauer angebracht. Die farbigen Glasfenster der Rosette wurden 1927/28 nach Entwürfen v. František Kysela gefertigt. Dargestellt sind biblische Szenen v. der Erschaffung der Welt. Den

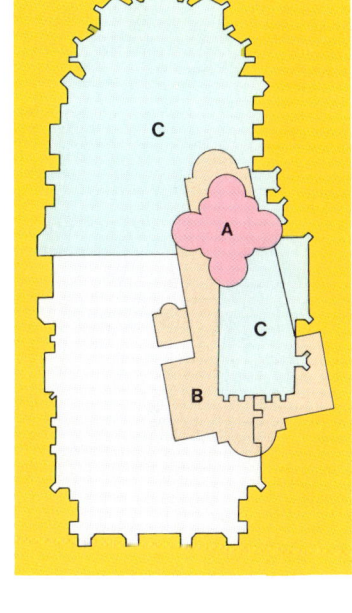

St.-Veits-Dom, Triforiumsbüste, Karl IV.

Reliefschmuck der 4 Bronzetüren der 3 Frontportale schuf Otakar Španiel nach Kartons v. Vratislav Hugo Brunner (1927–29). Die beiden mittleren Türen des Doms zeigen Szenen aus der Baugeschichte, die linke solche aus dem Leben des hl. Adalbert und die rechte aus dem Leben des hl. Wenzel.

Im Innenraum trennen Pfeilerarkaden die Seitenschiffe vom dominierenden Mittelschiff. Über den Arkadenbogen verläuft im gesamten Dom ein Triforium, das im Chor bereits v. Peter Parler* angelegt wurde. Die Seitenschiffe umrahmt ein Kranz von 21 Kapellen. Die moderne Fensterverglasung wurde nach Entwürfen von Max Švabinský*, Karel Svolinský* und František Kysela* angefertigt. Betritt man den Dom durch den Haupteingang, so befindet sich r als erstes die *Ludmillakapelle* (7), auch Taufkapelle genannt. Beide Namen versinnbildlichen Kunstwerke wie die Marmorstatue der Ludmilla von Emanuel Max*, das barocke Taufbecken und das

Vorgängerbauten des St.-Veits-Doms A Rotunde des hl. Veit (auch Wenzels-Rotunde) **B** roman. Basilika **C** Chor und S-Front des St.-Veits-Doms (Baustand 14. Jh.)

Gemälde »Taufe der hl. Ludmilla« v. Karel Pokorný*. Daran schließt sich die *Heilig-Grab-Kapelle* an (8), r mit der hl. Maria Magdalena v. Aurelio Lomi* (ca. 1600) und die *Thunsche Kapelle* (9) mit dem Renaissancegemälde »Engel mit dem Corpus Christi« und spätgot. Reliefs der hll. Margarete und Ursula. Innerhalb dieser Kapelle führt l eine Tür in die *Kapitelbibliothek* (10), in der wertvolle Handschriften und Bücher aufbewahrt werden. Das Erdgeschoß des S-Turms nimmt die *Házmburkkapelle* (11) ein. In ihr hängt ein Votivbild des Kaisers Ferdinand II., geschaffen 1631 v. Matthias Mayer*. Hier befindet sich außerdem der Aufstieg zum *Turmumgang*. Im 1. Stockwerk des Turms hängt die

Prager Burg, St.-Veits-Dom

Renaissanceglocke »Sigismund«, im Jahre 1549 v. Tomáš Jaroš* gegossen. Sie wiegt 18 t. Darüber hängen die Renaissanceglocken »Wenzel« (1542), »Johannes d. T.« (1546) und »Josef« (1602). Die Turmuhr stammt noch aus der Zeit Kaiser Rudolfs II. (1597).

An den Tragpfeilern in der Mitte des Querschiffs stehen *8 vergoldete Holzstatuen* der böhm. Landespatrone (12), wahrscheinlich v. František Preiss* (1696). Es sind die hll. Wenzel, Ludmilla, Adalbert, Sigismund, Johann v. Nepomuk, Veit, Prokop und Norbert. Auf der Rückseite des sö Pfeilers befindet sich das v. Emanuel Fischer v. Erlach* entworfene prunkvolle *Barockepitaph* (13) des Grafen Leopold Šlik, des obersten Kanzlers und Generalfeldmarschalls (1723). Der plastische Schmuck stammt v. Matthias B. Braun*. Die gegenüberliegende Kapelle auf der rechten Seite hinter dem Querschiff ist die berühmte *Wenzelskapelle/Kaple svatého Václava* (14), das traditionsreichste Heiligtum des

tschech. Volkes. Peter Parler* erbaute sie in den Jahren 1362–64 über der Stelle, wo der Heilige in der ehem. St.-Veits-Rotunde v. seinem Bruder Boleslav I. beigesetzt wurde. Die eisenbeschlagene Kiefernholztür trägt außen einen Löwenkopf mit Ring als Türklopfer und einer der Eingangspfeiler innen ein Gemälde, das den gewaltsamen Tod Wenzels darstellt. An diesem Ring soll sich der Legende zufolge der auf dem Fürstensitz in Stará Boleslav Sterbende festgeklammert haben.

Die Sockelzone der Kapelle ist mit 1345 in Böhmen vorkommenden Halbedelsteinen in der Inkrustationstechnik gestaltet, d.h. die Amethyste, Jaspise, Achate, Karneole, Chalzedone und Chrysoprase wurden zunächst auf nassen Putz verlegt, anschließend trug man eine dünne Schicht vergoldeten Putz auf und drückte dann mit Stempeln Muster ein. Die gleiche Technik wurde auch bei der

Prager Burg, St.-Veits-Dom >

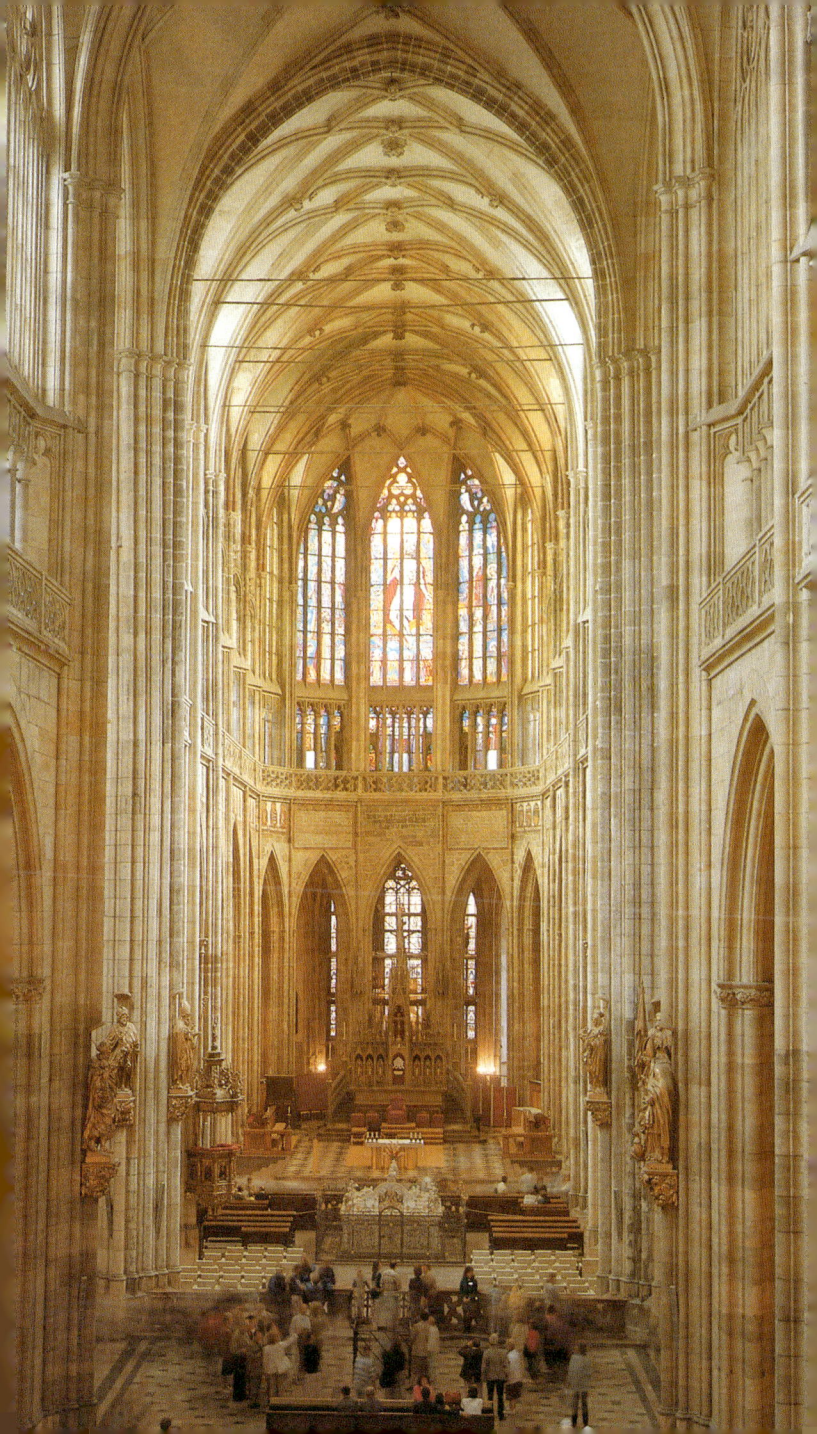

Wandausschmückung der Heilig-Kreuz-Kapelle auf der Burg Karlštejn angewendet. Die frei gebliebenen Flächen zwischen den Edelsteinen tragen Wandmalereien mit Szenen aus der Passion Christi. An der Stirnwand auf dem Fenstersims über dem reliefverzierten got. Altar steht eine aus Plänerkalkstein gearbeitete Statue des hl. Wenzel mit originaler Polychromie. Der Bildhauer Heinrich Parler*, ein Neffe Peter Parlers, stellte den Heiligen als ma Ritter dar und signierte das Werk mit dem parlerischen Winkelhaken auf einem Wappen (1373). Unter der Statue im Bereich der Sockelzone zeigt eine Wandmalerei die Kreuzigungsszene: Links hinter der noch verhüllt dargestellten Maria kniet Karl IV.; auf der rechten Seite hinter dem rotgewandeten hl. Johannes kniet seine Gemahlin Elisabeth v. Pommern. Die Wandmalereien hinter der Wenzelsstatue zeigen 2 Engel, flankiert v. den böhm. Landespatronen. Dieses Fresko stiftete wahrscheinlich Vladislav Jagiello, der sich mit seiner Gemahlin Anna de Foix-Candale noch oberhalb davon abbilden ließ. Auf seine Initiative wurden auch die übrigen Wände mit Szenen aus der Wenzelslegende bemalt. Ungefähr in der Mitte der Kapelle steht die v. Kamil

Hilbert auf den alten Fundamenten errichtete neue Tumba (1912–13). Ihre Wände sind bedeckt mit Platten aus geschliffenen Halbedelsteinen und Reliefs v. Stanislav Sucharda*. Diese Tumba ist eine Nachbildung der urspr., die, während der Hussitenzeit nach Burg Karlštejn gebracht, dort vernichtet wurde. Zu den wertvollsten Objekten der Kapelle zählen ein von Peter Vischer* 1532 gegossener Bronzeleuchter, St.-Wenzels-Leuchter genannt, und ein Pastophorium in Form einer got. Turmspitze aus der Parler-Hütte.

Eine Tür in der S-Wand führt zu der seit 1867 mit 7 Schlössern gesicherten *Kronkammer,* die zur Aufbewahrung der St.-Wenzels-Krönungsinsignien dient: Krone und Schwert aus dem 14. Jh., Reichsapfel aus dem 16. Jh., Mantel und Stola aus dem 18. Jh.

Die ö anschließende *Martinitzkapelle* (15), dem hl. Andreas geweiht, diente als Begräbniskapelle der Adelsgeschlechter Lobkowitz und Martinitz. Unter dem Fenster befindet sich das Grabmal des Statthalters Martinitz, der beim 2. Prager Fenstersturz v. 1618 v. den Aufständischen aus einem Fenster des →Alten Königspalasts geworfen wurde. Die *Heilig-Kreuz-Kapelle / Kaple svatého Kříže*

St.-Veits-Dom, Wenzelskapelle, Sockelzone (Detail)

(16) stammt im Kern noch aus der 1. Bauetappe. Sie ist ausgestattet mit dem wertvollen Mailänder Kreuz und Gemälden der hll. Simon, Juda und Johannes v. Nepomuk. An der Wand über dem Altar sieht man noch Reste got. Wandmalereien vom Ende des 14. Jh. In dieser Kapelle gelangt man über eine Treppe in die sog. *Königsgruft*, in der man noch die Überreste der beiden Vorgängerbauten (Rotunde und Basilika) besichtigen kann. Hier stehen die bei einer Umgestaltung 1928–35 teilweise erneuerten Sarkophage der böhm. Könige und ihrer Familienmitglieder. Um den mittleren, Kaiser Karls IV., gruppieren sich der gemeinsame Sarkophag seiner 4 Gemahlinnen, die seiner Söhne Johann und Wenzel IV., die der Fürsten Ladislav Postumus und Georg v. Podiebrad, der des Kaisers Rudolf II. und der v. Maria Amalie, einer Tochter Maria Theresias.

Im Chor vor dem Hauptaltar befindet sich das *Königsmausoleum* (17), geschaffen v. Alexander Collin* (1566–89). Die Oberfläche der gewaltigen, v. einem Renaissancegitter umgebenen Marmorplatte schmücken liegende Gestalten des Kaisers Ferdinand I., seiner Gemahlin Anna Jagiello und seines Sohnes Maximilian II. Nordwestlich dieser Tumba

sieht man die frühbarocke *Kanzel* (18), kunstvoll geschnitzt v. Kaspar Bechteller* (1618). Den neugot. *Hauptaltar* (19) schufen Josef Kranner* und Josef Mokker* in den Jahren 1868–73 unter Mitarbeit des Bildhauers Ludvík Šimek*.

Unter den Fenstern zieht sich die *Triforiumsgalerie,* eine der hervorragendsten got. bildhauerischen Leistungen in P. Ihre Schöpfer sind Peter Parler* und dessen Werkstatt, die die auf der Triforiumsgalerie befindlichen 21 Porträtbüsten geschaffen haben. Es sind neben den 1375 entstandenen Heiligenbüsten eines anderen Künstlers die ersten realistischen Porträtdarstellungen des MA: Karl IV. und seine Familie, Prager Erzbischöfe, Baudirektoren und sogar die Architekten des Dombaus, Matthias v. Arras und Peter Parler. Im neugot. Kirchenschiff wurde das Triforium fortgesetzt. Besondere Beachtung verdient auch das den Chor überspannende parlerische Netzgewölbe.

Im Auftrag des Königs Vladislav Jagiello errichteten der Baumeister Benedikt Ried* und der Steinmetz Hans Spiess 1493 das *Königliche Oratorium* (20), das mit kunstvoll gemeißeltem spätgot. naturalistischem Astwerk bedeckt ist. Es war direkt vom Alten Königspalast zugäng-

St.-Veits-Dom, Wenzelskapelle, St.-Wenzels-Statue

*St.-Veits-Dom, Triforiumsbüste,
Matthias von Arras*

*St.-Veits-Dom, Triforiumsbüste,
Peter Parler*

lich. Ungewöhnlich sind die Figuren zweier Bergleute auf dem Oratorium.

Die *Maria-Magdalena-Kapelle* (21), nach der dort befindlichen Familiengruft auch Waldsteinkapelle, beherbergt die Grabplatten der Dombaumeister Matthias v. Arras* und Peter Parler*. Gegenüber der Kapelle 2 barocke *Holzreliefs*, Meisterwerke des Tischlers Kaspar Bechteller* aus dem Jahre 1631 (22).

Die *Kapelle des hl. Johannes v. Nepomuk* (23) enthält im neugot. Altar die Reliquien des hl. Adalbert; 4 Silberbüsten der Schutzheiligen Wenzel, Veit, Adalbert und Cyrillus und ein Renaissancegemälde der sog. »Passauer Jungfrau«. An den Wänden sind noch got. Fresken erhalten. Ihr gegenüber im Chorumgang steht das prunkvolle *silberne Hochgrab des hl. Johannes v. Nepomuk* (24), geschaffen v. Antonio Corradini und Josef Würth nach dem Entwurf v. Emanuel Fischer v. Erlach*. Am Sockel zeigen Bronzereliefs Szenen aus dem

Leben des Heiligen. Auf dem v. Engeln getragenen Silbersarg die Statuen des Heiligen und eines Engels, der das Bild seiner Zunge trägt (das Symbol seiner Verschwiegenheit). Den Baldachin stiftete Maria Theresia 1771. Die folgenden 3 Kapellen dienten den Herrschern des Přemyslidengeschlechts als Grabkapellen. In der *Reliquienkapelle* (25) ruhen zu beiden Seiten die steinernen Tumben v. Přemysl Otakar I. – wahrscheinlich v. Peter Parler* selbst – und Přemysl Otakar II., geschaffen v. der parlerischen Bauhütte.

In der im Chorabschluß liegenden *Marienkapelle* (26) wurde wohl 1344 mit dem Bau des Doms begonnen. Hier sind die Fürsten Břetislav I. (†1055) und Spytihněv II., der Gründer des Vorgängerbaus, beigesetzt. Auch ihre Grabmäler wurden in der parlerischen Werkstatt ge-

*St.-Veits-Dom, Grabmal
Joh. v. Nepomuk >*

St.-Veits-Dom, Alfons-Mucha-Fenster

St.-Veits-Dom, »Goldene Pforte«

fertigt. In der *Kapelle Johannes' d. T.* (27) sind die Grabmäler der Fürsten Břetislav II. und Bořivoj II. Bes. wertvoll ist der sog. Jerusalemsleuchter, dessen roman. Fuß (1. Hälfte 12. Jh.) wahrscheinlich von böhm. Kriegern in Mailand erbeutet wurde. Im Chorumgang der Marienkapelle gegenüber steht der v. Josef Kranner* 1840 entworfene *St.-Veits-Altar* (28) mit einer Plastik des Heiligen v. Josef Max*. Die *Erzbischöfliche Kapelle* (29), nach ihrer größten Kostbarkeit, dem Renaissance-Epitaph des Vratislav z Pernštejn (v. Vredemann de Vries, ca. 1582), auch *Pernštejnkapelle* genannt. Sie diente den Prager Erzbischöfen in den Jahren 1793–1899 als Begräbnisstätte. Gegenüber die überlebensgroße *Bronzeplastik* (30) des Erzbischofs und Kardinals Friedrich Josef Schwarzenberg. Der Schöpfer war Josef Václav Myslbek*, 1904. In den neugot. Altar in der *St.-Anna-Kapelle* (31) ist eine frühgot. Reliquienplatte (1266) eingelassen. Aus vergoldetem Silber gearbeitet, zie-

ren sie Edelsteine und Filigranarbeiten. Die Forschung lokalisiert ihre Herkunft in der St.-Martins-Kirche in Trier. Gegenüber der Kapelle hängt ein v. Kaspar Bechteller* geschnitztes *Holzrelief* (32): die Flucht König Friedrichs v. der Pfalz, des sog. Winterkönigs, nach der verlorenen Schlacht am Weißen Berg 1620. Um 1631 geschaffen, zeigt es auch eine interessante Prager Stadtansicht. Die *Alte Sakristei* (33), ehem. St.-Michaels-Kapelle, überspannt ein außergewöhnliches parlerisches Netzgewölbe. Vor ihr steht ein dreiteiliger hochbarocker Beichtstuhl und am Eingang eine polychrome Holzplastik des hl. Michael. Die letzte der bereits im MA entstandenen Kapellen ist die *Sigismundkapelle* (34), benannt nach den v. Kaiser Karl IV. 1365 hier beigesetzten Reliquien des Heiligen. Über der nicht zugänglichen Chorkapelle erhebt sich die in den Jahren 1557–61 v. Bonifaz Wohlmut* erbaute *Orgelempore* (35). Die Orgel baute Anton Gärtner* 1757; sie ist ausgestattet mit 6500 Pfeifen. Be-

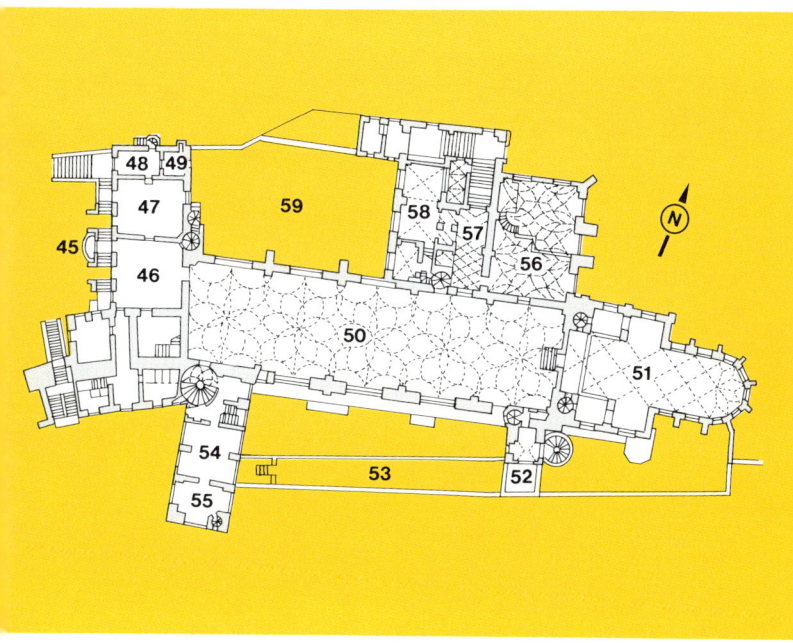

Královský palác / Alter Königspalast
(Nummern-Referenzen im Text)

vor die Empore 1924 hierher versetzt
wurde, bildete sie die provisorische W-
Front der ma Kathedrale. Darauf folgt
die *Neue Sakristei* (36).
Die *Neue Erzbischöfliche Kapelle* (37)
diente ab 1906 als Begräbnisstätte. Über
dem Altar ein Bild »Mariä Himmelfahrt« von Bartholomäus Spranger*
(1593). Bemerkenswert ist das Fenster
mit den hll. Cyrillus und Methodius, entworfen v. Alfons Mucha* (1931). Der
Altar der *Schwarzenbergkapelle* (38)
trägt das spätgot. Triptychon »Anbetung
der Hll. Drei Könige« (um 1514). In der
Bartoň-Dobeninschen Kapelle (39) als
letzte Kapelle ist der Altarschrein mit
got. Tafelbildern eine Arbeit der nord-
ital. Schule (um 1400).
Nach dem Verlassen des Doms verdient
das *S-Portal*, die sog. *Goldene Pforte*
(40), besondere Beachtung. Diesen

ehem., 1367 v. Peter Parler* errichteten
Festeingang schmückt ein 1370–71 v. venezianischen Künstlern nach böhm. Vorlagen geschaffenes Glasmosaik. Namengebend für die Goldene Pforte (porta
aurea) war der durch Sonneneinstrah-
lung hervorgerufene glitzernde Effekt
der goldunterlegten Glaswürfelchen des
Hintergrundes. Das Glas dafür stammte
aus böhm. Glashütten. In der Mitte ist
das Jüngste Gericht mit den böhm. Landespatronen, dem knienden Kaiser
Karl IV. und seiner Gemahlin Elisabeth
v. Pommern dargestellt. Das dreiteilige
Gewölbe der Vorhalle bedecken die
neueren Mosaiken »Kalvarienberg« sowie »Adam und Eva«. In das Ziergitter
hat J. Horejc die Motive der Tierkreiszeichen und Jahreszeiten eingearbeitet
(1954).
Bei dem heutigen Aussehen des *3. Burghofs* fällt die Vorstellung schwer, daß er
– wie archäologische Untersuchungen er-
gaben – noch im MA v. Wällen durchzogen
und mit vereinzelten Gebäuden, die

ersten noch aus Holz, bebaut war. Heute wird seine Gestalt geprägt v. der Vereinheitlichung der den Hof bildenden Gebäude durch den Architekten Niccolo Pacassi* (1761–75), die Umgestaltungen v. Josip Plečnik* v. 1920 und durch den alles überragenden Dom.

Dicht an der sw Ecke des St.-Veits-Doms steht das Gebäude der ehem. **Alten Propstei** (41), heute Kulturhaus. Von den sich hier verbergenden Resten eines roman. Bischofspalastes zeugt noch ein zweiteiliges roman. Fenster an der O-Seite. Das heutige barocke Aussehen stammt von 1701–02, die Statue des hl. Wenzel an der Gebäudeecke entstand ca. 1662. Der mehr als 16 m hohe *Monolith* (42) wurde nach einem Entwurf v. Josip Plečnik aus einem einzigen Granitblock (aus Mrákotín) gearbeitet. Er ist ein Mahnmal für die Opfer des 1. Weltkriegs, aufgerichtet 1928. Die *Reiterstatue des hl. Georg* (heute Kopie; 43), v. den Brüdern Georg und Martin aus Klausenburg 1373 in Bronze gegossen, gehört zu den bedeutendsten, wohl einmaligen Reiterstandbildern der Gotik. Erst 1791 brachte man sie auf ihren heutigen Standort, vorher befand sie sich vor der Georgskirche, dann auf einem Barockbrunnen im III. Burghof. Hinter ihr

überdachte Mauerreste der roman. Basilika, des Dom-Vorgängerbaus.

Der die S-Seite des Burghofs bildende sog. *Stadttrakt* (4) umfaßt im Kern noch die unter Fürst Soběslav I. gebaute roman. Burgmauer (nach 1130), an die die späteren Renaissance- und Frühbarockbauten angefügt wurden. Einziger Schmuck der heutigen klassizistischen Fassaden sind die Balkone mit den Plastiken v. Lichtträgern aus der Werkstatt des Ignaz Franz Platzer* (1760/62; heute Kopien). Hier befinden sich die Büro- und Repräsentationsräume des Regierungspräsidenten. In der SO-Ecke führt eine Treppe hinab in den *Wallgarten/Zahrada na valech* (77).

An der O-Seite begrenzt den Hof der Gebäudekomplex des **Alten Königspalastes/Starý královský palác** (44) mit der v. Niccolo Pacassi* gestalteten Rokoko-Eingangsfassade; davor befindet sich der barocke *Adlerbrunnen* v. 1664 (45). Die Ursprünge des Alten Königspalastes gehen bis in die Regierungszeit der Přemyslidenfürsten zurück. Seinem Zweck als Regierungssitz diente er bis ins 16. Jahrhundert. Anschließend beherbergte er die Zentralbehörden des böhm. Staates. Im 18. und 19. Jh. fanden hier die Krönungsfeierlichkeiten und Land-

Prager Burg, 3. Burghof, Stadttrakt, Portal

tagssitzungen statt. Nach eingehender archäologischer Untersuchung wurde der Palast nach 1924 v. Karel Fiala restauriert.

Im Vorraum, dem sog. *Kleinen Saal* (46) und den angrenzenden Räumen befanden sich in den Jahren 1527–45 die Kanzleien der Böhm. Kammer. In der *Grünen Stube* (47) sind die Wände mit Wappen der Beisitzer des Hof- und Kammergerichts geschmückt. Das barocke Deckenfresko »Salomos Urteil« wurde 1963 aus dem ehem. Burggrafenamt hierher übertragen. Der Raum war Schauplatz bedeutender historischer Ereignisse: Die Versammlung der böhm. Stände vor dem 2. Prager Fenstersturz (1618) und die Verurteilung ihrer Anführer zum Tode nach der verlorenen Schlacht am Weißen Berg (Bílá Hora) 1621. In dem l anschließenden Raum mit dem farbigen spätgot. Netzgewölbe befand sich das *Schlafgemach* (48) des Königs Vladislav Jagiello; verbunden war es mit dem kleinen Raum des *Depositoriums der Hoftafeln* (49). Den berühmten *Vladislavsaal/Vladislavský sál* (50) betritt man vom Vorraum aus. Den sich in der beeindruckenden Länge v. 62 m erstreckenden Saal mit einer Breite v. 16 m und einer Höhe v. 13 m erbaute Benedikt Ried* v.

Piesting 1493–1502 als Huldigungssaal für Vladislav Jagiello. Das v. im Palast tief verankerten Pfeilern getragene Rippengewölbe ist über die ganze Breite freischwebend konstruiert, eine architektonische Meisterleistung. In 5 Joche gegliedert, verschränkt es sich zu einem prächtigen Sternengewölbe. Den Jochen entsprechend bestand das heutige einfache Satteldach aus 5 Zeltdächern, die bei dem Großbrand v. 1541 vernichtet wurden. Die hohen Fenster haben schon Renaissance-Elemente.

Eine dreiteilige Spätrenaissance-Fensterfront mit einem Portal, errichtet 1589 v. Giovanni Gargioli*, bildet die ö Stirnwand des Saals. Neben dem Monogramm v. König Vladislav befindet sich l das Wappen v. Ungarn und r das v. Böhmen. Über die davorliegende Treppe gelangt man durch das Portal auf die Empore der hier angebauten *Allerheiligenkapelle/Kaple Všech svatých* (51). An ihrer Stelle befand sich bereits 1185 eine roman. Fürstenkapelle. In den Jahren 1370–87 errichtete Peter Parler* einen got. Chorbau als Sitz des Allerheiligenkapitels. Vom Brand 1541 stark beschädigt, wurde sie 1579–80 wieder aufgebaut und mit dem Vladislavsaal verbunden. In den Jahren 1753–55 gliederte man sie an

Prager Burg, Alter Königspalast, Vladislavsaal

das *Adelige Damenstift* (61) als Privatka-
pelle an. Der barocke Hochaltar trägt
ein Allerheiligengemälde v. V.V.Rei-
ner*. Unter der Chorkuppel ein Triptychon des rudolfinischen Malers Hans v.
Aachen*. Von dem gleichen Künstler
stammt auch die »Kreuzabnahme« am
rechten Seitenaltar. Der linke Seitenaltar
birgt die Reliquien des hl.Prokop. Ein
zwölfteiliger Gemäldezyklus v. Christian
Dittmann* zeigt Szenen aus dem Leben
des Heiligen (1669).
Vom Vladislavsaal aus erreicht man
durch einen engen Gang die *Aussichtsterrasse* (52), v. wo man einen herrlichen
Ausblick auf die Stadt und die S-Front
der Burg hat. Auf der linken Seite die
Allerheiligenkapelle und das Adelige
Damenstift, auf der rechten Seite erstreckt sich der sog. *theresianische Flügel*
(53), 1766–68 als Verbindungstrakt entstanden, bis zum hervortretenden *Ludwigsflügel* (54). Letzterer war 1618 der
Schauplatz des 2.Prager Fenstersturzes.
In der sw Ecke des Vladislavsaals befindet sich der Eingang in den Ludwigsflügel, erbaut 1502–09 v. Benedikt Ried* als
Wohntrakt im Frührenaissancestil. Die
Räume auf der gleichen Ebene des Vladislavsaals dienten nach dem Brand v.

1541 der *Böhm. Kanzlei* als Räumlichkeit. Durch eine Tür in einem Renaissanceportal mit dem Monogramm Lud-
wigs, des Sohnes v. Vladislav Jagiello,
gelangt man in einen historisch bedeutenden Raum, auch *Statthaltersaal* (55)
genannt. Am 23.5. 1618 stürzten hier die
Anführer der böhm. Ständebewegung
die verhaßten habsburgischen Statthalter
Jaroslav Bořita z Martinic (Martinitz)
und Vilém Slavata z Chlumu mit ihrem
Sekretär Fabritius aus dem O-Fenster
des Raumes. Dieser sog. *2.Prager Fenstersturz* war letztlich Auslöser des Dreißigjährigen Krieges.
Über eine Wendeltreppe gelangt man
hinauf in die *Reichshofratsstube,* die
schon unter Kaiser Rudolf II. als Sit-
zungsraum diente; am Eingang l das Tür-
steherkämmerchen. Das Mobiliar
stammt noch aus der Zeit der Renaissance, der Kachelofen aus dem 17.Jh. Über
der Tür hängt das Gemälde »Die Belagerung v. P. durch den Preußenkönig
Friedrich« v. Ignaz Raab* (1755).
An der nö Ecke des Vladislavsaals befindet sich der Eingang zum *Landtagssaal*
(56), urspr. ein Teil des Wohnpalastes v.
Kaiser Karl IV. Um 1500 v. Benedikt
Ried umgebaut, 1541 beim Brand zer-

*Prager Burg, Alter Königspalast, Statthaltersaal
(Schauplatz des 2. Prager Fenstersturzes)*

stört, wurde er 1559–63 v. Bonifaz Wohl-mut* neu eingewölbt. Auf der linken Seite errichtete man eine Renaissancetri-büne für den Obersten Landesschreiber. Sie ist mit den dahinterliegenden Räu-men der Landtafeln verbunden. Das Mo-biliar aus dem 19. Jahrhundert ist wie bei einer Tagung des damaligen Obersten Landesgerichts angeordnet: an der Fen-sterwand r vom Thron der Sitz des Erz-bischofs, dahinter die Prälatenbank, an den Wänden die Sitze der Obersten Lan-desbeamten, dem Thron gegenüber die Bänke des Adels- und des Ritterstandes und die Balustrade r für die königlichen Städte. An den Wänden hängen Porträts habsburgischer Herrscher.

Neben dem Landtagssaal gelangt man durch ein Renaissanceportal v. 1541 mit 2 Eingängen durch den kleineren l über eine Treppe hinauf zur Kanzlei der Neu-en Landtafeln und r durch den größeren zur *sog. Reiterstiege* (57).

Die Decken und Wände der Kanzlei tra-gen gemalte Wappen der hohen Beam-ten der Landtafeln (1561–1774), einer speziell böhm. Institution. Die *Landta-feln* sind Bücher, in denen die Landtags-beschlüsse über die Besitzverhältnisse v. Privatpersonen, Institutionen und Ge-meinden festgehalten wurden. Im hinte-ren Raum befindet sich ein mit Schnitze-reien verzierter Bücherschrank, in dem die sog. Quarternen (einzelne Bücher) der Landtafeln stehen. Die bunten Buch-rücken sind z. T. mit Darstellungen v. Blumen, Tieren und Himmelskörpern versehen. Die gesamte Einrichtung ist dem Aussehen des Amtes im 18. Jh. nachgestellt. In einem 1737 v. Kilian Ignaz Dientzenhofer* errichteten Anbau befand sich 1838–84 das *St.-Wenzels-Kronarchiv,* eine Sammlung ursprüngl. Schriften und Privilegien der böhm. Kro-ne (heute im Staatlichen Zentralarchiv).

Der Vorsaal der ca. 1500 v. Benedikt Ried* erbauten *Reiterstiege* (57) trägt ein schönes Kammgewölbe. Leicht abschüs-sig führt er zur eigtl. Treppe. Ihre aus Backsteinen gemauerten flachen Stufen erlaubten es den Rittern, mit ihren Pfer-den zu den im Vladislavsaal veranstalte-ten Turnieren zu gelangen. Auf der lin-ken Seite der Stiege befinden sich die Räume des *Neuen Appellationsgerichts* (58); sie sind nicht zugänglich. Über die Reitertreppe gelangt man durch ein wei-teres Renaissanceportal auf den *Georgs-platz/Jiřské náměstí,* auch 4. Burghof ge-nannt.

Die heute *unterirdischen roman. Palast-räume* erreicht man vom Georgsplatz

Prager Burg, Alter Königspalast, Reiterstiege

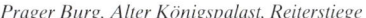

über eine Treppe des Palasthofs (59); zur Zeit leider nicht zugänglich. Schon im Eingang findet man Überreste des roman. Befestigungswalls vom Ende des 9.Jh. Es folgt der 50 m lange Saal des roman. Fürstenpalastes v. Soběslav I. und Vladislav II. (1.Hälfte 12.Jh.). Über eine Treppe gelangt man in den urspr. Raum der Alten Landtafel aus der Zeit Přemysl Otakars II. (Mitte 13.Jh.). 2 niedrige zylindrische Pfeiler tragen sein Gewölbe, aus der gleichen Zeit die 2 Arkaden. Der Fußboden des sich anschließenden *Karlssaals* wurde originalgetreu restauriert. Die mächtigen Pfeiler an den Seitenwänden gehören zu dem darüberliegenden Vladislavsaal. Den nächsten Raum nennt man Alte Registratur. Es schließt sich der *Säulensaal Wenzels IV.* an, der v. 2 runden Pfeilern gestützt wird (ca. 1400). Weiter kann man noch Ausgrabungen unter dem 3.Burghof besichtigen. Den *4. Burghof* bildet der Georgsplatz/Jiřské náměstí, n begrenzt durch die sog. Mockerschen Häuser (60), die v. Josef Mocker* erbaute *Neue Propstei/ Nové probošství* und 2 Residenzen für die Angehörigen des St.-Veits-Kapitels, w durch den Chor des St.-Veits-Doms, s vom Adeligen Damenstift (61) und ö v. der frühbar. Front der St.-Georgs-Basili-

ka und dem anschließenden Kloster.
Das Gebäude des *Adeligen Damenstifts/ Ústav šlechtičen* (61) entstand in den Jahren 1753–55 durch den Um- und Erweiterungsbau des ehem. Rosenbergpalais/Rožmberský palác. Es diente als Kloster für verarmte weibliche Adelige. Die Äbtissin, immer eine Habsburgerin, erhielt 1782 das Recht, die böhm. Könige zu krönen.
Die Anfänge der **St.-Georgs-Basilika/ Bazilika svatého Jiří** (62) gehen bis auf die Gründungszeit der Prager Burg zurück; sie ist der bedeutendste roman. Sakralbau v. P. Im Jahre 921 wurde sie v. Fürst Vratislav I., einem Sohn der hl.Ludmilla, gegr., 925 v. Wenzel (dem späteren Heiligen) zur Grabkirche für seine Großmutter, die hl.Ludmilla, umgestaltet. Nach der Beseitigung der Brandfolgen v. 1142 erbaute man die zwei O- oder Chorflankentürme, den O-Chor, die darunterliegende Krypta und verlängerte den dreischiffigen Bau nach W. Im Rahmen einer weiteren Umgestaltung durch die Bauhütte Peter Parlers in der Mitte des 14.Jh. wurde die got. Ludmillakapelle in der SO-Ecke des Chors angefügt. Anfang des 16.Jh. gestaltete die Bauhütte Benedikt Ried* das kunstvolle S-Portal, bekrönt v. einem

St.-Georgs-Basilika, Chorraum

St.-Georgs-Basilika

Relief, das den hl. Georg im Kampf mit dem Drachen darstellt (Original in der Nationalgalerie). Um 1670 erhielt die Basilika ihre frühbarocke Frontfassade; die Plastiken der Kirchengründer stammen v. Johann Georg Bendl*. Außen an der SW-Ecke erbaute nach neuester Forschung wahrscheinlich Philipp Spannbrucker* 1718–22 die *Kapelle des hl. Johannes von Nepomuk* an. Ihre Fassadenplastik des Heiligen schuf Ferdinand Maximilian Brokoff*. Im Inneren stammen Hauptaltargemälde und Kuppelfresko v. V. V. Reiner*.

Ihr heutiges Aussehen ist das Ergebnis einer puristischen Rekonstruktion von 1897 bis 1907. Dabei erhielt die barocke Frontfassade ihre urspr. rötliche Farbe zurück. In den Jahren 1959–62 wurden die urspr. weißen, für die Kirche charakteristischen roman. Türme rekonstruiert. Bei archäologischen Untersuchungen entdeckte man Teile der Grundmauer des Gründungsbaus, außerdem die *Grabstätten der ersten Přemysliden-Fürsten*, die sich heute im Chorraum befinden: die Gebeine Vratislavs I. r in einer bemalten Holztumba des 15. Jh. und die v. Boleslav II., dessen Schwester Mlada 973 das benachbarte Kloster gründete, unter dem v. einem schmiedeeisernen Gitter umgebenen Grabstein.

Die zentrale Bedeutung der *Ludmillakapelle*, erbaut unter Kaiser Karl IV. für die bereits 925 hier bestattete erste böhm. Christin Ludmilla, wird durch ihre erhöhte Lage noch unterstrichen. Die hinter einem neugot. Altar stehende Plänerkalksteintumba (Peter Parler*, um 1380) trägt ihre in Stein gemeißelte liegende Gestalt.

Nach dem Tod des Herrschers Vratislav war es zwischen seiner Mutter, der christlichen Ludmilla, und ihrer heidnischen Schwiegertochter Drahomíra zu Machtrivalitäten gekommen, da sein Sohn Wenzel für die Herrschaftsübernahme noch zu klein war. Ludmilla wurde 925 v. Drahomíra auf ihrem Witwensitz Tetín ermordet. Obwohl dies keine religiös motivierte Tat war, wurde Ludmilla als erste Märtyrerin heiliggesprochen.

Unter dem Treppenaufgang der Ludmillakapelle befindet sich die *Krypta* der

hl. Brigitta v. Schweden mit ihrer Statue v. 1726. Bes. wertvoll ist das dreiteilige Relief in der Nische der n Turmkapelle, eine ausgezeichnete Arbeit der böhm. Plastik aus der Zeit um 1220; es stammt vom Portal der Basilika vor ihrer Umgestaltung. Im Jahre 973 gründeten Boleslav II. und seine Schwester Mlada neben der Basilika ein Benediktinerinnenkloster, das **St.-Georgs-Kloster / Klášter svatého Jiří** (63), das erste Kloster Böhmens. Nach mehreren in verschiedenen Jh. vollzogenen Umbauten wurde es während der Säkularisation unter Joseph II. aufgehoben und in eine Artilleriekaserne umgewandelt, später in ein Gefängnis für Geistliche. Das Kloster war im MA ein bedeutendes Skriptorium. Hier entstanden eine Reihe v. Handschriften, so auch die Passionale der Äbtissin Kunigunde (1321). Erhalten ist die *St.-Anna-Kapelle*, in der auch die Ordensgründerin Mlada 994 beigesetzt wurde. Der urspr. aus dem 10. Jh. stammende Bau hat heute ein barockes Äußeres.

Das Kloster, v. den Architekten J. Pilar und F. Cubr zur repräsentativen Galerie umgebaut (eröffnet 1976), ist heute Sitz der **Nationalgalerie / Národní galerie.** Die bedeutendsten Werke der böhm. Gotik

Prager Burg, Schwarzer Turm

(Tafelbilder des Hohenfurter und Wittingauer Meisters, Holzskulpturen des 14. und 15.Jh.), Spätgotik, Renaissance und Barock sind hier zu einer einzigartigen Sammlung zusammengetragen, vorzüglich präsentiert und um Originale (Tympana der Maria-Schnee-Kirche, Teynkirche, die Reiterstatue des hl. Georg vom 3. Burghof u. a.) ergänzt.

Die **Georgsgasse/Jiřská ulice** verläuft vom gleichnamigen Platz in ö Richtung entlang der langgestreckten Fassadenfront des Adeligen Damenstifts bis zum ehemaligen Lobkowitz-Palais und dem Schwarzen Turm am O-Tor des Burgareals. Auf der gegenüberliegenden Seite liegen das ehem. Burggrafenamt und davor ein Treppenaufgang zum Goldenen Gäßchen.

Das **Lobkowitz-Palais/Lobkovický palác** (64) wurde urspr. 1570 als Renaissancepalais für die einflußreiche Adelsfamilie Pernštejn im ital. Stil erbaut. Von dem späteren frühbarocken Umbau für die Familie Lobkowitz durch Carlo Lurago* (1651) sind noch 2 Pilasterportale erhalten. Sein heutiges Aussehen stammt v. einer Umgestaltung im Jahre 1791. Seit 1987 beherbergt das Palais u. a. eine permanente Ausstellung zur Entwicklung des böhm. Staates bis 1848.

Der **Schwarze Turm/Černá věž** (65) gehört zu der Befestigungsanlage, die Soběslav I. im 12.Jh. errichten ließ, und diente als Schuldnergefängnis. Das O-Tor stammt aus verschiedenen Bauetappen vom 13. bis 15.Jh. und führt zu einer kleinen *Aussichtsterrasse*, v. wo man einen schönen Blick auf die am Hang liegenden Gärten und die Stadt hat. Von hier führt ein Weg über die *Alte Schloßstiege/Staré zámecké schody* in die Stadt hinunter.

Wieder im Burgareal befindet sich an der N-Seite des v. einer Steinmauer umgebenen Hofs das **ehem. Burggrafenamt/Bývalé Purkrabství** (66). In der Zeit vom 13. bis 16.Jh. des öfteren umgebaut, wurde es nach dem Brand von 1541 von Giovanni Ventura* in ein Renaissance-Giebelhaus umgestaltet, wovon u.a. die restaurierte Sgraffitofassade zeugt. Der Burggraf war nach dem Herrscher der höchste Beamte des Landes. Im Jahre 1961 wurde das Gebäude in das *Haus der Tschechoslowak. Kinder/Dům československých dětí* umgewandelt. Erwachsenen ist der Zutritt nur mit Sondergenehmigung erlaubt.

Über den Treppenaufgang vor dem ehemaligen Burggrafenamt gelangt man in das berühmte **Goldene Gäßchen/Zlatá**

Prager Burg, »Goldenes Gäßchen«

ulička (67), das nach den urspr. hier lebenden Handwerkern früher Goldschmiedegäßchen genannt wurde. Die an die Burgmauer angebauten hübschen buntgestrichenen Häuschen zwischen dem Weißen (69) und dem Daliborka-Turm (68) bilden heute die Gasse, die als bedeutendes Relikt des damaligen Burglebens im MA und in der Zeit der Renaissance erhalten ist. In der Regierungszeit Kaiser Rudolfs II. wohnten hier seine Bogenschützen. Später wurde es Zufluchtsort für verarmte, keiner Zunft angehörende Handwerker. Über das damals hier herrschende Elend täuscht die jetzige malerische Atmosphäre hinweg. Ihren poetisch klingenden Namen hat die Gasse v. der Legende, daß hier die Hofalchimisten Kaiser Rudolfs II. ihre Laboratorien hatten. Doch wirkten diese nachweislich im Pulverturm Mihulka (71). Im Haus CN 22, das Franz Kafkas Schwester Ottla gemietet hatte, schrieb der Schriftsteller im Winter 1916/17 die meisten Erzählungen des »Landarzt«-Bandes

Der Festungsturm **Daliborka** (68) wurde 1496 nach Plänen v. Benedikt Ried* im Auftrag v. Vladislav Jagiello am ö Ende der Befestigungsmauer errichtet. Benannt wird er nach dem 1498 hier eingekerkerten Ritter Dalibor z Kozojed, dessen Vergehen darin bestand, daß er den aufständischen Leibeigenen seines Nachbarn seinen Schutz zugesagt hatte. Der Komponist Bedřich Smetana machte diesen Ritter zur Titelfigur seiner bekannten Oper »Dalibor«.

Ein teilweise noch erhaltener Wehrgang führt zum neuen **Weißen Turm/Bílá věž** (69), einer halbkreisförmigen Bastei. Ab 1584 bis 1752 diente der Turm als Staatsgefängnis anstelle eines urspr. gleichnamigen Turms, dessen Überreste man im sö Gebäude des 2. Burghofs gefunden hat. Bekannte Insassen dieses Kerkers waren u. a. der englische Alchimist Edward Kelley und die Anführer des Ständeaufstands v. 1618. Die Wände sind noch heute mit Inschriften der Gefangenen bedeckt.

Die *Vikarsgasse/Vikářká ulice* führt n entlang des Chorabschlusses des St.-Veits-Doms, bei dessen Bau sie nach Abriß des urspr. hier stehenden Kapitelhauses entstand. Im 1705 errichteten Gebäude der *Alten Dechanei*, Nr. 37 (70), befindet sich das Informationszentrum der Burg. Den ehem. Bibliotheksraum des St.-Veits-Kapitels schmücken Dekkenfresken v. 1724–26. Die benachbarten Häuser vereinigte der Architekt Karel

Prager Burg, Reitschule

Firla zur Gaststätte »*Vikárka*«. Der Prager Schriftsteller Svatopluk Čech hat dieses Lokal in seinen Satiren »Ausflug des Herren Brouček ins XV. Jh.« und »Zum Mond« verewigt, Stoff für eine Oper v. Leoš Janáček. Hinter der Gaststätte erhebt sich der *Pulverturm Mihulka/Prašná věž-Mihulka* (71), eine Bastei vom Ende des 15. Jh. Nach dem Burgbrand v. 1541 diente er dem Gießer Tomáš Jaroš* als Wohn- und Arbeitsstätte. Er war u. a. der Schöpfer der großen Glocke des St.-Veits-Doms. In der Regierungszeit Kaiser Rudolfs II. befanden sich hier die Werkstätten der Alchimisten. Später diente der Turm als Pulvermagazin, dann als Wohnraum. Heute werden seine Räume für Ausstellungen genutzt: zur Geschichte des spätgotischen Festungsbaus in Böhmen, zur Metallgießerei und zur Entwicklung der Naturwissenschaften in der Renaissance.

Außerhalb des Burggeländes befinden sich noch die nachstehenden Sehenswürdigkeiten: durch die Durchfahrt im 2. Burghof gelangt man über die Pulverbrücke zu dem Gebäudekomplex der Reitschule, auf der gegenüberliegenden Seite erstreckt sich der Königsgarten bis zum Lustschloß Belvedere. Unterhalb der S-Front der Burg liegen der Paradies- und der Wallgarten.

Die *Pulverbrücke/Prašný most* (72) wurde in den Jahren 1535–40 als einstöckige Holzbrücke mit verdecktem Geheimgang auf 5 steinernen Pfeilern erbaut. Sie diente als Verbindung der Wohnräume Ferdinands I. mit dem n angelegten Renaissancegarten, dem heutigen Königsgarten. Von Niccolo Pacassi* wurde die schon mehrfach veränderte Brücke durch einen aufgeschütteten Wall ersetzt.

Ursprünglich überspannte sie das steile Tal des *Flüßchens Brusnice*, das bis zum Einsatz von Artillerie als natürlicher Schutz der Burg diente. Das Tal erhielt seinen Namen *Hirschgraben/Jelení příkop* v. der dort bis 1743 betriebenen Zucht von Jagdwild. Das Gebäude auf der linken Seite ist die im Jahre 1694–95 von Jean Baptiste Mathey* erbaute *Reitschule* (73) mit ihrem anschließenden Arkadenhof. Seit 1949 befinden sich hier von Pavel Janák* gestaltete Ausstellungsräume.

Das nö der Burg gelegene graziöse Bauwerk des *Belvedere* genannten **Königlichen Lustschlosses / Královský letohrádek** (74) gilt als herausragendes Bei-

Belvedere, »Singende Fontäne«

*Königsgarten, Ballhaus,
Statue »Allegorie der Nacht«*

spiel der italienischen Renaissancearchitektur n der Alpen. Der Auftraggeber König Ferdinand I. ließ es für seine Gemahlin Anna errichten. Die Grundsteinlegung erfolgte durch den aus Genua stammenden Architekten Paolo della Stella* 1538. Seine Baumeister Juan Maria del Pambio und Giovanni Spazio beendeten das Erdgeschoß, dem Bonifaz Wohlmut* 1556–64 das Obergeschoß aufsetzte. Den Arkadenumgang des Erdgeschosses bilden 40 schlanke Säulen. Ihre Sockel, die Bogenzwickel und Türfriese tragen reichen Reliefschmuck: Szenen aus der Mythologie, historische und Genreszenen sowie Wappen. Charakteristisch für diesen Bau ist sein geschwungenes, mit Kupferblechen belegtes Renaissancedach, dessen Form an ein umgekehrtes Boot erinnert. Die urspr. Gestaltung des Innenraums verfremdete ein Umbau in den Jahren 1841–55. Den Eingang verlegte man von der Gartenfront nach N und errichtete anstelle der schmalen Renaissancetreppe einen überdimensionierten Treppenaufgang. Die Terrasse nutzte der Hofastronom Tycho Brahe um 1600 für seine wissenschaftlichen Beobachtungen. Heute dienen die Räumlichkeiten der Nationalgalerie für wechselnde Ausstellungen.

An der W-Seite des Gebäudes befindet sich die moderne Plastik »Der Sieg« v. Jan Štursa*. In der Mitte des 1937–39 v. Pavel Janák* rekonstruierten Renaissancegartens steht die bekannte *»Singende Fontäne«*, ein 1568 v. Tomáš Jaroš* gegossener Bronzebrunnen nach einem Entwurf v. Francesco Terzio*. Der illustre Name beruht auf dem Klang, den die herabfallenden Wassertropfen auf dem aus Glockenmetall bestehenden Becken erzeugen.

Ein Zugang befindet sich an der Straße Mariánské hradby, ein weiterer durch den Königsgarten.

An den beiden Längsseiten der Burg erstrecken sich ihre ausgedehnten Gartenanlagen.

Im N zieht sich der **Königsgarten / Královská zahrada** (75) v. der Straße U prašného mostu/Zur Pulverbrücke bis hin zum Lustschloß Belvedere. Er wurde an der Stelle v. Weinbergen 1534 im Auftrag König Ferdinands I. angelegt. Man pflanzte exotische und Ziergewächse an, errichtete eine Orangerie und ein Feigenhaus. Hier befand sich eine der ersten Tulpenzüchtungen Europas. In den Jahren 1538–64 baute Bonifaz Wohlmut* das **Große Ballhaus** (das Kleine und das Sommerballhaus wurden völlig zerstört),

Der Vyšehrad über der Moldau

Vyšehrad, St.-Martins-Rotunde

vor dem die Barockplastik »Allegorie der Nacht« v. Anton B. Braun* steht; v. diesem Bildhauer stammen auch noch weitere Gartenplastiken. Im Verlauf der Jh. mehrmals verwüstet und umgestaltet, verwandelte man ihn im 19. Jh. in einen englischen Garten.

An der heutigen Str. U Prašného mostu erbaute Udalrico Aostalis de Sala* für Kaiser Rudolf II. in den Jahren 1581–83 den *Löwenhof/Lví dvůr,* der der Haltung v. Raubtieren diente; heute befindet sich hier eine Gaststätte.

Der *Paradiesgarten/Rajská zahrada* (76) an der S-Seite der Burg wurde 1562 an der Stelle alter Befestigungsanlagen im Auftrag des Erzherzogs Ferdinand v. Tirol angelegt. In der SO-Ecke des Gartens entstand 1617 der *Matthiaspavillon,* ein Rundbau mit einem Kupferdach. Im Inneren trägt die Decke 39 Wappen der Länder des Kaiserreichs; die Wände schmücken Fresken v. Josef Navrátil*, 1848. Die heutige Gartengestaltung erfolgte nach Plänen v. Josip Plečnik*

(1920–24). Er ist auch der Schöpfer der monumentalen Treppe und des 40 t schweren Granitbeckens in der Gartenmitte. Die Statue des »Guten Hirten« stammt v. Josef Kalvoda* (1922). Den Garten erreicht man über die Burgrampe/Ke hradu neben der Schloßstiege/Zámecké schody.

Der ö angrenzende *Wallgarten/Zahrada na valech* (77) entstand 1861 nach der Aufschüttung ehemaligen Befestigungswalle. Die heutige Anlage schuf ebenfalls der Architekt Josip Plečnik. In der SW-Ecke errichtete er einen v. 8 Säulen getragenen Pavillon. Eine ma Bastei gestaltete er in eine Aussichtsterrasse um. Unterhalb des Ludwigtrakts (54) bezeichnen *2 Obelisken* die Stellen, wo die kaiserlichen Statthalter beim 2. Prager Fenstersturz auftrafen, den Sturz jedoch überlebten, weil sie in eine frisch aufgefahrene Ladung Dung fielen. Weitere bemerkenswerte Bauten im Garten sind eine auf einer ehem. Bastei errichtete Volière, eine Empire-Wachstube, eine Bellevue genannte Aussichtskolonnade mit Plastiken v. Ignaz Franz Platzer* und ein Herkules-Brunnen. Am ö Gartenende erhebt sich ein 12 m hoher Monolith. Von der Aussichtsterrasse führt eine Treppe hinab zum Musikpavillon im Garten des Hartig-Palais.

Über eine andere Treppe gelangt man hinauf in den 3. Burghof.

Die historischen Objekte und Sammlungen der Prager Burg sind täglich außer M. v. 9 bis 17 Uhr geöffnet, die Gärten ab 1.5. bis 30.10. täglich außer montags und an Sonnentagen sowie die Höfe bis 22 Uhr.

Vyšehrad (Vyšehrad): Auf einem steil über dem rechten Moldauufer aufragenden Felsen liegt die sagenumwobene Burg Vyše-hrad. Ihr Name ist eng mit der legendären Fürstin Libuše, der Gattin des Přemysliden-Urvaters Přemysl der Pflüger, verknüpft. Nach Überlieferungen des Chronisten Kosmas (11. Jh.) hat Libuše v. ihrer Residenz auf dem Vyšehrad die Gründung der Stadt P. prophezeit. Die historischen Forschungen und archäologischen Untersuchungen weisen jedoch darauf hin, daß die Burgstätte erst gegen Ende des 10. Jh. besie-

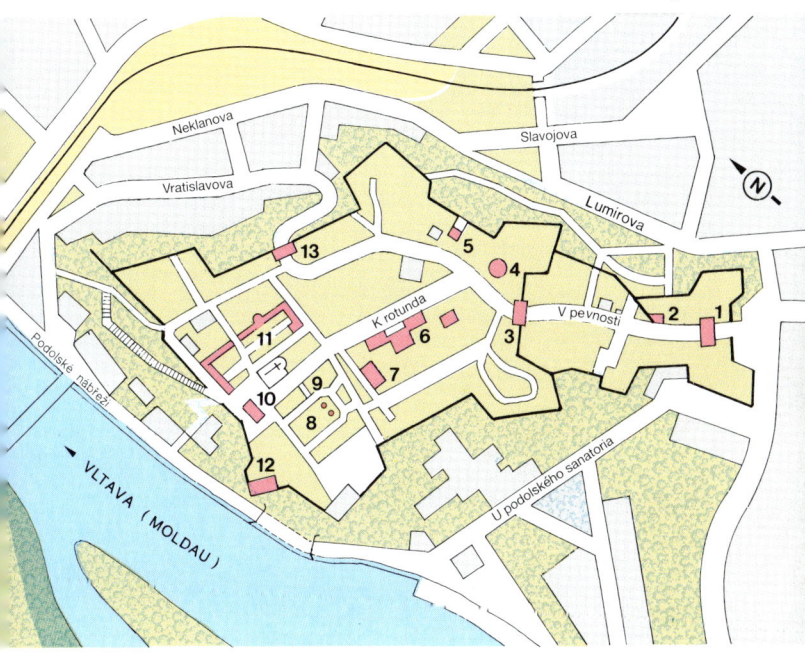

Vyšehrad 1 Tábortor **2** Reste des Špička-Tores **3** Leopoldstor **4** St.-Martins-Rotunde **5** Kapelle Maria in den Schanzen **6** Neue Dechanei **7** Fundamente der Laurentiusbasilika **8** Vyšehradské sady (Park) **9** Überreste einer roman. Brücke **10** Kapitelkirche St. Peter und Paul **11** Ehrenfriedhof mit Slavín **12** Bad der Libuše **13** Chotek-Tor

delt war. Ihr Name wird zum erstenmal auf v. Boleslav II. (967–999) geprägten Münzen mit der Aufschrift »Visegrad« erwähnt. Die ältesten Funde einer steinernen Burganlage stammen erst aus dem 11. Jh.

Die Bedeutung der Burg wuchs, als Fürst Vratislav II. aufgrund v. Machtstreitigkeiten mit seinem Bruder, dem Bischof Jaromír, seinen Regierungssitz hierher verlegte (um 1070). Er gründete ein Kollegiatskapitel und stiftete eine Basilika, den 1. Vorgängerbau der heutigen St.-Peter-und-Paul-Kirche. In der Folge entstanden weitere Bauten: ein roman. Königspalast, eine Befestigungsanlage, die St.-Martins-Rotunde und die St.-Laurentius-Basilika. In der Vorburg siedelten sich Händler und Handwerker an. Schon mit dem Umzug v. Soběslav I. zurück auf die Prager Burg verlor der Vyšehrad in der 1. Hälfte des 12. Jh. an Bedeutung. Erst mit Kaiser Karl IV. erlebte die Burg eine neue Glanzzeit. Karl IV., ein Nachkomme der Přemysliden (seine Mutter Eliška war die letzte dieses ruhmreichen Geschlechts), verfügte, auch die Burg Vyšehrad wieder in die Krönungszeremonien einzubeziehen. So entstand der traditionelle Krönungsweg vom Vyšehrad (später vom Pulverturm) über den Karlsplatz, den Altstädter Ring, durch die Karlsgasse, über die Karlsbrücke zum St.-Veits-Dom auf der Prager Burg. Außerdem modernisierte er die Befestigungsanlagen durch Ausbau und schloß sie der Prager Neustadt an.

Der Vyšehrad hatte sich zu einer kirchlichen Kapitelstadt entwickelt, deren Bewohner größtenteils Kanoniker und Geistliche waren; es gab ca. 14 Kirchen und Kapellen. Während der hussitischen revolutionären Bewegung (1. Prager Fenstersturz, 1418) wurde die Burg v. der Bevölkerung erobert und ihre Gebäude als Symbole der kath. Kirche zerstört. Auf dem Vyšehrad kehrte für mehr als 100 Jahre Stille ein.

In der Regierungszeit Georgs v. Podiebrad entstanden neue Ansiedlungen, so daß 1467 die »Freistadt auf dem Berg Vyšehrad« gegr. wurde. Die Differenzen zwischen dem röm.-kath. Kapitel und der utraquistischen Bevölkerung fanden ihren Höhepunkt während des Aufstands der böhm. Stände (2. Prager Fenstersturz, 1618). Nach einem Sieg der kath. Liga 1620 ging der Vyšehrad zurück in den Besitz des Kapitels. Nachdem ein heftiger Angriff der Schweden v. 1648 die Burganlage schwer beschädigt hatte, wurde ab der Mitte des 17. Jh. die dortige Bevölkerung ausquartiert und der Vyšehrad in eine ausgedehnte Militärzitadelle verwandelt. Diese Bastion wurde dann Bestandteil der neuen barocken Befestigung der Stadt. Aus jener barocken Bauetappe stammt z. B. das St.-Leopolds-Tor. Die einsetzende gewaltsame Rekatholisierung hatte u. a.

zur Folge, daß die Bauarbeiten an der Kapitelkirche wieder aufgenommen wurden. Im Jahre 1883 wurde der Vyšehrad zum 6. Stadtviertel v. P. erklärt, und kurz darauf entstand das Chotek-Tor.

Mit dem Anwachsen des nationalen Bewußtseins und im Zuge der Romantik in der Mitte des 19. Jh. in Böhmen rückte der von einer eher sagenhaften Vorgeschichte umgebene Vyšehrad immer mehr ins Blickfeld von Komponisten, Literaten und Künstlern. Bedřich Smetana leitete seinen sinfonischen Zyklus »Mein Vaterland« mit dem Stück »Vyšehrad« ein und widmete Fürstin Libuše eine Oper. Felix Mendelssohn Bartholdy komponierte das Stück »Libušes Weissagung«. Die Schriftsteller Julius Zeyer, Adalbert Stifter und Franz Grillparzer sowie die Maler Mikoláš Aleš und V. Morstadt wurden ebenfalls vom Vyšehrad inspiriert.

Auf Anregung des Propstes Václav Štulc wurde in den 70er Jahren des 19. Jh. der Ehrenfriedhof angelegt, wo heute ca. 600 bedeutende Persönlichkeiten des tschechischen kulturellen und wissenschaftlichen Lebens bestattet sind. Der an der O-Seite befindliche *Slavín* ist das gemeinsame Mausoleum für die verdienstvollsten und ruhmreichsten Tschechen.

Vyšehrad, Kirche Peter u. Paul, Tympanon: »Das Jüngste Gericht« (Detail)

Den Vyšehrad erreicht man am besten mit der Metro C bis zur gleichnamigen Station. Der Weg führt am Palác kultury/Kulturpalast (→öffentliche Bauten) vorbei, und man betritt die Burganlage v. SO durch das barocke Tábortor.

Das *Tábortor/Táborská brána* (1) wurde 1655/56 als Teil der äußeren barocken Befestigung zwischen Basteien erbaut. Auf dem Platz dahinter befand sich die ma Vorburg. Auf der Höhe des Hauses Nr. 9/CN 10 auf der Straße V pevnosti sind noch die Überreste des got. *Špička-Tores* (2) zu erkennen. Hier befand sich die Befestigungsmauer zur Zeit Kaiser Karls IV.

Das *Leopoldstor/Leopoldova brána* (3) bildet den inneren Eingang in die Burganlage. Urspr. war es durch eine über einen Graben führende Zugbrücke gesichert, die 1842 durch die heutige Zufahrtsstraße ersetzt wurde. Das Tor errichtete Carlo Lurago* 1678, und Giovanni B. Allio* versah es mit plastischem Schmuck.

Hinter dem Tor stehen auf einer leichten Anhöhe die St.-Martins-Rotunde und eine Marienkapelle.

Die *St.-Martins-Rotunde/Rotunda svatého Martina* (4) entstand als Pfarrkirche der Vorburg des Vyšehrad am Ende des 11. Jh. und ist bis heute nicht nur das älteste erhaltene Bauwerk der Burg, sondern auch die älteste Rundkirche v. P. Bei einer Umgestaltung durch A. Baum* (1878–80) wurde ihr Eingang v. der W-Seite an die S-Seite verlegt. Aus dieser Zeit stammt auch das mit Motiven aus dem *Vyšehrader Krönungskodex* (11. Jh.) reich verzierte neuroman. Portal. So auch der Marmoraltar im Inneren, der v. dem Maler František Sequens* mit Bildern ausgestattet wurde. Die Wandmalereien sind Werke v. A. König und J. Herman.

Die barocke *Marienkapelle in den Schanzen/Kaple Panny Marie v hradbách* (5) wurde als Wallfahrtsort für die Figur der Jungfrau Maria v. Loreto im 18. Jh. erbaut. Nach der Aufhebung der Kapelle 1784 durch Joseph II. wurde die Statue in die Kapitelkirche St. Peter und Paul gebracht. In der Nähe befand sich urspr. die got. St.-Johannes-Enthauptungs-Kirche. Über die Straße Štulcova ulice gelangt man zur Neuen Dechanei, hinter der sich in der Soběslavova ulice die Grundmauern der roman. Laurentiusbasilika befinden.

Die *Neue Dechanei* (6) erbaute J. Niklas* 1877–79 im neugot. Stil. Heute ist hier eine permanente Ausstellung über die Ge-

schichte des Vyšehrad und die Kapitel-
bücherei untergebracht. Hinter dem
Haus befindet sich eine Freilichtbühne.
Die Forschung nimmt an, daß die noch
aus der Regierungszeit v. Vratislav II.
stammende *St.-Laurentius-Basilika/Ko-
stel svatého Vavřince* (7) in der 2. Hälfte
des 11. Jh. als Pfarrkirche der Festung
erbaut wurde. Die dort bei archäologischen Untersuchungen gefundenen
sechseckigen Bodenkacheln, reich mit
antiken Motiven verziert, sind heute im
Lapidarium des Nationalmuseums ausgestellt.
Im 11. Jh. befanden sich an der Stelle des
heute hier angelegten Parks *Vyšehradské
sady* (8) die roman. Palastgebäude der
ma Burg, die unter Kaiser Karl IV. in einen got. Königshof umgestaltet wurde.
Am n Parkrand sind noch Überreste einer *roman. Brücke* (9) zu sehen.
In der Barockzeit stand auf diesem Gelände das Zeughaus, das 1927 nieder-
brannte. Die 4 überlebensgroßen *Statuengruppen* schuf der Bildhauer Josef
V. Myslbek* 1881–97, urspr. für die
→Palacký-Brücke (→Brücken). Dargestellt hat er Figuren alter tschech. Sagen:
»Libuše und Přemysl«, »Ctirad und Šárka«, »Slavoj« und »Lumír und das Lied«.

*Vyšehrad, Ehrenfriedhof,
Grab Jan Neruda*

An der N-Seite des Parks erhebt sich die
*Kapitelkirche St. Peter und Paul/Kostel
svatého Petra a Pavla* (10).
In den Jahren 1070–80 von Fürst Vratislav II. als dreischiffige Basilika des Kol-
legiatskapitels Vyšehrad erbaut, wurde
sie um 1330 nach schweren Brandschä-
den in eine frühgot. Chorbasilika umgebaut. Der unter Kaiser Karl IV. entstandene fünfschiffige Bau wurde 1575 bis
1576 v. Udalrico Aostalis de Sala* im
Renaissancestil umgestaltet und schließlich v. František Maximilián Kaňka* und
Carlo Canevalle* im Barockstil abermals
verändert. Der neugot. Umbau v. Josef
Mocker* in den Jahren 1885–1903 hat
das heutige Aussehen der Kirche geprägt
und die Spuren der älteren Bauetappen
verdeckt. Auch das Wahrzeichen des Vyšehrad, die weithin sichtbaren Türme,
stammen erst aus dem Jahre 1902. Das
Hauptportal trägt ein Tympanon mit
dem Relief »Das Jüngste Gericht« v.
Štěpán Zálesák* (1901).
Die Wände des Innenraums bedecken
Fresken v. František und Maria Urban**. Im Chorabschluß des linken Seitenschiffs zeigt eine barocke Wandmalerei die Ansicht des Vyšehrad um 1420.
Das wertvollste Ausstattungsstück ist ein
altböhm. Tafelbild der Jungfrau Maria,
auch Vyšehrader Madonna genannt, aus
dem Besitz Kaiser Karls IV. Ihr bekann-
terer Name, *»Regenmadonna«*, stammt
noch aus der Zeit, als sie zum Schutz vor
Dürreperioden angebetet wurde. Noch
aus der Gründungszeit der Kirche datiert
der roman. Steinsarkophag des hl. Longinus, der wahrscheinlich für einen Přemyslidenfürsten bestimmt war. Die
Krypta diente im 12. Jh. als Grabstätte
für die Přemysliden.
Auf der N-Seite der Kirche liegt der
Eingang zum *Vyšehrader Friedhof/Vyše-
hradský hřbitov* (11), einem Ehrenfriedhof, der um 1870 an der Stelle des ehem.
Pfarrfriedhofs für die Bestattung bedeutender Persönlichkeiten des tschech.
Kulturlebens angelegt wurde.
Das Zentrum bildet der 1884–90 nach
Entwürfen v. Antonín Wiehl entstandene *Slavín*, ein Ehrenmal für diejenigen,

*Vyšehrad, Ehrenfriedhof,
Arkadengang >*

die sich um die tschech. Nation besonde- re Verdienste erworben haben. Die alle- gorische Darstellung des »Ruhms« und der »Trauer« schuf Josef Mander*.

Das Friedhofsareal umgibt auf 3 Seiten ein im Stil der Renaissance erbauter Arkadengang von Antonín Wiehl* (1890–98). Auch die von verschiedenen Künstlern geschaffenen Plastiken der ca. 600 Grabstätten verdienen Beachtung. Unter den auf dem Friedhof Bestatteten befinden sich u. a. die Schriftsteller Karel Čapek, Jan Neruda, Božena Němcová und Julius Zeyer, die Komponisten An- tonín Dvořák, Bedřich Smetana und Zdeněk Fibich, die Bildhauer Josef V. Myslbek, Jan Štursa, Bohumil Kafka und Ladislav Šaloun, die Maler Alfons Mucha, Mikoláš Aleš, Julius Mařák und Karel Purkyně sowie die Architekten Jaroslav Fragner, Josef Gočár und Ignác Ullmann.

Die um das Burggelände verlaufende Befestigungsmauer ermöglicht einen in- teressanten Spaziergang. Im N hat man einen herrlichen Ausblick über den sog. Prager Kessel bis hinüber zur Prager Burg. Im O bilden die Kuppeln der Karlshofkirche neben der das Nusle-Tal überspannenden Nusle-Brücke und dem

Vyšehrad, Ehrenfriedhof, Grab Bedřich Smetana

Hotel »Forum« Dominanten. Im W, wo der Felsen fast senkrecht zur Moldau ab- fällt, befindet sich die got. Ruine eines Wachgebäudes, das sog. »*Bad der Libu- še*« (12). Im MA zog man hier die mit den Schiffen ankommenden Waren zur Burg hinauf.

Verlassen kann man die Festung durch das n *Chotek-Tor*, ein 1841 im Empirestil erbautes Ziegeltor (13), und gelangt so in die Neustadt hinunter. Im Tor befindet sich der Zugang zu den Kasematten, die während des Barockumbaus im Inneren der Befestigungsanlage eingerichtet wur- den (nicht zugänglich).

2. Palais, Schlösser

Arcibiskupský palác / Erzbischöfliches Palais (Hradčany, Hradčanské náměstí Nr. 16/ CN 56): Obwohl das Erzbischöfli- che Palais in unmittelbarer Nähe des mächtigen Haupteingangs des Hrad- schins (Pražský hrad) steht, bildet seine prächtige Rokokofassade eine Dominan- te des Platzes (→ Hradčanské náměstí S.177). Das urspr. an dieser Stelle ste- hende Renaissancepalais kaufte Kaiser Ferdinand I. im Jahre 1562 von dem Grafen Florian v. Gryspek und schenkte es dem Prager Erzbischof Antonín Brus z Mohelnice, dem 1. Erzbischof nach der hussitischen Revolution (ab 1419). Selb- ständiges Bistum war P. schon seit 973, doch unterstand es dem Erzbistum v. Mainz, bis es 1344 in der Regierungszeit v. Kaiser Karl IV. zum Erzbistum erho- ben wurde. Der Sitz der Bischöfe befand sich im MA nicht auf der Burg, sondern auf der Kleinseite (Malá Strana) in der Nähe des Malteser Platzes (Maltézské náměstí; →Profanbauten: Palais, Schlös- ser; Bývalý biskupský dvůr/Pfalz der Pra- ger Bischöfe). Im Zeichen der 1. Re- katholisierung war der Umzug des Erzbischofs in die Nähe des Regierungs- sitzes und der Kathedrale sicher auch ein Ausdruck der neuen Machtverhältnisse. Im Auftrag des Erzbischofs baute Boni- faz Wohlmut* 1562–64 das Palais um, und 1599 wurde der Bau v. Udalrico Aostalis de Sala* um die mit Fresken v. Daniel Alexius v. Květná* geschmückte Kapelle erweitert. In den Jahren 1675/76 gestaltete der französische Architekt Jean-Baptiste Mathey* den Dreiflügelbau im Frühbarockstil um; es war sein erster Auftrag in P. Mathey bringt zum erstenmal den röm. Baugedanken nach P., indem er einen besonderen Akzent auf die Mitte setzt (z.B. das Prunkportal), während zuvor nach einer gleichmäßigen Achsengliederung gebaut wurde, z.B. Clementinum (→Sakralbauten: Klöster). Von Paul Ignaz Bayer* erhielt das Palais in den Jahren 1722–25 seinen rückwärtigen 4.Flügel. Der letzte Umbau erfolgte im Auftrag des Erzbischofs Antonín Graf Příchovský durch Johann Josef Wirch* (in den Jahren 1764–65). Es entstand die heutige Rokokofassade unter Einbeziehung architektonischer Elemente v. Jean-Baptiste Mathey*.

Über dem bossierten Sockelgeschoß erheben sich 2 ½ Fenstergeschosse, ein noch v. Jean-Baptiste Mathey* errichteter Dachaufbau, dessen Giebel wie auch die Attika mit plastischen Vasen und Figuren v. Ignaz Franz Platzer* geschmuckt sind. Teilweise wurden die Plastiken durch Kopien v. Tomáš Seidan ersetzt. Die Betonung der Mitte wird durch die im 18.Jh. hinzugefügten Seitenrisalite verringert; so erhält die gesamte Fassade eine dynamische Struktur.

Die oberen 1½ Geschosse unterstreichen diese Tendenz durch einen entsprechenden Wechsel der Fensterform und der Gliederung durch Halbsäulen oder Pilaster. Die Risalite treten durch Rundbogenfenster mit Balkonen bzw. Okuli und Säulen bes. hervor.

Die Interieurs stammen größtenteils aus der Zeit des letzten Umbaus durch Johann Josef Wirch. Erwähnenswert sind die Original-Tapisserien aus Pariser Ateliers, die Motive aus dem indischen Kulturbereich zeigen. In der Ende des 16.Jh. erbauten Kapelle (s.o.) befinden sich 2 got. Reliquienbüsten der hll.Peter und Paul aus vergoldetem Kupfer, die wahrscheinlich noch aus Peter Parlers* Dombauhütte stammen. Das Palais ist nur am Gründonnerstag von 9 bis 17 Uhr für die Öffentlichkeit zugänglich. Durch den linken Eingang gelangt man zum →Palais Sternberg, in dem sich Ausstellungsräume der Nationalgalerie befinden.

Bretfeldský palác/Bretfeld-Palais (Malá Strana/Kleinseite, Nerudova ulice Nr.33/240): →Straßen, Plätze, Märkte.

Buquoyský palác/Buquoy-Palais (Staré Město/Altstadt, Celetná ulice Nr.20/CN 562): →Straßen, Plätze, Märkte.

Erzbischöfl. Palais, Hradschiner Platz

Clam-Gallas-Palais

Buquoyský palác / Buquoy-Palais (Malá Strana / Kleinseite, Velkopřevorské náměstí / Großprioratsplatz Nr. 2 + 3/ CN 486 + 484): Der Gebäudekomplex besteht aus 2 Palais, dem *Großen Buquoy-Palais* (Velký palác Buquoyský) und dem *Kleinen Buquoy-Palais* (Malý palác Buquoyský), die heute zusammen den Sitz der französischen Botschaft bilden. Das Große Palais wurde 1719 durch Maria Josefa v. Thun erbaut, im Jahre 1738 unter Hrzán v. Harrasov erweitert und gelangte schließlich 1748 in den Besitz der Familie Buquoy, die namengebend war. Der schöne Stukkaturenschmuck an der Frontfassade stammt wahrscheinlich v. Matthias Bernhard Braun*. Das Kleine Palais, ein Renaissancebau v. 1598, wurde 1780 barockisiert und gehörte ab 1816 zum Familienbesitz der Buquoys.

Bývalý biskupský dvůr / Pfalz der Prager Bischöfe (Malá Strana/Kleinseite, Mostecká ulice/Brückengasse Nr. 16/CN 47): Bevor der Sitz der Erzbischöfe 1562 auf den Burgberg verlegt wurde (→Arcibiskupský palác), residierten die Prager Bischöfe, erst ab 1344 Erzbischöfe, in einem feudalen, festungsartigen Hof, gelegen auf dem Gebiet der heutigen Kleinseite. Die urspr. Holzbauten entstanden 1182–97, wurden unter Bischof Jan z Dražic im 14. Jh. in Stein umgebaut und erhielten unter Jan Očko z Vlašimě einen got. Turm. Im Jahre 1420 wurde das Anwesen weitgehend v. den Hussiten zerstört. In den Kellern der neuen Gebäude hat man heute Überreste aus der roman. Zeit gefunden (→Straßen, Plätze, Märkte).

Caretto-Millesimovský palác / Caretto-Millesimo-Palais (Staré Město/Altstadt, Celetná ulice, Nr. 13/CN 597): Der Vorgängerbau dieses Barockpalais an einer der zentralen Straßen der Altstadt stammt aus der 2. Hälfte des 12. Jh. und wurde später got. umgebaut. Davon zeugen die im w Untergeschoß gefundenen roman. eingewölbten Räume, die 2 got. Fenster im 1. Stock und die beiden got. Ziergiebel an der Frontfassade. Der heutige Barockpalast wurde im Jahre 1750 nach Plänen v. Anselmo Lurago* begon-

nen und 1756 unter einem neuen Besitzer, dem Grafen J. Caretto-Millesimo, beendet.

Letohrádek Cibulka / Schloß Cibulka (Košíře): Die Geschichte des inmitten des Naturparks stehenden, etwas verwilderten Schlößchens geht bis auf das 14. Jh. zurück. Urspr. befand sich hier ein Gutshof, der v. dem Passauer Bischof Leopold Thun v. Hohenstein als Sommersitz aufgekauft und in den Jahren 1818–24 zu einem klassizistischen Schloß umgebaut wurde. Im Park befinden sich einige typische und reizvolle Bauten sowie Statuen: ein Diana-Tempel, eine künstliche Burgruine, die Nachbildung einer got. Einsiedelei und ein chinesischer Pavillon. Hinter dem Schloß ein Standbild des Bischofs Thun v. Hohenstein v. Václav Prachner* aus dem Jahre 1822.

Clam-Gallasovský palác / Clam-Gallas-Palais (Staré Město/Altstadt, Husova ulice/Hussgasse Nr. 20/CN 158): Das gewaltige Palais mit seinem n angebauten Eckgarten nimmt in der ansonsten eng bebauten Altstadt eine ganze Straßenseite der Hussgasse v. der Ecke Karlova ulice bis zum Platz Mariánské náměstí ein. Aus kunsthistorischer Sicht gilt es als bedeutendster Profanbau des Hochbarock in P.

Der Vizekönig v. Neapel, Johann Wenzel Graf Gallas, ließ an der Stelle mehrerer Wohnhäuser und einer Pfarrei das nach ihm benannte Palais v. dem Wiener Architekten Johann Bernhard Fischer v. Erlach* errichten (1713–19); die Bauleitung hatte Domenico Canevalle*. Charakteristisch für das dreigeschossige, vierflügelige Palais sind die 2 beiderseits v. je 2 Giganten flankierten Portale in den Eckanbauten. Die kräftigen Figuren stützen die sich über den Portalen erhebenden, mit Putten und Vasen verzierten Balkone. Beachtung verdienen auch die Postamente, auf denen die Portalplastiken stehen. Sie zeigen Reliefs mit Darstellungen der Taten des Herkules. Der gesamte bildhauerische Schmuck der Portale und der Fassade stammt aus der

Clam-Gallas-Palais, Portal >

Werkstatt v. Matthias Bernhard Braun*, so auch die im Wechsel aufeinander folgenden Segment- und Dreiecksgiebel der obersten Fensterreihe. Heute kann man v. den urspr. auf der Attika stehenden 13 Skulpturen antiker Götter noch einige in der Nationalgalerie betrachten. Den neunachsigen Mittelteil der Fassade bekrönt ein Dreiecksgiebel.

Im Inneren des Palais befindet sich ein prächtiges Treppenhaus mit einem aufwendigen Sandsteingeländer und reichem Freskenschmuck. Heute ist hier der Sitz des Archivs der Hauptstadt P. Im Hof des Vierflügelbaus befindet sich ein kunstvoller Triton-Brunnen, auch ein Werk v. Matthias Bernhard Braun*.

Colloredo-Mansfeldský palác / Colloredo-Mansfeld-Palais (Staré Město / Altstadt, Karlova ulice Nr. 2/CN 189): →Straßen, Plätze, Märkte.

Černínský palác / Czernin-Palais (Hradčany, Loretánské náměstí Nr. 5/CN 101): Auf der W-Seite des Platzes erhebt sich oberhalb der Loretokirche (→Sakralbauten: Kirchen) der gewaltige Baukörper des Czernin-Palais. Urspr. bildete er einen architektonischen und damit auch politischen Gegenpol zur Burg (→Pro-

Czernin-Palais

fanbauten: Burgen, Pražský hrad), dem Regierungssitz. Da die Fläche zwischen ihnen noch nicht bebaut war, lagen sie sich direkt gegenüber. Die Bauherren waren Humprecht Czernin v. Chudenice, kaiserlicher Botschafter in Venedig, und sein Sohn Hermann. Im Jahre 1669 begann Francesco Caratti* mit dem Bau der mehrflügeligen Anlage mit 2 Innenhöfen und behielt die Leitung bis zu seinem Tod 1677. Aufeinanderfolgend setzten Giovanni B. Maderna, Domenico Egidio Rossi und František Maximilián Kaňka* den Bau fort, bis er schließlich v. Anselmo Lurago* nach Zerstörungen während der französischen Okkupation (1742) erneuert wurde. Gleichzeitig erweiterte er das Palais, indem er die Frontfassade mit einem langen, sich über die 3 Portale erstreckenden Balkon ausstattete und im Garten eine Orangerie hinzufügte (ca. 1747). Das dreieinhalbgeschossige Palais ist geprägt vom Stil der ital. palladianischen Architektur. Über dem hohen Sockel aus Diamantquadern erheben sich 30 Säulen mit stuckierten Kapitellen. Die 150 m lange Hauptfassade rhythmisieren 29 Fensterachsen. Die an sich strenge Struktur wird auch durch den alternierenden Wechsel v. Segment- und Dreiecksgiebeln aufgelockert, eine Tendenz, die die vortretenden Portale und der Balkon verstärken. Ein vorgekragter Sims trennt die Fassade v. dem schlichten Dach, dessen einziger Schmuck die Dachfenster (Fledermausgauben) sind.

Von der reichen Innenausstattung verdient bes. das Fresko »Kampf der Giganten« v. V. V. Reiner* erwähnt zu werden. Im Garten befinden sich 2 schöne Salae terrenae v. Francesco Caratti*, die mit Arkaden umgeben sind. In einem der Arkadenbogen steht eine Herkules-Skulptur v. Ignaz Franz Platzer*. Eine Innenbesichtigung ist nicht möglich, da hier der Sitz des Außenministeriums ist. Im 19. Jh. wurde das Palais als Kaserne genutzt und verkam entsprechend. Eine umfassende Restaurierung durch Pavel Janák (1928–34) gab ihm seine ehem. Pracht zurück.

Fürstenberský palác / Fürstenberg-Palais (Malá Strana/Kleinseite, Valdštejnská ulice/Waldsteingasse Nr. 8/CN 153): Das heutige Spätbarockgebäude stammt v. einem Umbau eines 1580 durch den Zusammenschluß dreier Häuser entstandenen Palais in den Jahren 1743–47 durch einen unbekannten Architekten. Interessant ist die Querstellung der Frontfassade des Palais zur Straße und seine Ausrichtung auf den Garten. Im 18. Jh. nahm das Bestreben, eine Einheit v. Haus und Garten zu erzielen, auf Kosten der Repräsentation zu. Benannt wird das Palais nach dem damaligen Besitzer Karl Egon v. Fürstenberg, einem reichen Industriellen.

Heute ist das Palais Sitz der polnischen Botschaft (→Straßen, Plätze, Märkte).

Grömlingovský palác / Palais Grömling (Malá Strana/Kleinseite, Malostranské náměstí/Kleinseitner Ring Nr. 28/CN 5): →Profanbauten: Patrizier- und Bürgerhäuser, U kamenného stolu/Haus »Zum steinernen Tisch«.

Palác Harbuval-Chamaré, auch Bylandt Rheitovský palác / Harbuval-Chamaré-Palais (Malá Strana/Kleinseite, Sněmovní ulice Nr. 13/CN 171): Urspr. stand an dieser Stelle ein roman. St.-Michaels-Kirche (Mitte 13. Jh.), umgeben v. einem

Friedhof. Ende des 17. Jh. projektierte wahrscheinlich Jean Baptiste Mathey* den Bau des Palais, v. dem heute noch die frühbarocke Fassade und der Turm erhalten sind. Den Hang unterhalb des Hradschin (Pražský hrad) gestaltete man in einen Terrassengarten um. Heute dienen die Räumlichkeiten dem Außenhandelsministerium, der Garten ist jedoch zugänglich.

Harrachovský palác / Harrach-Palais (Nové Město/Neustadt, Jindřišská ulice Nr. 20/ CN 939): Nicht weit v. der St.-Heinrich-Kirche (→Sakralbauten: Kirchen, Kostel svatého Jindřicha S. 24) erbaute wahrscheinlich Ignaz Johann Palliardi* 1765–70 das Spätrokokopalais. Seinen Namen hat es v. dem späteren Besitzer Franz E. Graf Harrach. Heute ist der Bau ein Wohn- und Geschäftshaus.

Unweit v. hier (Nr. 19/CN 888) wurde am 4. 12. 1875 der berühmte Dichter Rainer Maria Rilke (1875–1926) geboren.

Palác Hložků ze Žampachu/Palais der Herren Hložek ze Žampachu (Hradčany, Kanovnická ulice Nr. 4/CN 70): Als Architekt dieses Barockpalais nimmt die Forschung Carlo Lurago* an. Der Vor-

Garten des Fürstenberg-Palais

gängerbau wird bereits im 14. Jh. als zum St.-Veits-Domkapitel gehörig erwähnt. Im Jahre 1631 errichtete man gleich nebenan das Stadttor v. Hradčany, Špitálská brána, das schon 1885 abgerissen wurde.

Heute befindet sich in dem Palais die österreichische Botschaft. Gegenüber erhebt sich der mächtige Turm der St.-Johannes-v.-Nepomuk-Kirche (→Sakralbauten: Kirchen, Kostel svatého Jana Nepomuckého).

Hrzánský palác/Hrzán-Palais (Hradčany, Loretánská ulice/Loretogasse Nr. 4/ CN 177): Der gotische Vorgängerbau gehörte dem Baumeister Peter Parler* (1330–99), dem Schöpfer so herausragender Prager Bauten wie des Chors des St.-Veits-Doms (Chrám svatého Víta), der Karlsbrücke (Karlův most) und des Altstädter Brückenturms (Staroměstská mostecká věž). Das Palais erhielt sein heutiges spätbarockes Aussehen gegen Ende des 18. Jh. unter Einbeziehung der bei einem Renaissance-Umbau entstandenen Fassadensgraffitos und dem rustizierten Portal.

Am Anfang dieses Jahrhunderts befand sich hier die Malerschule des Ferdinand Engelmüller, dessen Bronzebüste im Hof aufgestellt ist. Heute wird das Palais für staatliche Repräsentationszwecke genutzt.

Letohrádek Hvězda / Schloß Stern (Břevnov, Bílá Hora/Weißer Berg): Das Renaissanceschloß liegt etwas abseits der Straße in einem v. einer Mauer umgebenen Wildgehege auf einem Hügel. In Blicknähe befindet sich der Schauplatz der schicksalhaften Schlacht am Weißen Berg, für die eine Gedenkstätte bei der Wallfahrtskirche St. Maria de Victoria (→Sakralbauten, Kirchen) angelegt wurde.

Das kuriose Merkmal des Palais ist sein sternförmiger Grundriß, der auch namengebend war. So bemerkenswert dieser Baukörper in der heutigen Zeit ist, um wieviel spektakulärer war er zur Zeit seiner Errichtung in der Mitte des 16. Jh.! In dem v. Ferdinand I. 1530 angelegten Wildpark gleichen Namens, der in den Jahren 1541–43 mit einer Mauer umgeben wurde, ließ sein Sohn Erzherzog Ferdinand v. Tirol das Palais für seine Frau Philippine Welser bauen. Die Pläne lieferte der Bauherr selbst und betraute mit der Ausführung die Baumeister Juan Maria Aostalis* und Giovanni Luchese* und mit der Leitung die Architekten Bo-

Schloß Stern

nifaz Wohlmut* und Hans Tirol*. Über der schlichten Fassade des dreigeschossigen Baus erhob sich ein auffallend hohes und steiles Renaissancedach, das später durch ein barockes Dach mit Laterne ersetzt wurde und sich dem Betrachter heute als niedrigeres Dach aus der 2. Hälfte des 18. Jh. präsentiert. Entsprechend der äußeren Form des sechszackigen Sterns gestalten sich auch die inneren Räume. Von einem zwölfeckigen Mittelraum, der v. einer Kuppel überwölbt ist, gehen 6 Gänge mit Tonnengewölben ab, die zu den in den jeweiligen Spitzen liegenden rhombusförmigen Räumen führen. Besondere Beachtung verdient die mit blendendweißen Stukkaturen geschmückte Decke des Erdgeschosses. Diese Arbeit der Italiener Giovanni Campione* und Avostalis del Pambio* gilt als frühestes Werk dieser Art in Böhmen und als eines der besten in ganz Mitteleuropa. In 334 Feldern werden Szenen aus der antiken Mythologie und röm. Geschichte dargestellt. Die Mitte füllt ein Medaillon, das eine bekannte Szene aus Vergils Epos zeigt: Äneas, der legendäre Urahn des röm. Herrschergeschlechts, trägt seinen greisen Vater Anchises aus dem zertrümmerten Troja. Um dieses Motiv gruppiert sich ein Zyklus v. 6 Tugenden. In einer ausgezeichneten Komposition sind die übrigen Bilder thematisch angeordnet und harmonieren mit den architektonischen Gegebenheiten. Von der urspr. Einrichtung erhalten sind in der 1. Etage die Renaissancekamine und in der 2. Etage der ehem. Speisesaal mit den Resten eines Renaissancefußbodens aus glasierten Kacheln.

Im 17. und 18. Jh. durch mehrere Kriege stark beschädigt, diente das Schloß in der Regierungszeit Kaiser Josephs II. als Pulverlager. Ende des 19. Jh. kam es in den Besitz der Prager Burg, wurde 1951 durch Pavel Janák restauriert und als Museum für den tschech. Schriftsteller Alois Jirásek (1851–1930), den Verfasser vor allem historischer Romane, eingerichtet. Die 1. Etage widmete man 1958 seinem Freund, dem bedeutenden Maler Mikoláš Aleš* (1852–1913), der sich in seinen Werken auch mit geschichtlichen Themen auseinandersetzte. Im Souterrain findet man eine sehr interessante Ausstellung zur Schlacht am Weißen Berg und ihren Zusammenhängen sowie zur Baugeschichte des Schlößchens. Die Räumlichkeiten im Erdgeschoß werden auch für Konzerte und Literaturlesungen genutzt.

Vom Zentrum der Stadt gelangt man am einfachsten mit der Straßenbahnlinie 22 hierher, wenn man Richtung Řepy fährt, an der Haltestelle Vypich aussteigt und den Weg bis zum Tor des Wildgeheges zu Fuß zurücklegt.

Das Schloß ist täglich außer Mo v. 9 bis 16 Uhr geöffnet und So v. 10 bis 17 Uhr.

Palác Jiřího z Poděbrad / Georg v. Poděbrad-Palais oder Haus der Herren v. Kunštát und Poděbrad (Staré Město/ Altstadt, Řetězová ulice Nr. 3/CN 222): Hinter der Fassade des heutigen Spätempirepalais verbirgt sich eines der bedeutendsten Beispiele frühmittelalterlicher Profanarchitektur v. P. Nach 1950 wurden in der Altstadt viele Häuser entdeckt, deren Keller einst ma Erdgeschoßräume bildeten. Einzigartig an diesem Fund ist, daß v. dem ma Palais

Schloß Stern

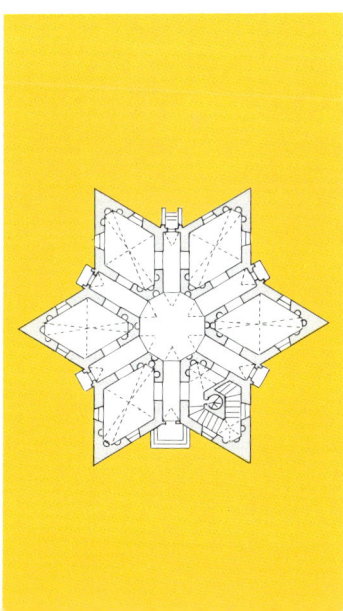

3 Geschosse innerhalb der heutigen Bausubstanz erhalten geblieben sind.

Der urspr. zweigeschossige romanische Wohnpalast, um die 2. Hälfte des 12. Jh. erbaut, gehörte zu einem reichen Gutshof. Von den 3 nebeneinanderliegenden Räumen je Etage war der untere mittlere Raum v. Anfang an auf 2 Pfeilern eingewölbt. Die Seitenräume wurden später nur auf einem kräftigen Kreuzpfeiler eingewölbt. Das in dieser Form noch erhaltene Erdgeschoß mit den roman. Kaminen kann man im Souterrain des jetzigen Hauses besichtigen. Derart verschoben findet man v. seiner 1. Etage im Erdgeschoß noch Gemäuer und seinen später hinzugebauten roman. N-Giebel im 1. Stockwerk. Im 15. Jahrhundert war das Anwesen im Besitz der Herren v. Kunštát, die den Bau um eine Etage aufstokken und schon damals das Erdgeschoß zum Keller umbauen ließen. In den Jahren 1453–58 war hier das Wohnhaus des 1458 gewählten böhm. Königs Georg von Podiebrad (Jíří z Poděbrad), der zuvor das Amt des Landesverwesers ausübte. In diesem Haus verfaßte er einen Entwurf für einen Friedensbund der Völker – ein bis dahin einzigartiges Unternehmen.

Nach einer umfassenden Restaurierung im Jahre 1970 sind die Räume der Öffentlichkeit zugänglich: täglich außer Mo in den Monaten Mai bis Oktober v. 10 bis 18 Uhr.

Kaiserštejnský palác/Kaiserstein-Palais, heute: U Petzoldů (Malá Strana/Kleinseite, Malostranské náměstí Nr. 23/ CN 37): Urspr. standen an dieser Stelle (→Straßen, Plätze, Märkte) 2 got. Häuser, die 1630 zu einem vereinigt und um 1700 im Auftrag v. Helfried Freiherr v. Kaiserstein barock umgebaut wurden. Der Architekt Giovanni Battista Alliprandi* versah die schlicht gegliederte Fassade mit zarten Stukkaturen. Das Adelswappen des Bauherrn findet man über dem Mittelfenster in der 1. Etage. Die Attika schmücken allegorische Plastiken der 4 Jahreszeiten, wohl v. Ottavio Mosto*.

Ende des 19. Jh. ließ der derzeitige Besitzer den got. Laubengang zumauern und ein neues Portal sowie einen Balkon anbringen. Diese baulichen Maßnahmen wurden ca. 1980 im Rahmen einer umfassenden Rekonstruktion rückgängig gemacht.

An der Frontfassade erinnert eine Tafel an die Opern- und Konzertsängerin Ema Destinnová (1878–1930), die ab 1907 hier

Kaiserstein-Palais (links), Haus Zum steinernen Tisch (rechts)

wohnte. Sie war u. a. die Partnerin v. Enrico Caruso. Ein Gedenkraum im Haus ist öffentlich zugänglich; ansonsten ist der Bau der Sitz der Handelskammer.

Lethohrádek Kinských / Lustschloß Kinsky (Smíchov, Petřínské sady): →Parks und Gärten.

Palác Kinských / Kinsky-Palais oder Golz-Kinsky-Palais (Staré Město/Altstadt, Staroměstské náměstí/Altstädter Ring Nr. 12/CN 606): Das an der O-Seite des Altstädter Rings (→Straßen, Plätze, Märkte) stehende Palais springt dem Betrachter nicht nur wegen seiner schönen Rokoko-Ornamentik ins Auge, sondern auch durch seine in Richtung auf den Platz vorgeschobene Lage. An seiner Stelle befanden sich im MA 2 Häuser, v. denen im Keller des Palais noch Überreste gefunden wurden.

In den Jahren 1755–65 errichtete der Baumeister Anselmo Lurago* das Spätbarockpalais für Johann Ernst Graf v. Golz. Die Pläne stammten v. Kilian Ignaz Dientzenhofer*, der noch vor dem Baubeginn starb. Das dreigeschossige Palais rhythmisieren 13 Fensterachsen und 2 Risalite, deren Pilaster jeweils einen Dreiecksgiebel tragen. Die Tympana der beiden Giebel schmücken Reliefs mit Darstellungen mythologischer Szenen. Unterhalb der Giebel befinden sich die v. Doppelsäulen eingerahmten Portale.

Das bossierte Sockelgeschoß trennt ein durchgehender Balkon v. den beiden Fenstergeschossen, v. denen das 1. durch seine kunstvollen Verzierungen dominiert. Die Statuen antiker Gottheiten auf der Attika stammen v. Ignaz Franz Platzer* (teilweise durch Kopien ersetzt).

In den Jahren 1786–1945 gehörte das Palais dem Fürstengeschlecht der Familie Kinsky, die es jedoch nicht selbst bewohnte.

Seit dem 19. Jh. befand sich in der Rückfront das Altstädter Dt. Gymnasium, das auch der Schriftsteller Franz Kafka besuchte. Kafkas Vater hatte r im Erdgeschoß seinen Laden mit Galteriewaren. Heute befindet sich in den 1835 im Empirestil umgestalteten Räumen des Palais die Graphische Sammlung der Nationalgalerie mit über 100 000 Zeichnungen und Graphiken, vor allem v. tschech. Künstlern wie Josef Mánes*, Mikoláš Aleš* und Václav (Wenzel) Hollar*.

Kolovratský palác / Kolowrat-Palais (Malá Strana/Kleinseite, Valdštejnská ulice/Waldsteingasse Nr. 10/CN 154): An der Stelle eines Renaissancehauses errichtete Ignaz Johann Palliardi* nach 1770 das mächtige Spätbarockpalais für Hermann J. Graf Czernin. Den sich über 15 Achsen erstreckenden dreigeschossigen Bau gliedern Pilaster in 5 gleich große Abschnitte. Die Mitte wird durch einen leicht hervortretenden Risalit, bekrönt mit einem Dreiecksgiebel, betont. Unterstrichen wird diese Tendenz v. dem prächtigen Portal mit einem Wappen mit der Inschrift »Věrně a stále« (»Treu und beständig«) und den Rundbogenfenstern in der 1. Etage. Die Dachbalustrade schmücken plastische Vasen.

Hinter dem Palais zieht sich ein im ital. Stil v. Ignaz Johann Palliardi* angelegter Terrassengarten bis zum Hradschin (Pražský hrad) hinauf. Er ist barock gestaltet mit Brunnen, Plastiken und seltenen Pflanzen.

Nach einigen Besitzerwechseln kam das Palais in den 80er Jahren des 19. Jh. in

Kinsky-Palais

Lažanský-Palais

den Besitz der Familie Kolowrat. In der Zeit der 1. Republik (1918–39) befand sich hier das Präsidium der tschechoslowak. Regierung.
Heute ist das Palais der Sitz des Ministeriums für Kultur (→Straßen, Plätze, Märkte).

Kounický palác / Kaunitz-Palais (Malá Strana/Kleinseite, Mostecká ulice/Brückengasse Nr. 15/CN 277): →Straßen, Plätze, Märkte.

Královský letohrádek / Königliches Lustschloß, genannt Belvedere (Hradčany, Mariánské hradby und Královská zahrada): →Profanbauten: Burgen, Pražský hrad S. 107.

Královský palác / Königspalast (Hradčany): →Profanbauten: Burgen, Pražský hrad S. 99.

Palác pánů z Kunštátů / Kunstadt-Palais (Staré Město/Altstadt, Řetězova ulice Nr. 3/CN 222): →Palác Jiřího z Poděbrad.

Palác Lažanských / Lažanský-Palais (Staré Město/Altstadt, Smetanovo nábřeží Nr. 2/ CN 1012): Das am Moldauufer errichtete Neurenaissancepalais besaß als Vorgängerbauten im 14. Jh. ein Bad und im 17./18. Jh. ein Spital. Es entstand im Auftrag des Grafen Prokop Lažanský nach den Plänen v. Ignác Ullmann* in den Jahren 1861–63. Wegen Hochwassergefahr wurden die Fenster erhöht eingebaut.
In dem Zeitraum 1863–69 wohnte und arbeitete hier Bedřich Smetana (1824–84), der u. a. den berühmten Zyklus »Mein Vaterland« (»Má vlast«), ein sinfonisches Meisterwerk, komponierte. Diese Tradition fortsetzend, beherbergt das Palais heute die Akademie der Musischen Künste.
Im Erdgesch. befindet sich das Café Slávia; Eingang gegenüber dem Nationaltheater/Národní divadlo.

Lobkowitz-Palais hinter den Dächern der Kleinseite

Ledebourský palác / Ledebour-Palais (Malá Strana/Kleinseite, Valdštejnské náměstí Nr. 3/CN 162): →Straßen, Plätze, Märkte S. 204.

Libeňský zámek / Lustschloß Libeň (Libeň, Zenklova ulice Nr. 35/CN 1): Das v. einem Park umgebene Rokokoschlößchen erbaute Johann Prachner* in den Jahren 1769–70 als Sommersitz der Bürgermeister v. Prag. Das v. Doppelsäulen eingerahmte Portal, darüber der kleine Balkon und die Dachuhr bilden den Mittelpunkt der ansonsten schlicht gehaltenen Fassade. Urspr. befand sich hier eine got. Festung. Im Treppenhaus findet man eine wertvolle Gittertür, um 1770 v. J. Chr. Biringer gearbeitet. Der mit Fresken geschmückte Saal dient heute als Trauungssaal. Die eingebaute Marienkapelle (Turm auf dem Dach) ist mit Gemälden von Ignaz Raab* und Holzschnitzereien von Richard Prachner* ausgestattet. In den Jahren 1890–94 wurde der Park v. Thomayer in eine öffentliche Grünanlage umgestaltet. Im Jahre 1608 wurde in dem Vorgängerbau der sog. Frieden v. Libeň unterzeichnet. Heute tagt hier der Rat des Stadtbezirks.

Lichtenštejnský palác / Liechtenstein-Palais (Malá Strana/Kleinseite, U Sovových mlýnů Nr. 4/CN 506): Das auf der →Kampa-Insel gelegene Palais ist das einzige der Kleinseite, das direkt an der Moldau (Vltava) liegt. Es wurde Ende des 17. Jh. im Auftrag v. Franz Helfried v. Kaiserstein als einstöckiges Palais mit 2 Türmen auf einem sechseckigen Grundriß errichtet. Der Architekt war wahrscheinlich Jean Baptiste Mathey*. Nach 1831 erfolgte durch die damaligen Besitzer, die Adelsfamilie Liechtenstein, eine bauliche Umgestaltung: Die Türme verschwanden, das Dach wurde vereinfacht (z. B. durch Abtragen der Attika) und ihr Adelswappen über dem Portal angebracht.
Bei einem weiteren Umbau in der 2. Hälfte des 19. Jh. wurde der Bau um

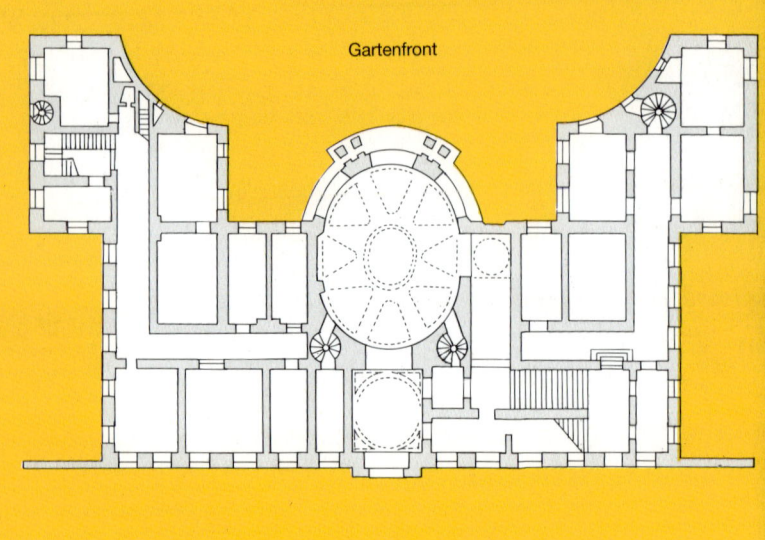

Gartenfront

eine Etage aufgestockt und die Fassade im Empirestil gestaltet.

Lichtenštejnský palác / Liechtenstein-Palais (Malá Strana/Kleinseite, Malostranské náměstí Nr. 13/CN 258): →Straßen, Plätze, Märkte.

Lobkovický palác / Lobkowitz-Palais (Malá Strana/Kleinseite, Vlašská ulice/Welsche Gasse Nr. 19/CN 347): Das v. Giovanni Battista Alliprandi* in den Jahren 1703–07 erbaute Frühbarockpalais, ab 1753 im Besitz der Familie Lobkowitz, wurde durch Ignaz Palliardi* im Jahre 1769 um ein Stockwerk erweitert. Zur Welschen Gasse (→Straßen, Plätze, Märkte) hin präsentiert sich das Palais mit einem mächtigen Eingangsportal, bekrönt v. einem Giebel, der das Adelswappen der Familie Lobkowitz trägt, und einer Attika mit Statuenschmuck. Dem Hang des Laurenzibergs/Petřín zugewandt, bildet die Gartenfront eine Cour d'honneur. Die Mitte betont ein

Lobkovický palác / Lobkowitz-Palais, Welsche Gasse

zweigeschossiger sich über den übrigen Bau erhebender ovaler Risalit, dessen Erdgeschoß als Sala terrena konstruiert ist. Die Decke der Sala terrena wurde v. Hans Jakob Steinfels mit der Chronos-Thematik bemalt und v. Tomaso Soldatti* mit Stukkaturen ausgestattet. Diese beiden Künstler wirkten auch an der Innengestaltung mit. Den Garteneingang säumen die 2 Sandstein-Statuengruppen »Entführung Proserpinas durch Neptun« und »Entführung Oreithyias durch Boreas«.

Das Palais ist heute der Sitz der Botschaft der BRD.

Gleichzeitig mit dem Bau der Sala terrena entstand der v. dem Gärtner Johann Kapula angelegte Terrassengarten, der 1793 v. Václav Skalník in einen englischen Naturpark umgestaltet wurde. Beim Spaziergang findet man noch einen Bärenzwinger und ein Vogelhaus aus

Palais Lobkowitz-Öttingen

dieser Zeit. Das Denkmal des Dichters Jaroslav Vrchlický stammt aus dem Jahre 1960 und ist eine Arbeit v. Anton Paul und Josef Wagner.

Rechts vom Palais führt ein schmaler Weg zum Garten, vorbei an dem malerischen Wohnhaus (Nr. 21 a) des Malers und Graphikers Cyril Bouda (1901–84).

Lobkovický palác / Lobkowitz-Palais
(Hradčany, Jiřská ulice Nr. 1/3): →Profanbauten: Burgen, Pražský hrad S. 104).

Lobkovický palác / Palais Lobkowitz-Öttingen (Malá Strana/Kleinseite, Josefská ulice Nr. 6/CN 34): An der Stelle des 1730 nach Plänen v. František Maximilián Kaňka* gestalteten Barockpalais stand schon ab dem MA ein Haus. Dort wo seine N-Fassade direkt an die Letenská ulice – eine der Kleinseitner Hauptstraßen – angrenzt, wurden 2 Durchgänge durch ein ehem. Zimmer und durch den Eingang geschlagen. Durch den einen donnern nun heute die Autos, durch

den anderen führt der Fußgängerweg. Zwischen dem Palais und dem Längsschiff der St.-Thomas-Kirche (→Kostel svatého Tomáše) fährt eingleisig und millimetergenau die Straßenbahn.

Mac-Nevenův palác / Mac-Neven-Palais (Nové Město/Neustadt, Palackého ulice Nr. 7/CN 719): Im Auftrag des Iren W. Mac-Neven baute Ignaz Johann Palliardi* in den Jahren 1780–90 das urspr. Renaissancehaus zu dem jetzigen Spätbarockpalais um. Später kam es in den Besitz des bedeutenden tschech. Historikers František Palacký (1798–1876), der hier bis zu seinem Tod wohnte. Nach ihm ist auch eine der Moldaubrücken benannt (→Brücken). Heute zeigt das Nationalmuseum in diesem Palais Teile seiner Werke sowie die größtenteils noch erhaltene Einrichtung. Am Eingang befinden sich die Büste des Historikers v. Josef V. Myslbek* und eine Gedenktafel an den tschech. Politiker F. L. Rieger, seinen Schwiegersohn.

Martinický palác / Martinitz-Palais (Hradčany, Hradčanské náměstí Nr. 8/CN 67): Das in der NW-Ecke des Platzes (→Straßen, Plätze, Märkte) erbaute urspr. Renaissancepalais war einstöckig und vierflügelig angelegt. Nach der Schlacht am Weißen Berg (Bílá Hora) 1620 gelangte das Gebäude in den Besitz des Adelsgeschlechts Martinitz, die es um eine Etage aufstocken und einen reich strukturierten Giebel errichten ließen. Das von Bossenquadern umrahmte Eingangsportal trägt ihr Familienwappen. Für diese Familie baute der Römer Carlo Fontana* in der Loretánská ulice Nr. 4/CN 181 ein Palais, das als einzigartiges Beispiel röm. Renaissancearchitektur gilt.

Bes. schön sind die bildnerischen Darstellungen der Josefslegende an der Straßenfront, die im 3. Viertel des 16. Jh. in Sgraffitotechnik (→Schwarzenberský palác/ Schwarzenberg-Palais) entstanden. Auch die Hoffront zieren Sgraffitos. Im Inneren befindet sich eine prächtige Renaissancekapelle.

Heute beherbergt das Gebäude die Büros der Chefarchitekten v. P. und wird außerdem für Konzerte und Ausstellungen genutzt.

Letohrádek Michna/Lustschloß Michna (Nové Město/Neustadt, Ke Karlovu Nr. 20/CN 462): →Profanbauten: Villen und Pavillons, Vila Amerika/Villa Amerika S. 138.

Michnovský palác/Michna-Palais (Malá Strana/Kleinseite, Újezd Nr. 40/CN 450): Um 1580 erbaute Udalrico Aostalis de Sala* an der Stelle eines ma Klosters für die Familie Kinský ein zweiflügeliges Renaissanceschlößchen mit einem Vorhof. Nach der Schlacht am Weißen Berg (Bílá Hora) kaufte der durch den Sieg reich gewordene Pavel Michna v. Vacínov das Palais mit Garten. Es blieb im Familienbesitz, und ca. 25 Jahre später entstand die heutige prunkvolle Anlage. Man ließ v. dem Architekten Francesco Caratti* und den Baumeistern Pietro Colomba* und Zacharia Campione de Bossi* den riesigen Gartentrakt anbauen, der jedoch nie fertiggestellt wurde. Später, nun im Besitz der Familie Schwarzenberg (1684–1767), wurde der sich bis zur →Kampa-Insel erstreckende Garten im französischen Stil gestaltet. Anschließend gehörte das Palais dem Staat, der es als Zeughaus nutzte. Den auf diese Weise heruntergekommenen Bau kaufte

Martinitz-Palais, Sgraffito: »Josefs Flucht vor Potiphars Frau«

Nostitz-Palais, Portal

1921 der Turnverein »Sokol«, und es folgte eine umfassende Restaurierung durch František Krásný.

Heute beherbergt das Palais das Museum für Körpererziehung und Sport. Im Vorhof steht die Skulptur des Ästhetikers und Kunsttheoretikers Miroslav Tyrš (1832–84); er war der Gründer des Turnvereins »Sokol«. Nach ihm wird das Palais auch Tyrš-Haus (Tyršův-dům) genannt. Die Skulptur stammt v. Ladislav Šaloun*. Das Museum ist täglich außer Mo v. 9 bis 17 Uhr geöffnet, So erst ab 10 Uhr.

Palác Mladotů ze Solopisk / Mladota-ze-Solopisk-Palais (Nové Město/Neustadt, Karlovo náměstí/Karlsplatz Nr. 40/ CN 502): →Profanbauten: Patrizier- und Bürgerhäuser, Faustův dům/Fausthaus S. 142.

Morzinský palác/Morzin-Palais (Malá Strana/Kleinseite, Nerudova ulice/Nerudagasse Nr. 5/CN 256): Das Palais, das der größtenteils aus Bürgerhäusern bestehenden Straßenfront (→Straßen, Plätze, Märkte) angepaßt ist, entstand aus dem Zusammenschluß v. 3 älteren Häusern. In den Jahren 1713/14 errichtete Jan Blažej Santini-Aichel* im Auftrag des Grafen Wenzel Morzin den dreigeschossigen Barockbau. Die in dreizehn Achsen gegliederte Fassadenfront dominiert der fünfachsige Mitteltrakt mit seinen beiden Portalen, dem Balkon, einer Wappenkartusche und dem Giebel.

2 kraftvolle Mohrenfiguren tragen den Balkon – eine Vergegenständlichung des Namens des Bauherren, denn Morzin heißt Mohr. Über jedem Portal befindet sich eine allegorische Plastik: der Tag mit der Sonnenscheibe und der Mond mit der Sichel. Dieser plastische Schmuck sowie die Statuen der 4 Erdteile auf der Attika stammen v. Ferdinand Maximilian Brokoff*.

Architektonisch und künstlerisch betrachtet, gilt das Palais Morzin als einer der bedeutendsten Barockbauten v. P. Heute ist hier der Sitz der rumänischen Botschaft.

Nostický palác / Nostitz-Palais (Malá Strana / Kleinseite, Maltézské náměstí /

Malteserplatz Nr. 1/CN 471): Das die S-Seite des Platzes (→Straßen, Plätze, Märkte) einnehmende dreigeschossige Frühbarockpalais errichtete wahrscheinlich Francesco Caratti* (1658–60). Benannt ist es nach dem Auftraggeber Hertwig Graf Nostitz. Die straff durch Pilaster strukturierte Fassadenfront bekrönt eine im Jahre 1720 wahrscheinlich v. Jan Blažej Santini-Aichel* hinzugefügte Attika, geschmückt mit den Statuen röm. Imperatoren v. Michael Josef Brokoff*. Um 1760 wurden die Figuren durch Vasen ergänzt, und Anton Hafenecker* gestaltete das Rokokoportal. Die klassizistischen Giebel der Fenster im 1. Stock entstanden 1780, die mit neugotischen Gittern versehenen Balkone darüber erst in der 1. Hälfte des 19. Jahrhunderts. Die heutigen Attikafiguren sind Kopien des Prager Bildhauers Jindřich Čapek.

Heute befinden sich 3 Institutionen in dem Gebäude: die ehem. berühmte Nostitz-Bibliothek mit ca. 15 000 Bänden (heute Dobrovský-Bibliothek), die Niederländische Botschaft und das Ministerium für Schulwesen.

Letohrádek Portheimka / Lustschloß Portheim (Smíchov, Matoušova ulice

Lustschloß Portheim, Gartenfront

Nr. 9/CN 68): Dieses reizvolle Bauwerk schuf der bedeutende Prager Barockbaumeister Kilian Ignaz Dientzenhofer* für seine eigene Familie. Den künstlerischen Schwerpunkt bildet die Gartenfront, deren Mittelrisalit einen ovalen Saal enthält. Dieser trägt ein Deckenfresko v. V. V. Reiner* (1729). Dargestellt sind, für Reiner ungewöhnlich, Szenen aus der Mythologie. Nach einigen Besitzerwechseln wurde im Jahre 1884 der S-Flügel abgerissen, um Platz für den Bau der St.-Wenzels-Kirche zu haben (→Sakralbauten: Kirchen, Kostel svatého Václava S. 56). Heute dienen die Räumlichkeiten der Galerie »D« für Ausstellungen; geöffnet täglich außer Mo v. 10 bis 13 Uhr und 14 bis 18 Uhr.

Rožmberský palác / Rosenberg-Palais (Hradčany, Jiřské náměstí Nr. 1/CN 2): →Profanbauten: Burgen, Pražský hrad S. 103.

Salmovský palác / Salm-Palais (Hradčany, Hradčanské náměstí Nr. 1/CN 186): Das Empirepalais wurde v. František Pavíček* in den Jahren 1800–10 für den Erzbischof Wilhelm Florentin v. Salm errichtet. Aus dieser Zeit stammt die über dem Eingangstor angebrachte Krone mit dem goldenen »S«. Der Buchstabe paßt ebensogut zu den späteren Besitzern, der Adelsfamilie Schwarzenberg, die es an ihr benachbartes Palais angliedern ließen (→Schwarzenberský palác).

Schönbornský palác / Schönborn-Palais (Malá Strana / Kleinseite, Tržiště / Marktstr. Nr. 15/CN 365): Von dem von 1643 bis 1656 für den Grafen Rudolf Colloredo erbauten Palais ist das kunstvoll geschnitzte Portal auch aus dem Barockumbau v. Jan Blažej Santini-Aichel* erhalten geblieben. Die Vierflügelanlage erhielt eine mit Giebeln und Erkern geschmückte Frontfassade. Den Hofdurchgang säumen 4 Giganten, wahrscheinlich aus der Braunschen Werkstatt. Leider ist der schon im 17. Jh. berühmt gewordene Terrassengarten mit seinem Aussichtspavillon nicht zugänglich. Das Palais beherbergt heute die Botschaft der USA.

Schwarzenberský palác/ Schwarzenberg-Palais (Hradčany, Hradčanské náměstí Nr. 2/CN 185): Das mächtige Palais dominiert nicht nur die S-Seite des Platzes (→Straßen, Plätze, Märkte: Hradčanské náměstí S. 177), sondern bildet durch seine schon v. weitem sichtbare Silhouette

Schönborn-Palais, Portal

Palais Slavata, Schloßstiege

und Fassade einen charakteristischen Bestandteil des Burgbergs.

Nach dem verheerenden Burgbrand v. 1541, ausgelöst in einem Palais am Kleinseitner Ring (→Malostranské náměstí S.181), errichtete Augustin Vlach im Auftrag des Grafen Lobkowitz das dreiflügelige Renaissancepalais, das sich um einen Ehrenhof gruppiert und nach außen mit einer festungsartigen Mauer umgeben ist. Man erkennt das Palais sofort an seinen mit *Sgraffitomalereien* bedeckten Fassadenwänden. Sgraffito nennt man eine besondere Putztechnik, bei der Schichten verschieden gefärbten Putzes auf die Wand aufgetragen werden und durch Abkratzen der obersten Schicht die Zeichnung entsteht. Diese auch Kratzputz genannte Technik findet man bei mehreren Prager Bauwerken, z.B. dem Palais Martinitz am gleichen Platz und dem Haus zur Minute (U minuty) am Altstädter Ring (Staroměstské náměstí).

Beim Palais Schwarzenberg findet man 2 verschiedene Sgraffitomotive: Die der Kleinseite zugewandte Fassade trägt gleichmäßig geschnittene Werksteine, und die übrigen Wände zieren nach venezianischem Vorbild nachgeahmte Diamantquader. Ein Lünettensims im lombardischen Stil trennt den dreigeschossigen Bau v. dem steilen Dach. Die hohen Stufengiebel sind mit toskanischen Pilastern reich gegliedert. Hier verbinden sich der ma Stil Prags mit der ital. Baukunst zu einem eindrucksvollen Ganzen. Im 2. Stock sind 4 Säle mit Deckenmalereien (ca. 1580) geschmückt. Dargestellt sind Persönlichkeiten und Allegorien der Antike.

Nach mehreren Besitzerwechseln gelangte das Palais durch Heirat im Jahre 1719 an die Adelsfamilie Schwarzenberg. Sie schlossen 1811 das r v. ihnen liegende Salm-Palais ihrem Baukomplex an.

Heute befindet sich hier das *Historische Militärmuseum* (Vojenské muzeum-historická expozice) mit Ausstellungsstücken wie Waffen, Uniformen u. a. aus ganz Europa v. der Antike bis einschließlich 1. Weltkrieg. Das Museum ist täglich außer Mo in den Monaten Mai bis Oktober v. 9.30 bis 16.30 Uhr geöffnet.

Slavatovský palác / Palais Slavata, ehem. Palais der Herren v. Hradec (Malá Strana/Kleinseite, Thunovská ulice Nr.25/ CN 193): Das v. Joachim v. Hradec 1562 bis 1564 erbaute Renaissancepalais zählt zu den ersten Bauten dieser Stilrichtung

Schwarzenberg-Palais, Pestsäule

in P. Seine ansonsten schlicht gehaltene Fassade mit Resten v. Renaissancesgraffitos dominiert der sechsstufige Mittelgiebel, der v. Zwerghäusern umgeben ist. Dieser Giebel ist ein augenfälliges bauliches Merkmal für den unteren Bereich der Neuen Schloßstiege/Zámecké schody. Um 1602 kam das Palais in den Besitz der Herren Slavata, die es umgestalteten; dabei brachten sie über dem Eingangsportal ihr Wappen an. In der Mitte des 19. Jh. erfolgte eine erneute bauliche Veränderung. Das Palais ist mit dem Thun-Hohenstein-Palais (→Thun-Hohenštejnský palác) verbunden, bzw. bildet seine Rückfront. In beiden Bauten ist heute die ital. Botschaft untergebracht.

Smiřických palác / Smiřický-Palais (Malá Strana / Kleinseite, Malostranské náměstí / Kleinseitner Ring Nr. 18/CN 6): Das an der Ecke zur Sněmovní ulice stehende Spätrenaissancepalais wurde um 1605 an der Stelle zweier got. Häuser im Auftrag der Adelsfamilie Smiřický errichtet. Trotz des Barockumbaus durch Josef Jäger* (ca. 1764/65) sind die beiden Erkertürme und der Arkadenumgang erhalten geblieben.

Besondere Bedeutung erlangte das Palais durch ein historisches Ereignis: Am 22.5. 1618 versammelte sich hier die Opposition der böhm. Stände, die bei diesem Treffen beschloß, die kaiserlichen Statthalter der Habsburger zu entmachten. Schon am nächsten Tag wurde der Beschluß in die Tat umgesetzt, indem die Aufständischen die Statthalter aus dem Fenster der Ludwigsflügel der Burg (→Profanbauten: Burgen, Pražský hrad S. 101) stürzten. Dies war der Auslöser des Dreißigjährigen Krieges. Nach der Niederlage der böhm. Stände (1620) in der Schlacht am Weißen Berg (Bílá Hora) ging das Palais in den Besitz des Fürsten Valdštejn/Waldstein über.

Letohrádek Stromovka / Lustschloß des Statthalters im Baumgarten (Holešovice, Naturpark Královska obora): Urspr. stand an dieser Stelle ein in der Regierungszeit des Königs Vladislav Jagiello erbautes Jagdschlößchen (um 1480), das 1578/79 v. Udalrico Aostalis de Sala* in einen v. Arkaden umgebenen Renaissancebau umgestaltet wurde. Diese Arkaden sind in den heutigen doppelbogigen Fenstern noch nach dem neugot. Umbau v. Georg Fischer* und Johann Philipp

Lustschloß des Statthalters im Baumgarten

Sternberg-Palais, Kleinseite

Jöndel* (1804) zu erkennen. Der sö viereckige Turm verleiht dem Bau, der inmitten v. Parkanlagen gelegen ist, eine besondere Note.
Vom 17. Jh. bis 1918 war hier der Sitz der böhm. Statthalter, wovon das Palais den Namen behalten hat. Ab 1948 befindet sich hier die Abteilung Zeitungen und Zeitschriften des *Nationalmuseums.*

Sweerts-Sporckův palác / Sweerts-Sporck-Palais (Nové Město / Neustadt, Hybernská ulice Nr. 3 + 5/CN 1034 + 1036): Das nach mehrfachen Umbauten urspr. aus 2 Häusern entstandene Palais besteht aus einem einstöckigen und einem zweistöckigen Bau. Der plastische Schmuck der Attika und der Portale stammt v. Ignaz Michael Platzer*. Heute sind hier Verwaltungs- und Universitätsräume untergebracht.

Palác Sylva Taroucca/Sylva-Taroucca-Palais (Staré Město/Altstadt, Na příkopě/Am Graben, Nr. 10/CN 852): Im Auftrag des Fürsten Ottavio Piccolomini errichteten Kilian Ignaz Dientzenhofer* und Anselmo Lurago* dieses vierflügelige zweieinhalbgeschossige Palais in den Jahren 1743–51 in einer damals noch ländlichen Umgebung (→Straßen, Plätze, Märkte). Die Straßenfassade zeichnet eine gewisse, schon klassische Strenge aus, die v. der Symmetrie und der konsequenten Betonung der Mitte herrührt. Die Statuen auf dem Giebel und der Attika schuf Ignaz Franz Platzer*. Nach hinten gruppiert sich der Bau um eine Flucht v. 3 Höfen, im 2. befinden sich 2 steinerne Brunnen mit Maskarons. In dem im 20. Jh. umgestalteten Inneren ist ein erhaltenes, reichgeschmücktes Rokokotreppenhaus v. Anselmo Lurago* bemerkenswert. Heute dient das Palais als Klub; es finden hier u. a. kulturelle Veranstaltungen statt.

Šternberský palác / Sternberg-Palais (Hradčany, Hradčanské náměstí Nr. 15/CN 57): Das etwas zurückgesetzte, im hochbarocken Stil erbaute Palais liegt direkt neben dem Erzbischöflichen Palais (→Arcibiskupský palác), dessen linker Bogengang seinen Zugang bildet. Als Architekt der 1698–1730 errichteten

Vierflügelanlage wird in der Forschung Giovanni Battista Alliprandi*, der frühere Pläne v. Domenico Martinelli mit einbezog, angenommen. Bekannt ist das *»Chinesische Kabinett«* im 2. Stock, ein ovaler Saal mit vergoldeten Stuckverzierungen v. Donato Frisoni* und prächtigen Chinoiserien v. J. V. Kratochvíl*.
Heute sind in den Räumen ein Teil der *»Sammlung europäischer Kunst«* der *Nationalgalerie* (Národní galerie) ausgestellt. Die Bilder und Kleinplastiken französischer Meister gehören zu den größten und bedeutendsten Sammlungen außerhalb Frankreichs. Außerdem werden Niederländer, Flamen, Spanier und Deutsche, darunter auch so berühmte Einzelstücke wie das *»Rosenkranzfest«* v. Albrecht Dürer* gezeigt. Das Museum ist täglich außer Mo v. 10 bis 18 Uhr geöffnet.

Šternberský palác / Sternberg-Palais (Malá Strana / Kleinseite, Malostranské náměstí / Kleinseitner Ring Nr. 19/CN 7): Dieses 1684 aus dem Zusammenschluß zweier Häuser – in einem brach der die Kleinseite und die Burg stark beschädigende Brand v. 1541 aus – erbaute Palais wurde Anfang des 18. Jh. mit einer Barockfassade versehen, an der ein Bild der Krönung Mariens erhalten blieb. Aus einer hier ehem. untergebrachten Gemäldegalerie ist die heutige Nationalgalerie (Národní galerie) hervorgegangen.

Thunský palác/Thunsches Palais (Malá Strana/Kleinseite, Sněmovní ulice Nr. 4/CN 176): Das 1669–1720 wahrscheinlich v. Jan Blažej Santini-Aichel* errichtete Palais wurde nach einem Brand als Landtagsgebäude weitgehend neu erbaut (ab 1801). Die schlichte klassizistische Fassade trägt ein reichverziertes Tympanon mit dem böhm. Löwen und der St.-Wenzels-Krone.
Am 14. 11. 1918 fand hier die 1. Sitzung des Parlaments der am 28. 10. 1918 gegründeten ČSFR statt. Damit war die 300jährige Vorherrschaft der Habsburger Monarchie beendet (Gedenktafel).

Thunský palác/Thunsches Palais, auch Leslie-Palais (Malá Strana/Kleinseite, Thunovská ulice Nr. 14/CN 180): Von

dem urspr. Renaissancepalais, das 1716–1727 v. Anselmo Lurago* umgestaltet wurde, ist ein barock umgebauter Turm erhalten geblieben. Den Garten verwandelte man im 19. Jh. in einen englischen Park. Der Komponist Wolfgang Amadeus Mozart wohnte hier bei seinem ersten Pragbesuch.
Heute ist hier der Sitz der Botschaft Großbritanniens.

Thun-Hohenštejnský palác / Thun-Hohenstein-Palais, ehem. Kolowrat-Palais (Malá Strana/Kleinseite, Nerudova ulice/Nerudagasse Nr. 20/CN 214): Dieses Palais bildet zusammen mit dem Slavata-Palais (→Slavatovský palác) eine riesige Vierflügelanlage. Sie erstreckt sich zwischen den parallel verlaufenden Straßen Nerudova und Thunovská und mit einer eingeschossig überbauten Brücke noch bis zur Neuen Schloßstiege/Zámecké schody.
Als 1. Gebäude entstand das aufwendige Renaissancehaus Joachim v. Hradec an der Thunovská ulice, um 1564 v. Antonín Vlach* errichtet. Die 2 später hinzugefügten niedrigeren Seitentrakte stammen v. Udalrico Aostalis de Sala*. Im Jah-

re 1602 kam es dann als Dreiflügelanlage mit Innenhof in den Besitz des Herrn Slavata, der es um einen Flügel in der Nerudova ulice erweitern wollte. Mit dieser Absicht kaufte er dort 6 kleine Häuser auf; er starb, bevor er seinen Plan verwirklichen konnte. Das tat Norbert V. v. Kolowrat, der durch Erbschaft in den Besitz des Palais kam. Der 4. Flügel entstand nach Plänen v. Jan Blažej Santini-Aichel* 1721–26 als selbständiges Palais und gehört zu den schönsten Barockbauten v. P. In der Mitte des zweieinhalbgeschossigen Baus tritt ein Risalit mit einem prächtigen Portal, flankiert v. 2 kleineren Seitenportalen unter 2 Oculi, hervor. Die Eingangstür bekrönen 2 kraftvolle Adler mit gespreizten Schwingen, die Wappentiere des Bauherrn Kolowrat, gearbeitet v. Matthias Bernhard Braun*. Die darüber plazierten Plastiken, »Jupiter« und »Juno«, stammen v. einem unbekannten Künstler. Die sich über dem rustizierten Sockelgeschoß erhebende Fassade beleben Lisenen und Dreiecksgiebel über den Fenstern des 1. Stockwerks.
In den Besitz der Adelsfamilie Thun v. Hohenstein – vorher ansässig im Tos-

Thun-Hohenstein-Palais

Toskana-Palais, Figurengruppe: »Erzengel Michael im Kampf mit dem Drachen«

kana-Palais (→Toskánský palác) – kam der Gebäudekomplex durch Erbschaft im Jahre 1768. Heute beherbergt es die italienische Botschaft.

Toskánský palác/Toskana-Palais (ehem. Thun-Hohenstein-Palais) (Hradčany, Hradčanské náměstí / Hradschiner Platz Nr. 5/CN 182): An der w Schmalseite des Platzes (→Straßen, Plätze, Märkte) erbaute der französische Architekt Jean-Baptiste Mathey* das vierflügelige Palais im frühbarocken Stil (1689–91) für die Familie Thun-Hohenstein. Die langgestreckte Fassadenfront wird durch 2 je einen Balkon tragende Säulenportale unterbrochen. Über den Portalen erheben sich auf einem halben Dachgeschoß 2 turmähnliche Dachaufbauten. Die die Balustrade zierenden Plastiken antiker Götter schuf Johann Brokoff*. Über den Balkonen brachte man nachträglich Wappenkartuschen der Herzöge v. Toskana an, in deren Besitz das Palais v. 1718 bis 1918 kam. An der Ecke zur Loretánská ulice befindet sich die Figurengruppe »Erzengel Michael im Kampf mit dem Drachen«, gearbeitet ca. 1693 v. Ottavio Mosto*.
Heute ist hier der Sitz des Außenministeriums.

Trojský zámek/Schloß Troja (Troja, U trojského zámku Nr. 6/CN 1): In der ehem. Ortschaft Zadní Ovenec, dem heutigen Stadtteil Troja, erbaute Jean-Baptiste Mathey* 1679–85 das Schloß nach Vorbildern röm. Villenarchitektur wie z. B. der Villa d'Este bei Rom. Auftraggeber dieses Dreiflügelbaus mit der nach hinten ausgedehnten Gartenanlage war Wenzel Adalbert Graf Sternberg. Eine monumentale Freitreppe führt zum Park, der in seiner Gestaltung der 1. französische Garten in Böhmen war. Das Geländer der zweiläufigen Freitreppe schmücken Statuen der Götter und Titanen, Arbeiten der sächsischen Bildhauer Johann Georg und Paul Heermann** (1685–1703).
Die allegorischen Büsten der 4 Tageszeiten, der 4 Elemente und 4 Erdteile stammen wahrscheinlich aus der Brokoffschen Werkstatt (1688–1731). Die Gartenterrassen zieren Terrakottavasen. Im Inneren des Hauptflügels bildet der große Festsaal, auch Kaisersaal genannt, das Zentrum. Sein Deckenfresko, eine Arbeit des niederländischen Malers Abraham Godin*, hat die Einheit der kirchlichen und weltlichen Macht zum Thema. Den Bildmittelpunkt bildet das Auge Gottes. Die Längswände zeigen ei-

Toskana-Palais

ne Ahnengalerie des Habsburger Herr-
scherhauses. Die übrigen Zimmer im
Erdgeschoß wurden v. den Italienern
Francesco Marcetti* und seinem Sohn
Giovanni Francesco ausgemalt.
Die urspr. Wirtschaftsgebäude dienen
heute als Gartenrestaurant. Die im
Schloß eingerichtete Ausstellung der
tschech. Malerei des 19. Jh. ist Mo ge-
schlossen.

Valdštejnský palác / Waldstein-Palais,
auch **Wallenstein-Palais** (Malá Strana /
Kleinseite, Valdštejnské náměstí Nr. 4/
CN 17): Der Bauherr dieser prunkvollen
Barockanlage unterhalb der Burg war
Albrecht v. Waldstein (Wallenstein),
Herzog v. Friedland und Mecklenburg,
Fürst v. Sagan und kaiserlicher Genera-
lissimus, genannt auch der Friedländer.
Mit dem Ausbruch des böhm. Aufstands
1618 und im weiteren Verlauf des Drei-
ßigjährigen Krieges kämpfte er erfolg-
reich auf der Seite des Habsburgers Fer-
dinand II. und kam so zu Ansehen und
ungewöhnlichem Reichtum. Obwohl aus
einer utraquistischen (protestantischen)
Familie stammend, stellte er sich in den
Dienst der kath. Liga. Durch günstige
Heirat und Ankauf konfiszierter böhm.
Güter konnte er sein Vermögen noch

vergrößern. In NO-Böhmen hatte er sogar ein eigenes Fürstentum, Frýdlant mit
der Hauptstadt →Jičín. Nach Intrigen
und der Unterstellung eines geplanten
Hochverrats wurde Waldstein 1634 in
Cheb/Eger von gedungenen Mördern
umgebracht. Er wurde v. Friedrich Schil-
ler als Titelheld in dem Drama »Wallenstein« verewigt.
Urspr. befanden sich an der Stelle des
Waldstein-Palais ca. 26 Häuser und mehrere Gärten. Der heutige Waldsteinplatz
(→Straßen, Plätze, Märkte) entstand erst
durch den Bau dieses 1623–30 v. Andrea
Spezza* projektierten Gebäudekomplexes, der sich um 5 Innenhöfe und einen
großen Garten gruppiert, der v. einer festungsartigen Mauer umschlossen ist.
Das die ö Seite des Platzes bildende
dreigeschossige Hauptgebäude gliedern
17 Achsen und 3 Portale, v. denen die
beiden äußeren blind sind. Hinter der
nach ital. manieristischen Vorbildern gehaltenen Fassade verbirgt sich ein über
2 Stockwerke reichender prächtiger Festsaal, der sog. Rittersaal. Seine Ausstattung mit Fresken und Stukkaturen
stammt v. Baccio Bianco*, der auch der
Schöpfer des ausgezeichneten Decken-
gemäldes ist, auf dem Waldstein als Gott
Mars auf einem Triumphwagen über die

Schloß Troja, Gartenfront

Wolken eilt. Angeschlossen ist eine Hauskapelle. Im w Teil des Gartens steht die berühmte *Sala terrena*, erbaut 1624–27 v. Giovanni Pierroni*. Trotz ihrer beachtlichen Höhe wirkt sie durch die v. schlanken toskanischen Doppelsäulen gebildeten Bogen feingliedrig. Ihr Tonnengewölbe bedecken weiße Stukkaturen mit Pflanzenornamentik. Die einzelnen Flächen malte Baccio Bianco 1629/30 mit Szenen aus dem Trojanischen Krieg aus.

In dem 1625–30 v. Niccolo Sebregondi* angelegten Garten führt v. der Sala terrena ein mit Bronzefiguren gesäumter Weg: auf der linken Seite nach dem Pferd Venus und Adonis, Neptun und Apollon und auf der rechten Seite eine Ringergruppe, Laokoon und Bacchus. Heute stehen hier Kopien der 1648 v. den Schweden als Kriegsbeute nach Schloß Drottningholm (bei Stockholm) gebrachten Figuren des Bildhauers Adriaen de Vries* (1626/27), der auch die Plastiken des Herkules und der Najaden auf der Insel des rechteckigen Teichs vor der Reitschule geschaffen hat. Auf dem Teich soll 1618 der Erfinder J. Božek Experimente mit seinem Dampfschiffmodell gemacht haben. N der Sala terrena befinden sich künstlich angelegte Tropf-

steinhöhlen. Südlich ein kleiner Salon, wo sich der legendäre Teppich befindet, in den der ermordete Waldstein angeblich eingerollt war.

Die *Reitschule* dient heute als Ausstellungssaal der *Nationalgalerie;* sie ist v. außen (Metrostation Malostranská) zugänglich und täglich v. 10 bis 18 Uhr geöffnet.

Der Garten ist nur in den Monaten Mai bis September geöffnet (9–19 Uhr), Zugang in der Letenská ulice.

Velkopřevorský palác / Großprioratspalais (Malá Strana / Kleinseite, Velkopřevorské náměstí / Großprioratsplatz Nr. 4/CN 485): An der Stelle des heutigen Barockpalais ließ schon 1516–32 der Großprior Jan z Rožmberka für den Johanniterorden, einen Orden der Malteserritter, bei der Malteserkirche (→Sakralbauten: Kirchen, Kostel Panny Marie pod řetězem S. 32) einen Palast errichten. In den Jahren 1725–27 baute Bartolomeo Scotti* wahrscheinlich unter Mitwirkung v. František Maximilián Kaňka* das zweiflügelige und zweigeschossige Eckgebäude um. Es hat gleiche Außenfassaden und je ein Portal, das ein Wappen des Großpriors trägt. Die bildhauerische Ausstattung stammt v. Matthias

Waldstein-Palais, Sala terrena, Deckenmalerei

B.Braun*, der auch das Treppenhaus mit laternentragenden Putti und Vasen schmückte.

Heute beherbergt das Palais eine *Sammlung alter Musikinstrumente* und das *Musikarchiv* des Nationalmuseums. Die Sammlung ist täglich außer Mo v. 10 bis 16 Uhr geöffnet und in den Wintermonaten ganz geschlossen. Im Palastgarten finden auch Konzert- und Theaterveranstaltungen statt.

Vrtbovský palác / Vrtba-Palais (Malá Strana / Kleinseite, Karmelitská ulice Nr.25/ CN 373): Das aus dem Zusammenschluß zweier Häuser im Auftrag v. Sezima z Vrtby 1631 entstandene Renaissancepalais liegt direkt am Hang des Laurenzibergs/Petřín. Ein dorthin führendes Gäßchen wurde zur Palasteinfahrt umgestaltet und bildet heute den Zugang zu dem 1720–30 v. František Maximilián Kaňka* angelegten Terrassengarten.

Die dekorativen Statuen des Atlas und zweier Frauen am Eingangstor stammen wie die übrige bildhauerische Gestaltung v. Matthias B.Braun*. Die Sala terrena im unteren Teil des Gartens schmücken Plastiken der Ceres und des Bacchus v. dem gleichen Bildhauer und Fresken v.

V.V.Reiner*. Zur Zeit ist der Garten wegen umfassender Restaurierung geschlossen.

Eine Gedenktafel an der Frontfassade weist darauf hin, daß hier 1886–89 der tschech. Maler Mikoláš Aleš* lebte.

In dem benachbarten Haus Nr.31/ CN 516 sind Reste des urspr. Stadttores der Siedlung Újezd aus dem 13.Jh. erhalten geblieben.

3. Villen, Pavillons

Vila Amerika / Villa Amerika oder Michna-Lustschloß (Nové Město / Neustadt, Ke Karlovu Nr.20/CN 462): Auftraggeber für den Bau dieses eingeschossigen barocken Lustschlößchens war Graf Jan Václav Michna z Vacínova. Der Architekt Kilian Ignaz Dientzenhofer* erbaute es in den Jahren 1712–20 im französischen Stil inmitten eines Parks, v. dem heute nur ein Garten übriggeblieben ist. Auch wurde die Umgebung längst v. der engen Innenstadtbebauung erfaßt, so daß v. der urspr. ländlichen Atmosphäre nichts mehr erhalten ist. Der Name »Amerika« stammt v. einem nahe gelegenen Ausflugslokal aus dem 19.Jahrhundert

Waldstein-Palais, Waldstein-Garten

Villen, Pavillons **143**

Zurückgesetzt vom Straßenrand, liegt die Villa hinter einem schmiedeeisernen Gitterzaun etwas oberhalb des Straßenniveaus. Das jetzige Gitter aus dem Jahre 1911 ist eine Kopie des sich nun in Dresden befindenden Originals. Die durch Pilaster gegliederte Frontfassade dominieren die mit Stukkaturen reich verzierten Fenster. Darüber erhebt sich ein zweistufiges Dach mit einer Lukarne. Die 2 allegorischen Statuengruppen »Frühling und Sommer« und »Herbst und Winter« im Garten stammen v. Anton B. Braun* (ca. 1730).

Im Inneren verdienen die Fresken v. Johann Ferdinand Schor* mit ihren allegorischen und historischen Themen besondere Aufmerksamkeit. In den Räumen der Villa ist heute das *Antonín-Dvořák-Museum* eingerichtet. Gezeigt werden Handschriften des Komponisten, z.B. Partituren, seine Korrespondenz mit der Familie v. Bülow und Johannes Brahms sowie eine Rekonstruktion seines Arbeitszimmers.

Die Villa ist täglich außer Mo v. 10 bis 16 Uhr geöffnet.

Vila Bertramka / Villa Bertramka (Smíchov, Mozartova ulice Nr. 2/CN 169): Diese im 17. Jh. für Franz Bertram erbaute Vorstadtvilla lag in der Nachbarschaft zu den Sommerhäusern des Adels. Trotz der Nähe der heutigen Industrieanlagen läßt der Park noch etwas v. dem einstigen malerischen Charakter der Umgebung erkennen. Im 18. Jh. wurde die Villa v. ihren neuen Besitzern, dem Ehepaar Dušek, umgebaut. Der Anlaß für diese Veränderung war wahrscheinlich der erwartete Besuch v. Wolfgang Amadeus Mozart im Herbst 1786. Er kam zum erstenmal im Frühjahr desselben Jahres auf Einladung des Grafen Thun nach P., wo die Freundschaft zwischen ihm und dem Künstlerehepaar Dušek begann. František Dušek war ebenfalls Komponist und seine Frau Josefína Dušková Sängerin. In der Villa Bertramka vollendete Mozart seine Oper »Don Giovanni«, die 1787 im Oktober im Prager Nostitz-Theater, dem späteren Ständetheater, mit großem Erfolg uraufgeführt wurde. Im Jahre 1791 bei einem weiteren Besuch komponierte er hier in nur 18 Tagen die für die Krönungsfeierlichkeiten von Kaiser Leopold II. bestimmte Oper »Titus«. Noch Ende des gleichen Jahres starb Mozart in Wien.

Heute befindet sich hier eine Gedenkstätte für Mozart und das Ehepaar Du-

Waldstein-Garten, Venus und Adonis

Hanauscher Pavillon

šek. In den Jahren 1955–56 wurde die Villa restauriert. Neben der größtenteils noch erhaltenen Einrichtung kann man u. a. auch das Cembalo und das Klavier, auf denen Mozart gespielt hat, bewundern.

Im Park etwas erhöht steht eine Mozartbüste v. Tomáš Seidan*. In der mit Malereien ausgestatteten Sala terrena werden im Rahmen des »Prager Frühlings« und den ganzen Sommer hindurch Konzerte vornehmlich aus der klassischen Musikepoche veranstaltet.

Die Villa ist Di bis Fr v. 13 bis 16 Uhr, Sa und So v. 10 bis 16 Uhr geöffnet.

Bílkova vila / Bílek-Villa (Hradčany, Mickiewiczova ulice Nr. 1/CN 233): Der Bildhauer František Bílek* (1872–1941) ließ diese Villa nach seinen eigenen Entwürfen bauen. Im Garten steht eine beeindruckende Statuengruppe des Künstlers. Heute werden die Räumlichkeiten für Ausstellungen der Galerie der Hauptstadt P. genutzt. Sie ist täglich außer Mo von 10 bis 12 und v. 13 bis 18 Uhr geöffnet.

Čapkova vila / Villa der Čapek-Brüder - (Vinohrady, Bratří Čapků Nr. 29/30 CN 1853/54): Der Architekt Ladislav Machoň* errichtete die Villa in den Jahren 1923–24.

Schon in ihrer Grundkonzeption war sie für 2 Familien angelegt, die Familien der Brüder Čapek. Josef Čapek (1887–1945) war Maler und sein Bruder Karel (1890–1938) Schriftsteller. Zuvor wohnten sie auf der Kleinseite in der Říční ulice Nr. 11/CN 532 (Gedenktafel an der Frontfassade).

Gröbova vila / Villa Gröbe (Vinohrady, Havlíckovy sady)**:** Die Villa steht inmitten eines schönen Parks mit einer künstlichen Grotte und verschiedenen schönen Springbrunnen.

Sie wurde im Auftrag des Industriellen Moritz Gröbe v. Antonín Barvitius* im Neurenaissancestil erbaut (1879–81).

Heute ist hier der Sitz des Hauses der Jugendverbände, ehem. benannt nach dem tschech. Nationalhelden Julius Fučík, einem Journalisten und Schriftsteller, der v. den Nationalsozialisten verfolgt und umgebracht wurde.

Hanavský pavilón / Hanauscher Pavillon (Letná, Letenské sady)**:** Der auf der Letná-Anhöhe stehende Pavillon ist eine Eisenkonstruktion des Baumeisters Karel Sleif und wurde urspr. für die Jubiläums-

Villa Amerika, Gartenfront

Landesausstellung in P. errichtet. Er wurde in der Gießerei des Fürsten Wilhelm v. Hanau 1891 nach den Plänen v. Zdeněk Emanuel Fiala* hergestellt und diente als Ausstellungspavillon für die Produkte dieser Fabrik. Nach Beendigung der Ausstellung ging der filigrane Bau in den Besitz der Stadt P. über, die ihn 1898 an dem heutigen Platz wieder aufrichtete.

In den Jahren 1970–73 wurde dieser dem Stil des Barock nachgebildete Pavillon umfassend restauriert. Heute befindet sich darin ein Café, v. dessen Terrasse man einen wundervollen Ausblick über die Stadt und den Fluß hat.

Kotěrova vila / Kotěra-Villa (Vinohrady, Hradešínská ulice Nr. 6/CN 1542)**:** Der Architekt Jan Kotěra* ließ sein Haus nach eigenen Plänen in den Jahren 1908–1909 erbauen. Er gilt als der Begründer der modernen tschech. Architektur. Eines seiner bedeutenden Werke ist das Haus Mozarteum in der Jungmannova ulice Nr. 30/CN 748, 1911–13 erbaut und mit einer Fassadenplastik v. Jan Štursa* geschmückt.

Kramářova vila/Kramář-Villa (Hradčany, Gogolova Nr. 1/CN 212)**:** Die Villa wurde im Auftrag des 1. Ministerpräsidenten der Tschechoslowak. Republik (1918–19), Karel Kramář, errichtet. Die Architekten waren Friedrich Ohmann* und Vincenc Beneš*. Heute dient die renovierte Villa der Unterbringung v. Staatsbesuchen.

4. Patrizier- und Bürgerhäuser

In Prag tragen alle Häuser neben der allgemein üblichen Numerierung auch *Conscriptionsnummern (CN)*. Diese stammen noch aus der Zeit um 1770, als die Kaiserin Maria Theresia nach französischem Vorbild die ansonsten nur durch bildnerisch gestaltete Hauszeichen gekennzeichneten Häuser mit Nummern versehen ließ.

Die Tradition der Hauszeichen läßt sich bis ins MA zurückverfolgen, als die Hausbesitzer verschiedene geschmiedete oder gegossene Symbole, Wandbilder, Alltagsgegenstände usw. an den Fassaden anbrachten. Dadurch verliehen sie den Häusern eine individuelle Note und machten sie unterscheidbar, was vor allem den Fremden half, sich in den Gassen der ma Stadt zurechtzufinden. Ob aufwendig, phantasievoll, schlicht oder kunstvoll, dienten sie neben der Differenzierung auch als Schmuck, zur Repräsentation des Hausbesitzers oder als magisches bzw. christliches Symbol. Bei Gasthäusern übernahmen sie gleichzeitig auch die Werbung; so weist z. B. eine Traube auf eine Weinstube hin.

Häufig standen die Hauszeichen auch für den Beruf ihres Bewohners, wie z. B. die Geige für den Geigenbauer und die Waage für den Kaufmann, oder bezogen sich auf die topographischen Besonderheiten der Umgebung: Zum Kastanienbaum, Zur Brücke, Zum Turm.

Meistens wurden die Hauszeichen beibehalten, auch wenn sich die Besitzer veränderten, der Handwerksbetrieb oder die Weinstube schon längst nicht mehr bestand. So kommt es, daß die Hauszeichen noch heute Geschichten und Legenden ihrer Bewohner erzählen. Obwohl die meisten Hauszeichen aus der Barockzeit stammen, sind auch ältere erhalten wie zum Beispiel das in Stein gemeißelte Symbol eines Wagenbauers aus dem Jahre 1555 (Karmelitská ulice Nr. 21/CN 382) oder die Glocke am got. Haus zur Glocke, Altstädter Ring/Staroměstské náměstí 13/CN 605.

Faustův dům / Faust-Haus (Nové Město / Neustadt, Karlovo náměstí / Karlsplatz, Nr. 40/CN 502): Die Geschichte des Faust-Hauses geht bis ins 14. Jahrhundert zurück, als hier der got. Palast der Herzöge v. Troppau (Opava) stand. Nach mehreren Umbauten entstand das heutige zweiflügelige Faust-Haus, hinter dessen barocker Fassade sich ein Kern aus der Renaissance verbirgt, wovon noch der Eckerker zu sehen ist. Die ersten barocken Umgestaltungen ließ Adam F. Mladota ze Solopysk um 1724 ausführen. Nach ihm wird das Haus auch Mladota-ze-Solopysk-Palais genannt. Mit dem heutigen Namen Faust-Haus werden viele Sagen und Legenden verbunden.

Schon im 14. Jh. beschäftigte sich einer der Bewohner mit chemischen Versuchen. Zur Zeit Kaiser Rudolfs II. soll hier der englische Alchimist Edward Kelly zusammen mit dem Hausbesitzer, dem Hofarzt Johann Kopp, experimentiert haben. Als dann ein Mitglied der Familie der Mladotas sich ebenfalls mit Chemie beschäftigte, kam im Volksmund die Sage auf, er habe einen Pakt mit dem Teufel geschlossen. So wurde das Haus in den Zusammenhang mit dem legendären Dr. Faustus gebracht, dessen Name dem Gebäude bis heute anhaftet. In gewisser Weise bleibt das Haus seiner Tradition treu: Es beherbergt heute eine Apotheke und Teile der Poliklinik.

Das barocke Gartenportal an der Straßenecke gehört zu der benachbarten Kirche →Kostel svatého Jana Nepomuckého na Skalce/St. Johannes v. Nepomuk auf dem Felsen, der der Garten 1769 geschenkt wurde, mitsamt dem Hofflügel, der der Kirche als Pfarrhaus diente.

Mincovna / Münze (Staré Město / Altstadt, Celetná ulice Nr. 36/CN 587): Das unmittelbar beim →Prašná brána / Pulverturm stehende Palais erkennt man leicht an seinen balkontragenden Atlan-

Faust-Haus, Eckerker

tenfiguren. Die Plastiken sind eine Arbeit v. Ignaz Franz Platzer* (um 1755).

Im 15. Jh. richtete König Georg v. Podiebrad an dieser Stelle den Königshof für seine Gemahlin, die böhm. Königin, ein. (Der Königshof des Königs befand sich an der Stelle des heutigen →Repräsentationshauses/Obecní dům.) Im Besitz der Altstädter Gemeinde diente das Gebäude v. 1420 bis 1783 mit kleinen Unterbrechungen als Münzstätte.

Das heutige Palais errichtete Johann Josef Wirch* 1755. Kleinere Umbauten folgten: 1784 v. Philipp Heger* als Armeekommandantur, und in den Jahren 1857–58 wurde es um ein Gebäude vergrößert. Heute befindet sich hier der Sitz des Zivilgerichts.

Platýz (Staré Město/Altstadt, Uhelný trh Nr. 10 und Národní třída Nr. 37/CN 416): Der große Gebäudekomplex des fünfflügeligen zwischen 2 Straßen liegenden Hauses hat eine bis in die Gotik zurückreichende Baugeschichte. Das zuerst entstandene Haus am Uhelný trh grenzte mit seiner Rückfront an die ehem. Befestigungsmauern der Altstadt. Dort, wo heute die →Národní třída verläuft, war ein Graben. Erhalten ist noch ein spätgot. Pfeiler in der Durchfahrt Nr. 10. Zur Zeit der hussitischen Bewegung gehörte das Haus dem Mälzer und Primator Jan ze Stříbra, der einer ihrer Anhänger war. Im Jahre 1434 bis 1530 bewohnte es die Adelsfamilie Květnice, die sich an den Baukosten der anschließenden Kirche →Kostel svatého Martina ve zdi/St. Martin in der Mauer beteiligte. In den Jahren 1580 bis 1586 wurde das Haus unter Ergänzung des Hofflügels im Renaissancestil umgebaut, wovon Überreste der Loggia im Hof erhalten sind. So kaufte es Jan Platejz z Plattensteinu, nach dem das Haus bis heute benannt wird. Im Besitz seiner Familie blieb es bis 1672. Im Auftrag der neuen Eigentü-

*Prager Hauszeichen >
von links oben nach rechts unten: 1 »Zu den drei Geigen« (Nerudova), 2 »Zur goldenen Schlange« (Karlova), 3 »Zu den drei Rosen« (Vlašská), 4 »Zur Traube« (Husova) 5 Celetná Nr. 27 (»Zum Tempel«), 6 »Zu den 3 Federn« (Týnská)*

mer, der Grafen v. Šternberk, wurden anstelle des Grabens und der Stadtmauer weitläufige Gärten angelegt. Der neue Eigentümer Franz Daubek ließ den Komplex in den Jahren 1813–47 v. Heinrich Hausknecht* in ein Mietshaus umgestalten und den Flügel an der Národní třída hinzubauen. Der so entstandene Empire-Bau ist mit den Büsten röm. Imperatoren umrahmt. Beachtenswert ist die an einem Portal in der Národní třída sitzende kleine Figur einer Eule.

Eine Gedenktafel am →Uhelný trh/Kohlenmarkt erinnert an ein hier v. Franz Liszt gegebenes Konzert im Jahre 1846. Der letzte Umbau erfolgte 1937–39. Heute befindet sich hier der Sitz des tschech. Fonds der bildenden Künste.

Rottův dům / Rott-Haus (Staré Město / Altstadt, Malé náměstí Nr. 3/CN 142): Von dem urspr. roman. Haus sind im heutigen Kellergeschoß 2 Etagen mit ihren Gewölben erhalten.

Im 15. Jh. befand sich hier die Druckerei des Jan Pytlík, v. der 1488 die 1. Prager Bibel verlegt wurde. 1890, also ungefähr 400 Jahre später, ließ der Besitzer der Eisenhandlung Rott das Gebäude von E. Rechtziegel im Stil der böhm. Renaissance umbauen.

Die gesamte Front ist reich mit Wandmalereien bedeckt, die sich in den Darstellungen des Handwerks, der Landwirtschaft und der Werkzeuge auf die hier verkauften Waren beziehen. Die Zwischenräume zieren Ornamente, den Giebel das Hauszeichen von 3 weißen Rosen. Die Entwürfe stammen v. dem bedeutenden Maler Mikoláš Aleš*. In den 20er Jahren dieses Jh. entstand im Inneren des Gebäudes die erste Glas-Beton-Kuppel in Prag. Noch heute befindet sich hier ein Eisenwarengeschäft.

Staroměstská rychta / Haus des Altstädter Ortsvorstehers (Staré Město / Altstadt, Rytířská ulice Nr. 12/CN 404): Das urspr. got. Haus wurde 1588 im Renaissancestil umgebaut und erhielt 1798–1800 seine heutige spätbarocke Fassade v. Ignaz Johann Palliardi*. Von den Vorgängerbauten sind u. a. noch der got., aus Ziegeln gemauerte W-Giebel, ein got. Saal im Hintertrakt und das Renaissanceportal erhalten.

Erst in jüngster Zeit entdeckte man bei archäologischen Untersuchungen im Hintertrakt das eingemauerte »Gallustor«, das als einziges v. den ehem. 13 Toren der Altstadt erhalten ist. Es wurde noch unter König Wenzel II. im 13. Jh.

Rott-Haus, Kleiner Ring

errichtet. Von dem Stadttor gelangte man früher über eine kleine steinerne Brücke über jenen Graben, der die Altstadt v. der Neustadt trennte. Ihre Überreste kann man in der Vorhalle der Metrostation Můstek (= Brückchen) sehen.

Im MA diente das Haus als Sitz des königlichen Ortsvorstehers, der für die Verwaltung und das Gerichtswesen in der Altstadt verantwortlich war.

Tyršův dům / Tyrš-Haus (Malá Strana / Kleinseite, Újezd Nr. 40/CN 450): →Profanbauten: Schlösser, Palais, Michnovský palác/Michna-Palais.

U dvou zlatých medvědů / Zu den 2 goldenen Bären (Staré Město / Altstadt, Kožná ulice Nr. 1/CN 475): Das urspr. got. Haus wurde in der 2. Hälfte des 16. Jh. im Renaissancestil umgebaut und erhielt seine heutige Empire-Fassade um 1800. Bei letzteren Veränderungen blieb das bes. kostbare Renaissanceportal erhalten. Das im Stil der ital. Frührenaissance gestaltete Steinportal schmücken Reliefpilaster und eine reiche Rankenornamentik. Auf dem Architrav stehen 2 in Stein gemeißelte, vergoldete Bären als Hauszeichen.

Im Jahre 1885 wurde hier Egon Erwin Kisch (1885–1948), ein hervorragender Journalist und Schriftsteller (»Marktplatz der Sensationen«), geboren. Er ist besser bekannt als der »rasende Reporter«.

U kamenného stolu / Zum steinernen Tisch (Malá Strana / Kleinseite, Malostranské náměstí/Kleinseitner Ring Nr. 28/CN 5): Das ehem. Palais steht in der Mitte des unteren Rings (→Malostranské náměstí) genau vor dem Chor der St.-Nikolaus-Kirche (→Sakralbauten: Kirchen, Kostel svatého Mikuláše) zusammen mit den 2 Häusern Zum weißen Adler (U bílého orla), CN 4, und dem Moser-Haus, CN 3. Im Jahre 1773 erbaute Josef Jäger* im Auftrag des Rechtsanwalts Karl v. Grömling das Rokokopalais an der Stelle eines ma Hauskomplexes. Die Plastiken mythologischer Gestalten auf der Attika stammen aus der Werkstatt v. Ignaz Franz Platzer*. Bereits 1874 wurde hier ein Kaffeehaus eingerichtet, das Radetzky-Café. Berühmtheit erlangte das Haus in den 20er Jahren als Kleinseitner Kaffeehaus (Malostranská kavárna), was es bis heute geblieben ist. Hier war der Treffpunkt so bedeutender Künstler und Literaten wie Franz Kafka,

Haus Zu den zwei goldenen Bären

Haus Zum steinernen Tisch

Max Brod, Franz Werfel und Willy Haas.

U kamenného zvonu / Zur steinernen Glocke (Staré Město / Altstadt, Staroměstské ná-městí Nr. 16/CN 605): Etwas zurückgesetzt neben dem barocken Goltz-Kinsky-Palais steht das got. Haus Zur steinernen Glocke. Im Grunde genommen ist es ein got. Palast, der erst in den 70er Jahren unseres Jh. aus seiner barocken Hülle herausgeschält wurde; seine Rekonstruktion war 1986 abgeschlossen. Der ma Grundriß des Hauses offenbarte sich bei den Forschungsarbeiten, die Anfang der 60er Jahre durchgeführt wurden. Als dann im Rahmen der Fassadenrestaurierung unter dem losen Barockputz got. Bauelemente bis in die oberen Etagen gefunden wurden, beschloß man nach eingehender Untersuchung, den got. Palast von seiner barokken Verkleidung zu befreien und komplett zu erneuern.

Das seit 1417 Zur steinernen Glocke genannte Haus weist in seinem Keller bereits Elemente aus dem späten 13.Jh. auf. Es war urspr. auch größer, worauf ein kleines Portal hinweist, das in den benachbarten Kellern gefunden wurde. Der S-Flügel beherbergte im Erdgeschoß eine Kapelle mit Fresken aus dem frühen 14.Jahrhundert. Darüber befindet sich eine 2.Kapelle ebenfalls mit Wandmalereien und Kreuzrippengewölbe.

Anfang des 14.Jh. wurde das Haus aufgestockt und die dem Platz zugewandte Fassade streng geometrisch gegliedert. Erhalten sind die steinernen frühgot. Kreuzstockfenster und die für Statuen gedachten Konsolen und Baldachine der Fassade. Aus den Überresten der Figuren, die man ebenfalls unter dem Putz fand, gelang es, einen Ritter und 2 thronende Gestalten zusammenzufügen. Der entscheidende Barockumbau fand im 17.Jahrhundert statt. Bei der Rekonstruktion wurden ca. 12000 urspr. Bauelemente und Reliefsteine gefunden, die als Übermauerung gedient hatten: Der got. Palast wurde für seine eigene Barockisierung zumindest teilweise als Steinbruch genutzt. Noch mehrfach umgestaltet, diente er schließlich Anfang des 20.Jahrhunderts als Wohn- und Bürohaus. Der inzwischen überdachte Hof war ein Lagerraum.

Bezüglich der ma Bauherren gibt es keine konkreten Hinweise. Aufgrund der Größe und Ausstattung kommt jedoch nur ein Mitglied des königlichen Hofes oder eine ähnlich gestellte Person in Be-

Haus Zur Minute

tracht. Begründete Spekulationen gehen dahin, daß die Mutter Karls IV., die Přemyslidenfürstin Eliška, die Erbauerin gewesen sein könnte; nach Überlieferung der Zbraslaver Chronik besaß sie in der Altstadt ein Haus.

Heute finden in dem mustergültig rekonstruierten Palast Ausstellungen und Konzerte statt. Der Keller dient als Lapidarium für die architektonischen Fragmente, die bei der Erforschung zutage gefördert worden sind.

U minuty / Zur Minute (Staré Město / Altstadt, Staroměstské náměstí Nr. 2/ CN 3): Das urspr. got. Gebäude schließt im rechten Winkel an die Front des →Staroměstská radnice/Altstädter Rathaus an und bildet durch den Laubengang eine Verbindung zum Platz →Malé náměstí / Kleiner Ring. In der 2. Hälfte des 16. Jh. erfolgte ein Umbau im lombardischen Renaissancestil; charakteristisch ist das breite Lünettensims unter dem Dach. Beeindruckend sind seine die gesamte Fassade bedeckenden Figuralsgraffitos aus der 2. Hälfte des 17. Jh., die mythologische, antike und biblische Gestalten darstellen (vgl. →Schwarzenberský palác). Die Plastik des steinernen Löwen an der Hausecke stammt aus der

2. Hälfte des 18. Jahrhunderts, als sich hier die Apotheke Zum weißen Löwen befand.

In den Jahren 1889–96 wohnte hier der Prager Schriftsteller Franz Kafka mit seinen Eltern. Anschließend gehörte das Haus zum Altstädter Rathaus.

U Samuela / Zum Samuel (Staré Město / Altstadt, Na Můstku Nr. 4/ CN 382): In der nunmehr als Fußgängerzone gestalteten Straße unterhalb des Wenzelsplatzes steht das heutige Barockhaus in einer auffallend schönen Häuserzeile. Im Kern läßt es sich bis in die Gotik zurückverfolgen. Die Hausecke schmückt ein prächtiges Stuckrelief, das die Salbung des Kindes David zum König durch den Propheten Samuel zeigt.

U tří korunek / Zu den 3 Kronen (Malá Strana / Kleinseite, Jánský vršek Nr. 13/ CN 323): Der Vorgängerbau des im 18. Jh. v. J. M. Hummel* barock umgebauten Hauses war das Rathaus der ma. Ortschaft Obora, die 1656 in die Kleinseite eingemeindet wurde. Im Hof des Hauses sind noch Stützpfeiler erhalten, die zu der urspr. hier stehenden Pfarrkirche Johannes d. T. aus dem 12. Jh. gehö-

Haus Zur steinernen Glocke

Relief am Haus Zum Samuel

ren. Sie wurde mitsamt dem Friedhof 1784 aufgehoben.

U tří pštrosů / Zu den 3 Straußen (Malá Strana / Kleinseite, U Lužického semináře Nr. 1/CN 76): Das Haus wurde 1585 unmittelbar an der →Karlův most/Karlsbrücke unterhalb des Kleinseitner Brückenturms errichtet. Der Kaufmann Jan Fux, dem es seit 1597 gehörte, ließ es 1606 umbauen und v. Alexius z Květné* an der Front mit dem Hauszeichen der 3 Straußen bemalen. Die Wahl dieser Tiere entsprach der Anfertigung und dem Handel, den Fux mit den in dieser Zeit modernen Straußenfedern betrieb. Um 1657 fügte der Baumeister C. Geer* den frühbarocken Oberbau mit den geschwungenen Giebeln hinzu.

Im Jahre 1714 gründete hier der Armenier Deodatus Damajan das erste der heute für die Stadt typisch gewordenen Prager Kaffeehäuser.

In den Jahren 1972–76 richtete man hier ein Luxushotel ein. Die Gaststätte im Erdgeschoß kann schon auf eine bis zu Jan Fux zurückgehende Tradition blikken.

U věže / Zum Turm (Staré Město / Altstadt, U radnice Nr. 5/CN 24): An dieser Stelle neben der →Kostel svatého Mikuláše / Altstädter St.-Nikolaus-Kirche erbaute Kilian Ignaz Dientzenhofer* 1717–1730 die Prälatur des Klosters der slawischen Benediktiner. Nach der Säkularisierung 1787 wurde das Gebäude in ein Wohnhaus umgestaltet. Hier wurde am 3. 7. 1883 der Schriftsteller Franz Kafka geboren. Die Gedenkbüste an der heutigen Hausecke schuf K. Hladík (1966).

Im Jahre 1897 riß man das Haus ab und begann 5 Jahre später mit dem Bau des einen neuen Gebäudes im Barockstil. Von dem alten Haus ist nur das Portal erhalten.

Interessant ist das schräg gegenüberliegende urspr. got. *Haus Zum grünen Frosch/U zelené žáby* (Nr. 8/CN 13) mit dem Hauszeichen v. 1654 an der im 18. Jh. umgestalteten Fassade. In der heutigen Weinstube ist der got. Kern erhalten geblieben.

U zlaté labutě / Zum goldenen Schwan (Malá Strana / Kleinseite, Sněmovní ulice Nr. 6/ CN 165): Das prächtige Eckhaus prägt mit seinen abwechslungsreich ge-

Haus Zum goldenen Schwan >

Haus Zum goldenen Brunnen

Hauszeichen Zum goldenen Hirsch

stalteten Giebeln die an dieser Stelle verbreitete Straße, die früher als Platz U Fünfkirchenü hieß. Benannt wurde der Platz nach dem gleichnamigen Besitzer des heutigen Empirehauses Nr. 15/ CN 170, worauf ein erhaltenes Straßenschild am Haus Nr. 11/CN172 hinweist.

Das Haus Zum goldenen Schwan erbaute Udalrico Aostalis de Sala* 1589 als Dreiflügelanlage mit einem Arkadenhof im böhm. Renaissancestil.

U zlaté studně / Zum goldenen Brunnen (Staré Město / Altstadt, Karlova ulice Nr. 3/CN 175): Dort, wo die Karlsgasse sich platzartig verbreitert, steht das urspr. roman. Eckhaus Zum goldenen Brunnen. Nach einem Renaissanceumbau folgte eine weitere Veränderung im 17. Jh.: Es wurde um ein Geschoß aufgestockt. Die Renaissance-Frontfassade schmücken hervorragende figürliche Stukkaturen des Bildhauers Johann Ulrich Mayer*. Der Überlieferung nach wurden sie 1701 aus Dankbarkeit für die abgewendete Pestepidemie angefertigt. Dargestellt sind die Pestheiligen Sebastian (l) und Rochus (r), darüber die Muttergottes und zu ihrem Haupt die böhmischen Landespatrone: der hl. Wenzel und der hl. Johannes v. Nepomuk. Auf dem

Sims stehen 2 Jesuitenheilige, Ignatius von Loyola und Franz Xaver.

Der achtzackige goldene Stern in der Mitte bedeutet Hoffnung und Erwartung.

Ein zweites Haus mit dem gleichen Namen U zlaté studně steht auf der Kleinseite/Malá strana in der gleichnamigen Straße U zlaté studně Nr. 4/CN 166. In der 5. Etage des auf einem Hang liegenden Spätbarockhauses befindet sich ein Aussichtsrestaurant. Auf der Fassade ein Relief »Christus am Brunnen« v. 1820.

U zlatého jelena / Zum goldenen Hirsch (Malá Strana / Kleinseite, Tomášská ulice Nr. 4/CN 26): Gegenüber den die Straße säumenden got. Laubengängen erbaute Kilian Ignaz Dientzenhofer* 1725/26 das in Details reich gestaltete Barockhaus. Bekannt ist es wegen seines kunstvollen Hauszeichens, das v. dem bedeutenden Barockbildhauer Ferdinand Maximilian Brokoff* ca. 1726 gearbeitet wurde. Die auf einer Konsole über den beiden Eingangsportalen stehende Statuengruppe zeigt die Szene, wie der hl. Hubertus vor dem Hirsch niederkniet. Der Legende nach soll dem Heiligen auf der Sonntagsjagd ein Hirsch mit einem goldenen Kruzifix im Geweih erschienen

Haus Zum großen Bienenstock

sein als Mahnung für seine Verletzung des kirchlichen Feiertagsgebotes.

U zlatého melouna / Zur goldenen Melone (Staré Město / Altstadt, Michalská ulice Nr. 12/CN 432): Das heutige große Barockhaus besteht im Kern aus 2 got. Häusern, wovon eines schon 1422 Zur Melone hieß. Nach mehreren baulichen Veränderungen erwarb es der Graf Rudolf Chotek, der nach 1760 das Haus mit dem Nebenhaus verband und zu einem Palais umbauen ließ. Die letzten baulichen Eingriffe erfolgten 1980. Im Parterre des Kernhauses ist noch ein got. Kreuzrippengewölbe zu sehen. In den Räumen finden wechselnde Ausstellungen statt.

U železných dveří / Zur eisernen Tür (Staré Město / Altstadt, Michalská ulice Nr. 19/ CN 436): In die heutige Barockgestaltung des Hauses wurden 1739 Elemente vorhergehender Stilepochen miteinbezogen; so auch das got. Portal aus dem 14. Jh. und die Renaissancegiebel v. ca. 1600. Die Frontfassade ziert ein bar. Fresko des hl. Samson, der eine Eisentür trägt. Benannt wird das Haus nach einem Detail des Hauszeichens, der Eisentür. Schon im 15. Jh. als Durchgangshaus konzipiert, ist der Renaissance-Eingang in der Jilská ulice erhalten. Im 19. Jh. war hier die Redaktion der 1. tschech. Arbeiterzeitschrift »Dělnické listy«.

Velký úl / Zum großen Bienenstock (Staré Město / Altstadt, 28. října Nr. 15/ CN 378): An der Ecke der Straße Na můstku mit der Front in Richtung Wenzelsplatz steht das hohe spätbarocke Gebäude. Es wurde 1789 v. dem Architekten Zacharias Fiegert* errichtet. Im Giebel trägt es das Relief des namengebenden Hauszeichens.

V lázních / Im Bad (Malá Strana / Kleinseite, Lázeňská ulice Nr. 6/ CN 286): Seinen Namen hat das 1862 durch einen Umbau aus 2 urspr. got. Häusern entstandene Empiregebäude v. der im 14. Jh. in einem der Häuser eingerichteten Badestube behalten, was auch den Straßennamen prägte. Vom 17. bis zum 19. Jh. diente das neue Gebäude als

bekanntes Prager Hotel, wo so berühmte Persönlichkeiten wie der russische Zar Peter d. Gr., der Ballonfahrer und Erfinder des Fallschirms, Jean Pierre Blanchard, und der Schriftsteller François René de Chateaubriand abgestiegen sind.

Gegenüber im Barockhaus *Zum goldenen Einhorn / U zlatého jednorožce* (Nr. 11/ CN 285) logierte 1796 der Komponist Ludwig van Beethoven.

5. Geschäfts- und Verwaltungsbauten

Adria palác, jetzt Dům látek / Adria-Palast, jetzt Haus des Stoffes (Nové Město / Neustadt, Národní třída Nr. 40/ CN 36): Im Auftrag der Versicherungsgesellschaft »Riunione Adriatica di Sicurita« errichteten die Architekten J. Zasche* und P. Janák* 1923–25 das Neurenaissancegebäude im venezianischen Stil. Die mit einer Terrasse gestaltete Hauptfront des Eckhauses ist auf die Národní třída (→Straßen, Plätze, Märkte) ausgerichtet. Sie schmückt die allegorische Plastik der Adria v. Jan Štursa* (1924). Die übrige plastische Ausstattung stammt v. O. Gutfreund* und Karel Dvořák*. Die astronomische Uhr im In-

Adria-Palast, Vestibül

neren trägt Figuren v. Bohumil Kafka*. Im Souterrain hat heute des Theater divadlo Za branov II. (= Hinter dem Tor) seine Bühne.

Budova Hlavní pošty / Gebäude der Hauptpost (Nové Město / Neustadt, Jindrišská ulice Nr. 14/CN 909): Das in den Jahren 1871–74 errichtete Postgebäude ist bes. in seinem Inneren sehenswert. Die Vorhalle zieren Plastiken, und die Wände des Schalterraums sind mit Szenen des Post- und Verkehrswesens v. K. V. Mašek* (1901) bemalt worden. Teilweise sind die Darstellungen v. der modernen Einrichtung verdeckt. Im 14. Jh. befand sich an dieser Stelle der v. dem Florentiner Apotheker Angelus angelegte, in Europa wegen seiner Einzigartigkeit berühmte Botanische Garten.

Dům Nr. 29 / CN 536 (Staré Město / Altstadt, Rytířská ulice): Das Neurenaissancegebäude errichteten Antonín Wiehl* und Osvald Polívka* 1892–95 im Auftrag der Prager Sparkasse. An der Fassadengestaltung des damals einstöckigen Baus wirkten so bedeutende Künstler wie S. Sucharda*, B. Schnirch* und F. Hergesell* mit. In den Jahren 1954–63 wurde das Gebäude um ein Stockwerk erhöht

und als Museum für Klement Gottwald, Präsident der Tschechoslowak. Republik 1948–53, eingerichtet. Seit 1990 beherbergt es wieder ein Kreditinstitut.

Koospol (Vokovice, Evropská ulice Nr. 178/CN 423): Der 1977 von dem Architektenteam V. und S. Fencl* und J. Nováček* errichtete fünfstöckige Gebäudewürfel wurde aus Stahlbeton und Glas auf einem zweistöckigen Unterbau konstruiert. Seine oberen Etagen beherbergen das Außenhandelsunternehmen, die unteren 2 Geschäfte.

Ministerstvo spravedlnosti / Justizministerium (Nové Město / Neustadt, Vyšehradská ulice Nr. 18/CN 427): In den Jahren 1505 bis 1884 stand an dieser Stelle eine St.-Bartholomäus-Kirche mit einem Hospital. Anschließend entstand das Neurenaissancegebäude des Justizministeriums mit einer entsprechend gestalteten Fassadenfront: eine allegorische Statuengruppe »Prag beschützt die Armen« und Skulpturen v. Schildträgern v. den Bildhauern Josef V. Myslbek*, Josef Strachovský* und František Hergesell*.

Dům Mladé fronty / Haus Mladá fronta (Nové Město / Neustadt, Panská ulice

Koospol-Gebäude

Nr. 8/CN 896): Das 1861 v. Ignác Ullmann* errichtete Neurenaissancegebäude liegt schräg gegenüber des 1782 v. M. Hummel* erbauten Kaunitz-Palais/Kounický palác (Nr. 7/CN 890). Nach dem 1. Weltkrieg war hier der Sitz des Verlags der Prager Tageszeitung »Prager Tageblatt«, in dem bedeutende Schriftsteller und Journalisten ihre Artikel und Essays veröffentlichten; Egon Erwin Kisch, der »rasende Reporter«, war hier beschäftigt. Von dem dort herrschenden Milieu hat Max Brod in seinem Roman »Rebellische Herzen« ein Stück eingefangen. Heute ist hier der Sitz der tschech. Tageszeitung »Mladá fronta«.

Mozarteum / Haus Mozarteum (Nové Město / Neustadt, Jungmannova třída Nr. 30/CN 748): Der bedeutendste Architekt der tschech. klassischen Moderne, Jan Kotěra*, erbaute das Mozarteum in den Jahren 1911–13 als Verwaltungsgebäude für einen Musikliteraturverlag. Auftraggeber war Mojmír Urbánek. Beeinflußt vom englischen und holländischen Baustil, gestaltete er die Fassade schlicht und überwiegend aus Ziegelsteinen. Die Plastiken eines Mädchens neben dem mittleren Schaufenster schuf Jan Štursa* aus Sandstein.

Dům Olympic / Olympic-Haus (Nové Město / Neustadt, Spálená ulice Nr. 16/ CN 75): Das konstruktivistische Gebäude projektierte J. Krejcar* schon in den Jahren 1926–27; damit ist es eines der ersten Bauwerke dieser Stilrichtung in Böhmen. Eine Gedenktafel erinnert an den Maler Josef Mánes*, der 1871 in dem Vorgängerhaus starb.

Petschkův dům / Petschek-Haus (Nové Město / Neustadt, Politických vězňů Nr. 20/CN 929): Das palastartige Haus erbaute der Architekt M. Spielmann* 1923–25 im Auftrag des Bankiers Petschek. Im 2. Weltkrieg kam es in den Besitz der Nationalsozialisten, die hier ihr Gestapohauptquartier mit Zellen und Folterkammern einrichteten. Eine Gedenktafel erinnert an die Opfer des Naziterrors.

Mozarteum, Jan Štursa: Frauenplastik >

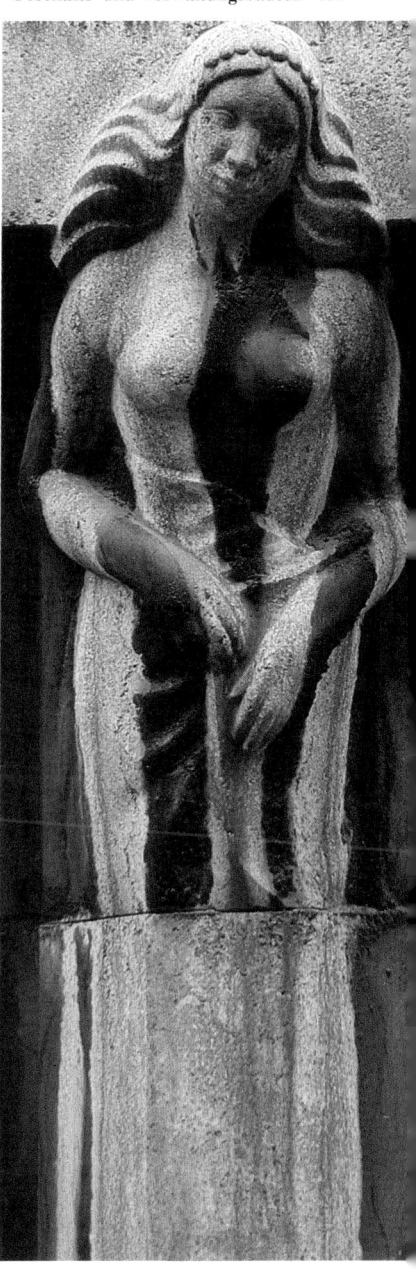

Strakova akademie / Straka-Akademie (Malá Strana / Kleinseite, nábřeží Edvarda Beneše Nr. 4,6/CN 126): Hier, am Fuß des Letná-Hügels und unmittelbar am Moldauufer, legte der Jesuitenorden einen Botanischen Garten an und richtete um 1710 eine auf die Stiftung v. Straka z Nedabylic zurückgehende Schule für Kinder des verarmten Adels ein. Als Fortführung dieser Tradition wurde 1893–95 v. Quido Bělský nach Entwürfen des Architekten Václav Roštlapil* an dieser Stelle der heutige neubarocke Kuppelbau der Akademie für Söhne böhm. Adelsfamilien errichtet. Das v. L. Machoň umgestaltete Gebäude dient heute der Regierung.

U černé Matky Boží / Zur schwarzen Mutter Gottes (Staré Město / Altstadt, Celetná ulice Nr. 34/CN 569): →Straßen, Plätze, Märkte.

U města Vídně / Zur Stadt Wien (Nové Město / Neustadt, Hybernská ulice Nr. 6/ CN 999): An der Stelle des heutigen kubistischen Gebäudes, das Anfang des 20. Jh. durch den v. R. Stockar* geplanten Umbau eines Neurenaissancehauses entstand, befand sich ein bekanntes Prager Hotel. Hier wohnte der österreichische Schriftsteller Adalbert Stifter während seines Pragbesuchs 1865. Der Name des alten Hotels wurde an das neue Gebäude weitergegeben.

6. Öffentliche Gebäude

Hradčanská radnice / Rathaus von Hradčany (Hradčany, Loretánská ulice Nr. 1/CN 173): Das r v. der Rathausstiege (Radnické schody) liegende Rathaus wird zum erstenmal im Jahre 1486 erwähnt. Damals gehörte es zu der ehem. Pfarre der St.-Benedikts-Kirche.
Nachdem die Gemeinde Hradčany 1598 zur königlichen Ortschaft erhoben wurde, begann 1601–04 der Neubau des Rathauses durch den Architekten Kaspar Oemlichen* im Renaissancestil. An der teilweise noch erhaltenen Sgraffitofassade befindet sich über dem Portal das Wappen v. Hradčany. Auch kann man das Längenmaß einer böhm. Elle, heute 59,4 cm, dort finden. 1718 wurde das Gebäude renoviert und nach 1748 in ein Wohnhaus umgebaut.

Karolinum/Carolinum, Alte Karlsuniversität (Staré Město/Altstadt, Ovocný trh/Obstmarkt Nr. 3/CN 541 und Železná

Straka-Akademie

Nr. 9): Die 1. Universität Mitteleuropas wurde als »Collegium Carolinum« am 7. 4. 1348 v. Karl IV. gegr. Sie hatte zu dieser Zeit noch kein eigenes Gebäude, sondern belegte Räume v. Kirchen und Klöstern, zum Teil fanden die Vorlesungen sogar in den privaten Räumen der Lehrer statt. Im Jahre 1380 machte der Münzmeister Johlin Rothlöw König Wenzel IV. sein Haus zum Geschenk. 3 Jahre später stiftete Wenzel das Gebäude der Universität; dieses got. Haus bildet den Kern des Gebäudekomplexes der heutigen Karlsuniversität, die sich aus verschiedenen Bauwerken des 14. bis 20. Jh. zusammensetzt.

Im Rothlöw-Haus befand sich eine private Kapelle mit einem prächtigen *Erker* an der Fassade zum Obstmarkt, der bis heute alle baulichen Veränderungen überdauert hat. Den Erker, von einem kunstvollen Stützpfeiler getragen und weit in die Straße hineinragend, erbaute ein unbekannter Künstler der Parlerzeit wohl um 1380. Die Zwischenräume seiner hohen Fenster schmückten einst Figuren, die unter den reich ornamentierten, heute noch erhaltenen Baldachinen standen; darüber ragen steinerne Wasserspeier heraus. Über den Fenstern befinden sich mit Krabben und Fialen versehene Ziergiebel und eine Maßwerkgalerie. Die Kapelle war den hll. Kosmas und Damian geweiht.

Noch im Jahre 1383 wurde das Gebäude für die Bedürfnisse einer Universität mit Aula, Hörsälen und Wohnungen für die Magister umgestaltet. Im Jahre 1718 erfolgte durch den Architekten František Maximilián Kaňka* ein Barockumbau der Universität, bei dem die Aula um den Raum der ehem. Kapelle erweitert wurde, wobei der Erker erhalten blieb. Von einem schon früheren baulichen Eingriff ist an der W-Fassade ein Fenster mit der Inschrift »Lex Civium Dux« v. 1687 zu sehen. Am Anfang der 80er Jahre des 19. Jh. erfolgte eine Regotisierung durch Josef Mocker*. In den Jahren 1946–50 wurden die Gebäude erneut umgestaltet. Aus dieser Zeit stammt u. a. das Eingangsportal mit den Löwenplastiken und dem Brunnen davor. Die Gewölbe im Erdgeschoß wurden rekonstruiert und die große Aula modernisiert.

Bei diesen Umbauten durch den Architekten Jaroslav Fragner* fand man auch 2 Felder des Laubengangs des urspr. Rothlöw-Hauses.

Auf dem Gobelin an der Stirnseite der Aula ist der vor dem hl. Wenzel kniende Gründer der Universität, Kaiser Karl IV., dargestellt. Der Wandteppich wurde in der Werkstatt v. Marie Hoppeová-Teinitzerová 1947 nach einem Entwurf v. Vladimír Sychra gefertigt. Die davor postierte Bronzefigur Karls IV. schuf Karel Pokorný*. Den Treppenaufgang schmücken allegorische Figuren v. R. Wiesner. Im Hof befindet sich ein Bronzestandbild des Reformators Johannes Hus, der zur Zeit Wenzels IV. Rektor dieser Universität war; der Schöpfer der Plastik ist Karel Lidický* (1959).

Im MA war es gebräuchlich, daß sich die Studenten nach ihren Nationen aufteilten und bei Abstimmungen über je eine Stimme verfügten. In P. gab es neben den Böhmen die Bayern, die Polen und die Sachsen. Als Johannes Hus, Rektor der Universität, unter Wenzel IV. durchsetzen konnte, daß den Böhmen 3 v. 4 Stimmen zufielen, verließen die anderen Nationen P. und gründeten eine eigene Universität in Leipzig (1410). Wäh-

Carolinum (gotischer Erker)

rend der hussitischen Revolution befand sich hier ein reformatorisches Zentrum der Konservativen. Nach der Niederlage der böhm. Stände in der Schlacht am Weißen Berg (1620) gegen die kath. Liga schlossen die Jesuiten 1622 das Carolinum ihrem Collegium Clementinum an (→Sakralbauten: Klöster, Clementinum). Die so entstandene Universität wurde 1654 in Karl-Ferdinand-Universität umbenannt, die 1882 in eine dt. und eine tschech. aufgeteilt wurde. Erst 1918, im Jahr der Gründung der 1. Tschechoslowak. Republik, wurde der urspr. Name Carolinum wieder aufgenommen und beibehalten.

Palác kultury / Kulturpalast (Nusle, 5. května / 5. Mai Nr. 65/CN 1640): Auf der S-Seite des Nusle-Tals errichteten die Architekten J. Mayer*, V. Ustohal* und J. Karlík* den Kulturpalast als sechsgeschossiges Gebäude über einem polygonalen Grundriß. Er nimmt eine Fläche v. ca. 4,5 ha ein. Die Fassade der Aluminiumkonstruktion ist mit Bauplatten und Glasflächen verkleidet.

Der riesige Bau beherbergt neben verschiedenen Versammlungsräumen und Restaurants 5 große Säle für kulturelle und politische Veranstaltungen. Der größte, der Kongreßsaal, ist mit einer Orgel ausgestattet und bietet 3000 Besuchern Platz.

An der Innenausstattung beteiligten sich viele tschech. Künstler wie L. Kaprasová* und Cyril Bouda* (Wandteppiche), J. Grimm* und K. Souček* (Gemälde), die Brüder Petr und Paul Pataki** (Plastiken), Klára Pataki* und Z. Vodička* (Reliefs), J. Míčková* und Antonín Procházka* (Glas) u. a.

Auf dem Vorplatz steht die Skulptur »Freudiger Tag« v. J. Hána*.

Malostranská beseda / Ehem. Kleinseitner Rathaus (Malá Strana / Kleinseite, Malostranské náměstí/Kleinseitner Ring Nr. 21/ CN 35): An der O-Seite des Platzes, Ecke Letenská ulice wurde das Gebäude als 3. Rathaus der Kleinseite Ende des 15. Jh. erbaut. Das 1. Rathaus stand in der Mitte des Platzes, wo sich heute das Jesuitenkolleg neben der St.-Nikolaus-Kirche (→Sakralbauten: Kirchen, Kostel svatého Mikuláše) erstreckt und das 2. am sö Rand des Platzes (Nr. 2/ CN 271).

Sein heutiges Aussehen ist größtenteils von einem Spätrenaissanceumbau geprägt, wahrscheinlich durch Giovanni Maria Filippi* 1617–30. Aus dieser Zeit

Ehemaliges Kleinseitner Rathaus

blieb eine Holztür, eine kostbare Einlegearbeit, erhalten. Heute kann man sie im Treppenhaus im →Staroměstská radnice/Altstädter Rathaus sehen, wo sie schon 1784 hingebracht wurde, als die einzelnen Prager Städte aufgelöst und zu einer Einheit zusammengeschlossen wurden. Im Rahmen dieser Umstrukturierung wurde das Kleinseitner Rathaus aufgehoben.

Einem erneuten Umbau in der 1. Hälfte des 19. Jh. fielen die markanten Erker und Ecktürme zum Opfer.

Während der Bauarbeiten entdeckte man in dem zugemauerten Kellergeschoß einige Kostbarkeiten, darunter auch ein Kleinseitner Gesangbuch v. 1572 (heute in der Staatsbibliothek).

Eine Gedenktafel an der Fassade verweist auf folgendes historisches Ereignis: Im Jahre 1575 fand hier eine Zusammenkunft der böhm. Ständeführer der Reformationsbewegung statt, die hier den Text der sog. Böhm. Konfession formulierten, dei neben politischen Forderungen auch die nach Religionsfreiheit beinhaltete. Erst unter König Rudolf II. wurde sie in das Gesetzbuch aufgenommen.

Heute wird das Gebäude für kulturelle Veranstaltungen genutzt.

Nová radnice / Neues Rathaus (Staré Město / Altstadt, Mariánské náměstí Nr. 2/ CN 2): Das die O-Seite des Platzes einnehmende neue Rathaus der Hauptstadt P. errichtete der Architekt Osvald Polívka* in den Jahren 1908–11 an der Stelle einer älteren Bebauung. Das Spätjugendstilgebäude trägt reichen plastischen Schmuck bedeutender Künstler: Das Relief über dem Eingang und die Statuengruppen auf dem rechten Sims (Allegorien der Revision und Buchhaltung) stammen v. Stanislav Sucharda*, die Figuren auf dem Balkon und dem linken Sims (Allegorien der Bescheidenheit, Edelmut, Kraft und Ausdauer) v. Josef Mařatka*, die überlebensgroßen Statuen »Der eiserne Ritter« und »Rabbi Löw« v. Ladislav Šaloun*.

Seit 1945 beherbergt das Gebäude den Sitz des Bürgermeisters und des Nationalausschusses der Stadt P.

Neues Rathaus, Statue des Rabbi Löw >

Das gegenüberliegende Gebäude gehört zum Clementinum (→Sakralbauten: Klöster, Klementinum), das n mit dem statuengeschmückten Balkon beherbergt die städtische Volksbücherei. Ihr gegenüber liegt hinter einer Mauer der Garten des Clam-Gallas-Palais (→Profanbauten: Schlösser, Palais). In dieser Mauer befindet sich ein Steinbrunnen mit der symbolischen Figur der Moldau (Kopie); das Original schuf Václav Prachner* 1812.

Novoměstská radnice / Neustädter Rathaus (Nové Město / Neustadt, Karlovo náměstí/ Karlsplatz Nr. 23/CN 1): Das Rathausgebäude entstand nach der Gründung der Neustadt 1348 durch Kaiser Karl IV. als zweiflügeliges got. Eckhaus in mehreren Bauetappen ab 1367. In den Jahren 1377–98 errichtete man zuerst den O-Flügel an der Vodičkova ulice; 1411–18 folgte der Bau des S-Flügels zum Karlsplatz und 1451–56 der Turm. Der S-Flügel wurde 1520–26 wahrscheinlich v. Benedikt Ried* im Renaissancestil umgestaltet, wobei die Stabwerkgiebel im spätgot. Stil gehalten sind. Nach einem Brand v. 1559 erfolgte ein weiterer Umbau des Rathauses, der seine Größe bis heute als Vierflügelanlage mit Innenhof bestimmt.

Mit dem Zusammenschluß der Prager Städte 1784 wurde das Neustädter Rathaus in das →Staroměstská radnice / Altstädter Rathaus verlegt und das Gebäude als Gericht, Gefängnis und Standesamt genutzt. Im Jahre 1806 erfolgte eine äußerliche Vereinheitlichung des Baus im Empirestil, dessen Spuren 100 Jahre später bei einer Rekonstruktion des Rathauses im Zustand v. 1526 durch A. Wiehl* und K. Hilbert* größtenteils beseitigt werden konnten. Der heutige Trauungssaal im Erdgeschoß ist ein zweischiffiger Raum mit einem Kreuzgewölbe, geschaffen 1415 v. Martin und Bartholomäus Frycko* und dem Steinmetzen Stanko Kříž*. In dem mehrfach umgestalteten Turm (Renaissancefenster, Barockturm) wurde 1738 eine Barockkapelle eingebaut.

Als kostbarstes Ausstattungsstück gilt eine got. Statue des »Leidenden Christus«, geschnitzt aus Lindenholz um 1413 (heute im Museum der Hauptstadt P.).

Die vor dem Rathaus auf dem Platz 1960 errichtete Bronzeplastik des Jan Želivský, ein Werk der Bildhauerin Věra Lukošová*, erinnert an den 1. Prager Fenstersturz, der Auslöser der revolutionären Hussitenbewegung war. Am 30. 7. 1419 zog Jan Želivský mit einer Prozes-

Repräsentationshaus

sion zum Neustädter Rathaus, um die Freilassung der dort eingesperrten Reformatoren zu erwirken. Auf die provozierende Reaktion der Ratsherren folgte eine Erstürmung des Gebäudes, die mit dem Sturz der Ratsherren aus dem Fenster endete.

Der im Park stehende Barockbrunnen mit der Josefssäule ist eine Arbeit des Bildhauers Matthäus Wenzel Jäckel* (1698).

Obecní dům / Gemeinde- oder Repräsentationshaus (Staré Město / Altstadt, Náměstí republiky/Platz der Republik Nr. 5/CN 1090): Auf diesem Areal stand der *ehem. Königshof,* den König Wenzel IV., der Sohn Kaiser Karls IV., ca. 1380 anstelle der Prager Burg (→Profanbauten, Burgen: Pražský hrad) als Residenz bezog. Der Königshof diente als Regierungssitz, bis 1484 König Vladislav Jagiello seinen Sitz wieder auf die Burg verlegte. Bis zum Jahre 1777 war daraufhin das Erzbischöfliche Seminar hier angesiedelt, anschließend eine Kaserne mit Kadettenschule, bis der Gebäudekomplex 1903/04 ganz niedergerissen wurde. Im Auftrag der Prager Gemeinde errichteten hier, unmittelbar neben dem Pulverturm/Prašná brána (→Straßen, Plätze, Märkte: Náměstí republiky), die Architekten Antonín Balšánek* und Osvald Polívka* den heutigen Sezessionsbau. Seine hervorstechenden Merkmale sind die große Glaskuppel und der prächtige gußeiserne Portikus mit seiner kunstvollen Bleiverglasung. Die große Lünette unterhalb der Kuppel schmückt ein Mosaik v. Karel Špillar*. Das Bild trägt den Titel »Hold Praze« / »Huldigung an Prag«. Beiderseits des Mosaiks stehen allegorische Plastiken v. Ladislav Šaloun*: »Demütigung und Auferstehung des Volkes«. Die Lichtträger auf den Balkonstützen schuf Karel Novák*. Die Fassadenreliefs und -ornamente schufen bedeutende Künstler wie Antonín Štrunc*, Čeněk Vošmík*, Antonín Mára*, Josef Mařatka*, František Úprka* u. a.

Auch die Interieurs der 6 großen Säle, der Büroräume und der Cafés und Restaurants im Erdgeschoß sind kunstvoll ausgestattet. Den prächtigen *Smetana-Saal* in der Gebäudemitte schmücken die Statuen »Böhm. Tänze« und »Vyšehrad« v. Ladislav Šaloun sowie Fresken v. Karel Špillar und die Deckendekoration v. Karel Novák. In diesem Raum findet u. a. die alljährliche Eröffnung des Musikfestivals »Prager Frühling« statt. Außerdem ist das Repräsentationshaus ein bedeut. historischer Schauplatz: Am 28. 10. 1918 wurde hier die 1. Tschechoslowak. Republik ausgerufen.

Parlament – Bývalý Federální shromáždění/Parlament bzw. Gebäude der ehem. Föderalversammlung (Nové Město/Neustadt, Wilsonova ulice Nr. 6/CN 52): Das Parlamentsgebäude liegt n des Nationalmuseums (→Museen), benachbart zur Prager Staatsoper (→Profanbauten: Theater). Hier war bis 1993 der Sitz der obersten gesetzgebenden Institution der ehem. ČSFR, der Volkskammer und der Kammer der Nationen. Die 1936–38 v. J. Rössler* erbaute ehem. Börse wurde Anfang der 70er Jahre zu dem heutigen exzentrischen Bau nach Plänen v. Karel Prager* u. a. erweitert. Vor dem Gebäude steht der Pylon der tschechoslowak. Staatlichkeit. Die Plastiken mit dem Titel »Atomzeitalter« schuf V. Makovský*.

*Repräsentationshaus,
Jugendstilverglasung*

Rudolfinum / Haus der Künstler (Staré Město / Altstadt, Náměstí Jana Palacha Nr. 1/CN 79): Das Rudolfinum wurde im Auftrag der Böhm. Sparkasse v. den Architekten Josef Zítek* und Josef Schulz* 1876 bis 1884 erbaut. Neben dem Nationaltheater (→Profanbauten: Theater, Národní divadlo) ist es das bedeutendste Neurenaissancegebäude in P. Zu der als Halbrund angelegten, mit Halbsäulen gegliederten Portalfront führt eine Freitreppe, flankiert v. Seitenrisaliten. Über dem rustizierten Sockelgeschoß erhebt sich ein zweites, durch Pilaster gegliedertes und darüber ein Dachaufbau, der in seiner Rundung die Portalfront wiederholt.

Auf der Attika stehen Skulpturen bekannter Künstler und Komponisten. Die allegorischen Statuen »Kunst« und »Musik« zu beiden Seiten der Treppe schuf Antonín Wagner*. Die gußeisernen Standleuchter stammen v. Josef Schulz. Den Dachaufbau schmückten anstelle der heutigen Stukkaturen Reliefs.

Urspr. diente das Rudolfinum, nach dem kunstliebenden König Rudolf II. benannt, der Pflege der Musik und der bildenden Künste. In den Jahren 1918–38 und 1945/46 wurde es zum Sitz der Nationalversammlung. Seit 1946 ist es wieder ein zentraler Ort des Musiklebens. Im Dvořák-Saal, einem schönen Säulensaal, finden viele Konzerte des Musikfestivals »Prager Frühling« statt.

Slovanský dům / Slaw. Haus, ehem. Dt. Haus (Staré Město / Altstadt, Na příkopě/Am Graben Nr. 22/CN 859): Das Gebäude wurde um 1700 als Přichovský-Palais im Barockstil erbaut. Im Jahre 1798 gestaltete der Baumeister Philipp Heger* das Palais im klassizistischen Stil um. Die Barockportale blieben jedoch erhalten. Für die Nutzung als dt. Kasino erfolgte ein entsprechender Umbau der Interieurs.

Nach 1945 wurde es in Slaw. Haus umbenannt und beherbergt heute ein kulturelles und gesellschaftliches Zentrum mit einem Restaurant.

Spartakiádní stadión / Spartakiaden-Stadion (Břevnov): Das w des Petřín auf einer Fläche v. 6 ha gelegene Stadion gilt als eines der größten der Welt und bietet Platz für mehr als 200 000 Besucher. Die gesamte Anlage umfaßt eine Schwimmhalle, mehrere Turnhallen und Verwaltungsräume. Mit dem Bau wurde 1926 v. dem Architekten A. Dryák* begonnen. Bis zu seinem letzten umfassenden

Rudolfinum

Umbau 1975 durch O. Honke-Houfek, Z. Kuna und Z. Stupka wurde das Stadion mehrfach umgebaut und erweitert.
In seiner unmittelbaren Nähe liegt das 1976–78 v. Petr Kutnar* und Svatopluk Zeman* erbaute *Evžen-Rošický-Stadion* für Leichtathletik, das nach dem 1942 v. den Nationalsozialisten umgebrachten Journalisten und Leichtathleten Evžen Rošický benannt ist. Zu seinem Gedenken werden jährlich besondere Wettkämpfe ausgetragen. Beachtenswert ist die v. M. und B. Benda* geschaffene Frauenstatue mit Fackel.

Staroměstská radnice / Altstädter Rathaus (Staré Město / Altstadt, Staroměstské náměstí/Altstädter Ring Nr. 3/CN 1): Der heutige Gebäudekomplex des Altstädter Rathauses besteht aus einem Zusammenschluß verschiedener Häuser des 14. bis 19. Jh., die im Laufe der Zeit mehrfach verändert worden sind.
Nachdem König Johann v. Luxemburg der Altstädter Gemeinde 1338 die Einrichtung eines Rathauses erlaubt hatte, kaufte der Rat 2 Bürgerhäuser am Altstädter Ring (→Straßen, Plätze, Märkte: Staroměstské náměstí) und ließ sie bis 1371 als Rathaus umbauen. Diese Häuser waren das *Wolflinisches Haus* genannte Eckhaus mit Turm und das l in Richtung Kleiner Ring (→Malé náměstí) anschließende *Kříž-Haus.* Die Häuser wurden aufgestockt und der Turm auf fast 60 m erhöht. Bereits 1364 waren der Rathausturm und die unter ihm befindliche Erkerkapelle fertiggestellt. Die 1. astronomische Uhr des Rathauses entstand schon Anfang des 15. Jh. an der S-Seite des Turmes. Im Jahre 1458 wurde das l benachbarte *Mikeš-Haus* angeschlossen. An der Wende vom 15. zum 16. Jh. wurde der ganze Baukomplex spätgot. vereinheitlicht. Aus dieser Zeit stammen das Hauptportal und das l neben ihm liegende Fenster in der S-Fassade des ehem. Wolflinisches Hauses, links neben der astronomischen Uhr. Das spitzbogige Portal mit reicher Blumenornamentik wird dem Baumeister und Steinmetzen Matej Rejsek* zugeschrieben. Die frühbarocke geschnitzte Tür datiert v. 1652. Das Doppelfenster, im gleichen Stil wie das Portal gestaltet, schmücken zusätzliche Wappen. Das l angrenzende Haus, das ehem. Kříž-Haus, wurde um 1520 mit Renaissancefenstern ausgestattet. Bes. schön ist das durch zarte Pilaster dreigeteilte Fenster mit dem unverhältnismäßig großen Tym-

Slovansky dům (Slawisches Haus)

Altstädter Rathaus

panon, das die Wappen der Altstadt trägt. Darunter ist die Inschrift »Praga caput regni« zu lesen. Die Seitenfenster und das Gitter wurden erst 1731 hinzugefügt. Um 1830 erfolgte eine erneute bauliche Erweiterung des Komplexes durch die Einbeziehung des letzten Hauses dieser Zeile, genannt *U kohouta* (»Zum Hahn«). Im Kellergeschoß dieses Hauses mit Empirefassade vom Anfang des 19. Jh. verbirgt sich ein roman. Raum aus dem 12. Jh. Das ehem. Mikeš-Haus, r v. letzterem, wurde in den Jahren 1879–80 im Neorenaissancestil umgebaut.

Die urspr. Laubengänge im Erdgeschoß des Rathauses mit ihren got. Gewölben sind erst 1938 v. Pavel Janák* freigelegt und anschließend verglast worden.

An der Stelle des heutigen Parkanlage stand urspr. der O-Flügel des Rathauses, bzw. des ehem. Wolflinischen Hauses. Nach einem klassizistischen Umbau v. 1784–87 wurde es in der 1. Hälfte des 19. Jh. mit den angrenzenden Häusern niedergerissen und 1841–44 v. Paul Sprenger* und P. Nobile* im neugot. Stil erneuert (→Straßen, Plätze und Märkte: Staroměstské náměstí).

Während des Prager Aufstandes im Mai 1945 blieb nach den Zerstörungen durch die Nationalsozialisten v. dem O-Flügel nur ein Torso. Er wurde als Mahnmal belassen. Inzwischen liegen aber bereits vieldiskutierte Entwürfe für einen modernen Anbau vor. Der S-Flügel wurde 1978–81, der Turm 1984–87 restauriert.

Durch das spätgot. Hauptportal gelangt man in ein reich ausgestattetes Vestibül. Die Wände tragen Mosaiken mit den Darstellungen »Prag und die Huldigung der slaw. Stämme« und »Libuše prophezeit den Ruhm der Stadt Prag«, entstanden nach Entwürfen des Malers Mikoláš Aleš* (1937). Das Gewölbe zieren Wappen des Königreichs Böhmen und der Prager Altstadt, sowie eine St.-Wenzels-Darstellung (1934–39). Der darüberliegende Gemeindesaal, 1945 zerstört und wieder aufgebaut, enthält eine sehenswerte Decke v. 1650 und reich profilierte Portale der Spätgotik. Aus dieser Zeit stammt auch die Ratsstube, ein vertäfelter Raum mit einer kostbaren Balkendecke. Über dem Haupteingang ist das Altstädter Wappen mit einem v. einer gepanzerten Faust gehaltenen Schwert, verliehen v. Ferdinand III. (1649), angebracht. Der Seiteneingang trägt das ältere, in Holz gearbeitete Stadtwappen. Ausgestattet ist der Raum mit Plastiken der hll. Wenzel und Ludmilla, einer Marienstatue aus dem 16. Jh., Johannes d. T.

Altstädter Rathaus, Renaissance-Fenster

und einem Schmerzensmann v. 1410, einem Kachelofen mit schöner Ornamentik und einem Relief »Die Gerechtigkeit« sowie 42 Prager Handwerkszeichen und Fahnen aus dem Dreißigjährigen Krieg. Durch einen Zwischenraum gelangt man in den neuen Sitzungssaal. Ihn schmücken 2 interessante Historiengemälde v. Václav Brožík*: »Magister Johannes Hus vor dem Konzil in Konstanz« und »Die Wahl Georgs v. Podiebrad zum böhm. König«, die tatsächlich 1458 hier stattgefunden hat. Am linken Rand des Bildes hat sich der Maler selbst verewigt.

Unterhalb der Ratsstube liegt der noch heute genutzte Trauungssaal mit Wandmalereien v. Cyril Bouda*.

Durch ein kostbares Renaissanceportal, gearbeitet aus rotem Marmor (Ende 16. Jh.), mit einer mit Intarsien geschmückten Holztür (ca. 1619), gelangt man ins Treppenhaus. Die Tür wurde aus dem ehem. Kleinseitner Rathaus hierhergebracht (→Malostranská radnice). Das gegenüberliegende Portal ist eine Kopie mit der Büste Karls IV. v. 1950. Von hier gibt es einen Aufstieg zum *Rathausturm.* Von seiner fast 70 m hohen Galerie hat man einen schönen Ausblick über die Stadt.

Neben seiner Nutzung für Ausstellungen und als Trauungsort dient das Rathaus auch Repräsentationszwecken der Gemeinde.

Der prächtige *Erker* an der O-Seite des Gebäudes unterhalb des Rathausturmes gehört zu einer got. Erkerkapelle, die um 1360 begonnen, erst 1381 der Jungfrau Maria geweiht wurde. Von ihrem achteckigen Grundriß treten 5 Seiten nach außen, deren Breite v. Fenstern ausgefüllt wird. Die Fenster, deren Bogenzwickel reich mit Maßwerk verziert sind, bekrönen mit Krabben geschmückte Ziergiebel. Die Fenstersockel tragen verschiedene Wappen als Dekor. Unter den Baldachinen stehen Säulenfiguren des 19. Jh. v. J. Max*. Gestützt wird der Erkerbau v. nur einem einzigen Pfeiler. Links neben dem Erker an der Gebäudeecke steht unter einem Baldachin eine Marienstatue. Sie ist eine Kopie einer 1381 aus Sandstein gearbeiteten Figur, die sich heute im Museum der Hauptstadt P. befindet.

Wenige Tage vor Ende des 2. Weltkriegs wurde der Erker beim Beschluß des Rathauses durch dt. Truppen stark beschädigt und der O-Flügel völlig zerstört. Inzwischen ist die Erkerkapelle umfassend restauriert und dient wie schon nach dem

Altstädter Rathaus, Erkerkapelle

Altstädter Rathaus, Renaissance-Portal

1. Weltkrieg als Gedenkstätte für die Gefallenen. Um den Erker wurden weitere Gedenkstätten angelegt: Eine Bronzeplatte v. K. Lidický* (1960) erinnert an den Hussitenführer Jan Želivský, der 1422 vor dem Rathaus hingerichtet wurde (→Novoměstská radnice/Neustädter Rathaus, 1. Prager Fenstersturz).

Auf einer weiteren Bronzetafel stehen die 27 Namen der Anführer der protestantischen Stände, die nach der 1620 verlorenen Schlacht am Weißen Berg (→Sakralbauten: Kirchen, Chrám Panny Marie Vítězné) im darauffolgenden Jahr auf dem Altstädter Ring auf Befehl des Habsburgers Ferdinand II. hingerichtet wurden. An besagter Stelle sind 27 Kreuze und 2 gekreuzte Schwerter mit Dornenkranz in das Pflaster eingelassen.

Eine in die Fassade des Erkers eingemauerte Kassette enthält Erde v. dem Ende des 2. Weltkrieges heftig umkämpften Dukla-Paß. Dort hatten Tschechen und Russen 1944 die dt. Besatzungsarmee zurückschlagen können.

An der S-Wand des Turms befindet sich die *astronomische Uhr/Orloj*, eine weltberühmte Attraktion, vor der stündlich die Menschen zusammenströmen, um dem Apostelzug beizuwohnen. Oberhalb der Uhrscheibe zieht zu jeder vollen Stunde der Zug der 12 Apostel, sechs l und sechs r, in den Fenstern vorüber. Dann schließen sich die Fenster, der 1882 hinzugefügte Hahn flattert mit den Flügeln und kräht, der Tod dreht das Stundenglas, und es ertönt das Totenglöckchen.

Um 1410 wird zum erstenmal eine v. dem Uhrmachermeister Nikolaus v. Kaaden* gefertigte astronomische Uhr erwähnt. Diese wurde 1490 v. Magister Hanuš*, einem bedeutenden Astronomen der Prager Karlsuniversität, umgebaut und verbessert. Um ihre Einzigartigkeit herauszustellen, wird folgende Anekdote erzählt: Die Ratsherren ließen den Magister Hanuš nach Fertigstellung der Uhr blenden, damit er kein weiteres vergleichbares Kunstwerk schaffen könne. Daraufhin hielt der so Erblindete die Uhr an, und sie stand bis Mitte des 16. Jh. still.

In den Jahren 1552–60 und im 19. Jh. folgten weitere Erneuerungen des Uhrwerks. Die allegorischen Plastiken an den Pfeilern der Ädikula, urspr. aus dem 17. und 18. Jh., stammen v. Vojtěch Sucharda*, der sie nach dem Brand v. 1945 erneuerte. So auch die Apostel des stündlichen Umzugs, urspr. v. 1864. Die Statuen am oberen Pfeiler sind v. l nach r: die Eitelkeit mit einem Spiegel, der Geiz mit einem Geldsack, der Tod mit einem Stundenglas und das Heidentum als Türke. Die Figur des Erzengels Michael am unteren linken Pfeiler symbolisiert den biblisch vorausgesagten Stillstand der Zeit mit dem Weltgericht am Ende.

Die Uhr setzt sich v. unten nach oben aus 3 Teilen zusammen: der Kalenderscheibe, der Uhrenscheibe und dem Apostelumzug (vgl. oben).

Die Scheibe des Kalendariums ist mit den Motiven der Tierkreiszeichen und den ihnen entsprechenden Monaten, dargestellt als Szenen des Landlebens, v. Josef Mánes* 1865 in Öl auf Kupfer bemalt worden. Seine Mitte schmückt das Wappen der Prager Altstadt. Heute sieht man hier eine Kopie v. Bohumil Cilas. Das Original ist im →Museum der Hauptstadt Prag. – Der äußere Ring ist in 365 Abschnitte, entsprechend der Anzahl der Tage pro Jahr, eingeteilt. Jeweils um Mitternacht rückt sie einen Abschnitt vor und zeigt so den Jahresablauf an. – Die arabischen Ziffern auf dem äußeren Zifferblatt der Uhrenscheibe geben die böhm. Zeiteinteilung in fortlaufenden 24 Stunden an, d. h. von einem Sonnenuntergang zum anderen. Die röm. Ziffern stehen für die heute gebräuchliche Einteilung in 2 mal 12 Stunden. Der längere Zeiger verweist auf die böhm. und der kürzere auf die heute übliche Zeitangabe. Die 12 bogenförmigen Linien mit schwarzen Zahlen zeigen die Planetenstellung zwischen Sonnenauf- und Sonnenuntergang an. Der über der Scheibe liegende 3. Ring mit den Tierkreiszeichen bezeichnet mittels des goldenen Zeigers den jeweiligen Monat und die Stellung des Mondes.

Televizní studio / Fernsehstudio ›Kavčí hory‹ (Podolí, Kavčí hory): In dem s der

Astronomische Uhr >

Burg →Vyšehrad liegenden Stadtteil Podolí befindet sich das Areal des Tschech.
Fernsehens. Der gesamte Gebäudekomplex wurde in mehreren Bauetappen v.
1962–79 v. den Architekten J. Holý* und
F. Smolík* errichtet. Das Hauptgebäude
überragt mit seiner Höhe v. 50 m die anderen um ein Vielfaches.

Televizní věž / Fernsehturm (Vinohrady,
Mahlerovy sady): Der umstrittene Fernsehturm steht in dem nach Gustav Mahler benannten Park inmitten eines
Wohnviertels. Die Grundsteinlegung erfolgte am 24. Oktober 1985. Der Termin
für seine Fertigstellung ist Sommer 1991.
Der v. Alex Bém* projektierte Turm,
konstruiert aus 3 gewaltigen Röhren und
3 Plattformen, ist 216 m hoch und wird
3 Fernsehstationen beherbergen. Die
übrigen Räumlichkeiten sind als Aus-
sichtsrestaurants geplant. In der Eingangshalle sollen Geschäfte eingerichtet
werden.

Veletržní palác / Messepalast (Holešovice, Dukelských hrdinů Nr. 45/CN 530):
Das gewaltige Gebäude stammt urspr. v.
den Architekten O. Tyl* und J. Fuchs*,
die es 1924–28 als Prager Messepalast im
konstruktivistischen Stil errichteten.
Nach dem verheerenden Brand v. 1974
wurde es wieder aufgebaut. Hier soll eine permanente Gemäldeausstellung der
Nationalgalerie mit Werken des 20. Jh.
untergebracht werden.

Židovská radnice / Jüd. Rathaus (Josefov / Josefstadt, Maiselova ulice Nr. 18/
CN 250): Das Rathaus der ehem. Prager
Judenstadt wurde 1568 als Stiftung des
damaligen Bürgermeisters Mordechaj
Maisl (→Sakralbauten: Synagogen, Maislova synagóga) v. dem ital. Architekten
Pankraz Roder* im Renaissancestil erbaut. Um 1763 gestaltete es J. Schlesin-
ger* barock um. Gleichzeitig wurde der
hölzerne Turm hinzugefügt, an dessen
Seitengiebel sich eine hebräische Uhr befindet. Ihre Zeiger laufen linksherum, so
wie auch die hebräische Schrift v. r nach
l gelesen wird. Anfang des 20. Jh. wurde
das Rathaus durch einen s Anbau noch

< Fernsehturm

erweitert. Die im 1. Stock liegende *Hohe Synagoge/Vysoká synagóga* aus dem 16. Jh. erhielt erst im 19. Jh. einen vom Rathaus unabhängigen Eingang (→Sakralbauten: Synagogen).

Heute beherbergt das Gebäude den Sitz der Prager Jüd. Gemeinde und den Rat der Jüd. Gemeinde. Hier befinden sich außerdem die Redaktion des Gemeindeblattes »Věstník« und ein koscheres Restaurant.

7. Theater

Divadlo ABC / Theater ABC (Nové Město / Neustadt, Vodičkova ulice / Wassergasse Nr. 28 / CN 699, Ecke V jámě): Das Theater ist in den Jahren von 1929 bis 1938 als Osvobozené divadlo (»Befreites Theater«) bekannt geworden; es ist eng verknüpft mit den Namen der Schauspieler und Dramatiker Jan Werich und Jiří Voskovec (»V & W«) sowie des wohl berühmtesten tschechischen Jazzkomponisten Jaroslav Ježek. Das avantgardistische »Befreite Theater« spielte sowohl als Theaterform als auch durch das dramatische Schaffen des Duos V & W in der tschechischen Kultur zwischen den beiden Weltkriegen eine ungewöhnliche Rolle und beeinflußte nachhaltig viele tschechische Theater. Heute beherbergt das 1928 von O. Polívka* errichtete Gebäude das Theater ABC.

Bránické divadlo pantomimy / Braníker Pantomime-Theater (Braník, Branická ulice 63): 1981 wurde das Pantomime-Theater in dem s Vorort gegr. Verschiedene Ensembles und vor allem junge Talente zeigen hier ihr Können. Jeweils in der 2. Junihälfte findet ein interessantes Festival statt.

Černé divadlo / Schwarzes Theater (z. Zt. ohne feste Bühne): Im Jahre 1961 gründete das Theater-Multitalent Jiří Srnec das »Schwarze Theater«. Nach dem unmittelbaren großen Erfolg in P. folgte bereits 1 Jahr später der internationale Durchbruch beim Theaterfestival in Edinburgh. Die Idee steht in der Tradition des japanischen Puppenspielthea-

ters: schwarzgekleidete Schauspieler machen sich vor schwarzem Hintergrund unsichtbar. Sichtbar bleiben lediglich die Dinge, die nicht schwarz sind. Auf diese Weise verliert die Schwerkraft ihre Bedeutung, und Requisiten werden lebendig. Da das Theater in P. noch immer keine feste Bühne hat, tritt das Ensemble vorwiegend im Ausland auf, wovon über 200 internationale Tourneen zeugen.

Laterna Magika / Laterna Magica (Nové Město / Neustadt, Národní třída Nr. 4: Im Gebäude der Neuen Szene (vgl. S. 174) ist das berühmte Experimentaltheaterstudio Laterna Magica (= »Zauberlaterne«) des Nationaltheaters untergebracht. Hier werden Schauspielkunst, Ballett, Pantomime und Filmtechnik auf faszinierende Weise miteinander verbunden, indem die Schauspieler vor einer Vielzahl v. Projektionsebenen scheinbar in den projizierten Filmen und Diapositiven agieren und damit Traum und Wirklichkeit verschmelzen; für den Zuschauer faszinierend und verwirrend zugleich. Der bekannte Prager Regisseur Alfred Radok realisierte seine Idee erstmals und mit großem Erfolg auf der Brüsseler Weltausstellung 1958.

Jüd. Rathaus

Nationaltheater

Národní divadlo / Nationaltheater (Nové Město / Neustadt, Národní třída Nr. 2/ CN 223): Das Nationaltheater verkörpert neben seiner herausragenden Architektur des 19. Jh., seiner ausgezeichneten Bühne und der reichen Ausstattung durch viele namhafte Künstler auch immer ein Symbol des tschech. Nationalbewußtseins. Denn es war die tschech. Bevölkerung, die durch Sammlungen die finanziellen Mittel zum Bau dieses Theaters aufbrachte. Auf seiner Bühne sollte die tschech. Sprache gesprochen werden und nicht wie in den übrigen Theatern die deutsche. Die Grundsteinlegung erfolgte im Jahre 1868. Der Architekt Josef Zítek* baute in die Grundmauern dieses Neurenaissancegebäudes als Ausdruck der nationalen Idee Steine v. besonderen Orten aus Böhmen und Mähren ein. Der Maler Vincenc Beneš* hat diese Landschaften auf Gemälden im Foyer der 1. Galerie festgehalten.

Im Jahr der Eröffnung 1881 (mit Bedřich Smetanas »Libuše«) brannte das Theater aus. Doch wurde es in den folgenden 2 Jahren v. Josef Schulz* wieder aufgebaut und durch Einbeziehung eines kleineren Theaters an der Rückseite und eines Wohnhauses vergrößert, so daß die 2. Eröffnung am 18.11.1883 stattfinden konnte.

Den Haupteingang an der Národní třída (→Straßen, Plätze, Märkte) bildet ein erhöhter Portikus mit 5 Arkaden, dessen Lünetten Josef Tulka* mit Allegorien der 5 Lieder bemalte.

Die Nischenfiguren der tschech. Sagengestalten Lumír und Záboj zu beiden Seiten stammen v. Antonín Wagner*. Auf dem Portikus steht die Statue des Apollon, umgeben v. den 9 Musen. Diese Skulpturen, die plastische Ausarbeitung des Frieses und den Entwurf für das bronzene Dreigespann mit dem Wagen der Siegesgöttin oben auf den Ecken des Gebäudes schuf Bohuslav Schnirch*. Die allegorischen Figuren »Schauspiel« und »Singspiel« über dem der Vltava (Moldau) zugewandten w Portal sind Werke

Nationaltheater, Siegesgöttin

des Bildhauers Josef V. Myslbek*, während die übrigen Darstellungen v. Schauspiel, Komödie, Oper, Geschichte und Dichtung v. Antonín Wagner* stammen. Das schon v. weitem erkennbare typische Dach bekrönt eine goldene Balustrade.

Auch die künstlerischen Arbeiten im Inneren nehmen Bezug auf das Theater, die schönen Künste und die nationale Geschichte des tschech. Volkes. Die Decke des Foyers trägt ein dreiteiliges Fresko mit den Themen Verfall, Wiedergeburt und Blüte der Kunst v. František Ženíšek*, der ebenfalls der Schöpfer der Wandbilder ist. Den Bilderzyklus »Meine Heimat« in den Lünetten entwarf Mikoláš Aleš*. An der n Stirnseite steht die Statue »Allegorie der Musik« v. Josef V. Myslbek*. An den Wänden des Foyers, in der Vorhalle und im Gang sieht man eine Art Porträtgalerie v. Büsten: Persönlichkeiten, die sich um die Kunst und das Theater bes. verdient gemacht haben. Die Darstellung der schönen Künste an der Decke des Zuschauerraums malte František Ženíšek.

Den Vorhang gestaltete Vojtěch Hynais* mit einem Gemälde, das an den Bau des Theaters erinnert.

An der O-Seite des Nationaltheaters schließt der moderne, mit großformatigen Glasbauelementen ummantelte Gebäudekomplex der *Nová scéna/Neuen Szene* mit einem Verwaltungs- und Restaurantflügel an. In den Jahren 1977–83 v. K. Prager* erbaut, bildet sie zusammen mit dem älteren Theater einen Platz. Die Skulptur stammt v. J. Malejovský*.

Jedes der neuen Gebäude ist 7 Stockwerke hoch, konstruiert aus einem Stahlgerüst, verkleidet mit Glas, Aluminium und grünem Marmor. Bes. interessant ist die moderne Bühne, die sich sogar in eine Arena verwandeln läßt.

Nostické divadlo / Nostitz-Theater (Staré Město/Altstadt, Železná ulice/Eisengasse Nr. 11 / CN 540): →Stavovské divadlo / Ständetheater.

Nová scéna / Neue Szene (Nové Město/Neustadt, Národní třída) →Národní divadlo/Nationaltheater.

Divadélko Říše loutek / Reich der Marionetten (Staré Město / Altstadt, Žatecká ulice Nr. 1): Bei diesem Theater handelt es sich um ein beliebtes Prager Marionettentheater, an dem vor allem Kinder ihre Freude haben.

Divadélko Spejbl a Hurvínek / Marionetten-Theater Spejbl und Hurvínek (Nové Město / Neustadt, Římská ulice Nr. 45): Das weltberühmte Marionettentheater wurde 1945 v. Josef Skupa gegr., der es bis zu seinem Tod 1957 geleitet hat. Bereits 1919 kreierte er die komische Figur des Spejbl und kurze Zeit später dessen gewitzten Sohn Hurvínek. Das Theater ist zahlreichen Pragbesuchern v. seinen vielen Auslandstourneen bekannt und erfreut sich besonderer Beliebtheit bei jung und alt. Fortgeführt wird das Theater durch den Skupa-Schüler Kirchner, unter dessen Regie sich die Anzahl der Marionetten vermehrt hat.

Státní opera Praha / Staatsoper Prag (Nové Město / Neustadt, Wilsonova ulice Nr. 8/ CN 101): Urspr. stand an dieser Stelle ein 1855 v. Josef Niklas als Neustädter Theater errichtetes Holzgebäude, das 1886/87 durch das Bauwerk des Neuen Dt. Theaters v. den Architekten Ferdinand Fellner* und Hermann Helmer* ersetzt wurde. Im Januar 1888 fand die Eröffnung mit Richard Wagners »Die Meistersinger von Nürnberg« statt.

Das neoklassizistische, zweigeschossige Gebäude trägt über dem v. Säulen getragenen Balkon einen Dreiecksgiebel, geschmückt mit dem Wagen des Dionysos und der Thalia, geschaffen v. Theodor Friedl*.

Der Bühnenvorhang im Zuschauerraum ist mit der Szene »Vision des Dichters« v. Eduard Veith* bemalt worden; vom gleichen Künstler stammt auch das Deckenfresko.

Stavovské divadlo / Ständetheater, urspr. Nostitz-Theater (Staré Město / Altstadt, Železná ulice / Eisengasse Nr. 11/ CN 540): Das Theater wurde in den engen Gassen der Altstadt, in unmittelbarer Nähe der Karlsuniversität v. Anton Hafenecker* unter Einbeziehung der Vorschläge des Theatertheoretikers Graf Künigl in den Jahren 1781–83 erbaut. Auftraggeber war Friedrich Graf Nostitz-Reineck, der diesen 1. Theaterbau v.

Kindertheater »Reich der Marionetten«

P. als deutschsprachiges Theater errichten ließ. Es war in dieser Zeit eines der ganz wenigen Theater, das nicht an einen der Fürstenhöfe gebunden war und somit relativ unabhängig agieren konnte.

Am 21. 4. 1783 wurde die Bühne mit Gotthold Ephraim Lessings »Emilia Galotti« eröffnet. Einen weiteren Höhepunkt bedeutete die Uraufführung v. Wolfgang Amadeus Mozarts Oper »Don Giovanni« im Herbst 1787, bei der der Komponist zugegen war. Es war eine Auftragsarbeit, erteilt durch den Nostitzschen Theaterimpresario. 4 Jahre später folgte Mozarts Oper »Titus« (»La Clemenza di Tito«), die er für die hier stattfindenden Krönungsfeierlichkeiten Kaiser Leopolds II. komponiert hatte.

Nachdem das Theater 1799 v. den böhm. Ständen gekauft worden war, wurde es in Ständetheater umgetauft. 1813–16 war hier Carl Maria v. Weber Operndirektor. Seine Oper »Der Freischütz« feierte 1826 in diesem Haus Premiere.

Ab der Mitte des 19. Jh. in Dt. Theater umbenannt; hier fanden seit 1856 regelmäßig Richard-Wagner-Festwochen statt.

In den Jahren 1859–90 wurden einige Umgestaltungen, vor allem an der Rückfront und im Inneren vorgenommen, die Seitenrisalite wurden verbreitert, und die ehemals durchgehenden Fenster wurden durch 2 übereinanderliegende ersetzt. Unpassend wirken die 1890 angebrachten Eisenbalkone. In seiner Architektur gilt das Theater als der vollkommenste Vertreter des klassizistischen Stils in P. Den vorspringenden Gebäudeteil der Eingangsfront bekrönt ein v. 4 Kolossalsäulen getragener Dreiecksgiebel. Auch die Mitte der Seitenfassaden betont ein über einem dreiachsigen Risalit sitzender Giebel.

Im Jahre 1920 wurde das bis dahin Dt. Theater v. tschech. Schauspielern besetzt und gehörte damit zum Verband des Nationaltheaters. Seinen Namen Tylovo divadlo erhielt es v. dem tschech. Dramatiker, Schauspieler und Komponisten Josef Kajetán Tyl (1808–56), dessen Lied »Kde domov můj« (»Wo ist meine Heimat«) aus dem Singspiel »Fidlovačka« (Musik v. František Škroup) – die heutige Nationalhymne – zum erstenmal 1834 öffentlich gespielt wurde.

Seit der Wiedereröffnung im Mozartjahr 1991 heißt das umfassend restaurierte Gebäude wieder Ständetheater.

Divadlo na Vinohradech / Weinberger Theater (Vinohrady, Náměstí míru /

Ständetheater

Friedensplatz Nr. 7 / CN 1450): An der Nord-Seite des Friedensplatzes, der von der mächtigen St.-Ludmilla-Kirche (→Sakralbauten: Kirchen/Kostel svaté Ludmily) beherrscht wird, steht das dreigeschossige Jugendstilgebäude des Theaters; erbaut 1905–07 von Alois Čenský*. Über einem v. einem schmiedeeisernen Dach bekrönten Eingang tragen Säulen den mit plastischem Schmuck v. Bohumil Kafka* ausgestatteten Balkon des obersten Stockwerks. Die Dachaufbauten des in den unteren 2 Geschossen leicht gerundet hervortretenden Risalits schmücken 2 allegorische Statuengruppen der Oper und des Schauspiels v. Milan Havlíček* (1906).

Die Decke des Zuschauerraumes bedeckt ein Fresko v. F. Urban*: »Huldigung der Kunst an die Heimat«. Die bildhauerische Dekoration stammt hier v. A. Mára* und im Foyer v. A. Popp*.

Divadlo Na zábradlí / Theater am Geländer (Staré Město / Altstadt, Anenské náměstí Nr. 5 / CN 209): Das heutige Wohnhaus, in dessen Erdgeschoß das Theater eingerichtet ist, steht an der Stelle der *St.-Johannes-Kirche/Kostel svatého Jana,* die im Rahmen des Kaiausbaus an der Moldau um 1843 abgerissen wurde. Im Hof dieses Hauses befindet sich ein Abguß des Tympanonreliefs der ehem. Kirche. Dargestellt ist der »Palmesel« oder der Einzug Christi am Palmsonntag. Anfang des 19. Jh. beherbergte das Gebäude eine Kattunfabrik, wovon eine Inschrift im Hof v. 1836 zeugt.

Auf der Bühne des kleinen Theaters wird seit Beginn der 60er Jahre progressives Theater dargeboten. In dieser Zeit arbeitete hier der Dramatiker und derzeitige Staatspräsident Václav Havel zuerst als Bühnentechniker und dann als Dramaturg. Seine ersten Dramen »Gartenfest« und »Erschwerte Möglichkeit der Verständigung« wurden hier uraufgeführt.

Einen zweiten Schwerpunkt im Repertoire dieses Theaters bildet die Pantomime unter der Leitung v. Ladislav Fialka. Beeinflußt durch Jean Gaspard Debureau, gestaltete er eigene Inszenierungen und begründete damit seine weltweite Bekanntheit.

Weinberger Theater

8. Brauereien

Die Prager Brauereien sind untrennbarer Bestandteil v. Tradition und Kultur der Stadt. Die Kunst des Bierbrauens läßt sich bis ins MA zurückverfolgen, wie die Zünfte der Mälzer und Brauer belegen. Noch heute wird in einigen Brauerei-Wirtshäusern nach diesen alten Rezepten gebraut, so z. B. im U Flekú/Zum Fleck. Auch hatten viele Klöster das Privileg, Bier zu brauen, wie die Brauerei und Gaststätte U Tomáše bezogen. Neben dem sicher international bekanntesten böhm. Bier, dem Plzeňský prazdroj 12° (Pilsener Urquell), das als »Pilsener« einer Brauart seinen Namen gegeben hat, gibt es zahlreiche Sorten, die sich in Geschmack, Helligkeit und Stammwürze (jeweils in der Gradzahl angegeben) unterscheiden.

Exemplarisch sind hier die bekanntesten Brauereien genannt.

Smíchovský pivovar / Brauerei Smíchov (Smíchov, Nádražní ulice Nr. 84/CN 43): Die nach dem Stadtteil Smíchov benannte große Brauerei wurde 1869 v. dem Architekten B. Noback* errichtet und bis heute mehrfach umgebaut und erweitert. Hier wird das beliebte Prager Bier »Stapramen« (»Alte Quelle«) hergestellt.

U Fleků / Zum Fleck (Nové Město/ Neustadt, Křemencova ulice Nr. 11/ CN 1651): Aufgrund des hier nach alten Rezepten gebrauten bes. dunklen 14gradigen Bieres erlangte die Brauerei weltweite Bekanntheit, obwohl man das Bier nur dort trinken kann. Es wird immer frisch hergestellt und nicht in Flaschen abgefüllt. Die Innenräume der schon im 14. Jh. gegr. Brauerei sind weitgehend erhalten und lediglich mit Wandmalereien aus neuerer Zeit dekoriert. Zu dem ma Gebäudekomplex gehört auch ein Gartenlokal.

U kalicha / Zum Kelch (Nové Město / Neustadt, Na bojišti Nr. 12 / CN 1733): Obwohl es sich bei dieser Altprager Bierstube nicht um eine Brauerei handelt, darf sie hier nicht fehlen. Als Schauplatz des auf der ganzen Welt gelesenen Romans »Die Abenteuer des braven Soldaten Schwejk« v. Jaroslav Hašek ist sie berühmt geworden. Jaroslav Hašek wurde 1883 in Prag in der Školská ulice Nr. 16/CN 1325 geboren.

U svatého Tomáše / Zum St. Thomas (Malá Strana/Kleinseite, Letenská ulice Nr. 12/ CN 33): Die Gründung der Brauerei geht zurück bis ins 14. Jh., als sich hier der Orden der Augustinereremiten des St.-Thomas-Klosters (→Sakralbauten: Kirchen, Kostel svatého Tomáše) niederließ. Die Mönche waren diejenigen, die die Kunst des Bierbrauens in besonderer Weise pflegten. Das urspr. Brauereigebäude lag ungefähr an der Stelle des heutigen Platzes Valdštejnské náměstí (→Straßen, Plätze, Märkte: Valdštejnská ulice).

Das heutige schließt direkt an die Kirche an und stammt erst aus dem Jahre 1736. Die Räumlichkeiten beherbergen eine Bierstube mit Gartenlokal, in denen dunkles, traditionell gebrautes Braníker-Bier ausgeschenkt wird.

9. Mühlen und Wassertürme

Beiderseits an den Moldauufern der Kleinseite, Altstadt und Neustadt standen schon im MA die Prager Mühlen Die meisten v. ihnen wurden abgerissen oder für andere Zwecke umgebaut. Auf ihre Existenz verweisen die für die Prager Kulisse so typischen Wassertürme. In

Kampa-Insel, Mühle Hut'

Wasserturm der ehem. Altstädter Mühlen

dem die →Insel Kampa bildenden Flußarm *Čertovka/Teufelsgraben* sieht man
sogar noch erhaltene Mühlräder. Der
Name Teufelsgraben stammt erst vom
Ende des 19. Jh. Es wird erzählt, daß er
nach der auf ihre Umgebung geheimnis-
voll wirkenden Besitzerin des Hauses *Zu
den 7 Teufeln/U sedmi čertů* am Malteser
Platz/Maltézské náměstí (CN 476) entstanden ist. Doch dem Namen zum Trotz
findet man hier eine malerische Atmosphäre, die im Volksmund auch »*Prager Venedig*« genannt wird.
Von den ehem. *Sova-Mühlen/Sovovy
mlýny*, die bereits im 13. Jh. an der s
Kampaspitze erwähnt werden, ist nach
mehreren Brand- und Überschwem-
mungskatastrophen nur noch ein Gebäudeteil in der Straße U sovových mlýnů
(Nr. 2/CN 503) erhalten geblieben. Dieser wurde 1867 im Stil der englischen
Gotik umgestaltet. Der schon bei einem
Brand 1896 schwer beschädigte ö Gebäudeteil mußte 1920 dem Bau der
Schleuse weichen.
Das in der Nostitzstr./Nosticova ulice
stehende Gebäude der ehem. *Zlomek-
Mühle/Zlomkovský mlýn* (Nr. 6/CN 469)
gehörte mitsamt dem Garten seit 1810
zur angrenzenden Nostitz-Reitschule
(→Profanbauten: Palais, Schlösser; No-

Turm der ehem. Šítkovský-Mühlen

sticky palác). Ihren Namen trägt die
ehem. Mühle nach dem Müller Pavel
Zlomek aus der 1. Hälfte des 16. Jh. Nach
einigen Besitzerwechseln wandelte sich
auch ihr Zweck, z. B. beherbergte sie im
17. Jh. eine Wäscherei. In dem 1631 in
den Besitz der Jesuiten gelangten Garten
errichteten diese ein Lustschlößchen, das
v. einem neuen Besitzer in einen Tanz-
saal umgestaltet wurde.
Von der kleinen den Teufelsgraben/Čer-
tovka überspannenden Brücke oder vom
Park der Kampa-Insel sieht man das unter einem Dach befindliche große Mühl-
schaufelrad der bereits im 15. Jh. existie-
renden *Mühle Hut'*, unmittelbar hinter
den Sportanlagen des ehem. Michna-Palais gelegen.
Die *Großprioratsmühle / Velkopřevorský
mlýn* auf dem gleichnamigen Platz Velkopřevorské náměstí (Nr. 7/CN 489) ließ
die im 13. Jh. hier angesiedelte Johanni-
terkommende errichten. Ende des 16. Jh.
wurde sie im Auftrag der Kleinseitner
Gemeinde im Renaissancestil umgebaut
und erhielt so ihre typischen Giebel. Diese Mühle war noch bis 1936 in Betrieb.
Von der Karlsbrücke hat man einen
schönen Ausblick auf die am Teufelsgraben idyllisch gelegene Mühle.
An die *Altstädter Mühlen* erinnert nur
noch der 1884 restaurierte und umgestaltete Wasserturm in der Häuserzeile Novotného lávka. Mit seinem v. 4 kleinen
Aussichtstürmchen besetzten spitzen
Dach bildet er eine bekannte Silhouette
dieses Teils der Altstadt (Staré Město).
Einen Eindruck v. der ursprünglichen
Bebauung mit den Mühlen und großen
Wasserrädern vermittelt die Stadtansicht
von Aegidius Sadeler, ein Kupferstich
aus dem Jahre 1606.
Gegenüber der Jiráskův most/Jirásek-
Brücke (→Brücken) auf der Spitze der
Insel Slovanský ostrov/Slawische Insel
(→Inseln) steht der bereits Ende des
15. Jh. erbaute *Wasserturm* mit einem ba-
rocken Zwiebeldach. Er versorgte die
obere Neustadt (Nové Město) mit Wasser. Urspr. gehörte er zu den *Šítkovský-
Mühlen/Šítkovské mlýny*, an deren Stelle
heute das konstruktivistische Gebäude
des Mánes-Haus/Mánesův dům (→Mu-
seen, Galerien) steht. Auf der anderen
Seite der Moldau (Vltava) sieht man den

weißen Turm des *Kleinseitner Wasserwerks/Malostranská vodárna* am Janáčkovo nábřeží. Er wurde bereits im Jahre 1562 ebenfalls bei einer Mühle erbaut.

Ein weiterer *Wasserturm* der Neustadt (Nové Město) befindet sich im N auf der Höhe der Šverma-Brücke/Švermův most (→Brücken) in der Straße Nové mlýny/Neue Mühlen. Dieser Renaissanceturm v. 1606 und der Straßenname zeugen noch v. den in den Jahren 1915–1916 abgerissenen Mühlen aus dem 14. Jahrhundert.

STRASSEN, PLÄTZE, MÄRKTE

Anenské náměstí / Annenplatz (Staré Město / Altstadt): Dieser reizvolle Platz mit einem Renaissancebrunnen in der Mitte liegt etwas versteckt hinter dem Smetanovo nábřeží. Benannt wird er nach dem im 14. Jh. hier bestehenden *St.-Annu-Kloster und -Kirche* der Dominikanerinnen. Urspr. befand sich an dieser Stelle schon im 12. Jh. eine St.-Laurentius-Rotunde, bei der sich in der 1. Hälfte des 13. Jh. der Templerorden ansiedelte. In dem im 17. Jahrhundert barock umge-

bauten Kloster an der O-Seite des Platzes (Nr. 2/CN 211, 213) sind noch Mauerreste der ehem. Gebäude gefunden worden. Von der Liliová ulice kann man sogar noch den Chor der got. Kirche sehen.

In dieser Kirche war der Komponist Christoph Willibald Gluck (1714–87) Organist. Im Jahre 1782 wurde das Kloster säkularisiert und seine Räumlichkeiten in eine Druckerei umgewandelt. Heute gehört der Gebäudekomplex zum Nationaltheater.

Ihm gegenüber liegt das *Theater Na zábradlí / Am Geländer* (Nr. 5/CN 209; → Theater) auf dem Platz einer abgerissenen St.-Johannes-Kirche. Bemerkenswert ist noch das in der SW-Ecke stehende *Pachtovský-Palais / Palác Pachtovský* (Nr. 4/ CN 208); ein Rokokobau aus dem Jahre 1770 v. Josef Wirch*. Das Wappen an seiner Front verweist auf den Bauherrn Graf Pachtovský. Berühmte Gäste in diesem Haus waren die Komponisten Wolfgang Amadeus Mozart und Ludwig van Beethoven.

Celetná ulice / Zeltnergasse (Staré Město / Altstadt): Die Straße ist der direkte Verbindungsweg zwischen dem →Staroměstské náměstí /Altstädter Ring und dem Pulverturm / Prašná brána und

Annenplatz, Pachtovský-Palais

Celetná ulice

war früher eine wichtige auswärtsführende Handelsstraße. Auch wenn die Häuserzeilen heute größtenteils ein barockes Gesicht zeigen, so stammt ihr Kern zumeist noch aus romanischer und got. Zeit. Die ehedem hier durchführende Straßenbahn wurde nach dem 2. Weltkrieg entfernt. Nach umfassenden Restaurierungsarbeiten entstand die heutige Pracht- und Geschäftsstraße.

Beachtenswert sind auch die vielen verschiedenen Hauszeichen, wie z. B. eine goldene Sonne (Nr. 21) und ein goldener Engel (Nr. 29). Nahe beim Altstädter Ring steht das *Sixt-Haus / Sixtův dům* (Nr. 2/CN 553); erbaut Anfang des 13. Jh., wovon noch ein spätroman. Gewölbe im Kellergeschoß zeugt. Sein heutiges Barockaussehen stammt aus dem 18. Jh., so auch die Imperatorenplastiken auf der Attika.

In dem gegenüberliegenden got. Haus *Zu den 3 Königen / U tří králů* (Nr. 3/CN 602) sind ein Dachstuhl aus Fichtenholz und im Parterre Kreuzgewölbe erhalten geblieben. Von 1896 bis 1907 wohnte in diesem Haus der Schriftsteller Franz Kafka mit seinen Eltern. Es schließt sich die *Teyn-Pfarre / Týnská fara* an (Nr. 5/CN 601), die 1365 anstelle eines Spitals für fremde Kaufleute erbaut wurde. Auffallend ist der got. W-Giebel. Im 17. Jh. erfolgte ein Umbau, und bis 1820 war das Gebäude v. einem Friedhof umgeben.

Das barocke *Hrzán-Palais / Hrzánský palác* (Nr. 12/CN 558) entstand durch den Umbau eines roman. Hauses durch Giovanni Battista Alliprandi* (um 1702). Den plastischen Fassadenschmuck schuf Ferdinand Maximilian Brokoff*.

Den Barockbau des *Caretto-Millesimo-Palais / Caretto-Millesimovský palác* (Nr. 13 / CN 597) projektierte Anselmo Lurago* (→ Profanbauten: Palais, Schlösser).

Das *Menhart-Haus / Menhartův dům* (Nr. 17/CN 595) gruppiert sich um einen Innenhof, in dem sich 2 interessante Plastiken befinden: eine kraftvolle Holzfigur v. L. Widemann* aus der 1. Hälfte des 18. Jh. und eine barocke, aus Stein gehauene weibliche Gestalt. Durch den Hof gelangt man in die Štupartská ulice. Das mehrfach umgebaute *Buquoy-Palais / Buquoyský palác* (Nr. 20/CN 562), urspr. ein got. Haus, kam 1627 in den Besitz der Witwe des Grafen Buquoy, der in der Schlacht am Weißen Berg als General der habsburgischen kath. Liga

Celetná ulice, Menhart-Haus, Barocke Holzplastik

Haus Zur schwarzen Mutter Gottes

gekämpft hatte. Ab 1762 gehört es zur Prager Universität.

Auch das Nachbarhaus *Zum goldenen Geier / U zlatého supa* (Nr. 22/CN 563) gehört heute zur Universität. Die Bierstube im Erdgeschoß steht in der Tradition einer bereits im 14. Jh. hier befindlichen Brauerei. Sein heutiges Äußeres wird v. dem klassizistischen Umbau im Jahre 1804 bestimmt. Aus dieser Zeit stammen auch der plastische Schmuck an der Fassade sowie die obersten 2 Stockwerke. Integriert wurde das barocke Hauptportal.

Die Madonnenplastik am Barockhaus *U Schönfloků* (Nr. 23 /CN 592) stammt wahrscheinlich aus dem Umkreis v. Matthias Bernhard Braun*.

Dicht daneben im Durchgangshaus *Zu den 4 Säulen / U čtyř sloupů* (Nr. 25/CN 590) starb der Philosoph und Mathematiker Bernhard Bolzano (1781–1848). Er war ein Gegner Immanuel Kants und wurde 1819 wegen angeblicher Irrlehren als Professor abgesetzt. Er leistete wichtige Beiträge zur Phänomenologie und mathematischen Mengenlehre.

Allgemeine Bekanntheit erlangte das kubistische Eckhaus *Zur schwarzen Mutter Gottes / U černé Matky Boží* (Nr. 34/CN 569) auf der anderen Straßenseite. Von dem urspr. Barockhaus ist nur noch die Madonnenfigur aus dem 17. Jh. erhalten geblieben, nach der das Haus weiterhin benannt wird. Das in den Jahren 1911–12 v. Josef Gočár* errichtete Gebäude gilt als erster streng kubistischer Bau in P. Der v. athletische Gestalten getragene Balkon des folgenden Palais gehört zum Gebäude der *ehem. Münze* (Nr. 36/CN 587; →Profanbauten: Patrizier- und Bürgerhäuser).

Das klassizistische Wohnhaus *Im Tempel / V Templu* (Nr. 27/CN 589) aus dem Jahre 1801 verbirgt in sich die Reste einer frühbarocken St.-Paulus-Kirche. Erhalten sind ihre Umfassungsmauern und im Inneren Gewölbe sowie Teile des Kirchenschiffs.

Das heutige *Verwaltungsgebäude* (Nr. 31/CN 585) ist ein 1737–40 v. Kilian Ignaz Dientzenhofer* umgebautes Barockpalais. Die Fassade zieren Medaillons mit den Büsten v. Maria Theresia und Franz v. Lothringen.

Hradčanské náměstí / Hradschiner Platz

(Hradčany): Der Platz war schon im MA das Zentrum der 1320 gegr. Ortschaft Hradčany. Obwohl sich die Bebauung

Hradčanské náměstí, Hradschiner Platz

ringsum nach dem großen Brand v. 1541 verändert hat, ist die Disposition dieselbe geblieben. An der Stelle der ehem. Bürgerhäuser entstanden Palastbauten des Adels und des Klerus, die mit dem fortschreitenden Dombau die Nähe der Kapitelkirche und des Regierungssitzes suchten.

Heute befindet sich in der Platzmitte eine kleine Grünanlage mit einer um 1726 v. Ferdinand Maximilian Brokoff* errichteten *Pestsäule*, die auf der Spitze eine Marienstatue und auf dem Sockel die 8 Landespatrone trägt. Über die gesamte ö Seite erstreckt sich die Eingangsfront der *Prager Burg / Pražský hrad* (→Profanbauten: Burgen). Dominiert wird der Platz außerdem v. 3 bes. eindrucksvollen Palais: im N vom *Erzbischöflichen Palais / Arcibiskubský palác*, im S vom *Schwarzenberg-Palais / Schwarzenberský palác* mit seiner markanten Sgraffitofassade und im W vom *Toskana-Palais / Toskánský palác* (→Profanbauten: Palais, Schlösser). Neben dem Gebäudekomplex des Schwarzenberg-Palais schließt das ehem. *Barnabiten-Kloster / Klášter barnabitů* (Nr.3/CN 184) mit der im 18.Jh. barock umgebauten St.-Benedikts-Kirche/Kostel sv. Benedikta an, die im MA die Pfarrkirche v. Hradčany war. Ab 1626 gehörte sie dem Barnabitenorden, der ca. 30 Jahre später die Klostergebäude errichten ließ. Heute dienen die Räumlichkeiten zur Unterbringung v. Staatsbesuchen. Viele der übrigen Häuser waren urspr. *Domherrenhäuser* wie die Gebäude Nr.6/CN 65 und Nr.7/CN 85 neben dem Toskana-Palais. Ihre heutigen Fassaden stammen v. einem Barockumbau im 18.Jh.; so auch das Barockhaus Nr.10/CN 62, das ab 1372 v. dem Dombaumeister Peter Parler* bewohnt wurde.

Weitere herausragende Bauten sind das *Martinický palác/Palais Martinitz* (Nr.8/CN 67) und das *Šternberský palác/Sternberg-Palais*, das zur Nationalgalerie gehört (→Profanbauten: Palais, Schlösser).

Karlovo náměstí / Karlsplatz (Nové Město/ Neustadt): Der Platz wurde be-

Karlovo nám. (Ignatius-Kirche),
Statue Eliška Krásnohorská >

reits mit Gründung der Neustadt (1348) v. Kaiser Karl IV. in den heutigen Ausmaßen v. 530 m × 150 m angelegt. Er bildete das Zentrum des öffentlichen Lebens und war zugleich Handelsplatz. Nach seinem Gründer wird der Karlsplatz erst ab 1848 benannt; davor hieß er Viehmarkt. Noch Karl IV. ließ für die Zurschaustellung der Reichskleinodien in seiner Mitte einen Holzturm aufstellen. Dieser wurde 1382 durch den Bau einer nach dem Vorbild der Kapelle Karls d. Gr. in Aachen gestalteten Fronleichnamskapelle ersetzt. Im Jahre 1437 fand hier die Proklamation der *Basler Religionsverträge* mit den böhm. Hussiten statt. Diese sog. Kompaktaten, geschrieben in tschech. und lat. Sprache auf Steinplatten, mauerte man in die Kapellenwand ein. Diese Niederschriften sind bis heute überliefert, obwohl die Kapelle 1791 abgerissen wurde. Man kann sie im Nationalmuseum (→Museen: Národní muzeum) betrachten. Mit der Gestaltung des Platzes durch die sich längs hinziehende Parkanlage hat man schon 1843 begonnen. In dieser Oase im Großstadtverkehr mit Springbrunnen, Blumenbeeten und Bänken stehen auch einige Denkmäler bedeutender Persönlichkeiten aus Wissenschaft und Kultur.

Karlova ulice

Die n Stirnseite wird eingenommen vom *Neustädter Rathaus* (→Öffentliche Gebäude: Novoměstská radnice) mit seinen 3 auffallenden Renaissancegiebeln und dem Eckturm (Nr. 23/CN 1). Davor steht die Figur des Jan Želivský, dem Anführer der 1. Prager Fenstersturzes 1419, dessen Schauplatz das Rathaus war.
Das nö gegenüberliegende *Barockhaus* (Nr. 24/CN 671) gehörte im 18. Jh. dem bedeutenden Barockbildhauer Matthias Bernhard Braun*, der 1738 hier starb. Von dem urspr. Renaissancebau ist noch das Portal erhalten.
An der Straßenecke Ječná ulice erhebt sich die barocke *St.-Ignatius-Kirche* (→Sakralbauten: Kirchen, *Kostel svatého Ignáce),* an die sich r der Gebäudekomplex des ehem. Jesuitenkollegs (heute Krankenhaus) anschließt.
An der s Platzseite befindet sich das legendenumwobene *Faust-Haus / Faustův dům,* Nr. 40/CN 502 mit einer Apotheke im Erdgeschoß (→Profanbauten: Patrizier- und Bürgerhäuser, Faustův dům).
In dem w an der Straßenecke zur Resslova ulice stehenden Neurenaissancegebäude (Nr. 14/CN 293), 1867 von Ignác Ullmann erbaut, ist die *technische Hochschule* untergebracht. Die Skulpturen an der Fassade schuf Josef V. Myslbek*, die das Portal flankierenden Allegorien der Wissenschaft und Arbeit Antonín Popp*.

Karlova ulice / Karlsgasse (Staré Město / Altstadt): Als direktester Verbindungsweg zwischen der Karlsbrücke (→Brücken, *Karlův most)* und dem →Altstädter Ring/Staroměstské náměstí war die Straße schon im frühen MA Bestandteil des traditionellen *Krönungswegs* zur Prager Burg. Die zumeist zwischen ma Häusern verlaufende Straße gehörte zwar schon immer zu den Hauptstraßen v. P., wurde aber nie verbreitert. Ihren Namen besitzt sie erst seit 1848, davor hieß sie Jesuitengasse, davor nach den dort wohnenden Handwerkern Messermachergasse (Nožířská) und Schustergasse (Ševcovská).
Gegenüber der Karlsbrücke beginnt die Karlsgasse r mit dem heutigen Barockbau des *Colloredo-Mansfeld-Palais / Colloredo-Mansfeldský palác* (Nr. 2/

CN 189); 1735 von F.I.Prée errichtet. Der plastische Schmuck stammt von Anton B. Braun*. In dem anschließenden Renaissancegebäude (Nr.4/ CN 188) *Zur französischen Krone / U francouzské koruny* wohnte und arbeitete der berühmte Astronom Johannes Kepler 1607–12. In dieser Zeit entdeckte er das 1. Gesetz der Bewegung der Planeten um die Sonne. Sein Observatorium befand sich in dem Turm im Hof.

Die Barockfassade des *Pötting-Palais / Pöttingovský palác* (Nr.8/CN 186) stammt wahrscheinlich von Jan Blažej Santini-Aichel*. Der Kern des Gebäudes datiert noch aus dem 14. Jh. Heute beherbergt es das Theaterstudio des Staatlichen Konservatoriums (DISK).

Das Café in dem Eckhaus *Zur goldenen Schlange / U zlatého hada* (Nr.18/ CN 181) steht in der Tradition des 1714 hier wohnenden Begründers der Prager Kaffeehauskultur, Deodatus Damajan, der auf den Prager Straßen Kaffee verkaufte, bis er schließlich im Haus *Zu den drei Straußen / U tří pštrosů* das 1. Prager Kaffeehaus einrichtete.

Die linke Fassadenfront bis zur Querstraße Liliová ulice bilden die drei Sakralbauten *St.-Salvator-Kirche / Kostel svatého Salvatorá*, die *Welsche Kapelle / Vlašská kaple* und die *St.-Clemens-Kirche / Kostel svatého Klimenta* (→Sakralbauten, Kirchen bzw. Kapellen).

Das Renaissancehaus *Zum goldenen Brunnen / U zlaté studně* (Nr.3/CN 175) an der Straßengabelung trägt an seiner Frontfassade Barockstatuen der Pestheiligen (→Profanbauten: Patrizier- und Bürgerhäuser).

Dort, wo die Karlsgasse die Husova ulice etwas versetzt kreuzt, liegt l das eindrucksvolle *Clam-Gallas-Palais* (→Profanbauten: Palais, Schlösser, *Clam-Gallasovský palác*), zu erkennen an den kraftvollen Gigantenpaaren am Portal. Rechter Hand erstrecken sich bes. schön gestaltete Fassaden got. Häuser; einige tragen interessante Hauszeichen, ein anderes einen imposanten Stufengiebel.

An der Mündung der Gasse auf den Kleinen Ring/→Malé náměstí steht der große urspr. roman. Gebäudekomplex *U Kočků* (Nr.44/CN 147), der um 1730 v.

Bartolomeo Scotti* barock umgebaut wurde. Im Erdgeschoß sind die roman. Gewölbe bis heute erhalten.

Malé náměstí / Kleiner Ring (Staré Město / Altstadt): Dieser fast dreieckige Platz liegt zwischen der Karlsgasse /→Karlova ulice und dem Altstädter Ring /→Staroměstské náměstí. Seine Grundform ist aus der roman. Zeit erhalten geblieben und gehört zu den ältesten Anlagen der Prager Altstadt. Die ö Längsseite säumen got. Laubengänge. Im 12. Jh. befand sich hier eine Siedlung französischer Kaufleute, später ein Obstmarkt. Seine Mitte betont ein v. einem schmiedeeisernen Gitter umgebener Renaissancebrunnen v. ca. 1550; der zweischweifige böhm. Löwe wurde erst im 17. Jh. angebracht.

Das urspr. Haus *Im Paradies / V ráji* (Nr.1/CN 144) bewohnte im letzten Drittel des 14. Jh. der berühmt gewordene Botaniker Angelo aus Florenz und betrieb hier seine Apotheke. Im Parterre ist ein bes. schönes achtzackiges got. Rippengewölbe erhalten.

Von dem Vorgängerbau des Rokokohauses *Zum weißen Löwen / U bílého lva* (Nr.2/CN 143) blieb das got. Portal mit dem böhm. Löwen erhalten. Seine

Malé náměstí (Renaissancebrunnen)

Malostranské nám., St.-Nikolaus-Kirche

Fassade schmückt das Relief »Auferstehung Christi«.

Hinter der Neurenaissancefassade des sog. *Rott-Hauses* (Nr. 3/CN 142; →Patrizier- und Bürgerhäuser, *Rottův dům)* verbirgt sich ein roman. Kern.

Gegenüber erstreckt sich das *Petzold-Haus* (Nr. 10/CN 4) mit seinem got. Laubengang, in dem man noch Reste eines Portals aus dem 12. Jh. finden kann, dem Eckerker und den Sgraffitoresten v. einem Renaissanceumbau (um 1600).

Das Hauszeichen *Zur goldenen Lilie / U zlaté lilie* (Nr. 12/CN 458) wurde erst in der Renaissancezeit angebracht. Das Schaufensterportal stammt aus dem 14. Jh., als sich hier eine Apotheke befand.

Die anschließenden 2 Bauten sind urspr. roman., was die barocke (Nr. 13/CN 457) und die klassizistische (Nr. 14/CN 456) Fassade verbirgt. Letzteres Haus ziert das plastische Hauszeichen eines Pferdchens.

Malostranské náměstí / Kleinseitner Ring (Malá Strana / Kleinseite): Schon im 10. Jh. war der Platz der Mittelpunkt der Kleinseitner Ansiedlung, der sog. Vorburg. Nach der Überlieferung stand in seinem Zentrum eine roman. St.-Wenzels-Rotunde. Ab dem 13. Jh. erhöhte sich seine Bedeutung noch, da er v. der Hauptverkehrsader, die v. der Karlsbrücke über die heutige Nerudova ulice aus der Stadt führte, überquert wurde. Hier fanden große Märkte statt, gründete man Geschäfte und errichtete das *Rathaus.* (→Profanbauten: öffentliche Gebäude, Malostranská beseda). Seit 1257 wurde die Ansiedlung zur Stadt erhoben. Im Jahre 1283 errichtete man an der Stelle der heutigen *St.-Nikolaus-Kirche* (→Sakralbauten: Kirchen, Kostel svatého Mikuláše) ihren got. Vorgängerbau. Neben ihr stand der später abgerissene Stadtturm und hinter ihr die Rotunde. Die St.-Nikolaus-Kirche gehörte bis zu der v. ihnen verlorenen Schlacht am

Malostranské nám., Pestsäule

Malostranské nám., Velikovský -Haus (Erker)

Weißen Berg 1620 den protestantischen Ständen. 1628 wurde sie v. den Jesuiten übernommen, die 1674 anstelle älterer Wohnhäuser ihr Kolleg in der Mitte des Platzes errichteten. Die heutige St.-Nikolaus-Kirche entstand erst 1704–56. Mit ihrer mächtigen Kuppel und dem hohen Turm bildet sie die architektonische Dominante des Platzes. Somit ist die Zweiteilung des Platzes in einen oberen und einen unteren Ring nicht im Bau der Kirche begründet, sondern bestand schon davor. Der obere Ring hieß im 17. Jh. auch Welscher Platz, da er v. Kaufleuten ital. Herkunft bevölkert war; ab der Mitte des 19. Jh. nannte man ihn Štěpánský plac. Erst 1869 wurde die gemeinsame Bezeichnung Kleinseitner Ring eingeführt.

Am Ende einer Pestepidemie errichtete man 1715 anstelle eines Brunnens eine *Pestsäule* bzw. Dreifaltigkeitssäule nach den Plänen v. Giovanni Battista Alliprandi*. Eine mit Putten und Vasen ver-zierte Balustrade umschließt den mit Steinaltären gestalteten Sockel, der die böhm. Landespatrone trägt. An der Hauptseite erhebt sich die Immaculata, bekrönt v. den Plastiken der Hl. Dreifaltigkeit und dem Auge Gottes. Die Bildhauer waren Johann Ulrich Mayer* und Ferdinand Geiger*.

Auf dem unteren Ring ersetzte man 1858 den urspr. steinernen Brunnen mit dem böhm. Löwen durch ein Denkmal des Marschalls J. W. Radetzky, der in der Neustädter St.-Josefs-Kirche (→Sakralbauten: Kirchen, Kostel svatého Josefa) begraben liegt. Das Denkmal steht heute im Lapidarium des Nationalmuseums. Ungefähr in der NO-Ecke des Platzes befanden sich bis 1782 ein Pranger und ein Galgen. Vor dem Rokokopalast des heutigen Cafés *Malostranská kavárna* (→Profanbauten: Patrizier- und Bürgerhäuser, U kamenného stolu/Zum steinernen Tisch) in der Platzmitte stand 1928–1940 ein Denkmal des französischen

Historikers Erneste Denis (1849 bis 1921), ein Werk des Bildhauers Karel Dvořák, das 1940 v. den Nationalsozialisten zerstört wurde.

Heute säumen den Platz größtenteils Barock- und Rokokofassaden, die den ma Kern verbergen. An der S- und zum Teil auch N-Seite des Platzes sind die urspr. den Platz einfassenden Arkaden erhalten geblieben.

Über den n Bogengängen erheben sich das *Smiřický-Palais* (Nr.18/CN 6; →Profanbauten: Palais, Schlösser, *Smiřických palác*), das *Sternberg-Palais* (Nr.19/ CN 7; →Profanbauten: Palais, Schlösser, *Šternberský palác*) und an der Ecke das *Velikovský-Haus* (Nr.20/CN 518). Sein mit Sgraffiti verzierter Erker stammt noch v. dem Renaissanceumbau 1585 des urspr. got. Baus. Das schräg gegenüberliegende Eckhaus war v. ca. 1480 bis 1784 das *Kleinseitner Rathaus* (Nr.21/ CN 35; →Profanbauten: Öffentliche Gebäude, *Malostranská beseda*).

Nach dem anschließenden Barockbau mit dem Fassadengemälde »Mariä Himmelfahrt« folgt das *Kaiserstein-Palais* (Nr.23 / CN 37; →Profanbauten: Palais, Schlösser, *Kaiserštejnský palác*). In diesem aus urspr. 2 got. Häusern entstandenen Barockpalast des Architekten Giovanni Battista Alliprandi* wohnte ab 1907 die berühmte Opernsängerin Ema Destinnová. Das letzte Haus in dieser Front ist der Neurenaissancebau der *Kleinseitner Sparkasse / Malostranská záložna* (Nr.24/ CN 38) aus dem Jahre 1895 v. dem Architekten J.Šula*. Für das Gebäude wurden Barockgiebelhäuser abgerissen. In einem v. ihnen wohnte 1809 der Dichter Heinrich v. Kleist.

Neben dem v. Ignaz Johann Palliardi* klassizistisch umgebauten urspr. *got. Erkerhaus* an der Ecke zur Mostecká ulice/Brückengasse steht das ältere Kleinseitner Rathaus aus den Jahren 1436–78, (Nr.2/CN 271). Im Arkadengang ist ein got. Bogen erhalten geblieben; ebenfalls aus dieser Zeit stammen im Hof die 2 Gefängnisse. Der Turm datiert bereits aus dem 13.Jahrhundert und gehörte zur Kleinseitner Stadtmauer. Gegenüber der Längsfassade der St.-Nikolaus-Kirche wohnte in dem nach ihm benannten Haus *U Palliardů* (Nr.6/CN 265) der

Baumeister Ignaz Johann Palliardi*, der sowohl dieses wie auch die Nachbarhäuser (Nr.5/ CN 266) und (Nr.9/CN 262) mit klassizistischen Fassaden versah. Letzteres Haus bewohnte ab 1646 der Baumeister Santin de Bossi. In dieser Häuserzeile befinden sich Durchgänge zur Tržiště ulice. Ab 1488 beherbergte das Haus *Zu den 3 Kronen / U tří korunek* (Nr.11/CN 260) für ca. 100 Jahre das Kleinseitner Krankenhaus. Um 1710 wurde es v. Christoph Dientzenhofer* barock umgebaut und im 19.Jh. im Empirestil. Es schließt der Gebäudekomplex des *Hartig-Palais / Hartigovský palác* (Nr.12/ CN 259) an, das urspr. aus zwei got., durch ein Gäßchen getrennte Häuser bestand; der Durchgang blieb erhalten. Im Jahre 1645 wurde mit der Umgestaltung begonnen, die erst 1720 František Maximilián Kaňka abschloß. Benannt wird das Palais nach seinem Besitzer Ludwig Hartig, einem Kunstförderer, in dessen Familie es v. 1735 bis 1827 blieb.

Das monumentale *Liechtenstein-Palais / Lichtenštejnský palác* (Nr.13/CN 258) erstreckt sich über die gesamte W-Seite des oberen Kleinseitner Rings. Es wurde anstelle einzelner Renaissancehäuser im Jahre 1791 mit seiner einheitlichen klassizistischen Fassade für die Familie Liechtenstein umgestaltet.

In dem großen Gebäudekomplex an der Sněmovní ulice, zwischen dem Kleinseitner Ring und der Thunovská ulice, liegt das aus mehreren Häusern 1711–25 zusammengeschlossene *ehem. Jesuitengymnasium* (Nr.16, 17 / CN 1), aufgehoben 1773. Aus dieser Zeit datiert das Barockportal an der Sněmovní ulice. Das Portal am Platz stammt v. einem klassizistischen Umbau am Anfang des 19.Jh.

Maltézské náměstí / Malteserplatz (Malá Strana / Kleinseite): Der längliche Platz, benannt nach dem ehem. hier ansässigen Malteserorden (→Sakralbauten: Kirchen, Kostel Panny Marie pod řetězem), wird gesäumt v. Bürger- und Adelshäusern. Die ö Häuserzeile mit den malerischen Bogengängen trennt eine hohe Stufe von dem heutigen Straßenniveau. Den Platzabschluß bildet der gewaltige Bau des *Nostitz-Palais* (Nr.1/

Maltézské nám., St. Nikolaus

Blick in die Melantrichová

CN 471; →Profanbauten: Palais, Schlösser, *Nostický palác*). Am Haus Nr. 3/CN 474 findet man eine goldene Schlange als Hauszeichen. In dem leicht vorspringenden Nachbargebäude (Nr. 5/CN 475) wohnte der Baumeister Josef Jäger*, der sein Haus im Rokokostil errichtete. Von ihm stammt auch der Entwurf für das reizvolle *Turba-Palais / Turbovský palác* (Nr. 6/CN 477), benannt nach dem Bauherrn Franz X. Turba (1767). Heute befindet sich hier der Sitz der japanischen Botschaft. Im Eckhaus *Stará pošta / Alte Post* (Nr. 8) befand sich seit 1723 das 1. Hauptpostamt v. P. An der n Stirnseite des Platzes (Nr. 10) erinnert das Hauszeichen eines grünen Kreuzes, das Symbol der Malteser, an diesen Orden. Das Haus *Zu den Malern / U malířů* (Nr. 11/CN 291) steht an der Stelle des urspr. hier verlaufenden Stadtmauergrabens, v. dem noch Überreste im Kellergeschoß erhalten sind. Im Jahre 1531 im Renaissancestil erbaut, wurde es 1690 barock umgestaltet. Heute

beherbergt es eine Weinstube. In der n Platzhälfte steht eine *Säule* mit der Statue des hl. Johannes d. T. v. Ferdinand Maximilian Brokoff*. Sie wurde 1715 am Ende einer schweren Pestepidemie inmitten eines Brunnens aufgestellt, der im 19. Jh. abgerissen wurde.

Melantrichova ulice / Melantrichgasse (Staré Město / Altstadt): Die enge, sich durch die Prager Altstadt windende Straße bildet die kürzeste Verbindung zwischen dem →Altstädter Rathaus / Staroměstská radnice und dem Wenzelsplatz / →Václavské náměstí. An ihrer Mündung in den Altstädter Ring / →Staroměstské náměstí sind zwei Häuserfronten durch Schwibbogen gegeneinander abgestützt. Ihren Namen erhielt sie nach dem bedeutendsten tschech. Buchdrucker des 16. Jh., Jiří Melantrich z Aventina, der neben Bibelübersetzungen auch Werke des Humanisten Erasmus v. Rotterdam in tschech. Sprache gedruckt hat. Urspr. führte die

Mostecká ulice, Kaunitz-Palais

Jan Marek Marci, der sich in den Bereichen der Medizin und Physik verdient gemacht hat. Die Fassade des Spätrenaissancehauses Nr. 11/CN 465 schmücken 5 Kronen als Hauszeichen und das Nachbarhaus Nr. 9/CN 466 ein böhm. Löwe.

Mostecká ulice / Brückengasse (Malá Strana / Kleinseite): Die belebte Straße mit zahlreichen Geschäften und Lokalen liegt zwischen der Karlsbrücke (→Brücken: Karlův most) und dem Kleinseitner Ring/→Malostranské náměstí. Sie bildet den Teil eines alten Handelsweges, der v. Nürnberg, Regensburg und Leipzig kommend hier die Moldau (Vltava) in Richtung O überquerte. Auch der *Krönungsweg* der böhm. Könige zur Prager Burg (→Profanbauten: Burgen, Pražský hrad) führte über sie entlang. Heute überwiegen Barockfassaden, doch die schmalen Parzellen zeugen v. viel älterer Erstbebauung.

Unmittelbar vor dem niedrigeren Kleinseitner Brückenturm (→Brücken, Karlův most) steht das Renaissancegebäude (Nr. 1/CN 56) des *ehem. Zollamts* v. 1591, des früheren Brücken- und Salzamtes. Die heutige Fassade stammt v. einer Umgestaltung Mitte des 19. Jh. Urspr. zierte das Haus ein kostbares spätroman. Relief. Um es vor Verwitterung u. a. Schäden zu bewahren, wird es nun im Haus aufbewahrt.

Das urspr. got. Haus (Nr. 3/CN 55) hat seinen Namen *Sächsisches Haus / Saský dům* noch aus der Zeit von 1348–1909 behalten, als es der Herrensitz der sächsischen Herzöge war. Von dem Renaissanceumbau Ende des 16. Jh., wahrscheinlich durch den Architekten Jan Campione de Bossi* errichtet, stammt noch das Portal mit dem Stadtwappen der Kleinseite aus dem 17. Jh. Erst in den 60er Jahren unseres Jh. entdeckte man die got. Umfassungsmauern und die typischen Spitzbogenfenster.

Auffallend ist das 1773–75 für die Herren v. Kaunitz v. Anton Schmidt* erbaute dreigeschossige, reich mit Stukkaturen geschmückte Rokokopalais (Nr. 15/ CN 277). Die mythologischen Figuren

Straße ins ehem. Galliviertel, das sich bei der noch erhaltenen St.-Gallus-Kirche (→Sakralbauten: Kirchen, Kostel svatého Havla) befand.

Von der got. Bebauung kann man im Kellergeschoß des Hauses *Zum goldenen Krug/U zlaté konvice* (Nr. 20/CN 477), einem heutigen Weinlokal, noch die erhaltenen Gewölbe sehen. Auf der gegenüberliegenden Straßenseite (Nr. 17/ CN 970, 971) gelangt man über die Hlavsova ulice in den ehem. Klosterhof des *St.-Michael-Klosters*, an dessen Existenz die aufgehobene barocke St.-Michaels-Kirche (→Sakralbauten: Kirchen, Kostel svatého Michala) erinnert. Das Kloster wurde um 1790 in Wohnhäuser umgebaut.

In dem urspr. got., mehrfach umgestalteten *Teyfl-Haus/Teyflův dům* (Nr. 15/CN 463) ist ein Renaissance-Arkadenhof erhalten geblieben. Auch hinter der klassizistischen Fassade des Hauses Nr. 12 verbirgt sich ein got. Kern. Hier wohnte ab 1635 der Rektor der Prager Universität,

Mostecká ulice >

auf der Attika schuf Ignaz Franz Platzer*. Nach seinem Bauherrn heißt das Gebäude *Kaunitz-Palais / Kounický palác.*

An der Stelle des klassizistischen Hauses Nr. 16/CN 47 und auf dem benachbarten Gelände befand sich schon am Ende des 12. Jh. die *Pfalz der Prager Bischöfe* (→Profanbauten: Palais, Schlösser, *Bývalý biskupský dvůr*). Von einem got. Umbau ist im heutigen Hof noch ein Turm erhalten geblieben.

Der moderne Gebäudekomplex des Hauses Nr. 21/CN 273 entstand 1960 nach den Entwürfen v. K. Kunc*, M. Hudec* und J. Stehlík*. Um einen Innenhof mit Springbrunnen gruppieren sich ein Bistro, ein Kino und eine Weinstube. Über den Hof gelangt man in die Prokopská ulice.

Na příkopě / Am Graben (Nové Město / Neustadt): Die heutige belebte Geschäftsstraße, die den Wenzelsplatz / Václavské náměstí mit dem Platz der Republik / Náměstí republiky verbindet, erinnert in keiner Weise mehr an das ehem. Viertel mit Vorstadtvillen, Palais und ausgedehnten Gärten. Ihren Namen »Am Graben« trägt die Straße erst seit 1869; er weist auf den ehem. hier verlaufenden Wassergraben hin, der die Grenze zwischen Alt- und Neustadt bildete. Im Jahre 1760 wurde der Graben zugeschüttet und mit Linden bepflanzt; dementsprechend hieß die Straße »Alte Allee«. Im Auftrag des Statthalters Graf Chotek pflasterte man sie im Jahre 1839 und benannte sie nach ihm um. 1871 begann die großstädtische Bebauung; bis zu ihrem heutigen Erscheinungsbild erfolgten weitere Umgestaltungen, so daß sich die Bebauung aus Gebäuden des 17. bis 20. Jh. zusammensetzt.

An der Straßenecke Na můstku erhebt sich das moderne Gebäude des ČKD Praha (Nr. 1/ CN 388), das die Architekten A. Šrámková* und J. Šrámek* 1983 als Stein- und Stahlkonstruktion errichteten. Die Uhr des ehem. Hauses wurde im Giebel integriert. Im Erdgeschoß befindet sich der Eingang zur Metrostation »Můstek«. Die oberen Etagen beherbergen neben der Administration der Maschinenfabrik ČKD Praha ein Café und ein Restaurant.

Schräg gegenüber liegt das älteste Kaufhaus v. P. (Nr. 4/CN 847): *Dům elegance.* Das Neurenaissancegebäude erbaute der Architekt T. Hansen* 1869–71. Bes. beachtenswert ist die raffinierte Innenraumgestaltung.

Der Gebäudekomplex des *Sylva-Tarouca-Palais / Palác Sylva Tarouca* (Nr. 10/ CN 852; →Profanbauten, Palais, Schlösser, *Palác Sylva Tarouca*) umschließt 2 Innenhöfe und mündet in einem dritten, v. dem aus man den Wenzelsplatz erreicht.

Das Nachbarhaus *Zur schwarzen Rose / U černé růže* (Nr. 12/CN 853) war urspr. ein got. Haus, in dem sich 1411 regelmäßig die aus Deutschland vertriebenen Reformatoren, Anhänger der Lehre des Johannes Hus, trafen. An das alte Gebäude erinnert ein heute den Balkon des neuen Gebäudes v. 1847 zierendes Hauszeichen einer Rose. Die Durchgangspassage fügte O. Tyl* 1932 hinzu.

Das statuengeschmückte Gebäude der *Staatsbank / Státní banka* (Nr. 14/ CN 854) erbaute der Architekt Bedřich Bendelmayer* 1930 an der Stelle eines älteren Hauses, des Sterbehauses der bedeutenden tschech. Schriftstellerin Božena Němcová (1820 bis 1862).

Blick in die Nekázanka

Die schlichte Empirekirche zum *Hl. Kreuz / Kostel svatého Kříže* erbaute der Architekt Jindřich Fischer* 1819–23 als Saalbau für den Piaristenorden, der 1752 nach P. gekommen war. Das ehem. Kolleg liegt dahinter in der Panská ulice.

Durch ihre künstlerische Gestaltung bes. auffallend sind die beiden *Häuser Nr. 18/ CN 857* und *Nr. 20/CN 858* beiderseits der Querstraße Nekázanka, durch einen reliefverzierten Bogen miteinander verbunden. Die beiden Bankgebäude erbaute der Architekt Osvald Polívka* im böhm. Neurenaissancestil in den Jahren 1894–96 (Nr. 20) und 1911–12 (Nr. 18). Bedeutende Künstler wie Ladislav Šaloun*, Celda Klouček*, Jan Preisler*, Jan Lauda* u.a. beteiligten sich an der reichen Ausstattung mit Mosaiken und Plastiken des Hauses Nr. 18. Von dem urspr. Barockpalais auf dem Grundstück Nr. 20 wurde ein Portal mit plastischen Adlern und Vasen v. Matthias Bernhard Braun* in den jetzigen Bau integriert. Die Fassadenfront schmücken Reliefs zu den Themen Technologie, Landwirtschaft, Handel und Industrie von C. Klouček und Stanislav Sucharda*. Die Lünettenmosaiken wurden nach Entwürfen v. Mikoláš Aleš* geschaffen. Im Inneren sind sowohl die Vorhalle als auch das Treppenhaus mit Fresken geschmückt. Die Lichtträger sind Arbeiten von Bohuslav Schnirch*.

An schließt das *Slawische Haus / Slovanský dům* (Nr. 22/CN 859); ein urspr. barockes Palais (→öffentliche Gebäude). Das Gebäude der *Staatsbank* (Nr. 24/ CN 860–864) errichtete der Architekt F. Roith* 1938. Vorgängerbauten waren z. B. 2 im 19. Jh. bedeutende Hotels, zu deren Gästen die Komponisten Frédéric Chopin und Franz Liszt sowie der russ. Anarchist Michael Bakunin zählten. Auch ein späteres Gebäude der Zentralbank mußte weichen; daran erinnert eine erhaltene Löwenstatue auf dem Dach.

In dem Verwaltungsgebäude gegenüber (Nr. 33/CN 969), 1930–32 von R. Hildebrandt*, J. Sakař* und K. Jaray* errichtet, ist heute die Kommerzbank untergebracht. Urspr. stand hier ein älteres Gebäude, in dem sich ein bekanntes Prager Café befand. Hier war der Komponist Franz Liszt häufig zu Gast.

Národní třída / Nationalstraße (Nové Město / Neustadt): Die heutige belebte Verkehrsstraße verläuft anstelle der ehem. Befestigungsanlage zwischen Alt- und Neustadt; der hier befindliche Graben wurde 1781 zugeschüttet. Von dieser Zeit zeugen noch der Bau und Name der Kirche St. Martin in der Mauer (→Sakralbauten: Kirchen, Kostel svatého Martina ve zdi), die unmittelbar hinter dem Haus Platýz Nr. 37/CN 416 in dieser Straße liegt; ihre Mauern kann man dort durch 2 Durchgänge sehen.

Rechts hinter der Brücke der Legionen (→Brücken: Most Legií) erhebt sich das Neurenaissancegebäude des *Nationaltheaters* (→Theater: Národní divadlo), erbaut 1868 v. Josef Zítek* und nach einem Brand durch Josef Schulz* 1883 erneuert. Auftraggeber war die tschech. Bevölkerung.

Gegenüber liegt das *Palais Lažanský* (→Profanbauten: Palais, Schlösser, *Lažanských palác*) aus den Jahren 1861–1863 v. Ignác Ullmann*, das heute u. a. das Café Slavia beherbergt.

Hinter der kleinen Unterführungsstraße Divadelní ulice wurde 1977–83 v. Karel* Prager die mit Glasbausteinen verkleidete *Neue Szene/Nová scéna* (→Theater, Národní divadlo) erbaut, die nach hinten

Národní třída

mit dem Nationaltheater einen großen Platz bildet.

Auf der anderen Seite erstreckt sich der Neurenaissancebau der heutigen *Tschechischen Akademie der Wissenschaften* (Nr. 3–5/CN 1009), in den Jahren 1858–1862 und 1894–96 nach Plänen v. Ignác Ullmann* für die Böhm. Sparkasse errichtet. Die Attika des Hauses trägt r die Statuengruppe »Čechie« v. Antonín Wildt nach Vorlagen v. Josef Mánes*. Früher befand sich auf diesem Gelände eine Kalkbrennerei mit Ziegelei.

Das Nachbarhaus Nr. 7/CN 1011 erbaute Osvald Polívka* von 1907/08 für die *Versicherungsgesellschaft »Praha«* mit einer beachtenswerten Jugendstilfassade. In die goldumrahmten Lettern, die den Namenszug bilden, sind die Fenster der oberen Etage kunstvoll integriert.

Vom gleichen Architekten stammt auch das benachbarte Jugendstilgebäude des *ehemaligen Verlags Topič* (Nr. 9/CN 1010).

Gegenüber sieht man die rosafarbene Fassade der barocken *St.-Ursula-Kirche* (→Sakralbauten: Kirchen, *Kostel svaté Voršily*) mit dem ehem. Kloster; davor eine Statuengruppe des hl. Johannes v. Nepomuk v. Ignaz Franz Platzer*.

Das leicht hervortretende Barockeckhaus an der Mikulandská ulice (Nr. 16/CN 118) wurde wahrscheinlich v. František Maximilián Kaňka* in den Jahren 1735–40 erbaut. In der 2. Hälfte des 18. Jh. ging es in den Besitz seiner Familie über.

Im Laubengang wurde im Gedenken an die brutale Niederschlagung der Demonstration vom 17. 11. 1989 eine Wandplastik angebracht.

An der Stelle des 1975 erbauten Kaufhauses *Máj* (Nr. 26/CN 63) wurden bei archäologischen Untersuchungen Überreste einer alten Siedlung gefunden, die noch vor der Gründung der Neustadt 1348 existierte.

Der große, einen Innenhof mit Durchgang umschließende Gebäudekomplex des Bürgerhauses *Platýz* (Nr. 37/CN 416; →Profanbauten: Patrizier- und Bürgerhäuser) verbirgt hinter seiner heutigen Empirefassade eine Baugeschichte ab der Mitte des 13. Jh.

Das *Portheim-Palais / Portheimka* (Nr. 38/CN 37) schräg gegenüber erbaute 1794 der Baumeister Ignaz Johann Palliardi* für den Grafen Defours. Nach einigen Besitzerwechseln wurde es um 1850 für den Industriellen Porges v. Portheim

Nerudova ulice

um eine Etage erhöht und später in ein Wohnhaus umgestaltet.
Das anschließende Neurenaissancegebäude, das sog. *Adria-Palais* (Nr. 40/CN 36; →Geschäfts- und Verwaltungsbauten), beherbergt neben medizinischen Einrichtungen ein Café mit Terrasse und Geschäfte sowie das Theater »Divadlo za branov II«. Seine Längsseite wendet es dem Jungmannplatz mit einem Denkmal des Schriftstellers und Sprachwissenschafters Josef Jungmann zu. Die Skulptur schuf Ladislav Šimek* 1878.

Nerudova ulice / Nerudagasse (Malá Strana / Kleinseite): Als eine der malerischsten Straßen v. P. führt sie steil ansteigend vom Malostranské náměstí über die Burgrampe / Ke hradu zur Prager Burg. Früher diente sie als bedeutender Handelsweg in nw Richtung. Auf der Höhe der heutigen Marienkirche der Kajetaner stand das ehem. Stadttor, das Strahover Tor, das 1711 abgerissen wurde. Über die Straße verlief auch eine Teilstrecke des traditionellen Krönungsweges. Erst unter Maria Theresia wurden die Häuser mit Hausnummern versehen. Seit der Mitte des 17. Jh. hieß die Straße Ostruhová, eine tschech. Überset-

Nerudova ulice, Haus Zu den zwei Sonnen

zung des dt. Namens Spornengasse, was sich wiederum – österreichisch ausgesprochen – v. den Sparren herleitet, die wegen der starken Steigung für die Wagen gelegt wurden. Später wurde sie nach dem bedeutenden tschech. Schriftsteller und Journalisten *Jan Neruda* (1834–91) in Nerudagasse umbenannt. Neruda lebte und arbeitete hier im Haus *Zu den 2 Sonnen.* In seinen berühmt gewordenen Erzählungen »Kleinseitner Geschichten« erzählt er als selbstironischer »Chronist« auf humorvolle und poetische Weise v. den Menschen und ihrem Leben auf der v. Gassen und Winkeln durchzogenen Kleinseite am Fuße des Laurenzibergs / Petřín. Heute prägen vor allem Barockfassaden das Erscheinungsbild der urspr. schon viel älteren Straße. Die Bebauung setzt sich bis auf 2 Palais und die Kirche aus Bürgerhäusern zusammen. Nach alter Prager Gewohnheit tragen die meisten individuelle Hauszeichen, v. denen hier eine bes. schöne Kollektion erhalten geblieben ist. An der nw Ecke des Kleinseitner Rings / Malostranské náměstí beginnt die Gasse mit schmalen Häuschen, die aufwendige Giebel tragen.
Am Haus Nr. 6/CN 207 ist ein barockes Hauszeichen in Gestalt v. 2 Engeln angebracht, die einen roten Adler tragen. Die aufwendige Rokokofassade des Hauses Nr. 10/CN 209 stammt aus der Mitte des 18. Jh. In seinem Renaissance-Vorgängerbau wohnte der Hofmaler Kaiser Rudolfs II., Bartholomäus Spranger*, am Ende des 16. Jh.
Das anschließende Haus *Zu den 3 kleinen Geigen / U tří housliček* (Nr. 12/CN 210) erhielt sein Hauszeichen v. der Geigenbauerfamilie Edlinger, die das Haus am Anfang des 18. Jh. bewohnte. Aus dieser Zeit stammt die heutige Barockfassade. Aus der Gotik ist das Kellergeschoß erhalten geblieben und v. einem Renaissanceumbau das Eingangsportal.
Das *Valkounsche Haus* (Nr. 14/CN 211) war 1705–23 im Besitz des bedeutenden Barockbaumeisters Jan Blažej Santini-Aichel*, der dem ursprünglichen Renaissancegebäude sein barockes Aussehen gab. Daneben steht ein schlichtes Renaissancehaus mit einem Steinportal, das Haus *Zum goldenen Pokal / U zlaté*

číše (Nr. 16/CN 212). Das goldene Relief eines Pokals auf blauem Grund in einem ovalen Rahmen stammt v. dem um 1660 hier lebenden Goldschmied B. Schuhmann.

Hinter dem barocken Äußeren des Hauses Nr. 18/CN 213 verbirgt sich ein Renaissancebau v. 1566, wovon noch Sgraffitoreste zeugen. Als Hauszeichen dient das Relief des Prager Schutzheiligen Johannes v. Nepomuk v. ca. 1730. Seinen Erker schmückt eine barocke St.-Florian-Statue.

Auf der anderen Straßenseite steht das 1713–14 erbaute *Morzin-Palais* (Nr. 5/CN 256; →Profanbauten: Palais, Schlösser; *Morzinský palác*) mit seinen charakteristischen balkontragenden Mohrenfiguren. Hier ist der Sitz der rumänischen Botschaft. Schräg gegenüber erstreckt sich das *Thun-Hohenstein-Palais* der ital. Botschaft (Nr. 20/CN 214; →Profanbauten: Palais, Schlösser; *Thun-Hohenštejnský palác*). Links v. ihm führt ein schmaler Durchgang um das Palais herum zur Parallelstraße Thunovská ulice.

Ein Bogen über dem Durchgang verbindet das Palais direkt mit der anschließenden *Kirche der Jungfrau Maria v. der immerwährenden Hilfe bei den Kajetanern / Kostel Panny Marie u Kajetánů,*

die 1691–1717 wahrscheinlich v. Jan Blažej Santini-Aichel* erbaut wurde. Die Hauptaltarplastik schuf Matthäus Wenzel Jäckel* 1724. Die ehem. Klostergebäude befinden sich im Haus Nr. 24/CN 215.

Das urspr. Renaissancehaus *Zum goldenen Schlüssel / U zlatého klíče* (Nr. 27/CN 243) trägt an seiner heutigen Barockfassade einen hervorragend geschmiedeten Schlüssel in einer Kartusche als Hauszeichen. Auch das Haus Nr. 28/CN 217 ist ein ehem. Renaissancegebäude. Als solches wurde es auf dem zugeschütteten Graben, der die Ortschaften Kleinseite und Hradčany voneinander trennte, errichtet. Unmittelbar gegenüber der hinabführenden Treppe Janský vršek liegt das Haus *Zum goldenen Löwen / U zlatého lva* (Nr. 32/CN 219). In diesem Spätrenaissancegebäude ist in der Tradition einer in den Jahren 1749–1952 bekannten Prager Apotheke das pharmazeutische Museum eingerichtet. Eine Gedenktafel erinnert an den einst hier wohnenden Kunsthistoriker Václav Vilém Štech (1885–1974), einen der besten Kenner der Prager Kunst.

Das heute barocke Nachbarhaus *Zum goldenen Hufeisen / U zlaté podkovy* (Nr. 34/CN 220) besitzt ein bes. interes-

Giebel in der Nerudova ulice

santes Hauszeichen: ein über dem Portal befindliches Bild des hl. Wenzel mit Pferd, dessen Fuß ein echtes Hufeisen trug. Im 16. Jh. befand sich hier das Wohnhaus des bedeutenden Baumeisters Udalrico Aostalis de Sala*.

Das gegenüberliegende, urspr. bürgerliche Barockhaus *Sommer und Frühling* (Nr. 33/CN 240) baute Johann Josef Wirch* 1765 im Rokokostil für den Grafen Bretfeld um. Aus dieser Zeit stammt auch das Fassadenrelief des hl. Nikolaus v. Ignaz Franz Platzer*. Hier waren Wolfgang Amadeus Mozart und Giovanni Casanova berühmte Gäste.

Bes. Bekanntheit erlangte das Haus *Zu den zwei Sonnen / U dvou slunců* (Nr. 47/CN 233), das ehem. Wohnhaus des Schriftstellers Jan Neruda in den Jahren 1845–57 (siehe oben). Von dem urspr. Renaissancehaus ist nach dem barocken Umbau 1673 bis 1693 das Portal erhalten. Auffallend sind die beiden schön geschwungenen Giebel. Sein Hauszeichen der beiden Sonnen in einem Stuckrahmen trägt es schon seit der Mitte des 17. Jh. Bis heute sind alle entdeckten Sonnendarstellungen auf Prager Häusern in Form v. Männergesichtern gestaltet. Man kann vermuten, daß sie symbolisch für die lebensspendende Kraft v. Wärme und Licht stehen. Die kunstvolle Gedenktafel an Jan Neruda entwarf V. Oliva* 1895.

Nový svět / Neue Welt (Hradčany): Der poetische Name bezieht sich auf einen kleinen Straßenzug im Stadtteil Hradčany, der als dessen Vorstadt bereits im 14. Jh. nahe der Burg entstanden ist; urspr. standen hier eine Fasanerie und Gärten. Dazugerechnet wird auch das Seitengäßchen Černínská ulice, das direkt zum Loretánské náměstí führt. Der kleine Stadtteil wurde 1420 durch einen Brand zerstört; 1541 gab es ein erneutes verheerendes Feuer als Folge der Brandkatastrophe auf der Kleinseite. Hinter dem auch schon damals gebräuchlichen Namen »Neue Welt« verbarg sich ein Armenviertel. Heute wirken die winzigen Häuschen, deren Äußeres zumeist aus dem 18. und 19. Jh. stammt, dagegen eher romantisch verträumt. Diese Atmosphäre spiegelt sich in einigen Passagen des Romans »Der veruntreute Himmel« v. Franz Werfel wider. Die schönen Hauszeichen der Häuser kommen zumeist aus dem »goldenen« Bereich.

Besonders zu erwähnen sind die folgenden Häuser: Am Haus *Zum goldenen Vogel Greif / U zlatého noha*

Nový svět (Neue Welt)

(Nr. 1/CN 76) erinnert eine Gedenktafel an den Aufenthalt des dänischen Astronomen Tycho Brahe um 1600. Das stuckverzierte *Haus der goldenen Birne / U zlaté hrusky* (Nr. 3/CN 77) mit einer goldenen Birne als Hauszeichen beherbergt ein beliebtes Prager Weinlokal. An der Ecke zur Kapucínská ulice steht das Erkerhaus *Zur blauen Traube / U modrého hroznu* (Nr. 5/CN 78), dessen Name auf eine ehem. Weinstube schließen läßt. Den Erker aus dem 17. Jh. trägt ein unauffälliger roter Fisch.

Als hölzerner Blockbau ist das Haus Nr. 10/CN 93 bes. interessant. Im Haus *Zum goldenen Pflug / U zlatého pluhu* (Nr. 25/CN 90) wurde 1857 der berühmte Geigenspieler František Ondříček geboren.

In der Černínská ulice ist das Haus Nr. 5/CN 141 mit dem kleinen, v. einer Mauer eingefaßten Gärtchen bes. reizvoll. Auf der Mauerecke steht eine steinerne Plastik des hl. Johannes v. Nepomuk, wahrscheinlich in der 2. Hälfte des 18. Jh. entstanden.

Ovocný trh / Obstmarkt (Staré Město / Altstadt): Von der →Celetná ulice als Straße abgehend, erweitert sich der Obstmarkt in Richtung Ständetheater /

Stavovské divadlo (→Theater) zu einem Platz. Im 14. Jh. trug er den Namen »Neumarkt« und wurde 1870 in Obstmarkt umbenannt. Jetzt hat der Platz die Funktion als Markt verloren.

An seiner N-Seite tritt aus der Fassade der Karlsuniversität (→öffentliche Gebäude, Karolinum) ein got. Erker; der noch aus der Gründungszeit der Universität (1348) stammt.

Im Haus Nr. 12 wohnte eine Zeitlang der bedeutende Barockmaler Karel Škréta* und im Haus Nr. 16 der Astronom Johannes Kepler.

Pohořelec / Brandplatz (Hradčany): Ursprüngl. war Pohořelec eine Vorstadt der Stadt Hradčany, gegr. 1375 v. dem Burggrafen Aleš z Malkovic. Der eigentümliche Name Brandplatz bzw. Brandstätte beruht auf der Tatsache, daß der Platz in seiner Geschichte dreimal großen Feuersbrünsten zum Opfer fiel. Die ehem. Bebauung brannte 1420 während der kriegerischen Auseinandersetzung mit König Sigismund ab; vom Großbrand 1541 stark in Mitleidenschaft gezogen, ging sie abermals 1742 beim Angriff der französischen Armee in Flammen auf. So erklärt sich, daß sein heutiges Erscheinungsbild trotz seines Alters v. überwie-

Pohořelec, Arkaden an der Nordseite

gend barocken Häuserfronten bestimmt wird.

Der langgestreckte Platz weist in Richtung Prager Burg ein leichtes Gefälle auf und spaltet sich am unteren Platzende in die Straßenzüge Úvoz und Loretánská ulice auf. Seine n Seite säumen zum Teil noch Laubengänge. Durch das auf der Südseite gelegene Renaissancehaus Nr. 8/CN 147 gelangt man über eine Treppe zum Kloster Strahov (→Sakralbauten: Klöster, Strahovský klášter). Eine bis 1846 auf dem Hradčanské náměstí stehende *Statuengruppe des hl. Johannes v. Nepomuk* schmückt seine Mitte. Sie wurde 1752 v. dem Bildhauer Johann Anton Quittainer* geschaffen.

Dort wo die Straßen Keplerova und Parléřova ulice auf den Brandplatz münden, steht ein *Denkmal* der beiden *Astronomen Tycho Brahe* und des jüngeren *Johannes Kepler* aus dem Jahre 1984 v. Josef Vajce*. Im Hof der hier befindlichen Schule (Nr. 2/CN 118) entdeckte man Anfang dieses Jh. die Fundamente des ehem. Renaissance-Lustschlößchens des Grafen Senftau. Hier verbrachte Tycho Brahe seine letzten 2 Lebensjahre. Er arbeitete mit Johannes Kepler zusammen, der 1600 als sein Gehilfe nach P. gekommen war.

An der N-Seite des Platzes fällt das *Kučera-Palais/Palác Kučerovský* (Nr. 22/CN 114) mit seiner reich mit Stukkaturen verzierten Rokokofassade ins Auge. Das urspr. Renaissancehaus baute Antonín Schmidt* 1765–69 für die Steinmetzfamilie Demartini entsprechend um. Seinen Namen Kučera trägt es nach einem hohen kaiserlichen Offizier, der mit Ludwig van Beethoven befreundet war.

Das Haus *Zum goldenen Löwen/U zlatého lva* (Nr. 23/CN 113) wurde 1773 als Sitz der Strahover Pfarre erbaut. Aus dieser Zeit stammt auch das Strahover Wappen.

Den ö Platzabschluß bildet das *Breiter Hof/Široký dvůr* genannte Gebäude Nr. 26/CN 110. Es wird bereits im 15. Jh. als Rasthaus mit Ställen erwähnt. Von einem späteren Barockumbau zeugen noch das Portal und die Giebel.

Náměstí republiky/Platz der Republik

(Nové Město/Neustadt): Früher verlief über die heutige Platzanlage die Grenze zwischen der Altstadt und Neustadt in Form eines Burggrabens. Heute befindet sich hier ein Verkehrsknotenpunkt, umgeben v. bedeutenden Gebäuden. Der an der Einmündung der →Celetná ulice auf dem Platz erbaute *Pulverturm / Prašná*

Denkmal Tycho Brahe, Johannes Kepler

Pulverturm

brána entstand im Auftrag der Altstädter Gemeinde für König Vladislav Jagiello und bildete in seiner Regierungszeit (1471–1516) das alte Stadttor. Von dem Baumeister Václav z Zlutic* begonnen, fortgesetzt v. Matěj Rejsek*, wurde der Turm in die bereits bestehenden Befestigungsanlagen der Altstadt integriert. Etwas w stand das Stadttor Odraná brána, eines der urspr. 7 Stadttore, das durch kriegerische Angriffe stark beschädigt worden war. Das neue Tor sollte vor allem auch Repräsentationszwecken des nahe gelegenen Königshofs (vgl. Obecní dům/Repräsentationshaus) entsprechen und war ähnlich dem Altstädter Brückenturm (→Brücken: Karlův most / Karlsbrücke) mit reichem Ornamentschmuck verziert. Als 1484 König Vladislav Jagiello seine Residenz v. der Altstadt wieder zurück auf die Prager Burg verlegte, verlor der Turm an Bedeutung, und die Bauarbeiten stagnierten bis 1592. Ende des 17. Jahrhunderts diente der Turm als Pulverlager, was seinen heutigen Namen prägte. Im Siebenjährigen Krieg wurde er durch die angreifenden Preußen so schwer beschädigt, daß 1799 auch noch die kläglichen Reste der kunstvollen Ornamentik entfernt wurden. In den Jahren 1875–86 restaurierte Josef Mocker* das Bauwerk, setzte ihm ein Walmdach auf und gestaltete die Durchfahrt mit einem Netzgewölbe. Das alte Dekor wurde durch neugot. Ornamentik und Statuen ersetzt; die Künstler waren u.a. Bernard Seeling*, Ludvík Šimek* und Jindřich Čapek*. Über eine Wendeltreppe mit 186 Stufen erreicht man die 65 m hohe Turmgalerie, v. wo man einen herrlichen Blick über die Stadt hat (geöffnet in den Sommermonaten).
Direkt neben dem Pulverturm steht das *Repräsentationshaus / Obecní dům* (Nr. 5/CN 1090; →Profanbauten: öffentliche Gebäude, *Obecní dům*) mit seinem bleiverglasten Portikus und der Kuppel. An seiner Stelle befand sich am Ende des 14. Jh. der Königshof von König Wenzel IV. Gegenüber liegt das *Hyberner Haus / U Hybernů* (Nr. 3/CN 1037), urspr. ein 1355 v. Kaiser Karl IV. gegr. Kloster mit Kirche. Das heutige Empiregebäude verbirgt die ehem. Kirche und

Staroměstské náměstí / Altstädter Ring

dient als Ausstellungssaal (→Museen, Galerien). Am nö Platzende liegt hinter einer Mauer die barocke Kirche *St. Josef* (→Sakralbauten: Kirchen, *Kostel svatého Josefa*), in den Jahren 1633 bis 1653 für den Kapuzinerorden erbaut.
Auf der anderen Seite erstreckt sich der moderne Baukomplex des größten Prager Kaufhauses, *Kotva* (Nr. 8). Es wurde 1975 von dem Architektenehepaar Machonin fertiggestellt. Im Jahre 1971 entdeckte man hier bei archäologischen Forschungsarbeiten Reste einer St.-Benedikt-Kirche (ca. 1233) und der dazugehörenden Kommende des Dt. Ritterordens, sowie Fundamente der got. Stadtmauer.

Staroměstské náměstí / Altstädter Ring (Staré Město/Altstadt): Nach neuesten Forschungsergebnissen befand sich im 10. Jh. die 1. Ansiedlung auf dem Altstädter Ring; bereits im 11. Jh. wird in schriftlichen Überlieferungen v. einem Markt und Handelshof für ausländische

Staroměstské náměstí / Altstädter Ring, Teynkirche

Kaufleute, dem bis heute erhaltenen *Teynhof/Tyn* gesprochen. Aufgrund zahlreicher Überschwemmungen wurde der Platz aufgeschüttet, und auf die urspr. roman. Bebauung setzte man neue got. Häuser. In einigen Kellern sind die roman. Fundamente erhalten geblieben. Die unregelmäßige Grundform des Altstädter Rings stammt noch aus seiner Gründungszeit. In den Jahren 1232–34 wurden die bis dahin verschiedenen Ansiedlungen um den Platz zur Altstadt vereinigt und erhielten 1338 durch den Umbau eines Bürgerhauses ihr *Altstädter Rathaus* (→Profanbauten: öffentliche Gebäude, Staroměstská radnice). Der Platz wurde zum Mittelpunkt der jungen Stadt; er war Handelsplatz, Treffpunkt und Schauplatz für Ereignisse v. besonderer politischer und gesellschaftlicher Bedeutung. Er war der Ort, wo die traditionellen Krönungsfeierlichkeiten begangen wurden; hier wurde 1422 der Prediger und Anführer der hussitischen Revolution, Jan Želivský, mit zahlrei-

chen seiner Anhänger hingerichtet; 1458 wurde hier Georg v. Podiebrad zum böhm. König gewählt; 1621 erfolgte die Hinrichtung der 27 Anführer des Ständeaufstands v. 1618, wovon heute die ins Pflaster eingelassenen Kreuze vor dem Rathausturm zeugen. Im Jahre 1918 demonstrierte die Prager Bevölkerung für einen souveränen Staat und die Befreiung v. der Habsburger-Monarchie. 1945 wurde hier die russische Armee als Befreier begrüßt, und 1968 standen an gleicher Stelle die Panzer der Unterdrücker des »Prager Frühlings«.

Auch städtebaulich hat jede Epoche ihre Spuren hinterlassen: So stammen z.B. Teile des Rathauses und Teynhofes noch aus der Gründungszeit der Altstadt im MA. Verborgen hinter den aufwendigen Barockfassaden mit ihren geschwungenen Giebeln und Balustraden an der S-Seite des Platzes sind die roman. und frühgot. Keller erhalten geblieben. Die n Platzseite weist eine Bebauung aus dem 19.Jh. auf.

Ein großer Eingriff in das Platzgefüge war der Abriß des *sog. Krennhauses* 1901, das mit seiner Längsseite an der Straße U radnice unmittelbar vor der *St.-Nikolaus-Kirche* (→Sakralbauten: Kirchen, *Kostel svatého Mikuláše*) stand. In den Platz hineinragend, schloß es ihn gewissermaßen ab und verhinderte den freien Blick auf die Kirche, die nur ihre Türme erkennen ließ. Südlich v. ihm stand der neugot. Erweiterungsbau des Rathauses aus den Jahren 1838–48. Dieses wurde während der dt. Okkupation 1945 zerstört, woran der erhaltene Torso erinnert. Pläne über einen neuen Anbau sind derzeit noch umstritten.

Um 1860 verschwand der ehem. Krocín-Brunnen v. der W-Seite des Platzes. Mit der Proklamation der Tschechoslowak. Republik 1918 wurde die v. Kaiser Ferdinand III. zum Andenken an den Sieg der Gegenreformation hier aufgestellte Mariensäule als Symbol der Herrschaft der Habsburger abgerissen. Da sie eines der Hauptwerke Georg Bendels* war, werden heute die Säulenteile im städtischen Lapidarium aufbewahrt.

Einschneidend war auch der bei der Assanierung der Josefstadt / Josefov geschaffene Straßendurchbruch an der n Platzseite, der den Altstädter Ring mit der Moldau verbindet. Die so entstandene *Pařížská ulice / Pariser Straße* erinnert mit ihren künstlerisch gestalteten Jahrhundertwende- bauten in der Tat an einen Pariser Boulevard.

Im NO des Platzes nimmt das monumentale *Johannes-Hus-Denkmal* eine große Fläche ein. Es wurde am 6.7. 1915 zum Gedenken an den 500sten Jahrestag der Verbrennung des tschech. Reformators Johannes Hus errichtet. Sein Schöpfer ist der Bildhauer Ladislav Šaloun*. Es trägt die Aufschrift: »Pravda zvítězí« (»Die Wahrheit wird siegen«).

Einige bedeutende Gebäude am Platz sind: Bei der Mündung des Kleinen Rings / →Malé náměstí in den Altstädter Ring steht mit dem Laubengang leicht hervortretend das Haus *Zur Minute* (Nr. 2/CN 3; →Profanbauten: Patrizier- und Bürgerhäuser, *U minuty*) mit seiner

Staroměstské nám.,
Johannes-Hus-Denkmal >

typischen Sgraffitofassade. Es schließt der Gebäudekomplex des *Altstädter Rathauses* mit der berühmten Astronomischen Uhr/Orloj und dem got. Erker an der O-Seite an (→Profanbauten: öffentliche Gebäude, Staroměstská radnice).

An der Gebäudeecke des dem Haus Zur Minute gegenüber liegenden Hauses Nr. 29/CN 460 steht die Barockstatue des *hl. Florian,* dargestellt in antiker Soldatentracht mit Helm. Er ist der Schutzpatron der Feuerwehr und hilft bei Bränden.

Das daran anschließende Wohnhaus (Nr. 28/CN 461) bekam sein barockes Erscheinungsbild wahrscheinlich v. einem Umbau durch F. I. du Prée*. Zu der Zeit gehörte es noch zu dem 1626 bei der St.-Michaels-Kirche (→Sakralbauten: Kirchen, Kostel svatého Michala) gegr. Servitenkloster. Sein Renaissanceportal ist erhalten geblieben.

Das Haus *Zum goldenen Einhorn / U zlatého jednorožce* (Nr. 20/CN 548) an der Ecke zur Železná ulice läßt trotz seiner barocken Umgestaltung noch got. Elemente entdecken; Reste des mit Lilien geschmückten Hauptportals, das Gewölbe in seinem Durchgang und ein Sedile im Schaukasten an der Fassadenwand. Von dem urspr. Haus ist im Kel-

Staroměstské nám., Storch-Haus (Mitte)

lergeschoß eine auf einem Mittelpfeiler eingewölbte Halle erhalten. Eine Gedenktafel erinnert an die 1848 hier gegr. Musikschule des Komponisten Bedřich (Friedrich) Smetana.

An der Stelle eines got. Hauses entstand 1897 das Neurenaissancegebäude des *Storch-Hauses / Štorchovo nakladatelství* (Nr. 16/CN 552) nach Plänen von B. Ohmann*. Seine aufwendige Fassade schmückt ein Gemälde des hl. Wenzel zu Pferd v. Mikoláš Aleš*.

Die ö Platzseite säumt v. der Celetná ulice bis zur Týnska ulice ein got. Arkadengang. Hinter den markanten Stufengiebeln der *Teyn-Schule / Týnská škola* (Nr. 14/CN 604) erheben sich die mächtigen Türme der *Teynkirche* (→Sakralbauten: Kirchen, *Kostel Panny Marie před Týnem*), die ein schon v. weitem erkennbares Merkmal des Platzes darstellen. Einer der interessantesten Bauten ist sicherlich der erst in den 70er Jahren entdeckte gotische Wohnpalast *Zur steinernen Glocke / U kamenného zvonu* (Nr. 13/CN 605), der bis dahin hinter einer Barockfassade verborgen lag (→Profanbauten: Patrizier- und Bürgerhäuser). Daneben ragt das barocke Kinský-Palais/ Palác Kinských (Nr. 12/CN 606; →Profanbauten: Palais, Schlösser) ungewöhnlich weit in den Platz hinein.

Im Stil des frühbarocken *ehem. Paulanerklosters* (Nr. 7/CN 930) war die ganze n Platzfront urspr. gestaltet. Das Kloster entstand 1684 durch den Zusammenschluß zweier roman. Bauten und war durch einen gedeckten Gang mit der St.-Salvator-Kirche (→Sakralbauten: Kirchen, Kostel svatého Salvatora) in gleichnamiger Straße verbunden. Der Giebel des Hauses trägt die Plastiken der hll. Salvator, Franziskus und Kaspar sowie Engelsfiguren v. Matthäus Wenzel Jäckel* (1696). Nach der Säkularisierung befand sich hier Ende des 18. Jh. eine Münzstätte.In der nw Ecke des Platzes erhebt sich der prächtige Barockbau der →St.-Nikolaus-Kirche (→Sakralbauten: Kirchen, *Kostel svatého Mikuláše*).

Staroměstská tržnice / Altstädter Markthalle (Staré Město / Altstadt, Rytířská ulice / Rittergasse Nr. 10/CN 406): Das 1893–94 v. J. Fialka* errichtete Gebäude der Markthalle liegt zwischen den Straßenzügen Rytířská ulice und 28.října. In einem der urspr. hier stehenden Häuser wurde der Erfinder der Lithographie, Alois Senefelder, 1771 geboren; daran erinnert eine Tafel am Haupteingang.

Trotz des Umbaus v. 1980–85 erkennt man im Inneren die Eisenkonstruktion der urspr. Halle. Die Decke wurde vor allem wegen der einfacheren Beheizbarkeit heruntergezogen.

Týn / Teynhof, auch Ungeld (Staré Město / Altstadt, Týnská ulice/Štupartská ulice/CN 640): Der Teynhof war urspr. ein eingefriedetes Fürstengehöft und als Handelsplatz und Zollstätte schon im 11.Jh. bekannt. Hier konnten fremde Kaufleute ihre in die Stadt eingeführten Waren stapeln und selbst Quartier finden. Dafür hatten sie eine Art Zoll, das sog. Ungeld zu entrichten. Außerdem befand sich hier ein Spital mit einer roman. Marienkirche, dem Vorgängerbau der heute den Teynhof beherrschenden Teynkirche (→Sakralbauten: Kirchen, Kostel svaté Panny Marie před Týnem). Die heutige Anlage eines v. Gebäuden umgebenen Hofes mit 2 Toren stammt noch aus dem 14.Jh. Vom Altstädter Ring /→Staroměstské náměstí trennt ihn die sog. *Teynschule / Týnská škola*, ein urspr. got. Haus mit Laubengang und venezianischen Renaissancegiebeln aus dem 16.Jh. Im 15.Jh. lehrte hier der bedeutende Baumeister Matěj Rejsek*, u.a. Schöpfer des Vladislav-Saals im Alten Königspalast auf der Prager Burg/Pražský hrad.

Das wertvollste Gebäude im Teynhof ist das *Granovský-Haus* (Nr.1, 2/CN 639, 640). Im Jahre 1558 schenkte es der Habsburger Ferdinand I. J.Granovský als Zollhaus, was es bis 1773 auch blieb. Der neue Besitzer ließ es 1560 zu einem zweiflügeligen Renaissancepalais mit einem Arkadenumgang im 1.Stock umbauen. Ein Portal trägt sein Wappen mit der Jahreszahl 1560. Die Fassade schmücken Malereien biblischer und mythologischer Szenen sowie ein Porträt Ferdinands I. Rechts davon liegt das prächtige *Portal* zur Týnská ulice (in dieser Straße hat der Barockmaler Karel Škréta* gelebt; Gedenktafel am Haus

Nr.10), das 1559/60 im Renaissancestil mit Giebelaufbau und Fassadensgraffiti erbaut wurde. Das Haus Nr.6/CN 642 im Hof heißt seit Anfang des 18.Jh. *Zum schwarzen Bären / U černého medvěda* (Hauszeichen). Auch die Statuen der hll.Johannes v.Nepomuk, Wenzel und Florian stammen aus dieser Zeit. Das Haus selbst hat einen got. Kern.

Im *Vrbnovský-Haus* Nr.12/CN 645, einem urspr. Renaissancehaus, das im 18. und 19.Jh. umgebaut wurde, befand sich Anfang des 19.Jh. das Kaffeehaus »U komárků«, wo sich bedeutende tschech. Schriftsteller und Wissenschaftler trafen. In diesem Haus liegt auch das O-Tor des Teynhofs.

Nach der derzeit stattfindenden umfassenden Rekonstruktion soll der Teynhof für kulturelle Veranstaltungen und ein Teil als Hotel genutzt werden.

Uhelný trh / Kohlenmarkt (Staré Město / Altstadt): Der in seiner ungewöhnlichen Form angelegte Platz gehörte schon im 13.Jh. zum alten Marktgebiet der Stadt. Ab dem 14.Jh. bis zum Jahre 1807 war hier eine Köhlerei ansässig. Später verkaufte man hier Gemüse und Blumen. Heute ist v. dieser Tradition nur der Name erhalten geblieben.

Teynkirche

Seit 1951 schmückt den Kohlenmarkt der sog. *Wimmersche Brunnen,* der 1797 im Empirestil für den Kunstförderer Jakob Wimmer erbaut wurde. Die den Garten- und Weinbau symbolisierenden Figuren eines Mädchens und eines Jungen schuf Franz Xaver Lederer*.

In dem Eckhaus *Zu den drei goldenen Löwen / U tří zlatých lvů* (Nr. 1/CN 420) mit Laubengang war die Wohnung des Künstlerehepaares Dušek. Dort wohnte Wolfgang Amadeus Mozart im Jahr 1787 während der Uraufführung seiner Oper »Don Giovanni« im nahe gelegenen Ständetheater / Stavovské divadlo (→Theater).

Heute dienen die an der O-Seite des Platzes einmündenden Straßen →V kotcích und Havelská ulice als Märkte.

Úvoz / Hohler oder auch Tiefer Weg (Hradčany): Als Fortsetzung der Straße Nerudova ulice führt sie weiter ansteigend Richtung →Pohořelec (dem heutigen Platz und ehem. Vorort), Kloster Strahov (→Sakralbauten: Klöster, Strahovský klášter) und zum Laurenziberg/Petřín. Früher diente sie auch als Ausfallstraße nach W aus der Stadt hinaus. Nach der Gründung der königlichen Stadt Hradčany 1598 wurde der Úvoz,

bedingt durch seine Lage vor der Stadtmauer, zur Vorstadt.

Die heutige Straße säumt an der Hangseite die Mauer des Strahov-Gartens und gegenüber eine fortlaufende Häuserzeile mit größtenteils barock gestalteten Fassaden. Nur im unteren Teil erfolgte die Bebauung beiderseits. Als Straßenzug hat der Úvoz seinen alten Charakter bewahrt, der noch durch das Kopfsteinpflaster unterstrichen wird. Die meisten Häuser tragen auffallend schöne Hauszeichen. Das heutige *Barockhaus Nr. 2/ CN 171* stammt urspr. aus dem 14. Jh. Im Giebel trägt es das Auge Gottes und über dem Eingang ein mit einer Krone geschmücktes Gitter. Interessant ist das Hauszeichen der 3 gekreuzten Äxte in einer Kartusche an der Barockfassade des *Hauses Nr. 6/CN 169;* es läßt auf den Beruf des ehem. Hausbesitzers (Zimmermann) schließen. Das Haus (Nr. 12/ CN 166) *Zum weißen Widderchen / U bílého beránka* trägt sein Hauszeichen über dem Eingang. Sein barockes Äußeres entstand in der 1. Hälfte des 18. Jh.

Das gegenüberliegende Haus Nr. 11/ CN 157 wurde in die Mauer des Strahov-Gartens eingebaut. Es diente dem Kloster als Weinkeller, später als Bäckerei. Ein aufwendiges Relief der Madonna

Úvoz

Úvoz, Haus Zur steinernen Säule

mit dem Jesuskind unter einem Baldachin schmückt die Rokokofront des
Hauses *Zum Spiegel / U zrcadla* (Nr.22/
CN 161). Es schließt das Haus *Zur stei-*
nernen Säule / U kamenného sloupu
(Nr.24/CN 160) an, das 1706 im Auftrag
des Malers Christian Luna* erbaut wurde. Zwischen den Fenstern ist das Hauszeichen einer Säule angebracht; auf ihr
steht eine kleine Marienfigur. In die ab-
geschrägten Hauseckcen ließ Luna die allegorischen Büsten der Sonne und des
Mondes stellen. Die Traube des *Hauses*
Nr.30/CN 158 ist neben dem Löwen eines der häufigsten Hauszeichen v. P.; sie
weist auf eine ehem. Weinstube hin.
Leicht kann man sich vorstellen, wie der
Wanderer hier ein Gläschen Wein bei einem herrlichen Ausblick über die Strahover Gärten genoß.
Das Gebäude Nr.15/CN 155 an der Ecke
zum Platz Pohořelec war urspr. ein 1623
erbautes Spital, das dem Bau der barokken Prager Schanzen weichen mußte.
Der Abt V.Makarius Frank gab 1688
den Auftrag zur Errichtung eines neuen
Spitalbaus. Aufgrund seines hohen frühbarocken Giebels hat dieser Bau das
Aussehen einer Kirche. Den Eindruck
verstärkt der in Stein gehauene Kalvarienberg v. 1726 auf der Fronttreppe.

Václavské náměstí / Wenzelsplatz (Nové Město / Neustadt): Dieser weltweit
bekannte Platz wurde im Jahre 1348 v.
Kaiser Karl IV. in der v. ihm gegr. Neustadt angelegt. Schon damals hatte er die
enormen Ausmaße v. 750 m Länge und
60 m Breite und gilt bis heute als Muster-
beispiel für vorausschauende großzügige
Städteplanung. Bald wurde er für die
jährlich stattfindenden Pferdemärkte genutzt, weshalb er dann bis zum Jahre 1848 auch »Roßmarkt« hieß. Im
18.Jahrhundert wurden auf dem oberen
Teil Korn, unten Tuch und Waffen verkauft. Im Revolutionsjahr 1848 benannten die Prager den Platz auf Vorschlag v.
Karel Havlíček Borovský in Wenzelsplatz um. Am oberen Platzende, wo sich
heute das *Nationalmuseum / Národní*
muzeum (→Museen) befindet, stand bis
zu seinem Abriß im Jahre 1875 ein Tor
der alten Stadtbefestigung, das Roßtor
oder auch St.-Prokops-Tor. Im gleichen
Jahr bepflanzte man den Platz mit
2 Doppelreihen Linden und stellte Gas-
kandelaber auf. Die ehemalige steinerne
St.-Wenzels-Statue v. Johann Georg
Bendl* wurde 1879 auf den Vyšehrad
umgesetzt.
Die heutige Platzgestaltung ist das Ergebnis zahlreicher Veränderungen, vor-

Václavské náměstí, Wenzelsplatz

Wenzelsdenkmal

wiegend aus dem 19. Jh. Durch die neuere Bebauung ging der Blick auf die imposante Maria-Schnee-Kirche (→Sakralbauten, Kirchen, Kostel Panny Marie Sněžné) verloren, die die urspr. niedrigeren Häuser stolz überragte. Um die Mitte des 19. Jh. entwickelte sich der Wenzelsplatz zu einem großstädtischen Boulevard.

In diesen Prozeß wurden auch die Querstraßen einbezogen. Bes. interessant ist das w an den Platz anschließende *Netz v. Passagen,* die die einzelnen Straßen des Viertels miteinander verbinden. Z. B. kann man vom Wenzelsplatz durch das Haus Nr. 28/CN 785 in den Garten Františkánská zahrada und weiter direkt zum Jungmannovo náměstí gelangen. Durch das Haus Nr. 38–40/CN 794, 626 führt eine lange Passage mit vielen Quergängen bis zur Straße V jámě.

In den 80er Jahren unseres Jh. wurden die heutigen Grünanlagen in der Platzmitte angelegt und der Verkehr zugunsten der Fußgänger eingeschränkt.

Das im Jahre 1912 am oberen Platzende aufgestellte *Wenzelsdenkmal / Pomník svatého Václava* entstand nach einer 3 Jahrzehnte dauernden Arbeit des Bildhauers Josef V. Myslbek*. Das Reiterstandbild des hl. Wenzel zeigt den 1. Landespatron und Märtyrer Böhmens im Rittergewand mit Harnisch und Lanze. Ihm zu Füßen stehen auf dem Sockel die 4 Schutzheiligen: Ludmilla und Prokop (vorn) und Agnes und Adalbert (hinten); sie vermitteln in ihrer Körperhaltung den Eindruck einer Prozession. Unterhalb des Denkmals wurde das für die Gründung der 1. Republik 1918 bedeutungsvolle Datum 28. 10. 1918 in Messingzahlen in das Pflaster eingearbeitet.

Berühmt geworden ist der Wenzelsplatz auch als Schauplatz herausragender historischer Ereignisse:

1848 Lesung der nationalen Messe, wodurch die revolutionäre Bewegung eingeleitet wurde.

1948 Demonstration gegen die »Februarrevolution der Arbeiterklasse«.

1968 Niederschlagung des Prager Frühlings durch Einmarsch der Warschauer-Pakt-Staaten.

1989 Massendemonstrationen für eine freie demokratische Tschechoslowakei.

Von den Gebäuden werden einige bes. herausragende Beispiele der für den Platz typischen großstädtischen Bebauung hier etwas näher beschrieben.

Den *Palác Koruna* (Nr. 1/CN 846) an der Ecke zur Straße Na příkopě erkennt man leicht an seiner kleinen Kuppel in Form einer Krone. Er wurde in den Jahren 1912 bis 1914 als Geschäfts- und Bürogebäude v. A. Pfeiffer* erbaut, die bildhauerische Gestaltung stammt v. Stanislav Sucharda* und Jan Štursa*.

Anfang der 30er Jahre wurde das Erdgeschoß umgestaltet. In der Passage zur Na příkopě findet man eine schöne Glaskuppel. Auf der anderen Seite steht das konstruktivistische Gebäude des Schuhwarenhauses *Dům obuvi* (Nr. 6/CN 840), 1928–29 v. Ludvík Kysela* für die weltweit bekannte Schuhfirma Baťa erbaut. Ein Durchgang führt zum Platz Jungmannovo náměstí.

Es folgt das Jugendstilgebäude Nr. 8/CN 775, das heute eine Apotheke beherbergt. Das 1911–13 v. M. Blecha* erbaute Haus schmücken bes. markante Figuren und Lampen aus Bronze an der Fassadenfront.

Das Nachbarhaus Nr. 10/CN 776 wurde 1899–1900 v. A. Dlabač* als Geschäfts- und Verwaltungsgebäude konzipiert. Die Fassadenplastiken schuf Ladislav Šaloun*, die den Giebel flankierenden Statuen V. Amort*.

Das anschließende Gebäude des *Peterka-Hauses* (Nr. 12/CN 777) errichteten Jan Kotěra* und V. Thierhier* 1899–1900 im Jugendstil.

Den *Palác Praha* (Nr. 17/CN 834) auf der anderen Platzseite erbaute der Architekt R. Stockar* 1927–28 im konstruktivistischen Stil mit einer verglasten Fassadenfront. Im Erdgeschoß 2 Innenhöfe und eine Passage. In den oberen Etagen befindet sich der Sitz des Verlags Práce.

In dem sich anschließenden Neubarockgebäude (Nr. 19/CN 832) befand sich urspr. die *Versicherung Assecurazioni generali*, bei der Franz Kafka v. Oktober 1907 bis Juli 1908 arbeitete. Die Architekten Osvald Polívka* und Bedřich Ohmann* erbauten 1895 bis 1896 das mit plastischem Schmuck v. Stanislav Sucharda*, Bohuslav Schnirch*, Čeněk Vosmík* u. a. versehene Haus.

Wenzelsplatz 34, Wiehl-Haus

Das im reinen Jugendstil v. den Architekten Bedřich Bendelmayer* und Alois Dryák* 1906 errichtete *Hotel Evropa* besteht im Grunde genommen aus 2 einzelnen, in sich symmetrisch angelegten Häusern; beide sind mit kolorierten und vergoldeten Ornamenten geschmückt (Nr. 25, 27/CN 825, 826).

Hinter der klassizistischen Fassade des anschließenden Hauses Nr. 29, 31/CN 824 verbirgt sich ein viel älterer Kern. Im Durchgang findet man ein erhaltenes Gewölbe aus der Zeit der Renaissance und des Barock. Im Kellergeschoß wurden sogar got. Überreste entdeckt.

Das Eckhaus (Nr. 32/CN 791) an der Vodičkova ulice erbauten die Architekten J. Sakař* und Osvald Polívka* für die Böhm. Bank (1914–16). Seine Fassade schmücken Plastiken v. Bohumil Kafka*. Heute beherbergt es das Reisebüro Čedok. Bedauerlicherweise wurde 1913 das ursprünglich hier stehende Renaissancehaus mit Turm U Lhotků abgerissen.

Die im Turm befindlichen Deckenmalereien v. Josef Navrátil* hat man teilweise abgelöst. Sie sind heute im Museum der Hauptstadt P. (→Museen, Muzeum hlavního města Prahy) zu sehen.

Im gegenüberliegenden *Wiehl-Haus* (Nr. 34 CN 792) hat der Verlag Academia seinen Sitz. Es trägt seinen Namen nach dem Architekten Antonín Wiehl*, der das Gebäude 1895–96 im Stil der Renaissance errichten ließ. Die Entwürfe für die reichen Fassadenmalereien stammen v. Mikoláš Aleš* und Josef Fanta*.

Den oberen Abschluß des Platzes bildet als mächtige Dominante das Neurenaissancegebäude des →*Nationalmuseums / Národní muzeum.*

Valdštejnská ulice / Waldsteingasse (Malá Strana / Kleinseite): Die v. Palais gesäumte Straße zieht sich unterhalb der Prager Burg im Anschluß an den Valdštejnské náměstí als Verlängerung der vom →Malostranská náměstí kommenden Tomášská ulice fort und führt aus dem engen Straßengewirr der Kleinseite zu dem großen Verkehrsknotenpunkt am Klárov.

Der *Valdštejnské náměstí / Waldstein-platz* wurde ab 1623 durch den monumentalen Bau des *Waldstein-Palais* (→Profanbauten, Palais, Schlösser, Valdštejnský palác) erst gebildet. Früher standen hier zumeist got. Bürgerhäuser mit ihren Gärten. Ein viel kleineres Palais ist das 1682 durch den Zusammenschluß von 2 ma Häusern entstandene *Auersberg-Palais / Auersberský palác* (Nr. 1/ CN 16). Sein heutiges Erscheinungsbild erhielt der Palast um 1751. Aus dieser Zeit stammt auch das Marienfresko an der Fassade. Erst 1843 kam er in den Besitz der Adelsfamilie Auersberg.

Nach mehreren Besitzerwechseln und Umbauten (die Jahreszahl 1588 stammt v. einem ma Vorgängerbau) entstand das heutige *Ledebour-Palais / Ledebourský palác* (Nr. 3/CN 162) nach Plänen von Ignaz Johann Palliardi* um 1787. Im Jahre 1801 wurde das Palais über den Anschluß des Nachbarhauses erweitert. Seinen Namen trägt es nach seinem Besitzer Adolf v. Ledebour, dem es 1852–86 gehörte. Er ließ sein Wappen im Giebel anbringen. Die prächtige Sala terrena im großzügig angelegten Garten baute Jan Blažej Santini-Aichel* 1716 im Auftrag

Waldsteinplatz, links: Auersberg-Palais

der Gräfin Trauttmansdorff. Der Garten ist nur bei Konzertveranstaltungen zugänglich.

Kommt man vom gleichnamigen Platz in die *Waldsteingasse*, so gehört die Bebauung auf der rechten Straßenseite über ihre ganze Länge zum ehem. Besitztum des kaiserlichen Generalissimus Graf Waldstein. Gegenüber stehen die Palais verschiedener Adeliger; ihre Gärten ziehen sich bis zum Wallgarten der Prager Burg / Pražský hrad hinauf.

Das Renaissancehaus *Zur goldenen Sonne / U zlatého slunce* (Nr. 20/CN 161) ist das einzige Bürgerhaus in dieser Front; erwähnt wird es bereits im 14. Jh. In seinem Hof sind v. Holzsäulen getragene Arkadengänge vom Ende des 17. Jh. erhalten.

Das *Pálffy-Palais / Pálffyho palác* (Nr. 14/CN 158) entstand 1709 im Auftrag v. Johann Josef v. Waldstein. Ungefähr hier verlief die ehem. Stadtbefestigungsmauer der Kleinseite mit dem Tor Písecká brána, das 1623 niedergerissen wurde. Das Mitte des 19. Jh. v. J. Liebel* für die Familie Fürstenberg erweiterte Palais war in den Jahren 1881–1902 im Besitz der Familie Pálffy, die bis heute den Namen geprägt hat. Der schmale Terrassengarten mit Loggien und einer Sonnenuhr wurde im 18. Jh. angelegt. Letzte bauliche Eingriffe erfolgten in den 50er Jahren dieses Jh. Es folgt die langgestreckte Fassade des →*Kolowrat-Palais / Kolovratský palác* (Nr. 10/CN 154).

Dahinter liegt das 1779–83 aus 2 ma Häusern für die Gräfin Czernín errichtete, nach ihr benannte *Kleine Czernín-Palais / Menší Černínský palác* (Nr. 12/ CN 155). Ab 1868 gelangte es mit dem schönen Rokoko-Terrassengarten in den Besitz der Familie Fürstenberg. Im Jahre 1952 wurde es v. J. Čihák umgestaltet.

Der heutige Spätbarockbau des →*Fürstenberg-Palais / Fürstenberský palác* (Nr. 8/CN 153) steht einer Mode folgend mit seiner Hauptfront in Richtung Garten.

Das benachbarte *Rokokopalais* (Nr. 6/ CN 152) beherbergt heute die belgische Botschaft.

V kotcích / Zu den Marktbuden (Staré Město / Altstadt): Schon im MA um

1370 errichtete man anstelle des ehem. Gallimarktes eine steinerne Markthalle, deren mittlerer Gang den Verlauf der heutigen Straße V kotcích bestimmte. Benannt wird sie nach den in der ehem. Markthalle eingerichteten Buden bzw. kleinen Läden (tschech. = kotce). Heute setzt sich die alte Tradition in dem heute hier befindlichen Kleidermarkt fort.

Die *Markthalle* erstreckte sich in einer Länge v. 200 m und in einer solchen Breite, daß auch die heutigen Parallel-straßen Rytířská und Havelská ulice mit in den Gebäudekomplex einbezogen waren. Nachdem 1795 die Halle abgerissen wurde, bekamen die Straßen mit den Bürgerhäusern vom Anfang des 19. Jahrh. ihr heutiges Gesicht. Nur die Außenseiten der Straßen Rytířská und Havelská haben noch die alte Bebauung. In den Häusern CN 514 und CN 251 der Straße V kotcích sind noch Mauerreste der got. Verkaufsbuden erhalten.

In der Rytířská ulice wurde 1893/94 die →Altstädter Markthalle / Staroměstská tržnice erbaut.

In der *Havelská ulice* gibt es heute Stände, die größtenteils Blumen und Gemüse verkaufen. Sehenswert sind die got. Laubengänge, die die nw Straßenseite säu-

men. Sie haben schon zur Zeit der ihnen gegenüberliegenden ehem. Markthalle bestanden. Bei dem *Haus Nr. 5/CN 510* kann man in dem got. Laubengang noch die mit Rosenreliefs verzierten Schluß-steine des Gewölbes sehen. Das Haus selbst trägt heute eine Renaissancefassade.

Auch hinter dem barocken Nachbarhaus *Zur goldenen Waage / U zlaté váhy* (Nr. 3/CN 511) verbirgt sich ein got. Kern, einer der ältesten der Prager Alt-stadt. Als Hauszeichen trägt der Bau ein Fresko des Erzengels Michael, der eine goldene Waage hält, um die Wende des 17. und 18. Jh. gemalt. Benannt wird das Haus nur nach dem Detail des Hauszei-chens, der Waage, da schon die Kloster-gebäude der *St.-Michaels-Kirche* (→Sa-kralbauten: Kirchen, Kostel svatého Michala) nach dem Erzengel bezeichnet waren. Symbolisch steht das Bild für den darunter auf tschech. geschriebenen Wunsch, daß Gott dieses teure Haus be-schützen möge.

Vlašská ulice / Welsche Gasse (Malá Strana / Kleinseite): Als Fortsetzung der Straße Tržiště erklimmt die Vlašská ulice den Laurenziberg / Petřín. Sie endet in-

Havelská ulice, Arkaden mit Rosen-Schlußsteinen

Vlašská ulice, links: Welsches Spital

mitten der Strahover Gärten / Strahovská zahrada, wo man seinen Weg z.B. in Richtung Strahover Kloster / Strahovský klášter oder zum Aussichtsturm fortsetzen kann. Benannt wird sie nach dem dort 1602 angelegten Spital einer ital. (= welschen) Bruderschaft (vgl. auch Welsche Kapelle/Vlašská kaple unter: Sakralbauten, Kapellen). Zur Zeit finden hier und in den angrenzenden Straßen ausgedehnte Restaurierungsarbeiten statt.

Der bedeutende Architekt Udalrico Aostalis de Sala* errichtete 1591 für sich und seine Familie das erste Wohnhaus in dieser Straße.

Der Renaissancebau gehört heute zur Botschaft der USA, deren Hauptgebäude das l anschließende *Schönborn-Palais* (→Profanbauten: Palais, Schlösser; *Schönbornský palác*) am Ende der Tržiště ist (Nr. 15/CN 365).

Das heutige Barockhaus *Zu den 3 roten Rosen / U tří červených růží* (Nr. 9/ CN 355) trägt ein entsprechendes Hauszeichen aus der 1. Hälfte des 18. Jh. Die abgebildeten Rosen haben im Gegensatz zu älteren Darstellungen das Aussehen einer Zuchtrose. Die älteren erinnern eher an 5blättrige wilde Heckenrosen. Ein Beispiel dafür findet man in der glei-

chen Straße am Haus Nr. 28 über dem Portal.

In dem langgestreckten Barockbau des *Lobkowitz-Palais* (→Profanbauten: Palais, Schlösser; *Lobkovický palác;* Nr. 19/ CN 347) befindet sich die Botschaft der Bundesrepublik Deutschland.

Dahinter liegt das romantische Haus des Malers und Graphikers *Cyril Bouda** (1901 bis 1984) in einem kleinen Garten (Nr. 21 a/CN 341). Man erreicht das Häuschen und den Lobkowitz-Garten durch den Durchgang CN 346.

Den schräg gegenüberliegenden Gebäudekomplex Nr. 34/CN 335 bildet das 1602 hier gegr. *Welsche Spital* – heute Casa d'Italia, ein ital. Kulturzentrum.

Im 16. Jh. siedelten sich in P. viele ital. Künstler, Handwerker und Kaufleute an. Sie gründeten 1573 die sog. Welsche Kongregation. In deren Auftrag errichtete der Baumeister Domenico de Bossi* 1602 die frühbarocke Anlage des Spitals mit einer Jungfrau-Marien-Kirche als zweigeschossigen Bau um einen Arkadenhof. In der Sakristei hing eines der bedeutendsten Werke des Barockmalers Karel Škréta*: Das große Ölgemälde zeigt den hl. Borromäus, wie er Pestkranke in Mailand besucht. Heute ist das Bild im Besitz der Nationalgalerie v. P. In den

Blick von der Burgrampe in die Nerudova ulice

Jahren 1804–1942 war hier ein Waisenhaus untergebracht.

Oberhalb schließt sich das heutige *Fakultätskrankenhaus Pod Petřínem* an mit der *Spätempire-Kirche St. Karl Borromäus / Kostel svatého Karla Borromejského pod Petřínem* v. 1855 (Nr. 36, 38, 40/CN 336, 337, 338). Den ältesten Teil des Krankenhauses ließ in den Jahren 1851–54 die Kongregation der Barmherzigen Schwestern des hl. Karl Borromäus v. A. Gudera* an der Stelle v. Weinbergen erbauen. Im 19. und 20. Jahrhundert erfolgten große bauliche Veränderungen.

Im Garten steht eine Pieta v. Johann Brokoff*, die bis Mitte des 19. Jh. auf der Karlsbrücke (→Brücken: Karlův most) stand. Die Kirche wird heute als medizinische Bibliothek genutzt.

Zámecké schody / Schloßstiege (Malá Strana / Kleinseite): Der Treppenaufgang v. der Kleinseite zur Prager Burg / Pražský hrad hinauf ist schon ein aus dem MA bekannter Verbindungsweg. Als solcher bereits im 13. Jh. bekannt, erwähnen ihn aus dem 15. Jh. stammende schriftliche Dokumente als in Stufen angelegt. Aus dieser Zeit stammt die erste Bebauung, die sich nun bis an den Rand der Burgmauer fortsetzt. Im 16. und

17. Jh. galt die Treppe als Handelspunkt. Handwerker und Künstler hatten hier ihre Läden aufgemacht. Davon zeugen heute die tiefen Fensterbretter, die der Warenpräsentation dienten, z. B. im Haus Nr. 4/CN 187.

In dem urspr. got. Haus Nr. 6/CN 188 wohnte der *Maler Jan Zrzavý** (1890–1977), woran seine Büste an der Fassadenfront erinnert. Das benachbarte Haus Nr. 8 trägt in einer Kartusche ein Löwenrelief als Hauszeichen.

Gegenüber der schlichten Häuserzeile an der Treppe wirkt die mächtige Giebelfront des tiefer liegenden Slawata-Palais (→Profanbauten: Palais, Schlösser; Slavatovský palác) bes. prächtig.

Die Schloßstiege mündet oberhalb auf der *Burgrampe / Ke hradu,* die 1663 gebaut wurde. Die Skulptur des hl. Philippus Neri schuf 1715 Michael Josef Brokoff*. An der Stelle des heutigen Aussichtspunktes ließ die Gräfin Sternberg 1672 die *ehem. Kapelle der Jungfrau Maria vom Einsiedel* errichten, die nur wenig mehr als 100 Jahre überdauerte. Nach ihrem Abriß blieben ihre Fundamente mit der Treppe erhalten und beherbergen heute ein Café. Auf dem Plateau trägt eine Säule aus dem 17. Jh. eine Pieta v. Johann Brokoff* und ein barok-

Burgrampe / Ke hradu

Schloßstiege

ker Sockel die Statue des hl. Wenzel von Ottavio Mosto*, die urspr. die Karlsbrücke schmückte (heute Kopie, Original im städtischen Lapidarium).

PARKS, GÄRTEN, DENKMÄLER

Botanická zahrada / Botanischer Garten (Nové Město / Neustadt, Na slupi): Der auf einem ansteigenden Gelände liegende Botanische Garten wurde bereits 1845 gegr. In den Anlagen und Gewächshäusern findet man eine reiche Pflanzenvielfalt.

Pomník Františka I. / Franzensmonument (Staré Město / Altstadt, Smetanovo nábřeží): Inmitten einer kleinen Grünanlage erhebt sich das einer got. Turmspitze nachgebildete Denkmal des Kaisers Franz I.; erbaut in den Jahren von 1844 bis 1846 nach den Entwürfen v. Josef Kranner*. Die bildhauerische Ausstattung stammt v. Josef und Emanuel Max*. Die urspr. das Monument krönende Reiterstatue des Kaisers befindet sich heute im Lapidarium des Nationalmuseums.

Chotkovy sady / Chotek-Park (Hradčany): Den später nach seinem Gründer benannten Park ließ der Oberste Burggraf Karel Graf Chotek unterhalb des Lustschlosses Belvedere (→Profanbauten: Burgen, Pražský hrad, Královský lethohrádek) 1833 als ersten öffentlichen Park anlegen. Oberhalb eines kleinen Teiches steht ein Denkmal für den Dichter Julius Zeyer (1841–1901), gestaltet als Grotte. Die darin befindlichen Marmorstatuen schuf Josef Mauder*; dargestellt sind die Hauptpersonen aus den Werken des Dichters. Die Plastik einer Frauengestalt mit Apfel schuf B. Benda* 1960.

Pomník Karla IV. / Denkmal Kaiser Karls IV. (Staré Město / Altstadt, Křižovnické náměstí): Das zwischen der Kreuzherrenkirche (→Sakralbauten: Kirchen, Kostel svatého Františka Serafinského) und dem Altstädter Brückenturm (→Brücken: Karlův most) stehende neugot. Denkmal Kaiser Karls IV. wurde 1848 zum 500. Jahrestag der Gründung der Universität (1348) durch Karl IV. aufgestellt. (→Profanbauten: öffentliche Gebäude, Carolinum). Das gußeiserne Standbild fertigte J. D. Burgschmiedt aus Nürnberg nach dem Modell des

Franzensmonument

Denkmal Karl IV., Křižovnické náměstí

Dresdner Bildhauers E. Hähnel*. Die den Sockel zierenden Frauenstatuen sind Allegorien der 4 Universitätsfakultäten: Philosophie, Jurisprudenz, Naturwissenschaften und Theologie.

Zahrada Kinských / Kinsky-Garten, wird heute auch zum Petřínské sady gerechnet (Smíchov): Der Garten liegt oberhalb des Stadtteils Smíchov und s der Hungermauer, durch deren Tore man den Park auch vom Petřín/Laurenziberg aus betreten kann.

Der Haupteingang liegt auf dem Platz Náměstí kinských gegenüber dem bis 1991 hier aufgestellten Panzerdenkmal, das an die Befreiung v. P. durch die Rote Armee am 9.5.1945 erinnerte.

Den Park mit dem zum Teil älteren Baumbestand legte Rudolf Fürst Kinsky Anfang des 19.Jh. an. Am Hang ließ er sich v. dem Architekten Heinrich Koch* ein Lustschloß im Empirestil bauen. In dem 1827–31 fertiggestellten Schlößchen befindet sich seit 1905 die ethnographische Abteilung des Nationalmuseums. Gezeigt werden u.a. Gegenstände der tschech. und slowak. Volkskunst sowie die der slaw. Völker, wie Gemälde, illustrierte Bibeln, Trachten, Stickereien, Möbel, Holzschnitzereien etc.

Kinsky-Garten, Holzkirche St. Michael

Am Parkeingang steht die Skulptur »Die Vierzehnjährige« von Karel Dvořák* (1928). Weitere Plastiken sind eine Löwenrobbe v. Jan Lauda* (1953) und ein Denkmal der Schauspielerin Hana Kvapilová v. Jan Štursa* (1913).

Eine kleine Attraktion ist die auf der Anhöhe stehende Holzkirche St.Michael / Kostel svatého Michala aus dem 18.Jh. Sie wurde 1929 aus Medvědovce nach P. gebracht. Aus Mähren stammen der hölzerne Glockenturm und das bemalte Kreuz.

Královská zahrada / Königsgarten (Hradčany): →Profanbauten: Burgen, Pražský hrad.

Letenské sady / Letná-Garten (Letná): Der Letná-Hügel liegt auf der anderen Moldauseite der Altstadt gegenüber. Von seinem Plateau hat man einen herrlichen Blick über die Šverma-Brücke/Švermův most (→Brücken) in die Prachtstraße Pařížská ulice bis weit über die Stadt hinweg.

Das Stalin-Denkmal, das sich auf diesem Plateau befand, wurde bereits Anfang der 60er Jahre entfernt.

Die mit Spazierwegen durchzogene Gartenanlage stammt aus dem Jahre 1950. Reizvoll ist der 1898 hier aufgestellte Eisenpavillon *Hanavský pavilon / Hanauscher Pavillon* (→Profanbauten: Villen, Pavillons), heute ein Luxusrestaurant, v. wo man einen schönen Ausblick über die Moldaubrücken hat.

Das im N gelegene Sparta-ČKD-Stadion, benannt nach der Maschinenfabrik ČKD, entstand nach dem umfassenden Umbau eines älteren Fußballstadions v. den Architekten C.Mandl*, V.Syrovátka* und F.Šamán* in den Jahren 1966–1969. Es faßt ca. 40000 Zuschauer.

Durch die Anhöhe führt ein 1953 fertiggestellter Verkehrstunnel in den NW der Stadt.

Medvědí fontána / Bärenbrunnen (Smíchov, Náměstí 14.října): In der Grünanlage auf dem verkehrsreichen Platz ö der St.-Wenzels-Kirche/Kostel svatého Václava steht der reizvolle Bärenbrunnen. Er wurde 1689 v. Hieronymus Kohl* aus Sandstein gearbeitet.

Bärenbrunnen

Der mehrfach umgesetzte Brunnen war urspr. für die Adelsfamilie Slawata entstanden, deren Wappentier der Bär ist.
In der n des Platzes verlaufenden Straße Lesnická ulice wohnte der Physiker und Mathematiker Albert Einstein von 1911 bis 1912 im Haus Nr. 7/CN 1215, während er an der Karlsuniversität/Karolinum lehrte.

Na valech / Wallgarten (Hradčany): →Profanbauten: Burgen, Pražský hrad.

Památník národního osvobození / Nationaldenkmal der Befreiung (Žižkov): Der als Park gestaltete Hügel Žižkov, ehem. Vítkov, war am 14. 7. 1420 der Schauplatz der bedeutenden Schlacht zwischen dem Kreuzfahrerheer des Königs Sigismund und den von Jan Žižka z Trocnova geführten Hussiten, die schließlich als Sieger hervorgingen. Nach ihrem Anführer wurde der Hügel in Žižkov umbenannt und ab 1877 der ganze Stadtteil.

Zur Erinnerung errichtete man sein Reiterstandbild vor der 1929–32 v. J. Zázvorka erbauten Gedenkstätte. Die Reiterfigur stammt v. dem Bildhauer Bohumil Kafka*, 1950. Die mehrfach umgestaltete Gedenkstätte, ein mit Granit verkleideter Bau, beherbergt das Grab des Unbekannten Soldaten und dient als Begräbnisstätte bedeutender Persönlichkeiten wie Ludvík Svoboda u. a.

Petřín / Laurenziberg (Malá Strana/Kleinseite): Der die Kleinseite v. N nach W umschließende Höhenzug des Petřín ist ein ö Ausläufer des Weißen Bergs/Bílá Hora. Nach dem Prager Chronisten Cosmas ist sein tschech. Name Petřín v. dem lat. Wort »petrus« (= dt. »Stein«) abgeleitet, während sich der dt. Name Laurenziberg auf die schon seit dem 12. Jh. auf dem Berg stehende, heute barockisierte St.-Laurentius-Kirche (→Sakralbauten: Kirchen, Kostel svatého Vavřince) bezieht. Noch im 18. Jh. war der Hügel mit Weinbergen bedeckt. An ihrer Stelle befinden sich heute große Obstgärten, deren Blütenpracht im Frühling die Hänge in ein zauberhaftes Bild verwandeln. Unter dem in den Jahren 1984/85 umgebauten Gartenrestaurant Nebozízek verbirgt sich ein urspr. Winzerhaus, benannt nach dem ehem. Weinberg Nebozez.
Man erreicht den Petřín vom Kloster Strahov / Strahovský klášter, vom Platz Malostranské náměstí über die Str. Vlašská ulice oder v. der Straße Újezd mit dem Schrägaufzug. Die ehem. Drahtseilbahn wurde bereits 1891 fertiggestellt und mit Wasserkraft betrieben, 1930 elektrifiziert und 1964 bei einem Erdrutsch zerstört. Die jetzige Bahn datiert v. 1985. Im Haus (Nr. 28–32) auf der gegenüberliegenden Straßenseite hatte der Fotograf Josef Sudek (1896–1976) sein Atelier.
Neben seinen weitläufigen Parkanlagen bietet der Petřín interessante Objekte zur Besichtigung:
Aus den Strahover Klostergärten kommend, bewegt man sich geradewegs auf den 1891 zur Jubiläumsausstellung erbauten 60 m hohen *Aussichtsturm / Rozhledna* zu. Er ist eine maßstabgetreue Miniaturnachbildung des

Blick vom Laurenziberg

1889 fertiggestellten Pariser Eiffelturms. Über 266 Stufen erreicht man die oberste Plattform, v. wo sich der Ausblick auf ein herrliches Stadtpanorama eröffnet. Leider ist der Aussichtsturm aus technischen Gründen zur Zeit nicht zugänglich. In der Nähe steht ein hölzerner Pavillon, der 1891 als Nachbildung eines got. Tores erbaut wurde. Er beherbergt den *Irrgarten / Bludiště*.

Durch ein Spiegellabyrinth gelangt man zu dem Panoramagemälde v. Karl und Adolf Liebscher** und Vojtěch Bartoněk* aus dem Jahre 1898. Dargestellt ist die Schlacht der Prager Studenten gegen die Schweden auf der Karlsbrücke 1648.

Schon von weitem sichtbar sind die barocken Türme der *St.-Laurentius-Kirche* (→S. 58). Neben ihr wurden drei kleine Kapellen errichtet: Die Kalvarienkapelle aus dem Jahre 1735 schmücken Sgraffiti nach Entwürfen von Mikoláš Aleš*, die im Jahre 1936 von J. Riedl realisiert wurden. Neben der Nachbildung des »Ker-

kers Christi« steht eine Hl.-Grab-Kapelle, die v. N. Saazer* im Jahre 1732 erbaut wurde.

Die s gelegene *Volkssternwarte / Hvězdárna hlavního města Prahy* zeigt eine astronomische Ausstellung und gibt den Bürgern die Möglichkeit des abendlichen Sternebetrachtens.

Dahinter verläuft die *Hungermauer / Hladová zed'*, die sich vom Gipfel des Hügels bis zu seinem Fuß entlangzieht. Errichtet unter Kaiser Karl IV. 1360 als Stadtbefestigung der erweiterten Kleinseite, schließt sie heute das Kloster Strahov und die Gärten der Palais Schönborn und Lobkowitz ein. Im S grenzt sie an den Kinsky-Garten / Zahrada Kinských und im W an die riesigen Sportanlagen beim Stadion Spartakiádní stadión. Die mit Zinnen und Schützenrampen ausgestattete Mauer ließ Kaiser Karl IV. der Überlieferung nach erbauen, als P. unter einer schweren Hungersnot litt, um der Bevölkerung eine Erwerbsmöglichkeit zu verschaffen. In dem

Namen Hungermauer wird die Erinnerung an jene Zeit wachgehalten.

Im Park am Hang steht ein v. Josef V. Myslbek* geschaffenes Denkmal des bedeutendsten tschech. Dichters der Romantik, Karel Hynek Mácha (1810–36), als dessen Hauptwerk die lyrisch-epische Erzählung »Máj« gilt.

Riegrovy sady / Rieger-Park (Vinohrady): Benannt wird der 1902–08 an der Stelle ehem. Privatgärten angelegte Park nach dem tschechischen Politiker František Ladislav Rieger (1818–1903). Das Denkmal des Politikers schuf Josef V. Myslbek* 1913. Der Gartenbauarchitekt war L. Baťka. Von der urspr. Bebauung sind ein Aussichtsturm und eine Empirevilla erhalten geblieben. Die Turnhalle, Bohemians CKD Praha, erbaute F. Marek in den Jahren 1931–34.

Valdštejnské zahrada / Waldstein-Garten (Malá Strana/Kleinseite, Letenská ulice): →Profanbauten: Schlösser und Palais, Valdštejnský palác/Waldstein-Palais.

Vojanovy sady / Vojan-Park (Malá Strana / Kleinseite, U Lužického semináře): Dieser reizvolle Park liegt versteckt hinter der ö Häuserfront der Straße Letenská ulice und einer Mauer in der Straße U Lužického semináře, wo sich heute der einzige öffentliche Zugang befindet.

Der Garten wurde in der 2. Hälfte des 17. Jh. bei dem zur St.-Josefs-Kirche (→Sakralbauten: Kirchen, Kostel svatého Josefa) gehörenden Kloster der Karmeliterinnen angelegt, v. dessen urspr. Gebäuden es im W umgeben ist. Im MA gehörte dies Areal zur Pfalz der Prager Bischöfe →Bývalý biskupský dvůr (→Profanbauten: Palais, Schlösser). Benannt wird er nach dem Schauspieler Eduard Vojan, einem herausragenden Charakterdarsteller des Nationaltheaters, dessen ehem. Wohnhaus in der Míšeňská ulice Nr. 10/CN 67 das Hauszeichen eines in eine Kartusche gemalten Schafes trägt.

Links vom Eingang des Parks steht in einer Nische eine barocke Statue des Johannes v. Nepomuk, die den Heiligen auf einem Fisch darstellt, geschaffen v. Ignaz Franz Platzer*. In der Mitte liegt der Bau einer der hl. Therese geweihten Kapelle aus dem 18. Jahrhundert.

Beachtenswert ist auch die als Nachbildung einer Tropfsteinhöhle gestaltete St.-Elias-Kapelle, deren Deckenfresken

Laurenziberg, Hungermauer

Szenen aus dem Leben des hl. Elias zeigen.

Vrtbovská zahrada / Vrtba-Garten (Malá Strana / Kleinseite, Karmelitská ulice Nr. 25/CN 373): →Profanbauten: Palais, Schlösser; Vrtbovský palác/Vrtba-Palais.

Výstaviště / Ausstellungsgelände (Bubeneč): Die ausgedehnte Parkanlage v. ca. 36 ha im N der Stadt wurde v. Antonín Wiehl* für die Jubiläumsausstellung 1891 angelegt. Sie wurde nach 1918 als Messegelände genutzt und 1952–55 in den heutigen Park umgestaltet. Seinen Namen hatte er (bis 1990) nach dem tschech. Nationalhelden Julius Fučík (1903–43), einem sozialist. Schriftsteller und Journalisten (»Reportagen, geschrieben auf dem Galgen«), der während der dt. Okkupation hingerichtet wurde. Sein Geburtshaus liegt im Stadtteil Smíchov in der Duškova ulice Nr. 20/CN 1041.
Die Saison der Veranstaltungen, seit 1990 auch wieder Messen, beginnt im Frühling mit dem traditionellen Jahrmarkt »Matějská pout'«, der regelmäßig am 24. 2., dem Tag des heiligen Matthäus (Matěj) stattfindet. Als Prager Kirmes kann er schon auf 400 Jahre Geschichte zurückblicken: der 1. Jahrmarkt fand wahrscheinlich 1595 statt, als der Propst v. P. die Erlaubnis erhielt, am Tag des hl. Matthäus Ablässe anzunehmen. Den Sommer über finden hier verschiedene Veranstaltungen statt; die Saison endet schließlich mit einem Herbstmarkt.
Ausgestattet ist der Park mit einer Reihe interessanter Objekte: Gleich am Eingang sind Springbrunnen aufgestellt, die mit Tierfiguren aus Keramik nach Entwürfen v. J. Kavan* geschmückt sind. Schon v. weitem erkennt man den 1891 v. B. Münzberger als komplizierte Eisenkonstruktion erbauten *Kongreßpalast* an seinen charakteristischen Türmen. Den aus dem gleichen Jahr stammenden *Pavillon der Hauptstadt* P. schmücken Fassadenreliefs v. G. Zoula* und Nischenfiguren v. F. Hergesell*. Heute beherbergt er das Lapidarium des Nationalmuseums, wo Gegenstände bildhauerischer Kunstfertigkeit vom 11.–19. Jh. aufbewahrt werden. Sehenswert ist der v. Jan Koula 1908 als Rundbau errichtete Pavillon mit dem Panoramagemälde v. L. Marold*, das die historisch folgenschwere Schlacht bei Lipany darstellt. Am 30. 5. 1434 wurde das hussitische Heer dort vernichtend geschlagen. Ein weiterer Pavillon ist der für die Weltausstellung Ex-

Vojanovy Sady (Vojan-Park)

po 58 von den Architekten F. Cubr*, J. Hrubý* und Z. Pokorný* erbaute preisgekrönte Ausstellungspavillon, der 1960 v. Brüssel nach P. zurückgebracht wurde.

In dem 1960–62 v. Jaroslav Fragner* errichteten *Planetarium* kann man an der Kuppeldecke Projektionen des Nachthimmels mit den sich bewegenden Sternen und Planeten beobachten. Außerdem werden die Räume für wissenschaftliche Vorträge und Ausstellungen genutzt.

Für kulturelle und sportliche Veranstaltungen stehen zusätzlich zur Verfügung: eine Eiskunstlaufhalle, die 1962 von F. Krásný* aus dem Umbau einer ehem. Ausstellungshalle v. 1907 rechtzeitig zur Weltmeisterschaft im Eiskunstlauf fertiggestellt wurde. Als größte überdachte Sporthalle des Landes faßt sie 18 500 Zuschauer. Daneben gibt es noch eine Schwimmhalle, 2 Bühnen und ein Rundkino. Westlich grenzt das Gelände an die ma Parkanlage Stromovka/Baumgarten mit kleinen Seen und dem gleichnamigen Lustschloß →Letohrádek Stromovka an.

Zoologická zahrada / Zoologischer Garten (Troja, U Trojského zámku): Der

*Výstaviště / Ausstellungsgelände ,
Nischenfigur im Pavillon*

1931 v. Professor Jiří Janda gegr. Tiergarten beherbergt zahlreiche Tierarten, darunter auch die bes. seltene Rasse des Przewalski-Pferdes.

METRO

Heute ist die Metro mit ihren Trassen A, B und C, die in einem weitverzweigten Netz v. 40 km unter der Stadt P. und der Moldau liegen, zum wichtigsten öffentlichen Verkehrsmittel geworden und aus dem Prager Leben nicht mehr wegzudenken. Die großzügig angelegte Untergrundbahn befördert in der Zeit von 5 bis 24 Uhr Zehntausende von Menschen zwischen den verschiedenen Teilen der Stadt. Die bisher fertiggestellten 40 Stationen in ca. 25–30 m Tiefe verbinden ca. 200 Rolltreppen mit der Oberwelt (Stand 1990).

Mit dem Bau der Untergrundbahn wurde im Jahre 1966 begonnen. Als 1. Strecke wurde die Trasse zwischen den Stationen Kačerov und Sokolská am 9.5. 1974 in Betrieb genommen; heute ist sie in beide Richtungen verlängert. Der Ausbau der Metro wird weiter fortgesetzt.

An der Gestaltung der einzelnen Stationen haben namhafte Künstler mitgewirkt. Hier sei nur eine kleine Auswahl besprochen:

Die Station *Malostranská* der Linie A wurde in 26 m Tiefe v. dem Architekten Zdeněk Drobný* gebaut. Ihr Vestibül schmücken 2 Rokokovasen und eine allegorische Statue der Hoffnung, einem Original v. Matthias Bernhard Braun nachgebildet. Weitere Kopien seiner Plastiken findet man in der zur Metrostation gehörenden Gartenanlage von Otakar Kuča*. Die Fontäne stammt aus einer Zusammenarbeit der Künstler Z. Drobný, L. Jirásek mit dem Gartenarchitekten O. Kuča. Sehenswert ist das kunstvoll geschwungene Gitter, in das goldene Motive v. Prager Hauszeichen (Schlüssel, 3 sich kreuzende Geigen) eingearbeitet sind, geschaffen v. J. Bruthans* und Z. Runczik*.

Die v. Georgi Romancov* entworfene Umsteigestation *Müstek* der Trassen A + B liegt im Geschäftszentrum v.

P. in ca. 30 m Tiefe. Die v. Jan Maršík* entworfene Vorhalle, die größte Prags, ist auch v. der Mitte des Platzes Václavské náměstí / Wenzelsplatz durch einen unterirdischen Gang erreichbar.

Am Haupteingang in der Straße Na příkopě befinden sich in einer Ecke des Vestibüls die beleuchteten Mauerreste eines ma Brunnens und einer kleinen Brücke (Můstek = Brückchen), die der Metrostation den Namen gab.

An der Grenze zwischen den heutigen Stadtteilen und damaligen selbständigen Städten Altstadt/Staré Město und Neustadt / Nové Město führte die Brücke im MA über den Graben der ehemaligen Stadtbefestigungsanlage (→ Profanbauten: Patrizier- und Bürgerhäuser, Staroměstská rychta/Haus des Altstädter Ortsvorstehers).

Als moderne Kunstwerke sind u.a. ein Vorhang aus farbigem Glas vor einer Wand v. S. Kostka* und die mit Keramik verkleidete Wand v. K. Velický* hervorzuheben.

Die Metrostation *I. P. Pavlova*, benannt nach dem russischen Physiologen, im Stadtteil Vinohrady projektierte O. Madera*. Bei den Bauarbeiten wurden einige alte Länderwappen und Fragmente eines Reliefs mit böhmischen Löwen zu-

tage gefördert, die heute in der Vorhalle ausgestellt sind.

Sie stammen v. dem ehem. Stadttor Svinská brána (»Schweinetor«), das in den Jahren 1891–97 mitsamt der anschließenden Stadtmauer abgerissen wurde. Die großräumig angelegte Vorhalle der Metrostation *Náměstí republiky* wird durch aus geschichtetem Glas bestehende Stelen gegliedert. Interessant ist auch ihr »Lichtspiel«, das dadurch entsteht, daß sie die gradlinige Neonbeleuchtung zum Teil in den Nationalfarben blau, weiß und rot brechen. Diese Kunstwerke sind Arbeiten v. V. Cigler* (Entwurf), J. Frydrych, A. Hübschmannova und E. Kyllar.

Die Station *Staroměstská* der Trasse A stammt v. dem Architekten M. Novák*. Das 28 m tief liegende Vestibül schmückt ein Mosaik v. M. Sladký*.

BAHNHÖFE

Hlavní nádraží / Hauptbahnhof (Vinohrady, Wilsonova ulice Nr. 16/CN 300): Das Gebäude des Hauptbahnhofs liegt heute z. T. an und z. T. unter einer vom oberen Wenzelsplatz kommenden

Metrostation Můstek

Hauptbahnhof Prag, Vestibül

Park Vrchlického sady, der in seinen Anlagen zum Verweilen einlädt. Das neue Bahnhofsgebäude mit seinen 6 Glastürmen entwarf der Architekt J. Danda*. Die darunterliegende Metrostation Hlavní nádraží / Hauptbahnhof der Trasse C baute J. Truka*.

Masarykovo nádraží / Masaryk-Bahnhof (Nové Město / Neustadt, Hybernská ulice Nr. 13/CN 1014): An der Straßenecke Hybernská und Havlíčkova ulice erbaute A. Jüngling* 1845 das 1. Prager Bahnhofsgebäude als Sackbahnhof und gestaltete es mit 2 Türmen. Der Zugverkehr wurde im August des gleichen Jahres aufgenommen. Den Seiteneingang belebt ein eisernes verglastes Vordach.

Smíchovské nádraží Praha / Bahnhof Prag-Smíchov (Smíchov, Nádražní ulice Nr. 1/CN 279): Das nahe dem Moldauufer erbaute Gebäude stammt im Kern aus der Zeit 1861/62 und war einer der 1. Bahnhofsbauten in P. In den 50er Jahren unseres Jh. wurde der Bau umgestaltet und v. den Architekten L. Zák* und J. Zázvorka* erweitert. Die Vorhalle schmücken Wandmalereien v. F. Wiesner* im Stil des sozialisti. Realismus. Von hier aus verkehren die Züge zur Burg Karlštejn.

Hauptverkehrsstraße, die in Richtung der n Stadtteile in eine Hochstraße übergeht.
Die reizvolle Diskrepanz zwischen dem Jugendstil-Hauptgebäude und dem modernen großzügigen Erweiterungsbau lädt förmlich zum Besuch dieses Verkehrsknotenpunktes der Bahn und Metro ein. Der Hauptbahnhof wurde 1901–1909 v. Josef Fanta* erbaut; seine Frontfassade schmücken Plastiken v. Stanislav Sucharda* und H. Folkmann*. Die Statuen auf der Turmuhr schuf Čeněk Vosmík*. Im Vestibül stammen die schönen Malereien an der Kuppeldecke und den Wänden von J. Fröhlich*, die Statuen v. F. Kraumann* und J. Pikkart*. Der Hauptbahnhof ist neben dem Repräsentationshaus/Obecní dům der reinste Jugendstilbau v. Prag.
Vor dem alten Bahnhofsgebäude befindet sich seit 1980 die neue Abfertigungshalle. Sie liegt unter der Straße und richtet ihre Fassadenfront auf den ebenfalls unterhalb des Straßenniveaus liegenden

BRÜCKEN

Most Barikádníků / Brücke der Barrikadenkämpfer (Holešovice): Als Verbindung der Stadtteile Holešovice und Troja 1926–28 von den Architekten J. Chochol* und F. Mencl* im N der Stadt gebaut. Während des Prager Aufstandes im Mai 1945 war hier der Schauplatz heftiger Kämpfe zwischen den Verteidigern v. P. und den dt. Truppen. Nach diesem Ereignis ist die Brücke benannt.

Hlávkův most / Hlávka-Brücke (Nové Město / Neustadt): Sie führt als wichtige Verkehrsverbindung zwischen den Stadtteilen Nové Město und Holešovice über die Insel Štvanice (→Inseln). Erbaut wurde sie in 2 Etappen: zuerst 1908–10

Auf der Karlsbrücke

ihr s Teil als Eisenkonstruktion v. M. Petrů* und in den Jahren 1909–12 der n Teil als Betonkonstruktion v. P. Janák* und F. Mencl*. Das n Brückenende schmücken 2 allegorische Statuengruppen: »Die Humanität« und »Die Arbeit«, v. dem tschech. Bildhauer Jan Štursa* in den Jahren 1911–13 geschaffen. Ende der 50er Jahre wurde die Brücke verbreitert.

Jiráskův most / Jirásek-Brücke (Nové Město / Neustadt): Diese 1929–33 v. V. Hofman* und F. Mencl* konstruierte Brücke liegt zwischen den Stadtteilen Nové Město und Smíchov. Sie ist nach dem bedeutenden tschech. Schriftsteller Alois Jirásek (1851 bis 1930) benannt. Er verfaßte vor allem historische Romane. Auf dem ebenfalls nach ihm benannten Platz (Jiráskovo náměstí) am Neustädter Brückenende steht sein *Denkmal*, eine Arbeit der Künstler K. Pokorný* und J. Fragner* (1960). Jiráseks Wohnhaus befand sich an der Ecke des Platzes und

der Einmündung der Straße Resslova (Nr. 1/CN 1775, Gedenktafel). Eine umfangreiche Ausstellung seiner Bücher findet man im Schloß Hvězda/Stern (→Profanbauten: Palais, Schlösser S. 124).

Karlův most / Karlsbrücke (Staré Město / Altstadt): Die Karlsbrücke ist mit ihrer got. Architektur und ihrer barocken Statuenallee eines der bedeutendsten Baudenkmäler v. P. und wegen ihrer Schönheit in der ganzen Welt berühmt. Als Verbindung zwischen den Stadtteilen Altstadt und Kleinseite hat sie noch heute eine zentrale Bedeutung im Stadtleben. Bis 1836 war sie die einzige Möglichkeit der Moldauüberquerung und machte dadurch die Stadt zu einem der wichtigsten Verkehrsknotenpunkte Mitteleuropas. Im Prager Stadtbild nimmt sie eine überragende Stellung ein. Charakteristisch sind ihre 16 Brückenbogen, die an den Pfeilern aufgestellten Statuen und vor allem die gewaltigen

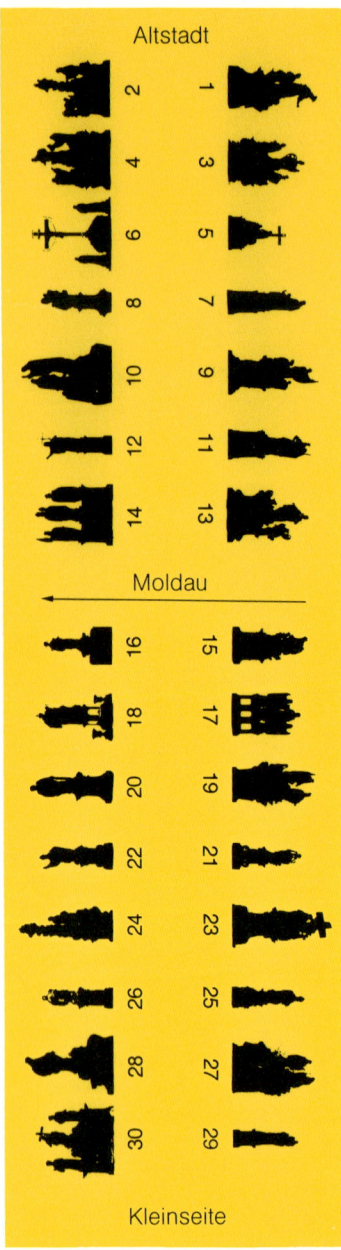

Altstadt

Moldau

Kleinseite

Brückentürme an den Brückenenden, die nach den jeweiligen Stadtteilen benannt sind. Sie war seit Jh. ein beliebtes Motiv der Künstler. Nähert man sich der Brücke von der Altstadt über die Straße Karlova, so steht man zuerst vor der prächtigen O-Fassade des *Altstädter Brückenturms* (→S.229). Durch dessen Torbogen blickt man über die 520 m lange statuengesäumte Karlsbrücke auf das Panorama der Kleinseite.

Eine bereits 1118 erwähnte Holzbrücke, die ungefähr an dieser Stelle die Moldau überspannte, wurde 1157 durch Hoch-

Karlův most / Karlsbrücke Statuengruppen **1** hl. Ivo, 1711 v. Matthias Bernard Braun, Kopie v. 1908 **2** Madonna mit hl. Bernhard, 1709 v. Matthäus Wenzel Jäckel (Kopie) **3** hll. Barbara, Margarete, Elisabeth, 1707 v. Ferdinand Maximilian Brokoff **4** Madonna mit den hll. Dominikus und Thomas v. Aquin, 1708 v. Matthäus W. Jäckel (Kopie) **5** Pieta, 1859 v. Emanuel Max **6** Kreuzigungsgruppe mit Figuren v. 1861, Kruzifix v. 1629 **7** hl. Josef, 1854 v. E. Max **8** hl. Anna selbdritt, 1707 v. Matth. W. Jäckel **9** hl. Franz Xaver, 1711 v. F. M. Brokoff (Kopie) **10** Cyrillus und Methodius, 1928 v. Karel Dvořák **11** hl. Christophorus, 1857 v. E. Max **12** Johannes d. T., 1857 v. Josef Max **13** hl. Franz v. Borgia, 1710 v. F. M. Brokoff **14** hll. Wenzel, Norbert, Sigismund, 1853 v. J. Max **15** hl. Ludmilla, um 1720 Werkstatt M. B. Braun **16** hl. Johannes v. Nepomuk, 1683, Modell v. Joh. Brokoff, Guß W. Heroldt **17** hl. Franziskus Seraphicus, 1855 v. E. Max **18** hl. Antonius v. Padua, 1707 v. Joh. Mayer **19** hll. Vincentius Ferrerius und Prokop, 1712 v. F. M. Brokoff **20** hl. Judas Thaddäus, 1708 v. Joh. Mayer **21** hl. Nikolaus v. Tolentino, 1708 v. Johann Friedr. Kohl (Kopie) **22** hl. Augustinus, 1708 v. Johann F. Kohl (Kopie) **23** hl. Luitgard, 1710 v. M. B. Braun **24** hl. Kajetan, 1709 v. F. M. Brokoff **25** hl. Adalbert, 1709 v. Josef Michael Brokoff (Kopie) **26** hl. Philippus Benitius, 1714 v. Michael Bernhard Mandl (Kopie) **27** hll. Johannes v. Matha, Felix v. Valois und Ivan, 1714 v. F. M. Brokoff **28** hl. Veit, 1714 v. F. M. Brokoff **29** hl. Wenzel, 1858 v. Josef Kamil Böhm **30** hll. Kosmas und Damian, 1709 v. Joh. Mayer

wasser zerstört. Schon ein Jahr darauf wurde sie durch den Bau der roman. *Judithbrücke* ersetzt. Diese 1. Steinbrücke wurde unter König Vladislav II. nach Regensburger Vorbild erbaut und nach seiner Gemahlin Judith benannt. Als Abwehrturm entstand zur gleichen Zeit der niedrigere der *Kleinseitner Brückentürme* (→S. 224). Im Jahre 1342 wurde auch diese Brücke Opfer eines Hochwassers. Reste v. ihren Brückenbogen findet man in einigen Kellern v. Kleinseitner Häusern, und ihre Fundamente kann man bei günstigem Wasserstand in der Moldau sehen. 15 Jahre mußten sich die Prager mit einer provisorischen Brücke behelfen. Erst 1357 legte Kaiser Karl IV. den Grundstein der heutigen nach ihm benannten Karlsbrücke, die nach dem Vorbild der Römerbrücke in Trier konstruiert und bis 1870 einfach *Steinbrücke* oder Prager Brücke genannt wurde. Die Bauleitung hatte der damals erst 27jährige Dombaumeister Peter Parler* (Veits-Dom) inne. Sein Brückenbaumeister war der Kleinseitner Bürger Johannes Ottl. Die Brücke wurde erst Anfang des 15. Jh. in der Regierungszeit Wenzels IV. fertiggestellt. Die Vollendung seines Werkes erlebte Peter Parler nicht mehr. Er starb im Jahre 1399.

Die Brücke führt in einer leichten Biegung über die Moldau, die Insel Kampa (→Inseln) und das Flüßchen Čertovka, wobei sich ihr Verlauf wahrscheinlich aus der bautechnischen Umgehung der Reste der Judithbrücke unter Beibehaltung der alten Brückenköpfe erklärt. Die aus Sandsteinquadern erbaute Brücke ist 10 m breit und ruht auf 17 beiderseitig verstärkten Pfeilern. Bis zu ihrer Restaurierung in den Jahren 1965–75 wurde sie noch v. Kraftfahrzeugen und Straßenbahnen überquert. Jetzt ist sie nur noch Fußgängern zugänglich. Im MA hatte die Brücke außer einem einfachen Kruzifix noch keinen plastischen Schmuck. Ihr Wahrzeichen war der mächtige Altstädter Brückenturm, der 1464 im größeren der Kleinseitner Brückentürme ein etwas weniger aufwendiges Pendant bekam. Der *Skulpturenschmuck* stammt erst aus der Barockzeit. Die 30 Statuen und Statuengruppen sind als Stiftungen des Adels, der verschiedenen Orden und Universitäten in den Jahren 1683–1730 bei verschiedenen Barockbildhauern in Auftrag gegeben worden. Darunter waren so bedeutende Künstler wie Ferdinand Maximilian Brokoff*, Matthäus Wenzel Jäckel* und Matthias Bernhard Braun*. Einige Figuren wurden durch

Karlsbrücke, Hll. Cosmas u. Damian

Hochwasser zerstört und im 19. Jh. durch neue ergänzt. Überdies wurden wegen des drohenden Steinzerfalls einige Brükkenstatuen durch Kopien ersetzt. Die Originale befinden sich z.T. im Lapidarium des Nationalmuseums. Das einzigartige Erscheinungsbild der barocken Statuengalerie ist jedoch bis heute erhalten geblieben.

Als älteste Plastik wurde 1657 das bereits 1629 v. J. Hilger* gegossene *Bronzekruzifix* an der Stelle des vorher erwähnten ma errichtet. Die Anbringung der darunter befindlichen Tafel mit hebräischer Inschrift v. 1696 war einem Juden vom Landestribunal als Strafe wegen einer Schmähung Christi auferlegt worden. Die seitlichen Figuren sind eine spätere Arbeit v. Emanuel Max* (1861). Als künstlerisch wertvollste Arbeit wird die in Sandstein gemeißelte Figurengruppe mit der *hl. Luitgard* v. Matthias Bernhard Braun* angesehen. Dargestellt ist die Vision der Heiligen, wie sich Christus zu ihr vom Kreuz herabbeugt. Bedeutend ist auch die Statuengruppe der *Madonna mit den hll. Dominikus und Thomas v. Aquin*. Diese Arbeit v. Matthäus Wenzel Jäckel* v. 1708 zeigt die Übergabe des Rosenkranzes an die Gründer des Dominikanerordens. Die einzige Marmorarbeit ist die Skulptur des *hl. Benitius* v. M. B. Mandl* aus dem Jahre 1714. Die Bronzestatue des *hl. Johannes v. Nepomuk* wurde im Jahre 1683 v. J. W. Herold in Nürnberg nach Entwürfen v. M. Rauchmüller* und Johann Brokoff* gegossen. Das Holzmodell v. Brokoff steht heute auf dem Hochaltar der Kirche *St. Johann v. Nepomuk auf dem Felsen* (→Sakralbauten: Kirchen, Kostel sv. Jana Nepomuckého na Skalce). Der Überlieferung nach ließ König Wenzel IV. in der Nähe der heutigen Statue im Jahre 1393 Jan v. Pomuk, Generalvikar v. P., wegen eines kirchenrechtlichen Streits v. der Brücke in die Moldau stürzen. Erst im Jahre 1729 wurde der Geistliche als Märtyrer heiliggesprochen und avancierte daraufhin bald zum Brückenheiligen. Man erzählt jedoch auch, daß er in der Moldau ertränkt wurde, weil er Wenzel nicht das Beichtgeheimnis v. des-

Karlsbrücke >

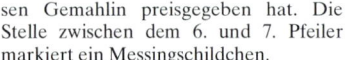

Karlsbrücke, Johannes v. Nepomuk *Karlsbrücke, Bruncvík, Rolandstatue*

sen Gemahlin preisgegeben hat. Die
Stelle zwischen dem 6. und 7. Pfeiler
markiert ein Messingschildchen.
Mit der Statue des »*Türken*« in der Figurengruppe des hl. Johannes v. Matha hat
Ferdinand Maximilian Brokoff* 1714 die
wohl bekannteste Gestalt der Karlsbrük-
ke geschaffen: der Türke als Bewacher
der im Kerker gefangenen Christen, oft
auch ein Symbol des Heidentums. Interessant ist auch die v. Matthias Bernhard
Braun* geschaffene Plastik des *hl. Ivo*
(1908 durch eine Kopie ersetzt). Die
urspr. Figur wurde v. der juristischen Fa-
kultät gestiftet. Im MA war der hl. Ivo
der Schutzpatron der Rechtsgelehrten.
Auf der S-Seite der Brücke unterhalb
der Statuen der *hll. Vinzenz Ferrer und
Prokop* steht auf dem Ufer der Insel
Kampa auf einem spätgot. verzierten
Brückenpfeiler die Steinstatue eines ge-
harnischten Mannes mit Helm und
Schwert. Er wird im Tschech. *Bruncvík*
und im Deutschen *Rolandstatue* genannt.
Diese Figur stammt v. L. Šimek* (1884).

Sie steht an der Stelle einer nun im städtischen Lapidarium aufbewahrten älteren Statue vom Anfang des 16. Jh., die
als Wahrzeichen für die Rechte der Altstädter Gemeinde errichtet wurde. Die
Karlsbrücke war immer wieder Schauplatz historischer Ereignisse: Über sie
führte der *Krönungsweg* der böhm. Könige, der z. Z. Karl IV. die beiden Burgen Pražský hrad / Hradschin und
Vyšehrad verband. Während der Hussi-
tenaufstände erreichten die Anhänger v.
Johannes Hus über diese Brücke die
Kleinseite (1420). Friedrich v. der Pfalz,
der sog. Winterkönig, floh über sie nach
der verlorenen Schlacht am Bílá Ho-
ra/Weißen Berg (1620). Die Prager Studenten verteidigten 1648 die Altstadt vor
dem Ansturm der Schweden. 200 Jahre
später fanden hier die Unabhängigkeits-
kämpfe der Tschechen gegen die Vormachtstellung der Österreicher statt.
Heute ist die Brücke nicht nur eine wichtige Fußgänger-Verkehrsverbindung zwischen den beiden zentralen Stadtteilen,

Altstädter Brückenturm, plastischer Schmuck an der Ostseite

sondern auch Promenade, Treffpunkt und beliebtes Forum für Künstler und Musiker. Eingebettet in das Panorama der Altstadt, der Kleinseite, des Hradschin und der Moldauinseln, bietet sie dem Spaziergänger zu jeder Tages- und Nachtzeit unvergeßliche Eindrücke.

Staroměstská mostecká věž / Altstädter Brückenturm (Staré Město / Altstadt): Der Altstädter Brückenturm gilt als einer der architektonisch bedeutendsten Wehrtürme der Gotik in Europa. Beachtenswert ist seine hohe und breite Durchfahrt, die den oberen Stockwerken nur noch eine schmale Mauerwand als Stützung übrig läßt. Ihr Netzgewölbe stammt noch aus der Bauzeit und hat anstelle des Schlußsteins die böhm. Königskrone. Dieser Turm aus Sandstein wurde 1357/58–95 über dem 1. Brückenpfeiler errichtet. Noch in der Regierungszeit Karls IV. (1346–78) v. Peter Parler* begonnen, wurde er erst unter seinem Sohn Wenzel IV. (1378–1419) fertiggestellt.

Der Architekt Josef Mocker* restaurierte den Turm in den Jahren 1874–78. Aus dieser Zeit stammt auch das heutige Dach.

Die ö Fassadenfront ziert ein reicher plastischer Schmuck. Die Wappenreihe über dem Durchgang besteht aus den Wappenschilden der v. Kaiser Karl IV. beherrschten Länder. Daneben sieht man Eisvögel in steinernen Rahmen, die die Form eines geknoteten Schleiers haben. Dies ist das Wahrzeichen v. Wenzel IV. Als Sitzfiguren unter dem Rundbogen sind l Kaiser Karl IV. mit der Kaiserkrone und r sein Sohn Wenzel IV. mit der Krone des röm. Königs dargestellt. Zwischen ihnen auf einer Konsole über 2 Brückenbogen steht als Patron der Brücke der *hl. Veit*, dessen Reliquie (ein Arm) unter dem St.-Veits-Dom begraben liegt (→Profanbauten: Burgen, Pražský hrad S. 90). Neben ihm sind unter luxemburgischen Flügelhelmen das Reichswappen und das des Königsreiches Böhmen angebracht. In dem Zwik-

kel oberhalb des Rundbogens befinden
sich ein Wappenschild mit Wenzelsadler
und auf dem Gurtgesims ein plastischer
Löwe. In der Maßwerkgalerie darüber
stehen 2 Statuen böhm. Schutzheiliger: l
der hl. Adalbert, der erste böhm. Bischof
v. P., und r der hl. Sigismund.

Die der Kleinseite zugewandte Westfas-
sade trug ebenso prächtigen plastischen
Schmuck. An seine Zerstörung bei der
Belagerung durch die Schweden im Jah-
re 1648 erinnert heute eine Gedenktafel.
Einziger Schmuck ist das Wappen der
Altstadt.

Der Turm ist seit 1992 wieder zugänglich.

**Malostranská mostecká věž / Kleinseit-
ner Brückentürme** (Malá Strana / Kleinseite): Die beiden durch ein Tor ver-
bundenen Brückentürme auf dem
Kleinseitner Ufer bilden eine der charak-
teristischsten Dominanten Prags. Ihre
Geschichte ist eng mit der der Brücke
verbunden.

Der niedrigere roman. Turm aus dem
12. Jh. wurde im Zusammenhang mit der
1. steinernen Brücke, der *Judithbrücke*,
als Bestandteil der Kleinseitner Befestigungsanlage unter König Vladislav I. erbaut. Das Dach und der Giebel sind v.
einem Renaissanceumbau 1591 bis heute
erhalten geblieben.

Der höhere Turm entstand an der Stelle
eines roman. Vorgängerbaus im Jahre
1464 unter König Georg v. Podiebrad im
spätgotischen Stil und ist das Werk eines
unbekannten Architekten. Als Vorbild
diente wahrscheinlich der prächtige *Altstädter Brückenturm*. Doch wurden hier
die Nischen auf beiden Stirnseiten aus
Geldmangel nie für die eigtl. konzipierte
bildhauerische Gestaltung genutzt. Der
dreistöckige Turm mit Aussichtsgalerie
und Ecktürmchen wurde 1879–83 v. Josef Mocker* restauriert.

Im Jahre 1411, zur Zeit v. Wenzel IV.,
wurde das urspr. roman. Tor zwischen
den Türmen durch das heutige im got.
Stil ersetzt. Die früher über dem Tor angebrachten Wappen der böhmischen
Länder befinden sich nun im 1. Stock des

*Karlsbrücke, Kleinseitner
Brückentürme >*

höheren Turmes, v. wo man auch auf die mit Zinnen besetzte Galerie zwischen den Türmen gelangt.

Bes. wertvoll ist ein ehemals an der Fassade des niedrigeren Turms befindliches *roman. Relief* aus der 2. Hälfte des 12. Jh., geschaffen v. einem unbekannten Künstler (heute im an den Turm angebauten Haus des ehem. Zollamtes). Es ist im Stil spätroman. Plastiken aus Regensburg gearbeitet. Dargestellt ist ein thronender Herrscher und l ein vor ihm kniender junger Mann. Es gibt verschiedene Deutungen: König Vladislav I. und der vor ihm kniende Baumeister der Judithbrücke, Přemysl Otakar II. und der vor ihm kniende Gründer der Kleinseite (1257) oder Wenzel I. mit seinem sich vor ihm verbeugenden Sohn Přemysl Otakar II., der eine Rebellion gegen den Vater versucht hatte.

Der Kleinseitner Brückenturm ist täglich geöffnet zu folgenden Zeiten: April und Oktober 10–17 Uhr; Mai–September 10 bis 18 Uhr; November–März geschlossen.

Most Legií / Brücke der Legionen (Nové Město / Neustadt): Diese 1891–1901 v. dem Ingenieur Soukup* und dem Architekten Balšánek* erbaute Brücke verbindet den Stadtteil Malá Strana mit den Stadtteilen Staré Město und Nové Město. Über eine schön angelegte Treppe gelangt man auf die Střelecký-Insel (→Inseln). Anstelle dieser Brücke überspannte vorher eine Kettenbrücke die Vltava. Einziger Schmuck sind die Lampen und je 2 turmähnliche Aufbauten am Kleinseitner und Neustädter Brückenkopf.

Während der kommunistischen Regierungszeit war sie in *Brücke des 1. Mai/Most 1. máje* umgetauft. Seit 1990 wird sie wieder zu Ehren der tschech. Legionen benannt, die im ersten Weltkrieg auf seiten der Entente-Mächte gegen die Österreich-Ungarische Monarchie gekämpft hatten.

Mánesův most / Mánes-Brücke (Josefov / Josefstadt): Die Brücke verbindet die Stadtteile Josefov und Staré Město mit den am anderen Moldauufer liegenden Bezirken n und unterhalb des Hradschin. In den Jahren 1911–14 als Brücke des Erzherzogs Franz Ferdinand erbaut, trägt sie heute den Namen des tschech. Malers Josef Mánes. Auf dem Moldauufer der Josefstadt steht beim Brückenende sein *Denkmal*, v. dem Bildhauer Bohumil Kafka* geschaffen.

Altstadt, Brücke der Legionen

Nuselský most / Nusle-Brücke (Nové Město / Neustadt): Sie überspannt als kürzeste Verbindung zwischen der Neustadt und dem Stadtteil Pankrác das in der Stadt gelegene Nusle-Tal in einer Höhe v. ca. 40 m. 1965–1973 v. J. Michálek* und S. Hubička* in der Länge v. 485 m und der Breite v. 26 m als moderne Verkehrsbrücke für Fußgänger, Kraftfahrzeuge und eine Metrolinie erbaut. Die Metro verläuft in einem Tunnel unterhalb der Straße. Die Brücke war benannt nach dem kommunistischen Politiker Klement Gottwald (1896–1953), der nach seiner Rückkehr am Ende des 2. Weltkrieges zuerst stellvertretender und dann 1946 schließlich Ministerpräsident wurde. Durch einen geschickten Wahltrick wurde er 1948 Staatspräsident. Jetzt erhielt die Brücke ihren üblichen Namen zurück.

Most Palackého / Palacký-Brücke (Nové Město / Neustadt): Über diese Brücke gelangt man v. der Neustadt in den Stadtteil Smíchov. Sie wurde 1876–78 v. F. Münzberger* und J. Reiter* erbaut und 1951 verbreitert. Bis 1945 waren die Brückenenden mit Statuengruppen von Josef V. Myslbek* geschmückt. Diese kunstvollen Figuren befinden sich heute im Park Vyšehradské sady (→Profanbauten: Burgen, Vyšehrad). Benannt ist die Brücke nach dem tschech. Historiker und Politiker František Palacký (1798–1876), der sich für die nationalen Rechte des tschech. Volkes und gegen die Fremdherrschaft von Deutschen und Österreichern einsetzte. Auf der Seite der Neustadt steht seine Statue; sie ist versehen mit Darstellungen der tschech. Geschichte und stammt v. dem Künstl. Stanislav Sucharda*.

Prašný most / Pulverbrücke (Hradčany): →Profanbauten: Burgen, Pražský hrad S. 106.

Most Svatopluka Čecha / Svatopluk-Čech-Brücke (Staré Město / Altstadt): Sie ist die kürzeste Verbindung der Altstadt mit dem Letenský-Park (→Parks und Gärten) und der breiten Uferstraße Kpt. Jaroše. Interessant an der 1906–08 v. J. Koula* und J. Soukup* erbauten Brücke ist ihr plastischer Schmuck. Die Statue der Victoria stammt v. A. Popp*, die Figuren der Lichtträger sind Werke v. K. Opatrný*, und die Wappenverzierungen schuf K. L. Wurzel*. Von der hoch gelegenen Letná-Anhöhe hat man einen schönen Blick über die Brücke in die

Mánes-Brücke

Straße Pařížská bis zum Altstädter Ring (→Straßen, Plätze, Märkte: Staroměstské náměstí S.200).

Švermův most / Šverma-Brücke (Nové Město/Neustadt): Urspr. befand sich an dieser Stelle eine 1865–68 erbaute Kettenbrücke, die im Jahre 1949 eingerissen wurde. 2 Jahre später erbauten J. Koralewský*, V. Hofman* und V. Širc* die heutige Brücke in einer Länge v. 243 m und einer Breite v. 24 m. Über sie gelangt man v. der Neustadt zu den Stadtteilen Bubeneč und Holešovice und in den 1953 erbauten, 426 m langen und 10 m breiten Letná-Tunnel.

INSELN

Die Inseln des sich durch das Tal schlängelnden Flusses Vltava (Moldau) gehören zu P. wie der Fluß selbst.
Das noch unbefestigte Ufer der Stadtteile und die Inseln wurden häufig und vor allem im Frühling v. Überschwemmungen heimgesucht. Die älteste Uferbefestigung, das Smetanovo nábřeží / Smetana-Ufer, stammt aus dem Jahre 1845. Von der Vielzahl der urspr. Inseln sind

einige erhalten geblieben; sie werden zumeist als Parks oder für kulturelle Veranstaltungen genutzt und sind ruhende Punkte mit romantischem Flair im Großstadtgetriebe.

Dětský ostrov / Kinder-Insel: Diese Insel liegt s der Brücke Most Legií nahe dem w Flußufer. Lang und schmal erstreckt sie sich fast bis zur nächsten Brücke, wo sich der Turm des Kleinseitner Wasserwerks erhebt. Sie wurde als Park gestaltet und ist über eine Fußgängerbrücke vom Janáčkovo nábřeží zugänglich. Zwischen dem Ufer und der Insel liegt die 1920 gebaute Schleuse. Die Insel ist am n Ende mit ihrer gemauerten Befestigung und einer Balustrade in Form eines Schiffbugs gestaltet. Dort steht in der Gartenanlage eine Frauenstatue auf einer Säule.

Kampa / Kampa-Insel: Die vom Flußarm Čertovka gebildete Insel ist im strengen Sinne nur eine Halbinsel. Die 1. Überlieferung über ihre Existenz stammt aus dem Jahre 1169, wo sie v. König Vladislav II. beschrieben wird. Bis zu ihrer Eindämmung im 16. Jh. war sie ständig schweren Überschwemmungen ausgesetzt, weshalb sie nur v. Gärten und

Kinder-Insel

Feldern bedeckt war. Die einzigen Gebäude waren die Sova-Mühlen (→Profanbauten: Mühlen und Wassertürme). Um 1541, nach der großen Brandkatastrophe auf der Kleinseite, wurde die Insel mit dem dort angefallenen Schutt befestigt. Anschließend setzte die Bebauung des N der Insel mit den ersten Wohnhäusern ein. Im flußaufwärts gelegenen Teil blieben die Gärten wegen der größeren Überschwemmungsgefahr erhalten und bilden heute den öffentlichen Park. Diese Gärten haben ungefähr ab der Mitte des 17. Jh. den Namen der Insel geprägt (lat. campus = Feld). Mit der Kleinseite war die Kampa-Insel schon immer durch Brücken verbunden. Zur auf der anderen Flußseite gelegenen Altstadt gab es eine Fähre, wenn man nicht den Weg über die Karlsbrücke nehmen wollte. Das Häuschen des Fährmanns ist in der Straße U Sovových mlýnů (Nr. 1/CN 34) erhalten. Der Treppenaufgang zur Karlsbrücke, die über die Insel führt, entstand erst 1785.

Auf dem malerischen Platz Na Kampě, gesäumt von alten Häusern, kann man sich vom Reiz vergangener Zeiten bezaubern lassen.

Der an manchen Tagen hier stattfindende kleine Markt mit kunstvollen Objekten aus gebranntem Ton steht in der Tradition eines schon seit dem 16. Jh. bekannten Töpfermarktes.

Während seiner Prager Studentenzeit lebte hier der Komponist Bohuslav Martinů. An dem Wohnhaus Nr. 11/CN 512 sind seine Büste und eine Gedenktafel angebracht.

Bes. reizvoll ist die Rokokofassade des Hauses *Zum weißen Schuh / U bílé boty* (Nr. 13/CN 510), gestaltet im Jahre 1766 v. Josef Jäger* an dem bereits Anf. des 17. Jh. erbauten Haus. Seinen Namen erhielt es nach einem im 18. Jh. hier lebenden Schuhmachermeister.

Der Vorgängerbau des heutigen Empirehauses Nr. 8/CN 515 an der n Inselspitze war ein Fischerhaus vom Anfang des 16. Jh. Es wurde 1557 v. einem Pulvermacher übernommen, wodurch es den Namen *Prašný dvůr / Pulverhof* erhielt. Während der Belagerung der Kleinseite durch die Schweden 1648 wurde es zerstört. Bereits 4 Jahre später war ein neues Haus fertiggestellt, das den alten Namen Prašný dvůr übernahm und in der folgenden Zeit mehrfach umgebaut wurde. Hier lebte der Maler Soběslav Pinkas (1827–1901).

Das Haus Nr. 1/CN 498 trägt ein bes. schönes *Hauszeichen;* dargestellt ist ein

Kampa-Insel

Fuchs mit einem Zweig im Maul, umrahmt v. einer Kartusche (ca. 1665).

Südlich des Platzes an der Straße U Sovových mlýnů liegt das *Liechtenstein-Palais* (→Profanbauten: Palais, Schlösser; *Lichtenštejnský palác*), das als einziges der Kleinseitner Palais direkt am Moldauufer steht. Von hier hat man einen herrlichen Ausblick über den Fluß hinweg zur Karlsbrücke und der Altstadt.

An der Čertovka-Brücke zum Platz Velkopřevorské náměstí liegt in der Straße Hroznová ulice das auf got. Fundamenten erbaute barockisierte Renaissancehaus *Zur goldenen Traube/U zlatého hroznu* (Nr. 2/CN 499) mit einem erhaltenen statuengeschmückten Renaissanceportikus.

Slovanský ostrov / Slaw. Insel: Die sich unterhalb der prächtigen Häuserfront der Uferstraße erstreckende Insel entstand erst im 18. Jh. durch Aufschwemmung. Wegen einer hier angesiedelten Färberei erhielt sie den Namen Färberinsel. Um 1784 befestigte man ihre Ufer und legte einen Garten an. Das im Jahre 1830 errichtete prächtige Restaurantgebäude war als Klubhaus auch für kulturelle Veranstaltungen eingerichtet. Berühmte Komponisten konzertierten in seinem Sophiensaal: Franz Liszt, Hector Berlioz, Richard Wagner und der Geigenvirtuose Jan Kubelík, Vater des Dirigenten Rafael Kubelík.

Die Gattin des österreichischen Kaisers Franz I. gab der Insel den Namen Sophieninsel / Žofín. Nach dem 2. Slawischen Kongreß, der hier im Revolutionsjahr 1848 stattfand, wurde sie in Slaw. Insel umbenannt.

Im Jahre 1884 erfolgte ein großer Umbau des Gebäudes im Stil der Renaissance durch den Architekten J. Fialka*.

Noch heute dient es kulturellen und gesellschaftlichen Veranstaltungen als Räumlichkeit.

In dem 1931 v. F. Šrámek angelegten Park steht ein Denkmal der tschech. Schriftstellerin Božena Němcová (1820–1862), der Autorin des in viele Sprachen übersetzten Romans »Die Großmutter« (»Babička«), eines literarischen Denkmals für eine gebildete Frau aus den unteren Schichten der damaligen Gesellschaft. Die Bronzestatue schuf Karel Pokorný*. Die Insel ist über eine Brücke vom Masaryk-Ufer zugänglich. An ihrem S-Ende liegt der konstruktivistische Bau der Galerie Mánes (→Museen, Galerien) und der Turm des Šitkovský-Wasserwerks aus dem Jahre 1495.

Střelecký ostrov / Schützeninsel: Auf der S-Hälfte der sich beiderseits unter der Brücke Most Legií (→Brücken) erstreckenden Insel wurde im Jahre 1812 v. J. K. Zobel* ein Restaurantgebäude für das Korps der Prager Scharfschützen errichtet, das 1930 erweitert wurde.

Ihren Namen hat die heute als Park gestaltete Insel schon aus dem 15. Jahrhundert, als sich hier der Übungsplatz der Altstädter Schützen befand. Eine breite Freitreppe führt v. der Mitte der Brücke auf die Insel herab.

Ostrov Štvanice / Hetzjagd-Insel: Ihren Namen erhielt die Insel im 18. Jh., als sie der Schauplatz v. Hetzjagden in einem eigens dafür gebauten hölzernen Amphitheater war. Sie liegt n der Neustadt zwischen den Stadtteilen Karlín und Holešovice. Die Brücke Hlávkův most und eine Eisenbahnbrücke führen über sie hinweg.

Kampa-Insel, Park

Den das heutige Eishockeystadion und die Tennisplätze umschließenden Park legte P. Nápravík in der 2. Hälfte des 19. Jahrhunderts an. Das in den Jahren 1930–32 v. J. Fuchs* erbaute Zimní-Stadion war im Jahre 1974 Austragungsort der Eishockey-Weltmeisterschaft.

MUSEEN, GALERIEN

Muzeum hlavního města Prahy / Museum der Hauptstadt Prag (Nové Město / Neustadt, Sady Jana Švermy CN 1544): Das am Rand eines 1875 v. F. Malý angelegten Parks stehende Museum bestand zur Zeit seiner Gründung 1883 nur aus einem Kaffeehauspavillon. Die Architekten Antonín Balšánek und Antonín Wiehl bauten 1896 bis 1898 ein Neurenaissancegebäude dazu, an dessen künstlerischer Ausstattung sich sowohl außen als auch innen namhafte Bildhauer wie Ladislav Šaloun, František Hergesell, Antonín Procházka u. a. beteiligten. Im Treppenhaus steht eine Herkulesstatue; eine Nachbildung des Originals von Adriaen de Vries*. Die Wände tragen ein Rundpanorama v. P.
Die einzelnen Objekte der Sammlung

dokumentieren die historische Entwicklung v. P. bis zur Gegenwart. Unter den Exponaten befinden sich bedeutende Werke der Malerei, Plastik, des Kunsthandwerks sowie ein interessantes Modell der Stadt zur Zeit um 1830 v. Antonín Langweil. Öffnungszeiten: außer Mo von 9–12 Uhr und 13–17 Uhr.

Lidový dům bývalý Muzeum Lenina / Volkshaus, ehem. Lenin-Museum (Nové Město / Neustadt, Hybernská ulice Nr. 7/ CN 1033): Das Gebäude wurde um 1660 v. Carlo Lurago* im frühbarocken Stil erbaut und Ende des 18. Jahrhunderts im Auftrag der Adelsfamilie Kinsky klassizistisch umgestaltet. Im Jahre 1902 erwarb es die Arbeitergenossenschaft der sozialdemokratischen Partei und gab ihm den Namen Volkshaus.
Besondere Bedeutung erlangte es für die Kommunistische Partei, die das Gebäude bis 1991 besaß, durch die 1912 hier tagende sog. Prager Konferenz, die, v. Vladimir Iljitsch Lenin (1870–1924) geleitet, die Gründung der russischen bolschewistischen Partei beschloß.
Als man 1952 das Lenin-Museum einrichtete, wurden bei den Renovierungsarbeiten noch 2 barocke Deckenmalereien entdeckt. Heute befindet sich hier

Slawische Insel

wieder der Sitz der sozialdemokratischen Partei.

Das Museum ist täglich außer Mo 9 bis 17 Uhr und So 9–15 Uhr geöffnet.

Mánes / Mánes-Haus (Nové Město / Neustadt, Masarykovo nábřeží Nr. 1/ CN 250): Auf der S-Spitze der Slovanský ostrov/ Slaw. Insel errichtete der Architekt O. Novotný* an der Stelle der ehem. Šítkovský-Mühlen 1930 dieses konstruktivistische Gebäude. Hier war der Sitz des Vereins bildender Künstler »Mánes«, nach dem das Haus heute benannt ist. Der Prager Maler Josef Mánes* (1820–71) gilt als berühmtester Vertreter der tschech. Malerei des 19. Jh. Sein bekanntestes Werk ist die Kalenderscheibe der Astronomischen Uhr am Altstädter Rathaus (→Profanbauten: öffentliche Gebäude, Staroměstská radnice).

Heute befinden sich in dem Gebäude eine Galerie und ein Restaurant.

Náprstkovo muzeum / Ethnographisches Museum Náprstek (Staré Město / Altstadt, Betlémské náměstí Nr. 1/ CN 269): Der Bau des heutigen Museums entstand nach verschiedenen Umbauten aus mehreren got. Häusern. Im 17. Jh. war es im Besitz des Mälzers Halánek und wurde

Nationalmuseum, Pantheon

nach ihm »U Halánků« benannt. Im 19. Jh. gehörte es dem Kulturforscher und Förderer der modernen Technik (Kühlschränke, Nähmaschinen etc.) Vojta Náprstek (1826–94).

Heute ist in dem Haus ein Teil der ethnographischen Abteilung des →Národní muzeum mit Sammlungen asiatischer, afrikanischer und amerikanischer Kultur eingerichtet.

Národní muzeum / Nationalmuseum (Nové Město / Neustadt, Václavské náměstí: An der oberen Stirnseite des Václavské náměstí/ Wenzelsplatz (→Straßen, Plätze, Märkte) erhebt sich das monumentale Neurenaissancegebäude des Nationalmuseums. In den Jahren 1885–90 von dem Architekten Josef Schulz* für das bereits 1818 gegr. Museum errichtet, erstreckt sich der dreigeschossige, um 2 Innenhöfe angelegte Bau in einer Länge v. 104 m und in einer Breite v. 76 m. Die Mitte beherrscht ein v. Kolossalsäulen gegliederter Risalit, dessen Dreiecksgiebel noch v. dem sich dahinter erhebenden Kuppelbau überragt wird. Die symmetrische Anlage unterstreichen die schmaleren Seitenrisalite, überdacht v. kleineren Kuppeln. Den Haupteingang erreicht man über eine mit Plastiken geschmückte Freitreppe. Auf dem Brunnen thront die allegorische Gestalt der Bohemia (Čechie). Ihr zu Füßen liegen die Figuren der Elbe als bärtiger Mann und die Moldau als junge Frau (geschaffen v. Antonín Wagner*). Von diesem Bildhauer stammen auch die Figuren auf der Rampe. Den Eingang flankieren die symbolischen Skulpturen »Geschichte« und »Naturwissenschaften« v. Josef Mauder*. 3 Relieftafeln an der Front des Mittelrisalits zeigen Szenen aus der böhm. Historie: die Gründung des Klosters Zbraslav und des Karolinums sowie die Blütezeit der Kunst und Wissenschaften unter Rudolf II. Über dem Tympanonrelief mit der Figur der Bohemia brachte Antonín Popp* das Landeswappen an. Die Statuengruppen neben der mittleren Kuppel sind Arbeiten v. Bohuslav Schnirch*, die Nischenfiguren in den Seitenrisaliten schufen Antonín Popp* und Antonín Wagner*, die Plastiken auf den Attiken der Seitenflügel sind Werke v. diesen u.a. bedeutenden Künstlern.

Auch die Innenräume beherbergen neben den hier ausgestellten Sammlungen eine reiche künstlerische Ausstattung. Die Plastiken der sagenumwobenen Libuše, der Přemysliden und des Fürsten Wenzel im Vestibül schuf Ludwig Schwanthaler*. Das v. der großen Kuppel überwölbte Pantheon, das sich über 2 Stockwerke erstreckt, ist eine einzigartige Galerie von Büsten und Standbildern bedeutender Persönlichkeiten der tschech. Nation. Interessante Themen der böhm. Geschichte zeigen die 4 Lünettenmalereien: »Die Botschaft der Libuše« und »Der hl. Methodius beendet seine Bibelübersetzungen ins Altslawische« v. František Ženíšek* und »Kaiser Karl IV. gründet die Prager Universität« sowie »Der Gelehrte Comenius in Amsterdam« v. Václav Brožík*. Das gewaltige Treppenhaus, gesäumt v. Arkaden und überspannt v. einer verglasten Decke, zieren weitere Büsten v. Persönlichkeiten, die sich um das Museum verdient gemacht haben. An den Wänden hangen Landschaftsmalereien v. Julius Mařák*. Von hier geht es zu den Sammlungen des historischen und naturwissenschaftlichen Museums sowie zur Bibliothek, die über 1 Million Bände beherbergt, darunter wertvolle Handschriften aus dem MA, Erstdrucke, eine Bohemia-Sammlung bis 1800 u.a. Die Abteilung der Naturwissenschaften präsentiert Objekte der Mineralogie, Paläontologie, Zoologie, Anthropologie und weiterer Themen; in der historischen Abteilung findet man Exponate zur Archäologie, Prähistorie sowie zur Geschichte des tschech. Theaters und Puppenspiels. Das Museum ist täglich außer Di v. 9 bis 17 Uhr geöffnet; Mo und Fr nur bis 16 Uhr. Die übrigen Abteilungen des Museums sind in eigenen Gebäuden untergebracht.

Národní technické muzeum / Technisches Nationalmuseum (Holešovice, Kostelní ulice Nr.42 / CN 1320): Das Gebäude errichtete 1937–40 der Architekt M.Babuška im konstruktivistischen Stil. Nun dienen seine Räumlichkeiten dem 1908 gegr. Museum für die dokumentarische Ausstellung über die Entwicklung v.

Technik, Industrie und Verkehrswesen. Es ist täglich außer Mo v. 9 bis 17 Uhr geöffnet.

Muzeum poštovní známky / Briefmarkenmuseum (Nové Město / Neustadt, Nové mlýny Nr.2 / CN 1239): Das Barockgebäude des Museums liegt im N der Neustadt nahe dem Moldauufer. Im Jahre 1847 ließ der Mühlenbesitzer Václav Michalovic v. Josef Navrátil* die Innenräume mit Wandmalereien ausstatten. Die Gemälde stehen mit ihren Darstellungen aus böhm. Sagen, Opern und Theaterstücken, Stilleben, Landschaften und Genrethemen in der Tradition böhm. spätbarocker Malerei. Heute wird in dem hier eingerichteten Museum eine umfangreiche Sammlung europäischer Briefmarken ab 1918 ausgestellt. Es ist täglich außer Mo v. 9 bis 17 Uhr geöffnet. Der gegenüber stehende Wasserturm aus dem 14.Jh. erinnert noch an die ehem. hier befindliche Mühle.

Muzeum Bedřicha Smetany / Bedřich Smetana-Museum (Staré Město / Altstadt, Novotného lávka Nr.1 / CN 201): Direkt an der Vltava (Moldau) auf dem Gelände der ehem. Mühlen der Prager Altstadt errichtete Antonín Wiehl* 1885 das Gebäude des heutigen Museums im Auftrag des städtischen Wasserwerks. An die urspr. Bebauung der Häuserzeile erinnert noch der Wasserturm v. 1489 mit seinem Barockhelm.

Das Haus ist im Stil der böhm. Renaissance mit den typischen Stufengiebeln und Sgraffitomalereien (vgl. Palais Schwarzenberg [→Profanbauten: Palais, Schlösser; Schwarzenberský palác]) gestaltet. Ein Motiv zeigt den Verteidigungskampf der Prager gegen die Schweden auf der Karlsbrücke im Jahre 1648 (Entwurf von František Ženíšek*). Die reiche Ornamentverzierung realisierte J.Subic nach Kartons v. Mikoláš Aleš* und Jan Koula*. Im Jahre 1936 wurde das Gebäude zum Sitz des bereits 1928 v. Zdeněk Nejedlý gegr. Bedřich-Smetana-Museums. Die Sammlung enthält Partituren, Briefwechsel und Erinnerungsstücke aus dem Leben des Komponisten (1824 bis 1884). Zusammen mit Antonín

Smetana-Museum

Dvořák (→Profanbauten: Villen, Pavillons; Villa Amerika) hat er die tschech. Nationalmusik begründet. Auf dem kleinen runden, mit Kieselsteinen bepflasterten Platz vor dem Museum sitzt seine v. J. Malejovský* geschaffene Statue (1984) unter einer Trauerweide. Hinter ihr eröffnet sich die zauberhafte Kulisse der Karlsbrücke mit der Prager Burg.

U Hybernů / Hyberna-Haus, ehem. Zollhaus (Nové Město / Neustadt, Náměstí republiky Nr. 3/ CN 1037): Schon Kaiser Karl IV. ließ hier gegenüber dem O-Tor der Altstädter Befestigungsmauer 1355 eine Kirche mit Kloster errichten. Beide Bauten waren dem hl. Ambrosius geweiht zum Gedenken an die Krönung Karls IV. zum König der Lombardei im Mailänder Dom, dessen Bischof der Heilige im 4. Jh. gewesen war. Während der Hussitenzeit veröden Kirche und Kloster zunehmend, bis sich 1483 die böhm. Franziskaner hier niederließen. Ab 1630 wurden sie v. den irischen Franziskanern, den sog. Hibernern – nach ihnen ist

das Gebäude noch heute benannt – abgelöst, die sich anstelle der verfallenen Kirche in den Jahren 1652–59 eine neue Marienkirche bauten. Architekt war wahrscheinlich Giovanni Orsi*, der den frühbarocken Saalbau im Vignola-Typus ausführen ließ. Der Säkularisierung Josephs II. fiel auch dieser Orden zum Opfer; die Gebäude wurden daraufhin vom tschech. Theater genutzt, bis das Anwesen Anfang des 19. Jh. als Zollhaus umgestaltet wurde. Der Barockkirche wurde die heutige Empirefassade vorgeblendet, und auch die übrigen Gebäude baute man in diesem Stil um (1808 bis 1811); beteiligt waren der Architekt Georg Fischer*, der Baumeister J. Zobel* und der Bildhauer Fr. X. Lederer*. In den Jahren 1940–42 gestaltete Jan K. Říha die ehem. Kirche in eine Ausstellungshalle um, die noch heute ihren sakralen Ursprung erkennen läßt.

Uměleckoprůmyslové muzeum / Kunstgewerbemuseum (Josefov/ Josefstadt, 17. listopadu / Str. des 17. November

Nr. 2/CN 73): Das Neurenaissancegebäude errichtete Josef Schulz* in den Jahren 1897 bis 1901 schräg gegenüber dem Rudolfinum (→Profanbauten: Öffentliche Gebäude). Die Reliefs an der Fassadenfront sind Darstellungen der verschiedenen Handwerke, geschaffen v. Bohuslav Schnirch* und Antonín Popp*. Durch die ausgestellten Sammlungen der verschiedenen Gattungen des Kunstgewerbes (vor allem Glas, Keramik, Goldschmiedearbeiten und Möbelkunst) wird auch die Entstehung und Entwicklung des Kunsthandwerks vom Altertum bis heute demonstriert. Die Glassammlung gilt als der Welt größte. Zusätzlich befindet sich hier die Bibliothek zur Geschichte des Kunstgewerbes.

Neben den Exponaten verdient das aufwendig gestaltete Treppenhaus mit seinen v. F. Herčík* bemalten Glasflächen besondere Beachtung. Die 2 mythologischen Statuen v. Matthias Bernhard Braun* waren urspr. für das Clam-Gallas-Palais bestimmt. Das Museum ist täglich außer Mo v. 10 bis 18 Uhr geöffnet.

AUSSERDEM SEHENSWERT:

Kostel svatého Bartoloměj/St. Bartolomäus (Kyje; Prelátská ulice): Die in dem ö Prager Stadtteil 1226–36 erbaute roman. Kirche wurde im 17. Jh. umgestaltet und barock eingerichtet. Der Turm mit den roman. Zwillingsfenstern wurde 1864 erhöht. Erhalten sind auch Reste eines roman. Portals.

Hudební divadlo v Karlíně/Musiktheater Karlín (Karlín; Křižikova ulice Nr. 10/CN-283): Das Interieur des 1891 v. Ferdinand Fellner* und Hermann Helmer* errichteten Neobarockgebäudes wurde bereits 5 Jahre später v. Bedřich Ohmann* verändert. Aufgeführt werden vor allem Operetten und Musicals.

Rodinný trojdům / Dreifamilienhaus (Vyšehrad; Rašinovo nábřeži Nr. 42, 47, 71): Ein gutes Beispiel für die weltweit einmalige kubistische Architektur in der ČR ist das 1912–13 v. dem Architekten Josef Chochol* projektierte Wohnhaus. In der nahegelegenen Neklanova ulice Nr. 2 und 30 befinden sich weitere kubistische Bauten. Erwähnenswert sind auch das 1921–23 v. Josef Gočár* in der Straße Na poříčí Nr. 24 erbaute ehem. Bankgebäude, das den sog. Rondokubismus prägte und das 1912 in der Spálená ul. Nr. 82 entstandene Haus Diamant. (Vgl. auch Haus »Zur schwarzen Mutter Gottes« S. 181.)

Kostel svatého Václava/St. Wenzel (Prosek; Na Proseku): Das im nö Stadtteil Prosek erhaltene Baudenkmal wurde wahrscheinlich im 11. Jh. als roman. Basilika erbaut, ca. 1200 sowie im 15. Jh. umgestaltet und im Barock mit einem Altargemälde v. Karél Škréta* geschmückt.

NÄHERE UMGEBUNG:

Karlštejn/ Karlstein (20 km sw): Die im 14. Jh. v. Kaiser Karl IV. zur Aufbewahrung der Reichskleinodien gegr. Burg überragt mit ihrer imposanten ma Architektur das gleichnamige Dorf. Mehrfach umgebaut und erweitert, beherbergt sie als größtes Heiligtum die kostbar mit Edelsteinen und Tafelbildern des Meister Theodoricus* ausgestattete Heilig-Kreuz-Kapelle.

Levý Hradec (11 km n): Im 9. Jh. befand sich hier bei der heutigen Ortschaft Roztoky die alte Burgstätte der Přemysliden. Die um 875 v. Fürst Bořivoj I. gegr. 1. christliche Kirhe Böhmens wurde im 11. Jh. durch eine Rotunde ersetzt, die got. umgebaut, 1684 barockisiert wurde. Heute nationales Kulturdenkmal.

Lidice (22 km nw): Heute erinnert an die alte Gemeinde nur noch eine Gedenkstätte mit einem großen Rosenhain, gestiftet aus der ganzen Welt. Nach dem Attentat auf den Reichsprotektor R. Heydrich in Prag machten NS-Einheiten am 10. Juni 1942 Lidice dem Erdboden gleich, ermordeten die Männer und verschleppten Frauen und Kinder.

Mělník (32 km n): Das histor. Zentrum der Kreisstadt liegt malerisch oberhalb des Zusammenflusses von Elbe/Vltava und Moldau. Das auf eine slaw. Burgstätte zurückgehende heutige Renaissance-Schloß erhielt sein Äußeres im 16. Jh. Die benachbarte Dechanatskirche Peter und Paul, urspr. roman., stammt heute aus dem 15. Jh. und ist bekannt für ihr Beinhaus. Den v. schönen Bürgerhäusern gesäumten Hauptplatz schmückt ein Weinbrunnen, ein Hinweis auf die 1000jährige Tradition des hiesigen Weinbaus. Der sog. Ludmilla-Wein erinnert an die Geburt der Landesheiligen auf der hiesigen Burg.

Nelahozeves (28 km n): Die Gemeinde besitzt ein 1553–1613 erbautes Renaissance-Schloß am Moldauufer, das heute eine Gemäldegalerie vor allem mit Werken der Renaissance und des 20. Jh. beherbergt. 1841 wurde in einem ehem. Gasthaus (heute Museum) der Komponist Antonín Dvořák geboren.

Průhonice (10 km sö): Zu dem Ende des 19. Jh. im romantisierenden Stil umgebauten Schloß gehören eine kleine roman. Kirche und ein zauberhaftes Arboretum. Im Schloß befindet sich eine umfangreiche Herbariensammlung.

Říp / Georgsberg (50 km n): Eine Legende erzählt vom Urvater Čech, der sein Volk auf diesen 456 m hohen Basaltkegel geführt haben soll, um sich hier anzusiedeln. Die aus dem Jahr 1126 erhalten gebliebene Rotunde mit Turm wurde mit dem Gelände zum nationalen Kulturdenkmal erklärt.

Veltrusy (28 km n): Das in der 2. Hälfte des 18. Jh. erbaute Barockschloß liegt inmitten eines weitläufigen engl. Parks, den romantische Gartenarchitekturen schmücken.

GESCHICHTE UND
KULTURGESCHICHTE

VORGESCHICHTE

Wie archäologische Funde belegen, waren die Gegend des heutigen Prag und weite Teile Böhmens bereits in der Steinzeit besiedelt. Im **5. Jh. v. Chr.** erreichte der keltische Stamm der Bojer von Westen her das Land um die Moldau. Von ihm leitet sich der Name Böhmen ab.

Die Urheimat der Slawen, die später diese Region bevölkerten, ist historisch nicht eindeutig festzulegen. Aus verschiedenen Hypothesen, die die Wissenschaft anbietet, lassen sich 2 Hauptströmungen ableiten: die westliche und die östliche Theorie. Die westliche sieht die Urheimat der Slawen im Bereich Oder/Weichsel seit den Anfängen der sogenannten Lausitzer Kultur in der jüngeren Bronzezeit, eine Gegend, wo heute noch die slawischen Sorben leben. Die östliche Theorie lokalisiert die slawische Urheimat im Bereich zwischen Weichsel und Dnjepr. Vor allem in jüngerer Zeit wird von der russischen Wissenschaft noch eine 3. These diskutiert, wonach die Slawen im östlichen Donauraum ihren Ursprung haben. Die endgültige Sicherung einer dieser Theorien, die ja auch mit der Frage nach der Urheimat aller indoeuropäischen Stämme verknüpft ist, steht noch aus.

Historisch gesichert ist, daß die ersten slawischen Stämme im Rahmen der Völkerwanderung **(4. und 5. Jh.)** nach Böhmen kamen und sich da niederließen, nachdem 500 Jahre früher germanische Stämme (Markomannen) die keltischen Bewohner unterworfen oder von dort vertrieben hatten. Diese Slawen kamen vermutlich aus dem Ostkarpatenraum über Mähren und Böhmen bis in die Einzugsgebiete von Havel und Saale, was durch Funde zahlreicher slawischer Burgwälle untermauert wird.

Wie eine burgundische Chronik aus der Mitte des **7. Jh.** berichtet, begab sich ein Franke namens Samo mit einigen Kaufleuten zu den Slawen, um dort Handel zu treiben. Er unterstützte sie erfolgreich in ihrem Kampf gegen die ständig angreifenden Awaren (Hunnen) und wurde schließlich zu ihrem König gewählt. Dieses sogenannte Reich des Samo war das erste westslawische staatsähnliche Gemeinwesen, über dessen genaue geographische Lokalisierung unterschiedliche Auffassungen bestehen. Sicher ist lediglich, daß sein Kernland auf dem Gebiet der heutigen Tschechischen Republik und Slowakischen Republik zu suchen ist.

Ende des **8. Jh.** entstanden in Mähren aus verschiedenen kleineren Stämmen zwei konkurrierende Fürstentümer, deren Führer, Mojmír und Pribina, um die Vorherrschaft kämpften. Pribina unterlag, und das Resultat war die Entstehung des Großmährischen Reiches unter

Mojmír I. **um 833.** Nach Streitigkeiten mit Ludwig dem Deutschen kam **846** Rastislav, ein Neffe Mojmírs, auf den Thron. Er zeichnete sich durch eine eigenständige und taktisch kluge Politik aus, die konsequent das Ziel eines unabhängigen Slawenstaates verfolgte. In der Mitte des **9. Jh.** erreichte Rastislav den Höhepunkt seiner Macht und das Großmährische Reich seine höchste Blüte. In dieser Zeit setzte – ausgehend von Bayern – die Christianisierung der oberen Gesellschaftsschichten ein. Um eine erneute fränkisch-bayrische Einflußnahme zu verhindern, bemühte sich Rastislav **862** beim byzantinischen Kaiser Michael III. um Missionare, die die neue Religion in slawischer Sprache verbreiten sollten. Der Kaiser schickte die Brüder Konstantin (später Cyrillus) und Methodius, die bereits in Südrußland und Bulgarien missioniert hatten und daher mit den slawischen Sprachen vertraut waren, nach Großmähren. Sie stellten ein slawisches Alphabet zusammen, übersetzten Meßbücher und führten die slawische Sprache in die von der griechischen und lateinischen Sprache beherrschte Liturgie ein. Dies sind die ältesten überlieferten slawischen Sprachzeugnisse im sogenannten Altkirchenslawisch. Cyrillus starb **869** in Rom, Methodius **885** als Erzbischof in Großmähren, nachdem er zuvor Jahre in Kerkern des bayrischen Klerus, der die slawische Liturgie mit allen Mitteln bekämpfte, zugebracht hatte.

Die machtpolitischen Auseinandersetzungen zwischen Rastislav und dem expansiven ostfränkischen Herrscher Ludwig dem Deutschen erreichten ihren Höhepunkt mit der Gefangennahme, Blendung und Einkerkerung Rastislavs im Jahre **870.** Dessen Nachfolger Svatopluk gelang es nach erneuten Kämpfen mit den Ostfranken, seine Macht zu festigen. **874** kam es zum Frieden von Forchheim und in der Folge zu einer erneuten Blütezeit für das Großmährische Reich, was sich vor allem in sakraler Bautätigkeit und reichem Literaturschaffen äußerte. Das erste slawische Gesetzbuch, »Zakon sudnyj ljudem«, wurde geschrieben.

Mit Svatopluks Tod **894** begann der Zerfall des Reiches, Streitigkeiten zwischen seinen Söhnen und schwere Kämpfe mit den Magyaren erschütterten den ersten bedeutenden westslawischen Staat, dessen Untergang nicht genauer belegt ist.

In dieser Zeit lebte im Zentrum Böhmens der Stamm der Přemysliden. Dieser unterwarf andere Stämme oder verbündete sich mit ihnen, bis sie zusammen einen unübersehbaren Machtfaktor bildeten, der fähig war, das Vakuum zu füllen, das durch den Untergang des Großmährischen Reiches entstanden war.

ZEITTAFEL

Um 875: Der erste historisch belegte Přemyslidenfürst, Bořivoj I. (†894), und seine Frau Ludmilla werden vom großmährischen Erzbischof Methodius getauft. Auf der Přemyslidenburg Levý Hradec läßt Bořivoj die Rotunde des hl. Klement erbauen, die erste Kirche in Böhmen.

890: Bořivoj verlegt den Přemyslidenstammsitz von der Wallburg Levý Hradec an die Stelle der heutigen Prager Burg/Pražský hrad, wozu strategische und handelspolitische Überlegungen Anlaß gaben.

Vor 920: Vratislav I. setzt sich erfolgreich gegen angreifende Magyaren zur Wehr. Er ist verheiratet mit Drahomíra, einer Fürstentochter vom slawischen Stamm der Stodoranen aus dem Havelgebiet.

Vor 925: Vratislavs Tod führt zu Machtkämpfen zwischen dessen Mutter Ludmilla und seiner Frau und zu Auseinandersetzungen um die christliche Erziehung ihres minderjährigen Sohnes Václav. Ludmilla wird auf Drahomíras Betreiben erdrosselt und später heiliggesprochen.

Ca. 921–935: Regierungszeit von Václav (Wenzel). Von seinem Bruder Boleslav ermordet, später heiliggesprochen, wird er zum Schutzpatron Böhmens. Herzog Václav gründet die Sankt-Veits-Rotunde auf der Prager Burg.

935–967: Herrschaft Boleslavs I., genannt »der Grausame«. Er unterwirft in Böhmen die oppositionellen Fürstentümer der Zličanen in Stará Kouřim und der Slavníkiden in Libice nad Cídlinou und schließt damit endgültig die Vereinigung Böhmens unter der Přemyslidenherrschaft ab. Im Schutz der im ganzen Land verteilten Wehrburgen entstehen nicht-agrarische Wohnsiedlungen als Zentren des Handels und Handwerks. Eine Sonderstellung nimmt dabei die am Schnittpunkt der wichtigen Handelsstraßen von Süden in den Ostseeraum und von Westen bis nach Kiew gelegene Ansiedlung unterhalb der Prager Burg ein.

965: Von dem spanisch-jüdischen Kaufmann Ibrahim Ibn Jakub stammt die erste überlieferte Beschreibung Prags: »Der größte Handelsplatz jener Länder« sei »aus Kalk und Stein erbaut«.

973: Mlada, die Schwester Boleslavs II., erwirkt in Rom die Erlaubnis zur Gründung des Prager Bistums, was eine Schwächung des Einflusses der deutschen Kaiser zur Folge hat. Es gehört jedoch noch zum Mainzer Erzbistum. Nach dem Sachsen Thietmar wird Vojtěch (Adalbert) der erste einheimische Bischof. Zur gleichen Zeit wird das Sankt-Georgs-Kloster auf der Prager Burg gegründet. Boleslav II. (967–999) dehnt seinen Herrschaftsbereich bis an die Kiewer Rus aus.

993: Bischof Adalbert gründet das Benediktinerkloster in Břevnov.

1085: Vratislav II. erhält als erster böhmischer Herzog von Kaiser Heinrich IV. die – nicht erbliche – Königswürde und wird König Vratislav I. Er beendet den von seinem Bruder Spytihněv II. begonnenen Bau des romanischen St.-Veits-Doms auf der Prager Burg 1096 und verlegt in der 2. Hälfte des 11. Jh. seine Residenz auf den Vyšehrad. In der Chronik des Kosmas (Chronica Boemorum) wird der Handelsplatz im Schutz der Prager Burg, der heutige Altstädter Ring, als ein von lebhaftem Treiben erfüllter Marktplatz mit bis dahin nicht gekanntem Wohlstand beschrieben. Als Unterkunft für fremde Kaufleute entsteht der Teynhof.

1140–73: Herzog Vladislav II. erhält von Kaiser Friedrich I. Barbarossa die persönliche Königswürde für seine Teilnahme an dessen Italienfeldzügen. Er läßt die erste steinerne Moldaubrücke (Judithbrücke) errichten, was die Prager Metropolstellung festigt.

1178: Immer mehr jüdische und deutsche Kaufleute siedeln sich in Prag an; Sobě-

slav II. erleichtert dies durch die Befreiung vom Kriegsdienst und durch Steuerprivilegien.

1198: Přemysl Otakar I. erhält als erster böhm. Herrscher die erbliche Königswürde .

1230: König Václav I. verleiht der Prager Altstadt die Stadtrechte und läßt sie von einer Befestigungsmauer umgeben. Zu dieser Zeit gibt es in Prag ca. 50 Kirchen; der gotische Baustil löst den romanischen ab. Gründung des Agnes-Klosters.

1248: Aufstand des Adels gegen die Zentralisierungsmaßnahmen von Václav I., dessen Sohn Přemysl Otakar zum Gegenkönig gewählt wird. Die Kämpfe endeten mit der Belagerung der Prager Burg durch Václav I., bei der Přemysl Otakar im Wortsinne durch Bergleute das Wasser abgegraben wurde.

1253–78: Přemysl Otakar II. Die Prager Kleinseite erhält 1257 das Stadtrecht und wird befestigt. Die jüdische Besiedlung konzentriert sich um die Altneu-Synagoge. Er fällt bei der Schlacht auf dem Marchfeld durch Verrat des heimischen Adels.

1300: Václav II. erläßt das königliche Bergrecht (Ius regale montanorum) zur Regelung der Metallförderung und Münzprägung; in Kutná Hora wird der sogenannte Prager Groschen geprägt, eines der stabilsten Zahlungsmittel der Zeit. Der König betätigt sich selbst als Dichter und fördert den Minnesang.

1303: Durch die Heirat Václavs II. mit der polnischen Thronfolgerin Alžběta dehnt er seinen Machtbereich nach Polen aus. Als ihm auch noch der ungarische Thron angeboten wird, fühlen sich Kaiser und Papst bedroht.

1306: Václavs II. Sohn König Václav III. wird während eines Feldzuges in Olomouc ermordet. Mit ihm sterben die Přemysliden in männlicher Linie aus, und der Kampf um den böhmischen Thron entbrennt zwischen Rudolf von Habsburg und Heinrich von Kärnten.

1310: Johann von Luxemburg, der Sohn Kaiser Heinrichs VII., heiratet schließlich die letzte Přemyslidin Eliška, die Schwester Václavs III. und gelangt so auf den böhmischen Thron.

1323: Der 7jährige Václav, Sohn von Johann und Eliška, wird zur Erziehung an den französischen Hof gebracht, um seine Wahl als Gegenkönig zu verhindern. An der Sorbonne in Paris erfährt er eine exzellente Ausbildung in allen Bereichen des Denkens seiner Zeit. Reisen nach Avignon, Italien und Deutschland bereicherten sein Wissen und seinen Geschmack, bevor er 1333 nach Prag zurückkehrt.

1344: Václav, der sich später Karl nennt (nach seinem Vorbild Karl d. Großen), erwirkt von Papst Klemens VI. die Ernennung Prags zum Erzbistum. Grundsteinlegung für den Bau des St.-Veits-Doms auf der Prager Burg.

1346–78: Mit dem Regierungsantritt Karls I. als böhmischer König und seiner Wahl 1355 zum Kaiser (Karl IV.) des Heiligen Römischen Reiches Deutscher Nation entwickelt sich Prag zum Zentrum Mitteleuropas mit blühender Wirtschaft und Kultur. Durch seine weitreichenden, von der französischen Gotik beeinflußten Bauunternehmungen prägt Kaiser Karl IV. das Stadtbild. Er läßt die Prager Burg ausbauen (Königspalast, St.-Veits-Dom), die Karlsbrücke mit dem Altstädter Brückenturm errichten, gründet die erste Universität Mitteleuropas (Karolinum), die Prager Neustadt sowie die Burg Karlštejn und stiftete das Em-

mauskloster. Er holt viele Baumeister und Künstler wie Matthias von Arras und Peter Parler nach Prag, aber auch Dichter und Gelehrte von Weltrang wie Francesco Petrarca.

1378: Mit der einsetzenden Regierungszeit Wenzels IV., der zwar die Liebe zur Kunst von seinem Vater Kaiser Karl IV. geerbt hat, nicht aber dessen politisches Geschick, kommen gesellschaftliche und religiöse Spannungen zum Ausbruch. Seine Residenz verlegt er in den ehemaligen Königspalast in der Altstadt. Durch das sogenannte Kuttenberger Dekret von **1409,** das die Stimmenverhältnisse an der Prager Universität zugunsten der Tschechen gegenüber den Zuwanderern verändert, unterstützt er die Bestrebungen des Rektors Johannes Hus. Daraufhin wandern die deutschen Professoren nach Leipzig ab.

1414: Nachdem der Reformator Johannes Hus schon 3 Jahre mit dem Kirchenbann belegt war, wird er zum Konzil nach Konstanz berufen. Da er seine sozialen Thesen sowie die Anprangerung des verschwenderischen Lebens des Klerus nicht widerruft, wird er am 6. 7. 1415 auf dem Scheiterhaufen verbrannt. Doch dadurch werden die reformerischen Ideen nicht aufgehalten, sondern sie ver-

Karlsbrücke, Statuen zur Kleinseite gesehen

breiten sich mit der Hussitenbewegung im ganzen Land.

1419: Mit dem 1. Prager Fenstersturz, bei dem die von den Ratsherren provozierten Hussiten das Neustädter Rathaus stürmen und jene aus dem Fenster werfen (30.7.), werden die Hussitenkriege ausgelöst. Wenzel IV. stirbt im selben Jahr, sein Bruder Sigismund stellt sich auf die Seite der Kirche und wird deshalb von der Bevölkerung als Thronfolger nicht akzeptiert.

1420: Papst Martin V. erläßt gegen die böhmischen »Ketzer« eine Kreuzzugsbulle. Das Heer des Jan Žižka kämpft von der Hussitenhochburg Tábor aus gegen die katholische Liga von Kaiser Sigismund. Ab 1420 ist die Prager Burg in den Händen der Bevölkerung. Es kommt zur Spaltung der Hussiten in die gemäßigten Utraquisten und die radikalen Táboriten, die mit ihren Forderungen nach sozialer Gleichheit und Gerechtigkeit weit über den religiösen Bereich hinausgehen.

1433: Die Utraquisten schließen mit der katholischen Kirche einen Kompromiß über die Anerkennung der »Prager Artikel«, die u. a. Religionsfreiheit zusichern. Das führt schließlich zur kriegerischen Auseinandersetzung zwischen den Hussiten und endet mit dem Sieg der Gemäßigten 1434 bei Lipany. 1485 kommt es zum Religionsfrieden von Kutná Hora.

1458: Der ehemalige Utraquistenführer und spätere Landesverwalter Jiří z Poděbrad (Georg von Podiebrad) wird zum böhmischen König gewählt. Unter dem sogenannten »Hussitenkönig« stabilisieren sich die Verhältnisse. Der Bau der 1419 zur hussitischen Hauptkirche erklärten Teynkirche in Prag wird fortgesetzt.

1471: Der polnische Jagiellone Vladislav II. wird böhmischer König. 1475 wird der Pulverturm in der Prager Altstadt erbaut.

1484: Vladislav II. verlegt die Residenz auf die Prager Burg zurück und leitete ihren spätgotischen Umbau ein (Vladislav-Saal).

1526: Ferdinand von Habsburg gelangt durch Heirat mit Vladislavs Tochter Anna auf den böhmischen Thron. Er versucht, die reformatorischen Bestrebun-

gen zu unterdrücken und schränkt die alten Rechte der Tschechen ein. Sein Ziel ist der Aufbau einer Habsburger Dynastie, was ihm die Feindschaft des Adels und der Stände einbringt. Mit ihm kommt der Renaissancestil nach Prag (Schloß Belvedere).

1576–1612: Die Regierungszeit Rudolfs II. führt Prag trotz unterschwellig bestehender religiöser Gegensätze zu neuer Blüte. Aus ganz Europa holt er berühmte Künstler und Wissenschaftler an den Prager Hof, legt eine der größten Gemäldegalerien an und fördert als seine persönliche Leidenschaft die Alchimie. Die Astronomen Tycho Brahe und Johannes Kepler kommen nach Prag, ebenso die Maler Jan Bruegel und Bartholomäus Spranger, der Bildhauer Adriaen de Vries. Rudolf II. unterstützte Rabbi Löw und förderte das Entstehen eines böhmischen Humanismus.

Unter seiner Herrschaft wird die italienische Kongregation gegründet (Welsche Gasse), 1569 die erste tschechische Zeitung veröffentlicht, das Schwarzenberg-Palais erbaut.

1609: Wachsende religiöse und politische Spannungen zwingen Rudolf II., im sogenannten »Majestätsbrief« dem protestantischen böhmischen Adel die freie Religionsausübung zuzusichern.

1611: Sein intrigierender Bruder Matthias zwingt ihn zur Abdankung. Selbst König geworden, bricht er jeden Kontakt zu den protestantischen Ständen ab, die ihn zuvor unterstützten. Er läßt sich das Matthiastor auf der Prager Burg als eine Art Triumphbogen bauen, das erste frühbarocke Bauwerk in Prag.

1617: Erzherzog Ferdinand von Habsburg wird ohne Zustimmung der böhmischen Stände König. Um seine Position zu sichern, bestätigt er zunächst den »Majestätsbrief« von 1609, entpuppt sich jedoch bald als rücksichtsloser und unnachgiebiger Gegenreformator.

1618: Berichte aus dem Umland über den Abriß protestantischer Kirchen führen zu einer Zuspitzung des Konflikts und schließlich zur Besetzung der Prager Burg durch die böhmischen Stände (23.5.). Nach kurzem Wortgefecht werden die Habsburger Statthalter Martinitz und Slavata sowie deren Schreiber aus dem Fenster geworfen (2. Prager Fenstersturz). Dadurch wird der Dreißigjährige Krieg ausgelöst.

1619: Die böhmischen Stände erklären Ferdinand II. für abgesetzt und wählen Friedrich V. von der Pfalz zu ihrem König.

1620: Am 8.11. wird das Heer der böhmischen Stände von der katholischen Liga Ferdinands II. in der Schlacht am Weißen Berg besiegt. Friedrich, der sogenannte »Winterkönig«, flieht nach Holland.

1621: Am 21.6. werden auf dem Altstädter Ring die 27 Anführer der böhmischen Stände auf Befehl Ferdinands II. brutal gefoltert und öffentlich hingerichtet. Ihr Besitz wie der von ca. 150 000 protestantischen Emigranten aus ganz Böhmen wird beschlagnahmt und verteilt, wodurch neue Adlige zu Macht und Reichtum kommen wie z. B. die Familien Waldstein, Černín, Fürstenberg u. a.; dabei geht auch die Kirche nicht leer aus. Öffentlich zerschneidet Ferdinand II. den »Majestätsbrief«, und 1627 erklärt eine »verneuerte Landesordnung« den Katholizismus als alleinige Religion und Böhmen zum Erbe Habsburgs. Die Oberschicht wie das aufsteigende Bürgertum beginnt sich österreichisch zu orientieren; Voraussetzung für Karrieren waren katholische Konfession und deutsche Sprache. Der Dreißigjährige Krieg hat für Böhmen verheerende Folgen. Die Prager Bevölkerung schrumpft auf die Hälfte, Wirtschaft und Handel sinken auf ein Minimum, lediglich die im Rahmen der Rekatholisierung vorangetriebene Barockisierung von Sakral- und Profanbauten blüht auf (Waldstein-Palais).

1648: Die Prager Burg und die Kleinseite werden zum Ende des Dreißigjährigen Krieges von den Schweden besetzt; diese können jedoch die Altstadt nicht einnehmen, da sie von den Prager Studenten auf der Karlsbrücke zurückgeschlagen werden.

1680: Während die Barockkunst ihren Höhepunkt erreicht, kommt es zur Rebellion der böhmischen Bauern gegen die Feudalherrschaft.

1711–40: Regierungszeit Kaiser Karls VI.; die Aktivitäten der Gegenreformatoren verstärken sich, wodurch sich die Zahl der Emigranten wieder erhöht. Diese Zeit ist eng verknüpft mit dem Architekten Kilian Ignaz Dientzenhofer und dem Bildhauer Ferdinand Maximilian Brokoff. Die Stadt erhält ihr barockes Erscheinungsbild.

Blick vom Laurenziberg

1740–48: Österreichischer Erbfolgekrieg. Im Zuge dieses Konflikts wird Prag 1741 von den Bayern und Franzosen besetzt.

1756–63: Prag wird im Siebenjährigen Krieg zwischen Preußen und Österreich mehrere Wochen lang beschossen. Dabei wird u. a. der gotische Skulpturenschmuck am Pulverturm zerstört.

1753–75: Maria Theresia läßt die Prager Burg durch den Wiener Hofarchitekten Niccolo Pacassi im klassizistischen Stil umbauen, womit sie ihr heutiges Aussehen erhält.

1780: Nach den schweren Kriegen mit Preußen gründet Kaiser Joseph II. die Festungsstädte Theresienstadt (Terezín) und Josefstadt (Josefov) nördlich und östlich von Prag.

1781: Joseph II. hebt die Leibeigenschaft auf; er leitet die Säkularisierung ein und erläßt ein Toleranzedikt zur Zulassung nichtkatholischer Religionen. Jüdische Emanzipation: Die böhmischen Juden erhalten Bürgerrechte.

1784: Die bis dahin selbständigen Städte Hradčany, Kleinseite, Altstadt und Neustadt werden zur Stadt Prag zusammengefaßt. Das jüdische Ghetto wird als gleichberechtigtes Stadtviertel Josefov erst 1850 angegliedert.

1835–48: Nach den Napoleonischen Kriegen setzt Fürst Metternich gegen aufkommende Freiheitsbestrebungen seine Politik der Restauration durch.

1848: Mit der Begründung, er sei Tscheche und fühle sich deshalb den Slawen zugehörig, lehnt der Historiker František Palacký die Teilnahme an der Frankfurter Nationalversammlung des Deutschen Bundes ab. Statt dessen findet am 2.6. in Prag ein Slawenkongreß von Tschechen, Slowaken, Slowenen, Serben, Ruthenen, Kroaten, Polen und Russen statt. Die Forderung nach einer politischen und gesellschaftlichen Gleichberechtigung von Tschechen und Deutschen wird laut. Auf dem Wenzelsplatz läßt der Stadtkommandant Fürst Windischgrätz auf die Kongreßteilnehmer das Feuer eröffnen. Es kommt zu schweren Barrikadenkämpfen, doch wird der sogenannte Pfingstaufstand brutal niedergeschlagen.

1861: Im Prager Stadtparlament stellen die Deutschen erstmals eine Minderheit dar.

1866: Der »Friede von Prag« beendet die kriegerischen Auseinandersetzungen von Preußen und Österreich. Österreich verläßt mit Böhmen den dt. Staatenbund.

1882: Die Universität wird nach Nationen getrennt. Auf den Lehrstuhl für Philosophie und Soziologie kommt Professor Tomáš G. Masaryk. 4 Jahre später verlassen die Deutschen den Landtag, halten aber weiterhin an ihrer gesellschaftlichen und wirtschaftlichen Vormachtstellung fest. Das wachsende tschechische Nationalbewußtsein drückt sich auch in Bauten wie dem Nationalmuseum und Nationaltheater aus.

Um 1890: Besonders in Nordböhmen schreitet die Industrialisierung durch die reichen Kohle- und Erzvorkommen voran.

1891: In Prag findet die Weltausstellung statt.

1914–18: 1. Weltkrieg. Die Tschechen werden über Österreich in den Krieg hineingezogen. Tomáš G. Masaryk, Edvard Beneš, Rastislav Štefánik u. a. halten einen engen Kontakt zu den Ententemächten und bereiten im Exil einen unabhängigen tschechoslowakischen Staat vor.

1918: Am 28.10. wird die erste freie Tschechoslowakische Republik ausgerufen. Die Regierung von Karel Kramář und Tomáš Garrigue Masaryk als Staatspräsident werden vom Nationalausschuß bestätigt. Masaryk und seinem Nachfolger gelingt es nicht vollständig, die nationalen und politischen Spannungen im jungen Vielvölkerstaat zu überwinden.

1922: Durch Eingemeindung von 37 Vororten entsteht Groß-Prag.

1935: Der 87jährige Staatspräsident Tomáš G. Masaryk tritt zurück. Nachfolger wird Edvard Beneš.

1938: Münchner Abkommen. Die Alliierten unterzeichnen die Abtretung der Sudetengebiete an Hitler-Deutschland. E. Beneš tritt zurück, und Nachfolger wird Emil Hácha.

1939: Am 15.3. marschiert Hitler in Prag ein, Hácha muß kapitulieren. Das sogenannte Reichsprotektorat Böhmen und Mähren wird geschaffen. Als Reichsprotektor wird Konstantin Freiherr von Neurath eingesetzt.

1939–45: 2. Weltkrieg. Der nationalsozialistische Terror wird durch die Umgestaltung der Festungsstadt Terezín in das Konzentrationslager Theresienstadt durch den stellvertretenden Reichsprotektor Reinhard Heydrich auf die Spitze getrieben. Nach dem Attentat auf Heydrich wird am 10. 6. 1942 in einer brutalen Vergeltungsaktion das Dorf Lidice vernichtet, deren Bewohner werden erschossen oder verschleppt und ermordet. Die Besatzungszeit kostet etwa 300 000 Tschechen das Leben. Von den 40 000 Prager Juden werden 36 000 in Vernichtungslagern ermordet.

1945: Am 5.5. kommt es in Prag zum blutigen Aufstand gegen die nationalsozialistische Herrschaft; an die Opfer erinnern zahlreiche Gedenktafeln an den Häuserfassaden. Am 9.5. wird Prag durch den Einmarsch der Roten Armee befreit. Die Sozialdemokraten unter der Leitung v. Zdeněk Fierlinger streben mit dem Kaschauer Regierungsprogramm von 1946 einen sozialistischen Staat an. E. Beneš wird wieder Staatspräsident. In dieser Zeit werden ca. 3,5 Millionen Sudetendeutsche aus dem Land vertrieben.

1948: Die Kommunistische Partei übernimmt unter der Führung von Klement Gottwald die Regierung. In den 50er Jahren kommt es zu stalinistischen Säuberungen und Prozessen (Slánský, Horáková und andere).

1960: Gründung der Tschechoslowakischen Sozialistischen Republik (ČSSR).

1968: Sogenannter Prager Frühling. Die Reformbestrebungen der politischen Führung unter den Präsidenten Ludvík Svoboda und dem Parteichef der KPČ Alexander Dubček werden durch den Einmarsch der Warschauer-Pakt-Staaten am 21.8. gewaltsam beendet.

1969: Parteichef wird Gustáv Husák, 6 Jahre später wird er auch Staatspräsident. Auf dem Wenzelsplatz verbrennt sich der Student Jan Palach. Es beginnen die Jahre der sogenannten Normalisierung. Der Student Jan Zajíc verbrennt sich ebenfalls aus Protest gegen die Stationierung der sowjetischen Armee.

1973: Zwischen der damaligen ČSSR und der BRD werden die ersten diplomatischen Beziehungen aufgenommen.

1977: Die Bürgerrechtsgruppe »Charta 77« wird gegründet, deren Gründungsmitglieder und Sprecher sind u.a. der Philosoph Jan Patočka, der ehem. Außenminister Jiří Hájek und der Dramatiker Václav Havel.

1989: Im Herbst beginnt die »sanfte Revolution«, getragen von den Studenten und Kunstschaffenden. Immer größere Teile der Bevölkerung schließen sich an. Der 17.11. gilt als ausschlaggebendes Datum; die Polizei hatte eine Demonstration gewaltsam niedergeschlagen. Der Dramatiker Václav Havel wird am 29.12. zum Staatspräsidenten gewählt, Alexander Dubček wird Parlamentspräsident.

1990: Die Tschechoslowakische Sozialistische Republik (ČSSR) wird in Tschechische und Slowakische Föderative Republik (ČSFR) umbenannt. Am 8./9.6. findet die erste freie Wahl nach 42 Jahren statt. Ministerpräsident wird Marian Čalfa.

1992: Auf politischer Ebene wird die Trennung der ČSFR in die Tschechische und Slowakische Republik (ČR und SR) vorbereitet und beschlossen. Prag wird Hauptstadt der ČR, Ministerpräsident wieder Václav Klaus; der Schriftsteller Václav Havel wird zum 2. Mal Staatspräsident.

BÖHMISCHE KOCHKULTUR

Knödel und Kümmel

Was für die Italiener die Pasta oder für die Deutschen die Kartoffel ist, ist für die Tschechen der Knödel. Wie nicht anders zu erwarten, gibt es ihn in den verschiedensten Varianten: Ob rund oder länglich – letztere werden in Scheiben serviert – ob zu herzhaften Speisen oder als Dessert, Knödel (knedlíky) sind immer eine der tragenden Säulen der böhm. Tafel. Zubereitet werden sie aus Semmeln, rohen bzw. gekochten Kartoffeln oder aus unterschiedlichen, ganz speziellen Mehlsorten (halbgriffig, griffig).

Wichtigstes Gewürz der böhm. Küche ist der Kümmel. Kaum ein Brot, was nicht von seinem charakteristischen Geschmack durchdrungen ist; sogar Enten- und Kalbsbraten in ihrer böhm. Ausprägung sind ohne Kümmel nicht denkbar, ganz zu schweigen von diversen Kohlgerichten und dem typischen krossen Schweinebraten.

Aber nicht erst in heutiger Zeit ist die böhm. Küche für ihre Kochkunst berühmt. Historisch belegt ist, daß bereits 1433 Schweizer Gesandte in Prag mit böhm. Speisen verköstigt wurden. Ein weiteres Dokument aus dem Jahre 1516 spricht von 18 typisch »böhmischen Gerichten«.

Natürlich ist auch die böhmischen Küche nicht frei von fremden Einflüssen. Vor allem Rezepte aus Ungarn und Österreich wurden während der Zeit der k. u. k Monarchie in den Speisezettel aufgenommen, so zum Beispiel der aus Ungarn stammende Palatschinken (palačinka), eine Art Crêpe mit süßer Füllung; ebenfalls magyarischen Ursprungs sind delikate, in Fett ausgebackene knusprige Mehlfladen, »langoše« genannt, die entweder mit frischem Knoblauch bestrichen oder mit Puderzucker bestreut serviert werden. Aus Österreich stammen Rezepte wie Hirn- oder Kuttelflecksuppe sowie zahlreiche Torten und Kuchen.

Insgesamt betrachtet, wird in Böhmen eher deftig gekocht; der Schwerpunkt liegt auf dem jeweiligen Fleisch- bzw. Fischgericht, hingegen spielen Gemüse und Salate eine weitgehend untergeordnete Rolle. Jahreszeitlich bedingt nehmen die Pilze (houby) eine hervorragende Stellung ein.

Die traditionelle Vorspeise bei allen Mahlzeiten ist die Suppe. Ein tschechisches Sprichwort lautet: »Die Suppe ist der Grund, das Fleisch der Spund.«

Auch regionale Unterschiede bestimmen den Speisezettel. So zum Beispiel in Südböhmen, wo bedingt durch die große Zahl von uralten Fischteichen Forelle und Karpfen zu den ganz gewöhnlichen Gerichten gehören; Hecht, Zander oder Wels zählen dagegen eher zu den Spezialitäten.

In Westböhmen, besonders natürlich in der Pilsener Gegend, werden zahlreiche Speisen mit Bier zubereitet (Biersuppe, Schweinebraten mit Bier).

Wie überall so unterscheiden sich auch in Böhmen die traditionellen Gerichte, die zum Beispiel an Festtagen im Familienkreis gereicht werden, von denen, die der Reisende im Restaurant bekommt; trotzdem erhält man auch hier mehr oder weniger tiefe Einblicke in die böhm. Kochkunst, zumal durch die Gründung vieler privater Restaurants in den letzten Jahren der Speisezettel der »internationalen Küche« zugunsten der regionalen und überlieferten Gerichte erweitert worden ist.

Ein Bonmot beschreibt den Aufwand der Essenszubereitung: In Böhmen kocht man vier Stunden, um eine Stunde zu essen. Im Gegensatz zu Frankreich, wo man eine Stunde kocht, um vier Stunden zu essen!

Der Tag beginnt mit einem ausgiebigen Frühstück. Zu kümmelbestreuten Hörnchen werden Wurst, Schinken, Käse, Eier mit Speck, heiße Würstchen oder eine warme Suppe gereicht. Nicht ganz ungewöhnlich ist hierzu bereits ein Bier. Aber auch der Kaffee ist hervorragend, wenn man sich damit abfinden kann, daß sich der Kaffeesatz in der Tasse befindet, denn der Kaffee wird hier noch oft auf türkische Art zubereitet.

In den einfacheren Gaststätten (pivnice, hostinec) ist das Mittag- bzw. Abendessen meist ein Ein-Teller-Gericht: Knödel mit Gulasch, Schweinebraten (vepřová pečeně) mit Knödel und Kraut (zelí), Rindfleisch (hovězí maso) mit Kartoffeln (vařené brambory) und Tartarsauce (tartarské omáčka), mährisches Rauchfleisch (uzené) mit Kartoffelknödel. Eine Suppe ist zumindest traditionell die übliche Vorspeise und Bier das typische Getränk. Es stammt entweder aus den weltbekannten Brauereien von Pilsen und Budweis oder aus einer der vielen kleinen ortsansässigen Brauereien (pivovar).

Wenn es in diesen einfachen Gasthäusern kein warmes Essen gibt, so findet man doch zumeist Kleinigkeiten der kalten Küche wie schlebíčky, das sind dekorativ gestaltete Weißbrotschnittchen oder utopenci (Ertrunkenes): verschiedene Wurstsorten haben hierbei eins gemeinsam: sie sind in Essigmarinade eingelegt, »ertrunken«.

In den feineren Restaurants und Wein-
stuben (vinárna) wird man den typischen
Knödel zumeist vergeblich suchen. Hier
haben die Gerichte der »internationalen
Küche« mit Pommes frites (hranolky),
Wiener Schnitzel (vídeňský řízek) und
kleiner Garnierung (malá obloha)
Einzug gehalten. Trotzdem findet man
daneben immer eine Reihe typisch böhmischer Speisen, zum Beispiel gespick-
ten Schmorbraten (svíčková), ein delika-
ter Rinderbraten in heller Sahnesauce
mit Preiselbeeren, versch. Süßwasser-
Fischgerichte wie Forelle (pstruh) und
Karpfen (kapr), die nach den unter-
schiedlichsten Rezepten zubereitet
werden (Forelle mit frischem Paprika,
Karpfen mit Speck und Pilzen). Auch ist
der Hecht (štíka) im Speckmantel ein ra-
res, wenn auch überaus köstliches Gericht.
Spezialitätenrestaurants führen Wild-
und Geflügelgerichte, darunter vor allem
Rehrücken mit Sahnesauce, Ente
(kachna) und Gans (husa) oder Fasan
(bažant).
Oft empfiehlt es sich, nach der Speziali-
tät des Hauses zu fragen.
Die Vorspeisenpalette, kalt oder warm,
ist vielfältig: vom vielgerühmten Prager
Schinken und diversen Salamisorten
über eine Reihe von Suppen – hervorge-
hoben seien die versch. Pilzsuppen – bis
hin zum »topinka«, einer in Schmalz
gerösteten Graubrotscheibe, die entweder nur mit Knoblauch abgerieben wird
oder sich unter einer delikaten Auflage
aus Fleisch und Paprika oder Ei und ge-
riebenem Käse verbirgt, letzterer »šu-
mavské topinka« genannt. Eher auf
Empfängen oder im privaten Bereich,
aber auch in einigen Restaurants werden
jednohubky (»Ein Maulvoll«) gereicht,
kleine Brotscheibchen, die mit allerlei
Pasteten und Spezereien belegt und gar-
niert sind.
Auch in diesen Restaurants ist Bier das
dominierende Getränk, aber das Ange-
bot an den überwiegend trockenen süd-
mährischen Rot- und Weißweinen sollte
nicht außer acht gelassen werden. Hervorzuheben sind hierbei vor allem
Rýnský rízlink, Vlašský rízlink, Neubur-
ské, Rulandské bílé als Weißweine (bílé
víno) und Rulandské červené, Vavřinek-

Prager Burg

ké und Frankovka als Rotweine (červené
víno). Seltener sind die um den Ort Mělník wachsenden böhmischen Weine: ein
ausgezeichneter Traminer und die beiden Ludmilla-Weine (rot und weiß), benannt nach der böhmischen Landespa-
tronin. Kaiser Karl IV. ließ hier bereits
im 14. Jahrhundert Burgunderreben an-
pflanzen, die er aus Frankreich mitge-
bracht hatte.
Selbst im Stadtgebiet von Prag gibt es
Weinberge, so z.B. südl. des Vyšehrad
oder beim Barockschloß Troja.
Neben Eisbecher und Törtchen sind die
bereits erwähnten Palatschinken, die diversen Obstknödel und »lívance« (kleine
Hefeplinsen) mit Konfitüre und dicker
Sahne oder nur in Zimt und Zucker ge-
wälzt ein beliebtes Dessert.
In jedem Fall bildet der berühmte Karlsbader Kräuterliqueur »Becherovka« –
auch als die 13. Karlsbader Quelle bezeichnet – sowohl als Aperitif wie auch
als Digestif einen würdigen Rahmen für
ein typisch böhmisches Menü.

Register der Fachausdrücke

Abakus (griech.-lat. »Tischplatte«): Deckplatte über dem Kapitell einer Säule.

Achse: Gedachte Linie, die vertikal oder horizontal (Quer-, Längsachse) ein Gebäude einteilt; z. B. Fensterachse.

Ädikula: Wandnische, die zur Aufstellung einer Büste oder Statue dient; meist mit → Giebel, → Pfeilern oder → Säulen verziert.

Akanthus: Schmuckelement, das sich vor allem am → korinthischen → Kapitell findet und aus der stilisierten Darstellung eines scharf gezackten, distelähnlichen Blattes entwickelt wurde.

Altaraufsatz: Schreinartiger Aufbau über dem Altartisch.

Altarauszug: Oberer, abgehobener Teil des → Altaraufsatzes.

Altargerät: Gefäße und Requisiten für die gottesdienstlichen Handlungen am → Altar.

Altarretabel: → Altaraufsatz.

Ambo: Pult an den Chorschranken in altchristlichen und mittelalterlichen Kirchen; Vorläufer der → Kanzel.

Anna selbdritt: Darstellung von Anna, Maria und dem Jesusknaben.

Antependium: Frontverkleidung des Altartisches.

Apsis: Abschluß des → Chors, meist halbkreisförmig. In der Regel Standort des → Altars.

Arabeske: Ein stilisiertes Blattwerk, das als Schmuckmotiv verwendet wird.

Architrav: Steinerner Hauptbalken über den → Säulen.

Archivolte: Bogenlauf über romanischen und gotischen Portalen.

Arkade: Bogen, der von → Säulen oder → Pfeilern getragen wird. Mehrere Arkaden werden zu Bogengängen zusammengefaßt. Wenn die Arkaden keine Öffnung haben (und nur aus dekorativen Gründen verwendet werden), spricht man auch von Blendarkaden.

Attika: Eine (meist reich verzierte) Wand, die über das → Gesims einer Säulenreihe gemauert wird und das Dach verdecken soll.

Aufgehendes Mauerwerk: Der sichtbare (oberirdische) Teil des Mauerwerks.

Aula: Halle, Versammlungssaal.

Backstein: Ziegel, der im Brand gehärtet worden ist (im Gegensatz zum natürlichen Gestein).

Backsteingotik: Bauten aus → Backstein in den Forrnen der → Gotik. Vorwiegend in Nord-, Ost- und Süddeutschland zu fnden.

Baldachin: Schutzdach über → Altären, Grabmalen, Statuen und Portalen.

Balkendecke: Holzdecke aus unverputzten Balken über einem → Schiff; durch die Balken ist die Decke meist in Dekorationsfelder unterteilt.

Baluster: Kleine bauchige oder profilierte Säule.

Balustrade; aus → Balustern gebildetes Geländer.

Baptisterium: Taufkirche oder Taufkapelle, in der Regel Zentralbau.

Barock: Stilbezeichnung für die Kunst und Kulturepoche ab etwa 1600 bis etwa 1750. Bestimmend sind kraftvoll bewegte, ineinandergreifende Formen.

Basilika: Griechische Königshalle; im Kirchenbau Bezeichnung für eine mehrschiffige Kirche (→ Schiff), deren Satteldach über dem Hauptschiff höher ist als die Pultdächer über den Seitenschiffen.
Siehe auch → Säulenbasilika und → Pfeilerbasilika.

Basis: Fuß einer → Säule oder eines → Pfeilers, meist breit auslaufend und dekorativ gestaltet.

Bauhütte: Die Werkstatt der Handwerker, die an einem Kirchenbau beteiligt waren.

Bergfried: Hauptturm einer Burg, letzte Zufluchtstätte bei Belagerungen.

Bering: Mantelmauer einer Burg.

Beschlagwerk: Schnitzwerk der → Renaissance, das bandeisernen Zierbeschlägen nachgebildet wurde.

Biedermeier: Kunst und Kulturepoche (v.a. im deutschsprachigen Raum) v. ca. 1815 bis ca. 1850.

Blattkapitell: Gotisches → Kapitell, bei dem die Grundform von feinen Blattomamenten überzogen ist.

Blendarkade: → Arkade.

Blende: in die Wand eingetieftes Feld oder der Wand vorgelegtes architektonisches Motiv mit der Wirkung einer Scheinarchitektur.

Blendmaßwerk: → Maßwerk.

Bogenformen: Der Bogen dient zur Überbrückung größerer Spannweiten im Steinbau.

Bogenfries: Ein → Fries in der Form von Rundbogen (häufig bei romanischen Bauwerken).

Bruchsteinmauerwerk: Eine aus unbearbeiteten, rohen Steinen unregelmäßig aufgeschichtete Mauer.

Bündelpfeiler: In der Gotik beliebte → Pfeilerform. Um Kernpfeiler gruppieren sich kleinere und größere Dreiviertelpfeiler.

Campanile: frei stehender Glockenturm einer Kirche, in Italien stark verbreitet.

Cella: Hauptraum des antiken Tempels mit dem Götterbild.

Chor: Der meist erhöhte und in der Regel östlich gelegene Abschluß des Kirchenraumes. Der Chor hat meist nicht die gleiche Breite wie das → Schiff. Er dient zur Aufnahme des → Altars. Im Mittelalter war der Chor oft durch

Schranken zum übrigen Kirchenraum abgegrenzt.

Chorumgang: Ein Gang, der durch die Fortführung der Seitenschiffe entsteht und um den Chor herumführt.

Dachformen, *Pultdach:* eine einzige schräg ansteigende Dachfläche. *Satteldach:* zwei schräge, gegeneinander aufsteigende Dachflächen, an den Enden durch einen Giebel begrenzt. *Tätschdach:* flach geneigtes Satteldach. *Walmdach:* Satteldach, bei dem auch die Giebelseiten mit einer Dachfläche (Walm) versehen sind. *Krüppelwalmdach:* Walmdach, bei dem nur der obere Giebelteil abgewalmt ist. *Zeltdach:* vier steil aufsteigende Dachflächen über viereckigem Grundriß, z.B. als Turmabschluß. Vgl. → Klebdach.

Dachreiter: Türmchen über dem Dachstuhl.

Dienste: Dünne Säulen oder Rundstäbe, die einer Wand oder einem Pfeiler vorgelagert sind, meist zur Unterstützung des Gewölbes.

Diptychon: Zusammenklappbare zweiteilige (Altar-)Tafel.

Doppelkapelle: Eine zweigeschossige Kapelle.

Dorische Säulenordnung: → Ordnung, bei der die → Säulen ohne → Basis direkt auf dem Boden gesetzt sind und flache, wulstförmige → Kapitelle tragen.

Draperie (franz. drap »Tuch«): Dekoration mit Stoffen, Behänge aus Stoffen und deren malerische Darstellung.

Dreipaß: einem Kreis eingeschriebenes kleeblattförmiges → Maßwerkmotiv in der Gotik.

Empore: Zwischengeschoß; in der Kirche meist Galerie für Sänger und Orgel.

Empire-Stil: Klassizistischer Kunststil in Frankreich zu Beginn des 19.Jahrhunderts, mit griechisch-römischen und ägytischen Vorbildern.

Englischer Gruß: Verkündigung des Engels an Maria.

Epiphanie: Erscheinungsfest eines Gottes bzw. Christi (vgl. Dreikönigsfest am 6.Januar).

Epitaph: Gedenktafel oder Gedenkstein an Wand oder Pfeiler, oft über dem Grab des Verstorbenen.

Erker: In sich geschlossener vorspringender Anbau an die Außenwand eines Gebäudes. Oft ein Dekorationselement.

Eremitage: Pavillon in Park und Gartenanlagen, einsam gelegenes Schloß.

Eselsrücken: → Bogenformen.

Eselstreppe: Stufenloser Aufgang eines Turms, vermutlich benutzt, um Esel das Baumaterial hinauftragen zu lassen. Daher sog. Eseltürme an mittelalterlichen Domen.

Exedra: Apsis, überwölbt mit einem Kuppelausschnitt.

Exvoto: Ein aufgrund eines Gelübdes gestiftetes Bild: Votivbild, -tafel.

Fachwerk: Balken, die als tragende Teile benutzt werden, sind mit Lehm oder Ziegeln aufgefüllt.

Fassade: Haupt- oder Schauseite eines Bauwerks.

Fassung: Bemalung.

Fayence: Töpferwaren mit Glasurüberzug, benannt nach der italienischen Stadt Faënza.

Fiale: Ziertürmchen in der → Gotik; oft als Bekrönung eines → Strebepfeilers.

Figurenkapitell: Das → Kapitell einer Säule, das zu einer Figur ausgearbeitet worden ist.

Filigranwerk: Ursprünglich Goldschmiedearbeit, bei der Gold- und Silberdraht ornamentartig auf eine Metallunterlage gelötet werden. Auch auf vielfach durchbrochene Schnitzwerke und Stukkaturen übertragen.

Fischblase: Flammenförmige Ornamentform im gotischen → Maßwerk.

Flechtband/Flechtwerk: Ornament mit dem Motiv ineinander verschlungener Streifen, im Frühmittelalter häufig verwendet.

Flügelaltar: Der → Altaraufsatz hat ausklappbare, meist reich geschnitzte oder bemalte Flügel.

Fresko: Auf den noch feuchten Kalkputz werden Wasserfarben ohne Bindemittel aufgetragen. Beim Trocknen des Mörtels verbinden sich die Farben besonders haltbar mit dem Putz.

Fries: Schmuckstreifen zum Abschluß oder als Untergliederung einer Wand. Der Fries kann flächig oder plastisch sein, er kann aus Figuren oder → Ornamenten bestehen.

Gaden: In der Architektur Bezeichnung für Obergeschoß.

Galerie: Ein langgestreckter Raum; oft werden → Emporen und → Arkadengänge auch Galerie genannt.

Gaube: Als Giebelhäuschen ausgebildetes Dachfenster.

Gebälk: Balkensystem eines Holzbauwerks. Im Steinbau der → Renaissance und des → Barock werden → Architrav, → Fries und → Gesims zusammen als Gebälk bezeichnet.

Gebundenes System: Quadratisches Schema eines Grundrisses (vorwiegend in romanischen Kirchen).
Ausgehend von der quadratischen 6-Vierung sind jeweils gleich große Gewölbequadrate in allen Richtungen angefügt. In den Seitenschiffen entsprechen jeweils zwei kleinere Gewölbequadrate den größeren Quadraten des Mittelschiffs.

Gesims: Ein vorspringender Wandabschluß.

Gesprenge: Abschließende Bekrönung des → Altaraufsatzes.

Gewölbe: Bogen- oder haubenförmiger Abschluß eines Raums.

Gewölbeformen: *Tonnengewölbe:* Gewölbe mit dem Querschnitt eines Halbkreis-, Segment-, Korb- oder Spitzbogens.

Stichkappengewölbe: Tonnengewölbe, das durch einen seitlich einschneidenden Kappenkranz, meist mit Fensteröffnungen, begrenzt ist.

Kreuzgewölbe/Kreuzgratgewölbe: rechtwinklige Durchdringung von zwei gleich hohen Tonnengewölben, die Durchdringungslinien heißen Grate. *Kreuzrippengewölbe:* Kreuzgratgewölbe mit tragenden Rippen entlang der Grate.

Sterngewölbe: sternartig verzweigtes Rippengewölbe.

Giebel: Stirnseite; bei Gebäuden mit Sattel- oder Pultdach dreieckig und meist senkrecht. Auch über Fenstern oder Türen. Staffel-, Treppengiebel.

Gobelin: Bildteppich.

Gotik: Epoche der europäischen Kunst und Kultur, die von der Mitte des 12.Jh. bis ins 16.Jh. reicht.

Graffiti: Eingekratzte Inschriften oder Zeichnungen, meist an Wänden antiker Gebäude.

Grisaille: Malerei in verschiedenen Grauabstimmungen.

Gurtbogen: Eine konstruktive und dekorative Unterstützung des Gewölbeabschnitts, die sich rippenartig als Bogen quer zur Längsachse spannt.

Hallenchor: Ein → Chor, der aus mehreren, jedoch gleich hohen → Schiffen besteht.

Hallenkirche: Im Gegensatz zur → Basilika sind Hauptraum und → Seitenschiffe gleich hoch; ohne → Querhaus.

Halsgraben: Künstlich geschaffener Graben, der Burgen vom Landrücken trennt. Oft auch Zugang über Zugbrücken.

Helm: Der Abschluß eines Turmes.

Hochaltar: Zentraler Hauptaltar einer Kirche.

Hocheingang: in einem oberen Geschoß gelegener Eingang zu einem Turm oder → Palas.

Ikonostasis: In der Ostkirche Bilderwand zwischen Allerheiligstem und Gemeinderaum.

Immaculata: Die Unbefleckte, Ehrenname Marias.

Inkarnation: Fleischwerdung.

Inkrustation: farbige, ornamentale Einlegearbeiten in Stein zur Verzierung v. Wand- u. Fassadenflächen.

Intarsia: Einlegearbeit in Holz, Stuck, Stein etc.

Ionische Säulenordnung: → Ordnung, bei der die → Säulen auf einer mehrgliedrigen → Basis stehen und das → Kapitell durch zwei Schnekkenbögen charakterisiert ist.

Joch: Grundeinheit des durch → Pfeiler, → Säulen oder → Gurtbogen gegliederten Raumes.

Jugendstil: Nach der Münchner Zeitschrift »Jugend« benannte Stilrichtung, die sich gegen die Übernahme alter Formen wendet und neue, der Natur entnommene Ausdrucksformen schafft. Schwerpunkt von 1895 bis um 1905.

Kabinettscheibe: kleines Glasgemälde als Schmuck von Fensterscheiben.

Kämpfer: Steinplatte zwischen → Säule bzw. → Kapitell und Bogen oder Gewölbe.

Kalotte: Gewölbte Kuppel in Form eines Kugelabschnitts.

Kalvarienberg, *Calvaire:* Plastische Darstellung der Kreuzigungsgruppe und des Kreuzigungsberges, oft Wallfahrtsort.

Kamee: Stein oder Edelstein mit erhaben geschnittener Darstellung.

Kanon: Regelmäßiges, wiederkehrendes Maß.

Kanzel: Erhöhter Platz in der Kirche, von dem aus die Predigt gehalten wird. Oft von einem → Baldachin oder einem → Schalldeckel überdeckt.

Kapitell: Abschließender, kopfartiger Teil einer → Säule. Die Form der Kapitelle ist ausschlaggebend für Stil oder → Ordnung.

Kapitelsaal: Versammlungsraum der Klostergemeinde.

Karnies (griech. koronis »gekrümmt«): Leiste mit leicht S-förmig gekrümmtem Profil.

Kartause (ital. Certosa): Kloster der Kartäuser mit einzelnen Wohnzellen und Gärten, Kreuzgang, Kirchen und Kapitelsaal.

Kartusche: Zierrahmen, mit dem Wappen, Initiale oder Inschriften eingefaßt sind.

Karyatide: → Gebälk tragende Figur.

Kassettendecke: Diese in rechteckige Felder unterteilte Decke ist durch → Ornamente, Bemalung oder anderen Schmuck ausgeprägt.

Kassettengewölbe: Ein von einer rechteckigen Kassette angeschnittenes → Kloster oder Haubengewölbe in regelmäßiger Folge.

Kastell: in römischer Zeit befestigter Garnisonsplatz.

Kathedrale: Bischofskirche, Dom.

Kenotaph: Grabdenkmal, an anderer Stelle errichtet als das tatsächliche Grab.

Kielbogen: → Bogenformen.

Klassizismus: Von klassisch-antiken Vorbildern ausgehende Stilrichtung, die zwischen etwa 1770 bis etwa 1830 ihren Höhepunkt erreichte.

Klostergewölbe: (Haubengewölbe): Ein kuppelähnliches, waagrecht gerade abschließendes Gewölbe aus Tonnenabschnitten.

Knorpelstil: Die vorbarocke Form des → Ornaments, aus dem → Beschlagwerk entwickelt, mit ohrmuschelartigen Formen.

Konche: Halbrunder, sich in einen Nebenraum öffnender Raum, besonders Halbkuppel der Apsis.

Konsole: Wandvorsprung, Balkenstütze.

Kopfreliquiar: → Reliquiar in Kopf- oder Büstenform.

Korbbogen: Flachgedrückter Rundbogen.

Korinthische Säulenordnung: Reiche Zierformen kennzeichnen bei dieser → Ordnung die

→ Kapitelle. Die → Basis ähnelt der → ionischen Ordnung.

Kragstein: Aus der Mauer herausragender Stein, der als Stütze, als Auflage oder auch nur als Träger für eine Büste dient.

Kranzgesims: Abschlußgesims der Fassade unter dem Dachansatz.

Kreuzgang: Meist gewölbtes, nach innen durch → Arkaden geöffnetes Geviert, das als Umgang im Hof eines Klosters dient und an einer Seite an die Kirche anschließt.

Kreuzgewölbe: Ein → Gewölbe, bei dem sich zwei → Tonnengewölbe rechtwinklig kreuzen. Man unterscheidet das einfache Kreuzgratgewölbe von dem Kreuzrippengewölbe, bei welchem die Schnittkanten durch Rippen verstärkt sind.

Kruzifixus: Kreuz mit einer Darstellung des Gekreuzigten.

Krypta: Unterkirche, Grabraum, meist unter dem → Chor gelegen. Oft sind Kirchen über einer alten Krypta errichtet worden.

Kuppelformen, wichtigste: *Pendentif- oder Hängekuppel:* über quadratischem oder vieleckigem Grundriß gewölbte halbrunde Kuppel mit ausgeschiedenen Seitenflächen. Die von der Kuppelwölbung in den Kuppelansatz überleitenden sphärischen Dreiecke heißen *Pendentifs* oder *Hängezwickel, Tambourkuppel:* Pendentifkuppel mit zylindrischem oder polygonalem Zwischenstück *(Tambour, Trommel),* das zwischen Pendentifs und Halbkugel geschoben ist. Der obere Abschluß einer Kuppel wird meist durch eine → Laterne gebildet.

Langhaus: Hauptteil der Kirche, für die Gemeinde bestimmt (ohne → Chor und → Apsis).

Laterne: Runder oder polygonaler, mit Fenstern versehener kleiner Aufbau über der Scheitelöffnung einer Kuppel oder als Turmbekrönung.

Leibung, Laibung: Fläche des Mauereinschnitts bei Fenstern und Türen.

Lettner: Wand oder Brüstung zwischen → Chor und → Mittelschiff, die den klerikalen Bereich vom Laienraum trennt.

Lichtgaden: Fensterzone der Hochwand im Mittelschiff einer → Basilika, auch *Obergaden* genannt.

Lisene: Schwach aus der Wand vortretender senkrechter Mauerstreifen ohne Basis und Kapitell.

Loggia: Nach außen geöffnete Säulenhalle eines Bauwerks, häufig im Obergeschoß.

Louis-Quatorze: Französischer Kunststil, dem deutschen → Barock vergleichbar; benannt nach Ludwig XIV. (1638–1715).

Louis-Quinze: Epoche des Spätbarock in Frankreich, benannt nach Ludwig XV. (1710 bis 1774). Entspricht in etwa dem → Rokoko in Deutschland und Österreich.

Louis-Seize: Beginn des → Klassizismus in Frankreich, benannt nach Ludwig XVI. (1754 bis 1793); eine gemäßigte Form des → Rokoko.

Lüftlmalerei: Malerei an Hauswänden, vornehmlich im süddeutschen Raum.

Lünette: Halbkreisförmiges Feld über Türen und Fenstern, oft mit Malerei oder Plastik.

Lukarne: Kleines Dachfenster.

Mandorla: Heiligenschein in zugespitzter Mandelform, der eine ganze Heiligengestalt (Maria oder Christus) umgibt.

Manierismus: Kunststil zwischen → Renaissance und → Barock (ungefähr von 1530 bis 1630). Der Manierismus vernachlässigt natürliche und »klassische« Formen zugunsten gewollter Künstlichkeit der Manier.

Maschikuli: Kleine Öffnungen zwischen einem vorkragenden Zinnenkranz, bei mittelalterlichen Wehrbauten zum Ausguß von Pech und Schwefel bestimmt.

Maßwerk: Gotische geometrische Zierformen, vor allem für die Ausgestaltung von Fensterbögen oft verwendet. Liegen die Zierbogen direkt auf der Wand, spricht man von Blendmaßwerk.

Mausoleum: Ein prächtiges Grabmal, meist in der Form eines Hauses oder Tempels.

Medaillon: Meist runde od. ovale Rahmung eines Ornaments oder Freskos (aus Stuck, Stein u.ä.).

Mensa: Die Deckplatte des Altars.

Mezzanin: Halb- oder Zwischengeschoß.

Miniatur: Kleinformatiges Bild; handgemalte Bilder in alten Handschriften.

Mittelschiff: Mittleres → Schiff der → Basilika oder der mehrschiffigen → Hallenkirche.

Mönchschor: Jener Teil des → Chores, der den Mönchen vorbehalten ist, oft abgeschlossen.

Mosaik: Wand-, Boden- oder Gewölbeschmuck, zusammengefügt aus kleinen bunten Steinchen, Glasscherben oder anderen Materialien.

Münster: Große Klosterkirche bzw. große Stiftskirche, vor allem in Rheinnähe gebräuchlich.

Municipium: In der röm. Republik die in den Staatsverband einbezogenen italischen Städte, in der röm. Kaiserzeit die mit röm. Recht ausgestattete selbständige Stadtgemeinde; munizipal bedeutet soviel wie städt.

Muschelwerk: Zierornamente, die dem Muschelmotiv nachempfunden sind; vor allem in der späten → Renaissance und im → Rokoko.

Narthex: Vorhalle von Basiliken und Kirchen.

Netzgewölbe: Ein → Gewölbe, bei dem sich die Rippen mehrfach kreuzen. Vor allem zur Zeit der → Gotik anzutreffen.

Neubarock: Reaktion auf den kühlen → Klassizismus. Die Wiederverwendung der Formen des → Barock entwickelte sich im letzten Drittel des 19.Jh. als ein historisierender Prunkstil mit übertriebenem plastischem Schmuck und auffälligen Farben.

Neugotik (Neogotik): Historisierender Kunststil, mit dem man im 19. Jh. die Bauformen und Schmuckornamente der → Gotik neu beleben wollte.

Nonnenchor: → Empore, auf der Nonnen dem Gottesdienst beiwohnen.

Obelisk: Frei stehender Pfeiler mit quadratischem Grundriß und pyramidenartiger Spitze.

Oculus: Runde Fensteröffnung.

Odeon: Meist rundes Gebäude, in dem musikalische und andere musische Aufführungen stattfinden.

Oktogon: Gebäude mit achteckigem Grundriß.

Olifant: Das Wunderhorn Rolands, ein Signal- und Kriegshorn aus Elfenbein, reich geschnitzt und in Edelmetall gefaßt.

Ophistodom: Beim griechischen Tempel Raum hinter der → Cella.

Orangerie: Teil barocker Schloß- und Parkanlagen, ursprünglich für die Überwinterung der während des Sommers im Freien aufgestellten Orangenbäume und anderer südlicher Gewächse gedacht. Oft erhielten die Orangerien jedoch Festräume für große Hofgesellschaften.

Oratorium: Kleine Kapelle, die in der Regel nicht für die Öffentlichkeit zugänglich ist, oft dem → Chorraum angegliedert.

Ordnung: Architektursystem der Antike, das bestimmte Reihenfolgen vorschreibt, vor allem bei → Säulen (→ dorische, → ionische etc.).

Orgelprospekt: Schauseite einer Orgel.

Ossarium: → Beinhaus.

Ottonische Kunst: Kunst aus der Zeit der Könige Otto I., Otto II. und Otto III. (936 bis 1002). Anreger und Finanziers dieser Kunst waren die Könige sowie Würdenträger der Kirche.

Pagode: Süd- und ostasiatischer Reliquienschrein und Tempel.

Pala: Altaraufsatz.

Palas: Wohnbau einer Burg.

Pallium: Ein mantelähnlicher Umhang der Römer, im Mittelalter Krönungsmantel für Könige und Kaiser, später auch bei Erzbischöfen.

Paneel: Brusthohe Holzvertäfelung.

Panorama: In der Kunst ein Rundgemälde, vor allem zur Darstellung von Schlachten und Städteansichten.

Pantheon: Den Göttern geweihter Tempel. Nach dem Vorbild des Pantheons in Rom (Rundbau).

Paradies: → Atrium.

Parament: Sakrale Bekleidungsstücke, z. B. des Priesters oder des Altars.

Patio: Innenhof des Hauses, vor allem in Spanien.

Pavillon: Meist mehreckiger oder runder Bau in Parkanlagen. Bei Barockschlössern verbinden sehr häufig Eckpavillons den Hauptbau mit den davon abzweigenden → Galerien.

Pechnasen: Kleine, an der Unterseite geöffnete Erker bei mittelalterlichen Burgen, durch die man heißes Pech auf die Angreifer schütten konnte.

Pendentifkuppel: → Kuppelformen.

Pergola: Offener Laubengang aus einer Holzkonstruktion; an den Balken ranken sich Pflanzen empor.

Peripteros: Griech. Tempel mit einem Säulengang rundum.

Peristyl: Einen Hof umgebende Säulenhalle, bei profanen wie sakralen Bauten verbreitet.

Pesel: Wohnraum und Zentrum norddeutscher Bauernhäuser.

Pfalz: Wohnstatt für Könige und Kaiser, die im Mittelalter nicht an einem Ort residierten, sondern ihren Sitz regelmäßig wechselten.

Pfeiler: Stützglied wie die → Säule, doch von recht- oder mehreckigem Grundriß.

Pfeilerbasilika: Die Bogen des → Schiffes der → Basilika liegen auf → Pfeilern.

Piano Nobile: Das wichtigste (edelste) Geschoß eines Profanbaues, meistens das 1. Obergeschoß z.b. mit Prunk- und Repräsentationsräumen.

Pieta: Darstellung der trauernden Maria mit dem Leichnam des Sohnes auf dem Schoß.

Pilaster: → Pfeiler, der aus einer Wand hervortritt (Halbpfeiler), mit → Basis und → Kapitell.

Pinakothek (griech.): Bildersammlung.

polychrom: Vielfarbig ausgeführt; Farben deutlich gegeneinander abgesetzt. Ggs. monochrom.

Polygon: Vieleck.

Polyptychon: Ein aus mehreren Tafeln (Flügeln) zusammengesetztes (Altar-)Bild.

Portikus: Von → Pfeilern gestützte Vorhalle.

Postament: Sockel eines Standbildes.

Präraffaeliten: Von London ausgehende Kunstrichtung (um 1850), die eine Verbindung religiöser und seelischer Motive forderte und sich an der italienischen Malerei der frühen → Renaissance orientierte. Vorstufe des → Jugendstils.

Predella: Unterbau des → Altars.

Presbyterium: Ursprünglich »Raum der Priester«, heute allgemeine Bezeichnung für den → Chor bzw. die → Apsis einer Kirche.

profan: Das Gegenteil von → sakral, also Kunst, die nicht mit dem religiösen Bereich in Verbindung steht. Zu den Profanbauten zählt man z. B. Rathäuser, Burgen, Schlösser, Bürgerhäuser etc.

Pronaos: Vorhalle des antiken Tempels (auch christliche Kirchengebäude).

Propstei: Dom- oder Stiftskapitel.

Propyläen: Die Eingangshalle monumentaler Bauten. Vorbild späterer Bauten waren die Propyläen auf der Akropolis in Athen (entstanden 437 bis 432 v. Chr.).

Prospekt: → Orgelprospekt.
Prothyros: Einfriedung vor der Tür des römischen Hauses.
Pulpitum: Frei stehende Kanzel.
Pultdach: → Dachformen.
Putten: Nackte engelhafte Kinderfiguren in der → Renaissance, im → Barock und im → Rokoko.
Pylon: Eingangstor bei griech. Tempeln und Palästen.

Quader: Behauener Block aus massivem Stein.
Quadriga: Ein vierspänniger Wagen.
Querhaus oder **Querschiff:** Raum in der Kirche, quer zum → Langhaus (→ Basilika).

Refektorium: Speiseraum in Klöstern.
Régence: Französische Ausformung des → Rokoko.
Relief: Bildhauerarbeit, bei der die Figuren halbplastisch aus der Fläche herausgeschnitten (Holz) oder gemeißelt (Stein) sind. Je nach der Stärke der Erhebung spricht man von Flach-, Halb- oder Hochrelief.
Reliquiar: Behälter, in dem die Reliquien eines Heiligen aufbewahrt werden.
Remter: Speisesaal einer → Ordensburg (→ Refektorium).
Renaissance: Stilbezeichnung für die bildende Kunst ab etwa 1500 bis etwa 1600. Die Renaissance fällt zusammen mit dem Ende des mittelalterlichen Weltbilds und dem Beginn einer neuen, an der Antike orientierten Lebenshaltung (ital. rinascimento = Wiedergeburt).
Risalit: Aus der Fluchtlinie vortretender Teil eines Gebäudes, der dessen volle Höhe erreicht.
Rocaille: Reich gestaltete, muschelähnliche → Kartusche, die namengebend für das → Rokoko wurde.
Rokoko: Stilbezeichnung für die Zeit des ausklingenden → Barock (etwa 1720–70), mit eleganten, leichten, oft verspielten, vor allem ovalen Formen.
Romanik: Die zusammenfassende Bezeichnung für die Kunst vom Jahr 1000 bis ins 13. Jahrhundert. In ihren Bauwerken ist die Romanik bestimmt von Rundbogen, ruhigen Ornamenten und einer insgesamt schweren Haltung.
Romantik: Kunstrichtung zu Beginn des 19.Jh., die sich vor allem in der Literatur (Märchen), Malerei und Musik ausbreitete. Sie nimmt Formen und Motive des Mittelalters wieder auf und bedeutet eine Abkehr von den rationalen Normen des → Klassizismus.
Rosette: Rosenartige Dekorationsform, z. B. in Kassetten oder an Friesen.
Rotunde: Rundbau.
Rundbogen: → Bogenformen.
Ründe/Ründi: Halbrunde Holzverschalung unter einem Hausgiebel.

Rundling: Dörfer, die sich regelmäßig um den (runden) Marktplatz herum entwickelt haben.
Rustika: Mauern aus → Quadern, deren Schauseite absichtlich unbehauen geblieben ist.

Saalkirche: Stützenfreier Kircheninnenraum, also ohne → Seitenschiff.
Säkularisation: Umwandlung geistlicher Besitztümer in weltliche, vor allem in der Zeit unter Napoleon (1803).
Säule: Stützglied mit kreisförmigem Grundriß, Gliederung in Basis, Schaft und Kapitell. Säulenordnungen sind durch strenge Maß- und Proportionsregeln gekennzeichnet und kommen in den klassischen bzw. den von der Klassik beeinflußten Stilepochen vor (→ Pfeiler).
Säulenbasilika: → Basilika, die von → Säulen gestützt wird (im Gegensatz zur → Pfeilerbasilika).
sakral: kirchlich, geistlich (im Gegensatz zu → profan).
Sakramentshäuschen: Gehäuse zur Aufbewahrung der geweihten Hostien. In der späten → Gotik entstanden zahlreiche große Sakramentshäuschen, die zu bedeutenden Kunstwerken ausgestaltet sind.
Sanktuarium: Allerheiligstes der Kirche, Altarplatz.
Sarkophag. Meist reich verzierter steinerner Sarg.
Scagliola: Ein aus Gips, Leim, Wasser und Farben zusammengestelltes, später poliertes Material zur Imitation v. Marmor.
Schalenturm: Wehrturm in einer Ringmauer, an der Rückseite geöffnet.
Schalldeckel: → Kanzel.
Schildbogen: Ein das Joch gegen die Wandseiten hin begrenzender Gewölbebogen (→ Gewölbeformen).
Schiff: Der Raumteil einer Kirche; daraus einschiffige oder mehrschiffige Kirchen; letztere durch → Säulen oder → Pfeiler aufgeteilt.
Schlußstein: Stein im Scheitel eines Bogens oder Rippengewölbes, häufig plastisch verziert oder bemalt.
Schwibbogen: Quer über einen Raum gezogener, 2 Wände verbindender freier Bogen als Mauerstütze oder Element der Raumgliederung.
Sepultur: Für Begräbnisstätten reservierter Kirchenraum.
Serliana: → Palladiomotiv.
Sgraffito: Kratzputz.
Sinopie: Meist rötliche oder braune Vorzeichnungen von Fresken auf der Wand.
Sockel: Vorspringender unterer Teil einer Wand, eines → Pfeilers oder einer Säule.
Spitzbogen: → Bogenformen.
Spolie (lat. spolia »Beute«): Wiederverwendetes Glied (Kapitelle, Säule, Stein u.ä.) eines älteren Bauwerks.
Sprengwerk: → Gesprenge.

Stabkirche: Holzkirche (in Deutschland fast ausschließlich im Harz) aus senkrecht stehenden Planken und Pfosten.

Stabwerk: Senkrechte Stäbe zur Gliederung gotischer Fenster und Fassaden (→ Maßwerk).

Staffelgiebel: Giebel mit treppenartiger Stufung, auch Treppen- oder Stufengiebel.

Stichkappengewölbe: Ein von dreieckigen Kugelflächen eingeschnittenes → Tonnengewölbe.

Strebepfeiler: Die in der Gotik ungewöhnlich großen Fensteröffnungen forderten eine Abstützung der Außenmauern durch → Pfeiler und Halbbögen.
Dieses Strebewerk fängt den Gewölbedruck auf.

Strickbau: → Blockbau.

Stuck: Ein leicht formbarer Werkstoff aus Gips Kalk, Sand und Wasser, der v.a. im 17./18.Jh. zur plastischen Ausschmückung von Innenräumen gedient hat.

Stukkatur: Ornamentale und figürliche Stuck-Dekoration v.a. im Barock.

Synagoge: Jüdisches Gotteshaus.

Tabernakel: Altargehäuse für die Hostie.

Tabor: Befestigtes Lager, Befestigung, besonders in der Steiermark gegen Türkeneinfälle; auch Taborkirche.

Täfer: Hölzerne, meist profilierte Wand- oder Deckenverkleidung.

Tambour: Unterbau einer Kuppel, in der Regel zylindrisch oder polygonal.

Terrakotta: Gebrannte, unglasierte Tonerde.

Thermen: Römische Warmbadeanstalten.

Tonnengewölbe: → Gewölbe, das einer Tonne gleicht, die in Längsrichtung durchgeschnitten wird.

Toskanische Säulenordnung (röm. Bezeichnung): Abwandlung der dorischen Säulenordnung durch Zufügen einer Basis und Wegnehmen der Kanneluren des Schafts; glatter Säulenschaft, Kapitell ohne Schmuck und Verzierung.

Transenne: In die Fensteröffnungen eingefügte Holz- oder Steinplatten (Vorläufer der Fensterverglasung).

Traufe, Dachtraufe: Untere horizontale Begrenzung eines Daches.

Treppengiebel: → Staffelgiebel.

Triforium: Laufgang in der Wand unter den Fenstern von Mittelschiff, Querschiff und Chor, besonders in gotischen Kirchen.

Triptychon: Dreiteiliges Altarbild.

Triumphbogen: Geschmückter Torbogen.

Tudorstil: Baustil, der Elemente der → Gotik und der → Renaissance verbindet; benannt nach der englischen Familie Tudor (etwa um 1530 bis um 1600).

Tumba: Aufbau über einer Grabstelle.

Tympanon: Das Bogenfeld über dem mittelalterlichen Portal.

Verblendung: Verkleidung von Bauteilen, die nicht sichtbar sein sollen.

Vesperbild: Pieta.

Vierung: Die Stelle, an der sich → Lang- und → Querhaus kreuzen.

Viztum: Stellvertreter des Landesherrn, meist in bischöflichen Herrschaften.

Vollplastik: Allseits plastisch gearbeitetes Bildwerk (dagegen → Relief).

Volute: Spiralenförmiges → Ornament.

Vorburg: In größeren Burganlagen der äußere Wehrbezirk.

Vorhalle: An der Westfassade integrierter Vorraum bei Kirchenbauten.

Vorzeichen: → Portikus.

Votivaltar (lat. votum »Gelübde«): Infolge eines Gelübdes gestifteter Altar; ebenso Votivkirche oder -kapelle.

Walmdach: → Dachformen.

Wange: Seitlicher Abschluß des → Chorgestühls.

Wehrgang: Zur Verteidigung hergerichteter Laufgang in den oberen Partien einer Ringmauer.

Weicher Stil: Spezifische Erscheinung in der deutschen Malerei und Plastik der Spätgotik mit fließenden Gewandfalten und zartem Gesichtsausdruck.

Westwerk: Monumentaler Westabschluß bei Kirchen aus karolingischer, ottonischer und romanischer Zeit. Als Kirche für den Herrscher vorgesehen und deshalb oft auch mit einem eigenen Altar ausgestattet.

Wimperg: Giebelartige Bekrönung über got. Portalen und Fenstern, meist aus Maßwerk konstruiert.

Zackenstil (auch: Knitterstil): In der Spätgotik, sogar bereits in der Spätromanik auftretender Stil, Falten an (Schnitz-)Figuren sehr scharf (zackig, knitterig) zu gestalten.

Zeltdach: → Dachformen.

Ziborium (auch Ciborium): Großer von Säulen getragener steinerner → Baldachin über dem → Altar.

Zopfstil: Stilrichtung aus der Zeit zwischen → Rokoko und → Klassizismus (etwa um 1760–80); geprägt von strenger Ausdrucksweise.

Zwerchhaus: Dachhäuschen mit einem Giebel, der quer zum Hauptdach steht.

Zwerggalerie: Gang in der Außenmauer unter dem Dachgesims; nach außen geöffnet und meist reich verziert.

Zwickel: Teilgewölbe, das meist zu einer Kuppel überleitet (→ Kuppelformen).

Zwiebelhaube: Dach in der Gestalt einer Zwiebel.

Zwinger: Das Gelände zwischen den inneren und äußeren Mauern der mittelalterlichen Stadtbefestigungen. Hier wurden oft Tiere gehalten. Im → Barock errichtete man an dieser Stelle dann oft Vergnügungsstätten.

Künstlerregister

A

Aachen, Hans von 90, 104
Agosto, Jacopo 30
Aichbauer, Johann Georg
31
Alberto, Bernardo de 57
Aleš, Mikoláš 59, 62, 125,
127, 142, 148, 166, 173,
193, 204, 209, 217, 239
Allio, Giovanni B. 115
Alliprandi, Giovanni Batti-
sta 126, 130, 187, 188
Amort, V. 209
Aostalis, Juan M. 124
Arros, Matthias von 91, 92,
98
Asam, Cosmas Damian 40,
48, 63

B

Balko, Franz X. 57, 70, 89
Bulšánek, Antonin 163, 232
Barthel, Hieronymus 38
Bartoněk, Vojtěch 217
Barvitius, Antonín 57, 144
Bayer, Paul Ignaz 18, 20, 22
Bechteller, Kasper 97, 98,
100
Bém, Alex 170
Benda, J.P. 35, 165, 214
Bendl, Johann Georg 20,
36, 53, 56, 107, 202, 207
Bendelmayer, Bedřich 192,
209
Benes, Vincenc 145, 172
Bianco, Baccio 140
Bílek, F. 58, 144
Blecha, M. 208
Bolla, A. 22
Bossi, Campione de 132,
190, 212
Bouda, Cyrill 160, 167, 212
Brandl, Peter 22, 26, 28, 32,
40, 60, 63, 73
Braun, Anton B. 46, 112,
185
Braun, Matthias Bernhard
28, 56, 94, 120, 122, 138,
142, 143, 181, 184, 225,
226, 228, 241
Brokoff, Bildhauerfam. 44
Brokoff, Ferdinand Maximi-

lian 19, 20, 23, 25, 57,
133, 154, 180, 182, 189,
225, 228
Brokoff, Johann 24, 139,
213, 226
Brokoff, Michael Josef 23,
25, 107
Brožik, Václav 167, 239
Bruthans, J. 220

C

Campione, Giovanni 125
Canevalle, Domenico 19,
60, 116
Capauli, Giovanni de 44,
97
Čapek, Jindřich 200
Caratti, Francesco 44, 48,
53, 66, 122, 132, 133
Censky, Alois 176
Černý, František M. 65
Chochol, J. 222, 241
Ciglei, V. 221
Collin, Alexander 97
Colomba, Pietro 132
Colombo, Giovanni Battista
30
Cometa, Giovanni Battista
30
Cubr, F. 220

D

Dallinger, Franz T. 51
Danda, J. 222
Dientzenhofer, Christoph
31, 49, 63
Dientzenhofer, Kilian Ignaz
18, 23, 24, 27, 31, 32, 44,
46, 49, 57, 62, 63, 127,
134, 137, 142, 152, 181
Dittmann, Christian 104
Dittmann, K. 44
Dlabac, A. 209
Drack, F. 22
Drobny, Zdenek 220
Dryák, A. 164, 209
Dürer, Albrecht 137
Dvořáček, F. 59
Dvořák, Karel 19, 155

E

Ehrmann, Leopold 77

F

Fanta, Josef 209, 222
Fellner, Ferdinand 174,
241
Fencl, S. 156
Fiala, Emanuel 145
Fialka, J. 204
Fiegert, Zacharias 155
Filippi, Giovanni M. 160
Fischer, Georg 136, 240
Fischer, Jindřich 193
Fischer von Erlach, Jo
hann Bernhard 23, 32,
94, 98, 120
Foerster, V. 38
Folkmann, H. 222
Fontana, Carlo 132
Fragner, Jaroslav 73, 89,
220, 223
Friedl, Theodor 174
Frisoni, Donato 137
Fröhlich, Frantisek 78
Fröhlich, J. 222
Fuchs, J. 170, 231

G

Gargioli, Giovanni 103
Gärtner, Anton 100
Geer, C. 152
Geiger, Ferdinand 187
Gerstl, F. 84
Gočár, Josef 58, 181, 241
Godin, Abraham 139
Graubünden, Johann Chr.
aus 55
Grimm, J. 160
Grotte, Alfred 78
Gudera, A. 213
Gutfreund, O. 155

H

Hafenecker, Anton 88, 133,
174
Hafenecker, T. 85
Hähnel, E. 215
Hana, J. 160
Hansen, T. 192
Hanus, Magister 168
Hausknecht, Heinrich 148
Havlíček, Milan 176
Heermann, Johann Georg
139

Heermann, Paul 139
Heger, Philipp 146, 164
Heinsch, J.G. 22, 25, 31, 36, 51, 53
Helmer, Hermann 174, 241
Helwig, Josef 31
Hennevogel, Josef 49
Herčík, F. 241
Hergessel, F. 33, 156, 219
Herz, Juda Goldšmíd de 78, 79
Hiebl, Johann 28, 67
Hiernl, Karl Josef 63
Hilbert, Kamil 42, 92, 162
Hildebrandt, R. 193
Hillmann 19
Hilger, J. 226
Hoffmann, Johann 59
Hofman, V. 223, 234
Hollar, Václav 127
Holý, J. 170
Hrdlička, J.J. 55
Hrubý, J. 220
Hubička, S. 233
Hudec, M. 192
Hummel, J.M. 151, 157
Hynais, Vojtěch 173

J
Jäckel, Matthäus Wenzel 20, 26, 32, 53, 63, 163, 196, 204, 225, 226
Jäger, Josef 136, 149, 189, 235
Janák, Pavel 73, 110, 111, 155, 166
Jaray, K. 193
Jaroš, Tomáš 94, 110, 111
Jobst, J. 33
Jöndel, Johann P. 137
Jüngling, A. 222
Jurkovič, Dušan 73

K
Kaaden, Nikolaus 168
Kafka, Bohumil 82, 156, 176, 209, 216, 232
Kalvoda, Josef 112
Kandler, Wilhelm 90
Kaňka, František Maximili- án 27, 48, 51, 53, 66, 67, 72, 116, 122, 131, 141, 142, 159, 194
Kaprasova, L. 160
Karlík, J. 160

Kavan, J. 219
Kern, Anton 31
Klouček, Celda 193
Koch, Heinrich 215
Kohl, Hieronymus 57, 89, 215
Kohl, Johann Friedrich 32, 49
Konvář, Bartoloméj 56
Koralewsky, J. 234
Kostka, S. 221
Kotěra, Jan 145, 157, 209
Koula, J. 233, 239
Kovár, Christian 57
Kovár, Karel 93
Kracker, Johann L. 49
Kramolín, Josef 28
Kranner, Josef 92, 97, 100, 214
Krasny, F. 220
Kratochvil, J.V. 137
Kraumann, F. 222
Kraus, Samuel 56
Krejcar, J. 157
Kříž, Stanko 162
Kuča, Otakar 220
Kunc, K. 192
Kuppelwieser, L. 33
Kutnar, Petr 165
Květná, Daniel A. 118
Kvetne, Alexiusz 152
Kysela, Frantisek 93, 208

L
Lachhofer, Johann 70
Lauda, Jan 193, 215
Lauermann, Josef 70
Lederer, Franz Xaver 71, 206, 240
Levý, Vaclav 19
Lhota, Antonin 19, 37
Lidicky, Karel 159, 168
Liebel, J. 210
Liebscher, Adolf 33, 217
Liška, Jan Kryštof 20, 22, 24, 60, 70
Lomi, Aurelio 93
Luchese, Giovanni 124
Lukošová, Vera 162
Luna, Christian 40, 207
Lurago, Anselmo 49, 52, 69, 88, 89, 120, 122
Lurago, Carlo 22, 35, 53, 108, 115, 123, 127, 137, 138, 180

M
Machon, Ladislav 144
Madera, O. 221
Maixner, Peter 19, 30, 59
Makovský, Vincenc 89, 163
Malejovský, J. 173, 240
Mander, Josef 118
Mandl, C. 215
Manes, Josef 19, 28, 62, 127, 157, 168, 194, 238
Mára, Antonin 163, 176
Mařák, Julius 239
Mařatka, Josef 82, 161, 163
Maratti, Francesco 140
Marold, L. 219
Maršik, Jan 221
Mascarino, Ottaviano 75
Masek, K.V. 156
Mathey, Jean-Baptiste 52, 68, 110, 119, 129, 139
Mauder, Josef 214, 238
Maulpertsch, Franz Anton 70
Max, Emanuel 81, 89, 90, 93, 214, 226
Max, Josef 81, 100, 167, 214
Mayer, Johann K. 154, 160, 187
Mayer, Matthias 93
Mayer, Melchior 26
Mencl, F. 222, 223
Michálek, J. 233
Micková, J. 160
Mocker, Josef 17, 25, 33, 52, 56, 80, 92, 106, 116, 159, 200, 229, 230
Molitor, Johann Peter 25
Monnot, Jean C. 59
Mosto, Ottavio 22, 126, 139, 214
Mucha, Alfons 101
Münzberger, B. 78, 233
Myslbeck, Josef Václav 33, 73, 82, 100, 116, 131, 156, 173, 184, 208, 218, 233

N
Naumann, Peter 32
Navrátil, Josef 62, 112, 209, 239
Neunherz, Wilhelm 70
Niklas, Josef 80, 115
Noback, B. 177
Nobile, P. 166

Nonnenmacher, Markus 26, 40
Nosecký, Siard 70, 71
Nováček, J. 156
Novak, Karel 163
Novak, M. 221
Novotný, O. 238

O

Oemlicher, Kaspar 158
Ohman, Friedrich 145, 204, 209, 241
Oliva, V. 197
Opatrný, K. 233
Orsi, Domenico 22, 48, 71, 91
Orsi, Giovanni 51, 240

P

Pacassi, Niccolo 88, 89, 102, 110
Palliardi, Ignaz Johann 44, 59, 123, 127, 130, 131, 148, 188, 194, 210
Palliardi, Michael Ignaz 18, 70
Pambio, Avostalis del 125
Parler, Heinrich 96
Parler, Peter 36, 37, 94, 96, 97, 98, 101, 103, 107, 119, 124, 225, 229
Pataki, Klára 160
Pataki, Petr 160
Pataki, Paul 160
Pavíček, František 134
Pešan, D. 51
Petrů, M. 223
Pfeiffer, A. 208
Philippi, Giovanni M. 89
Piazetta, Giambattista 72
Piepenhagen, August 62
Pierrani, Giovanni 141
Pickart, J. 222
Pirner, Max 58
Platzer, Ignaz Franz 49, 52, 59, 60, 70, 88, 89, 102, 112, 119, 122, 137, 146, 149, 192, 194, 197, 218
Platzer, Ignaz Michael 70, 81, 82, 137
Plečnik, Josip 51, 88, 89, 102, 112
Pokorný, Karel 58, 93, 159, 220, 223

Polívka, Osvald 156, 161, 163, 171, 193, 209
Popp, Antonia 176, 184, 233, 238, 241
Prachner, Peter 50
Prachner, Richard 19, 25, 40, 50, 129
Prachner, Václav 81, 82, 120, 162
Prager, Karel 163, 173, 193
Prée, F.J. du 45, 204
Preisler, Jan 193
Preiss, František 94
Preiß, Franz 60
Prochazka, Antonia 33, 160
Purkyně, Karel 62

Q

Quittainer, Andreas Philipp 19, 32
Quittainer, Johann Anton 24, 57, 69, 70, 199

R

Raab, Ignaz 70, 104, 129
Rauchmüller, M. 226
Redelmayer, Franz M. 57
Redelmayer, Josef 49, 51
Reiner, V. V. 20, 22, 24, 25, 27, 31, 38, 52, 56, 57, 104, 107, 122, 134, 142
Reiter, J. 233
Rejsek, Matěj 37, 165, 200, 205
Ried, Benedikt 97, 103, 104, 106, 109, 162
Roder, Pankratius 80, 170
Roith, F. 193
Romancov, Georgi 220
Roštlapil, Vaclav 158
Rössler, J. 163
Rössner, Karl 19
Rubens, Peter Paul 57, 90
Rudl, Zikmund 58
Runczik, Z. 220

S

Saazer, N. 217
Sakář, J. 193, 209
Sala, Udalrico Aostalis de 112, 116, 118, 136, 138, 154, 197, 212
Šaloun, Ladislav 133, 161, 193, 202, 209
Šamán, F.

Santini-Aichel, Jan Blažej 20, 50, 72, 133, 134, 137, 138, 185, 195, 196, 210
Schatzmann, Chr. 22
Schauffler, Otto 35
Scheffler, Felix Anton 30
Scheiwl, Josef 56
Schikaneder, Jakub 62
Schlansovský, J.J. 51
Schleiermann, Johann L. 40
Schmelzer, Peter 35
Schmidt, Anton 190, 199
Schmidt, Johann 24
Schnirch, Bohuslav 156, 172, 193, 209, 238, 241
Schönherr, Matthias 22, 24, 31
Schöpf, Johann Adam 31, 40
Schöpf, Karl 18
Schor, Johann F. 40
Schulz, Josef 164, 172, 193, 238, 241
Schwanthaler, Ludwig 239
Schwarz, Thomas 50
Scotti, Bartolomeo 141
Sebregondi, Niccolo 141
Seeling, Bernard 33, 200
Seidan, Tomáš 144
Sequens, Frantisek 33, 58, 115
Šimek, Ladislav 195, 228
Šimek, Ludvik 19, 39, 52, 57, 97, 200
Širc, V. 234
Škréta, Karel 22, 26, 35, 37, 50, 56, 57, 73, 205, 212, 241
Sladky, M. 221
Smolik, F. 170
Soldatti, Tomaso 20, 22, 60, 130
Solimena, Francesco 50
Souček, K. 160
Soukup, J. 232, 233
Spannbrucker, Philipp 107
Spezza, Andrea 140
Spielmann, M. 157
Špillar, Karel 48, 163
Spinetti, Bernardo 24
Spranger, Bartholomäus 56, 57, 90, 101, 195
Sprenger, Paul 166
Sramek, J. 192
Srámková, A. 192
Stefan, Bedřich 58

Stehlík, J. 192
Steinfels, Jakob 60, 63
Stella, Paola della 111
Stetter, Josef 53
Stiassny, Wilhelm 77
Stockar, R. 158, 209
Strachovský, Josef 156
Strunc, Antonia 163
Štursa, Jan 73, 111, 145,
 155, 157, 208, 215, 223
Sucharda, Stanislav 96, 156,
 161, 193, 209, 222, 233
Sucharda, Vojtěch 168,
 208
Šula, J. 188
Švabinský, Max 93
Svolinský, Karel 93
Syrovátka, V. 215

T
Terzio, Francesco 111
Theodoricus, Meister 241
Thierhier, V. 209
Tirol, Hans 91, 125
Tizian 90
Torre, Francesco de 89
Truka, J. 222
Tulka, Josef 172

Turek, A. 85
Tyl, O. 170, 192

U
Ullmann, Ignác 19, 28, 128,
 157, 193, 194
Úprka, František 163
Urban, František 33, 116,
 176
Urban, Maria 116
Ustohol, V. 160

V
Vajce, Josef 199
Veith, Eduard 174
Velický, K. 221
Ventura, Giovanni 108
Vischer, Peter 96
Vlach, Antonia 138
Vodička, Z. 160
Voget, F. V. 22
Vosmik, Ceněk 58, 163,
 209, 222
Vries, Adriaen de 90, 237

W
Wachsmann, Bedrich 19,
 30, 37, 51

Wagner, Antonín 164, 172,
 173, 238
Wahl, Josef 70, 78
Wertmüller, J. M. 78
Widemann, L. 180
Wiehl, Antonia 156, 162,
 209, 239
Willmann, Lukas L. 24, 70
Wirch, Johann J. 22, 146
Wohlmut, Bonifaz 50, 91,
 100, 111, 118, 125
Wurzel, K. L. 233

Z
Zák, L. 222
Zálesák, Štěpán 116
Zasche, J. 155
Zázvorka, J. 222
Zeman, Svatopluk 165
Zenisek, Frantisek 33, 173,
 239
Zimprecht, Matthias 56
Zinner, J. 56
Zítek, Josef 164, 172, 193
Zlutic, Václav 200
Zobel, J. K. 236, 240
Zoula, G. 219
Zrzavý, Jan 213

Sehenswürdigkeiten von Prag

A

Adria-Palast, Haus des Stoffes/Adria palác 155
Agneskloster/Anežský klášter 60
Allerheiligenkapelle/Kaple Všech svatých (75) 103
Alte Propstei 102
Alter Jüd. Friedhof/Starý židovský hřbitov 82
Alter Königspalast/Starý králsovsky palác 102
Altneusynagoge/Staronova synagóga 80
Altschul/Stará synagóga 79
Altstädter Brückenturm/Staroměstská mostecká věž 229
Altstädter Markthalle/Staroměstská tržnice 204
Altstädter Rathaus/Staroměstská radnice 165
Altstädter Ring/Staroměstské náměstí 200
Am Graben/Na přikopě 192
Annenplatz/Anenské náměstí 179
Astronomische Uhr/Orloj 168
Ausstellungsgelände/Výstaviště 219

B

Bahnhof Masaryk/Masarykovo nádraži 222
Bahnhof Prag-Smichov/Smíchovské nádraží Praha 222
Bärenbrunnen/Medvědí fontána 215
Bedrich-Smetana/Museum/Muzeum Bedřícha Smetany 239
Belvedere 110
Bethlehemskapelle/Betlémská kaple 73
Bílek-Villa/Bílkova vila 144
Botanischer Garten/Botanická zahrada 214
Brandplatz/Pohořelec 198
Braniker Pantomime/Theater/Bránické divadlo pantomimy 171
Brauerei Smíchov/Smíchovsky pivovar 176
Bretfeld-Palais/Bretfeldský palác 197
Briefmarkenmuseum/Muzeum poštovní známky 239
Brücke der Barrikadenkämpfer/Most Barikádníků 222
Brücke der Legionen/Most Legií 232
Brückengasse/Mostecká ulice 190
Buquoy-Palais/Buquovský palác (Staré Město/Altstadt) (119) 180
Buquoy-Palais/Buquovský palác (Malá Strana/Kleinseite) 119
Burggrafenamt, ehem./Bývalé Purkrabství 108

C

Caretto-Millesimo-Palais/Caretto-Millesimovský palác 120
Carolinum, Alte Karlsuniversität/Karolinum 158
Chotek-Park/Chotkovy sady 214
Christi-Geburt-Kirche/Kostel Narozeni Páně 30 (51)
Clam-Gallas-Palais/Clam-Gallasovský palác 120
Clementinum, ehem. Jesuitenkolleg/Klementinum 65
Colloredo-Mansfeld-Palais/Colloredo-Mansfeldský palác (122) 184
Czernin-Palais/Černinský palác 122

D

Daliborka 109
Denkmal Kaiser

Karls IV./Pomnik Karla IV. 214
Dreifamilienhaus/Rodinný trojdům 241
Dům Nr. 29, CN 536 156
Dvořak-Museum 143

E

Ehrenfriedhof auf dem Vyšehrad/Vyšehradský hřbitov (85) 116
Emmaus, Kloster bei den Slawen/Emauzy, Kláster na Slovanech 63
Erzbischöfl. Palais/Arcibiskupský palác 118
Ethnographisches Museum Naprstek/Náprstkovo muzeum 238

F

Faust-Haus/Faustův dům 145
Fernsehstudio »Kavčí hory«/Televizní studio 168
Fernsehturm/Televizní věž 170
Franzensmonument/Pomník Františka I. 214
Fürstenberg-Palais/Fürstenberský palác 122

G

Gebäude der Hauptpost/Budova Hlavni posty 156
Gemäldegalerie der Prager Burg/Obrazárna Pražského hradu 90
Gemeinde- oder Repräsentationshaus/Obecní dům 163
Georgsberg/Řip 242
Georgsgasse/Jiřská ulice 108
Georg v. Podiebrad-Palais, Haus der Herren v. Kunštát und Podiebrad/Palác Jiřího z Poděbrad 125
Goldenes Gäßchen/Zlatá ulička 108
Großes Ballhaus 111

Großprioratspalais/Velkopřevorský palác 141

H

Hanauscher Pavillon/Hanavský pavilon 144
Harbuval-Chamaré-Palais/Palác Harbuval-Chamaré, Bylandt-Rheitovský palác 123
Harrach-Palais/Harrachovský palác 123
Hauptbahnhof/Hlavní nádraží 221
Haus der Künstler/Rudolfinum 164
Haus des Altstädter Ortsvorstehers/Staroměstská rychta 148
Haus Mladá fronta/Dům Mladé fronty 156
Heilig-Geist-Kirche/Kostel svatého Ducha 19
Heilig-Kreuz-Kapelle/Kaple svatého Kříže (74) 89
Heilig-Kreuz-Kirche/Kostel svatého Kříže (30) 193
Heilig-Kreuz-Rotunde/-Rotunda svatého Kříže 28
Herz-Jesu-Kirche/Kostel Nejsvětějšího Srdce Páně 51
Hetzjagd-Insel/Ostrov Štvanice 236
Hlávka-Brücke/Hlávkův most 222
Hohe Synagoge, Rathaussynagoge/Vysoká synagóga 80
Hohler Weg, Tiefer Weg/Úvoz 206
Hradschiner Platz/Hradčanské náměstí 181
Hrzán-Palais/Hrzánský palác 124
Hyberna Haus, Zollhaus/U Hybernů 240

I

Im Bad/V lázních 155

J

Jirasek-Brücke/Jiráskův most 223

Jubiläumssynagoge/Jubilejní synagóga 77
Jüd. Friedhof/Židovský hřbitov 85
Jüd. Rathaus/Židovská radnice 170
Justizministerium/Ministerstvo spravedlnosti 156

K

Kaiserstein-Palais, U Petzoldů/Kaiserštejnský palác 126
Kampa-Insel/Kampa 234
Karlsbrücke/Karlův most 223
Karlsgasse/Karlova ulice 184
Karlshof/Karlov (27) 50
Karlsplatz/Karlovo náměsti 182
Karlstein/Karlštejn 241
Kaunitz-Palais/Kounický palác (128) 191
Kinder-Insel/Dětský ostrov 234
Kinsky-Garten/Zahrada Kinských 215
Kinsky-Palais, Golz-Kinsky-Palais/Palác Kinských 127
Kirche der Jungfrau Maria auf der Säule/Kostel Panny Marie na Slupi 33
Kirche der Jungfrau Maria von der immerwährenden Hilfe bei den Kajetanern/Kostel Panny Marie u Kajetanů (42) 196
Klausensynagoge/Klausova synagóga 78
Kleiner Ring/Malé náměstí 185
Kleinseitner Brückentürme/Malostranská mostecká věž 230
Kleinseitner Friedhof/Bývalý malostranský hřbitov 81
Kleinseitner Rathaus, ehem./Malostranská beseda 160
Kleinseitner Ring/Malostranské náměstí 186
Kloster Břevnov oder Bräunau/Bývalý benediktinský klášter 62

Kloster Strahov/Strahovský klášter 67
Kloster Zbraslav/Zbraslavský klášter 72
Kohlenmarkt/Uhelný trh 205
Kolowrat-Palais/Kolovratský palác 127
Königliches Lustschloß/Královský Letohrádek 110 (128)
Königsgarten/Královská zahrada 111 (215)
Königspalast/Královský palác 102 (128)
Koospol 156
Kotěra-Villa/Kotěrova vila 145
Kramář-Villa/Kramářova vila 145
Kreuzherrenkirche oder St. Franziskus Seraphicus/Kostel svatého Františka Serafinského 19
Kulturpalast/Palác kultury 160
Kunstat-Palais/Palác pánů z Kunštátů 125 (128)
Kunstgewerbemuseum/Uměleckoprůmyslové muzeum 240

L

Laterna Magica/Laterna Magika 171
Laurenziberg/Petřín 216
Lažanský-Palais/Palác Lažanských 128
Ledebour-Palais/Ledebourský palác (129) 210
Letna-Garten/Letenské sady 215
Levy Hradec 241
Lidice 241
Liechtenstein-Palais/Lichtenštejnský palác (Malá Strana/Kleinseite) 129
Liechtenstein-Palais/Lichtenštejnský palác (130) 188
Lobkowitz-Palais/Lobkovický palác (Hradčany) 108 (131)
Lobkowitz-Palais/Lobko-

vický palác (Malá Strana/Kleinseite) 130

Longinus-Rotunde/Rotunda svatého Longina 30

Loreto-Heiligtum/Loreta 30

Lustschloß/Královský letohrádek (Burg) 110

Lustschloß Kinsky/Letohrádek Kinských (127) 215

Lustschloß Libeň/Libeňský zámek 129

Lustschloß Michna/Letohrádek Michna (Villa Amerika) (132) 142

Lustschloß Portheim/Letohrádek Portheimka 133

Lustschloß des Stadthalters im Baumgarten/Letohrádek Stromovka 136

M

Mac-Neven-Palais/Mac-Nevenův palác 131

Maislsynagoge/Maislova synagóga 78

Malteserplatz/Maltézské náměstí 188

Mánes-Brücke/Mánesův most 232

Mánes-Haus/Mánes 238

Margaretenkirche/Kostel svaté Markéty (42) 63

Mariä-Himmelfahrt-Kirche/Kostel Panny Marie na Strahově (33) 68

Mariä Himmelfahrt und Kaiser Karls des Großen, Karlshof/Kostel Nanebevzetí Panny Marie a Karla Velikého 50

Maria-Schnee-Kirche/Kostel Panny Marie Sněžné 38

Marienkapelle in den Schanzen/Kaple Marie P. v hradbách (74) 115

Marienkirche bei den Slawen/Kostel Panny Marie na Slovanech (33) 64

Marionettentheater Spejbl und Hurvínek/Divadélko Spejbl a Hurvínek 174

Martinitz-Palais/Martinický palác 132

Melantrichgasse/Melantrichova ulice 189

Mělnik 241

Messepalast/Veletržní palác 170

Michna-Palais/Michnovský palác 132

Mladota-ze-Solopysk-Palais/Palác Mladotů ze Solopysk (Fausthaus) (133) 145

Morzin-Palais/Morzinský palác 133

Mozarteum 157

Mozart-Museum 143

Münze/Mincovna 146

Museum der Hauptstadt Prag/Muzeum hlavního města Prahy 237

Musiktheater Karlín/Hudební divadlo v Karlíně 241

N

Nationaldenkmal der Befreiung/Památník národního osvobození 216

Nationalgalerie/Národní galerie 107

Nationalmuseum/Národní muzeum 238

Nationalstr./Národní třída 193

Nationaltheater/Národní divadlo 172

Nelahozeves 242

Nerudagasse/Nerudova ulice 195

Neue Burg/Nový hrad 85

Neues Rathaus/Nová radnice 161

Neue Szene/Nová scéna (Nationaltheater) 172 (174)

Neue Welt/Nový svět 197

Neustädter Rathaus/Novoměstská radnice 162

Nostitz-Palais/Nostický palác 133

Nostitz-Theater/Nostické divadlo (173) 174

Nusle-Brücke/Nuselský most 233

O

Obstmarkt/Ovocný trh 198

Olympic-Haus/Dům Olympic 157

P

Palacký-Brücke/Most Palakkého 233

Palais der Herren Hložek ze Zampachu/Palác Hložků ze Zampachu 123

Palais Grömling/Grömlingovský palác (123) 149

Palais Lobkowitz-Öttingen/Lobkovický palác 131

Palais Slavata, ehem. Palais der Herren v. Hradec/Slavatovský palác 135

Parlament, Gebäude der Föderalversammlung/Parlament-Federální shromáždění 163

Petschek-Haus/Petschkův dům 157

Pfalz der Prager Bischöfe/Bývalý biskupský dvůr 120

Pinkasschule/Pinkasova synagóga 78

Platýz 146

Platz der Republik/Náměstí republiky 199

Prager Burg/Pražský hrad 85

Průhonice 242

Pulverbrücke/Prašný most 110

Pulverturm/Prašná brána 199

R

Rathaus v. Hradčany/Hradčanská radnice 158

Reich der Marionetten/Divadélko Říše loutek 174

Rieger-Park/Riegrovy sady 218

Rosenberg-Palais/Rožmberský palác 106 (134)

Rott-Haus/Rottův dům 148

Rudolfinum 164

S

Salm-Palais/Salmovský palác 134

St. Adalbert/Kostel svatého Vojtěcha v Jirchářích 59

St. Agidius/Kostel svatého Jiljí 24

St. Apollinaris/Kostel svatého Apolináře 17

St. Bartolomäus/Kostel svatého Bartoloměj 241

St. Clemens/Kostel svatého Klimenta 27

St. Clemens am Poříčí/Kostel svatého Klimenta na Poříčí 28

St. Gallus/Kostel svatého Havla 20

St. Georg/Bazilika svatého Jiří (25) 106

St.-Georgs-Kloster/Klášter svatého Jiří (65) 107

St. Heinrich/Kostel svatého Jindřicha 25

St. Ignatius/Kostel svatého Ignáce 22

St. Jakob/Kostel svatého Jakuba 22

St. Jakob (Kloster Zbraslav) 72

St. Johannes am Geländer/Kostel svatého Jana na Zábradlí (23) 179

St. Johannes d.T. an der Bleiche/Kostel svatého Jana Křtitele na Prádle 23

St. Johannes v. Nepomuk/Kostel svatého Jana Nepomuckého 23

St. Johannes v. Nepomuk auf dem Felsen/Kostel svatého Jana Nepomuckého na Skalce 24

St. Josef/Kostel svatého Josefa (Malá Strana/Kleinseite) 25

St. Josef/Kostel svatého Josefa (Nové Město/Neustadt) 26

St. Karl Borromäus/Kostel svatého Karla Borromejského pod Petřínem (27) 213

St. Kastalus/Kostel svatého Haštala 20

St. Katharina/Kostel svaté Kateřiny 27

St. Kyrill und Method/Kostel svatého Cyrila a Metoděje 18

St. Kyrill und Method, ehem. St. Karl Borromäus/Kostel svatého Cyrila a Metoděje 18

St. Laurentius/Kostel svatého Vavřince 58

St. Laurentius/Kostel svatého Vavřince na Petříně 59

St. Ludmilla/Kostel svaté Ludmily 33

St. Maria de Victoria/Chrám Panny Marie Vítězné 39

St. Maria de Victoria auf dem Weißen Berg/Chrám Panny Marie Vítězné 40

St. Maria Magdalena/Kaple svaté Maří Magdaleny 74

St. Maria Magdalena/Kostel svaté Maří Magdaleny 44

St. Maria unter der Kette/Kostel Panny Marie pod řetězem 33

St. Martin in der Mauer/Kostel svatého Martina ve zdi 42

St.-Martins-Rotunde/Rotunda svatého Martina (42) 115

St. Matthias/Kostel svatého Matěje 44

St. Michael/Kostel svatého Michala (Malá Strana/Kleinseite) (45) 215

St. Michael/Kostel svatého Michala (Nové Město/Neustadt) 45

St. Michael/Kostel svatého Michala (Staré Město/Altstadt) 45

St. Nikolaus/Kostel svatého Mikuláše (Malá Strana/Kleinseite) 48

St. Nikolaus/Kostel svatého Mikuláše (Staré Město/Altstadt) 46

St. Peter am Poříčí/Kostel svatého Petra na Poříčí 51

St. Peter und Paul/Kostel svatého Petra a Pavla (52) 113

St. Prokop/Kostel svatého Prokopa 52

St. Rochus/Kostel svatého Rocha 52

St. Rochus (Kloster Strahov) (52) 68

St. Salvator/Kostel svatého Salvatorá (Clementinum) 53

St. Salvator/Kostel svatého Salvatorá 55

St. Salvator (Agneskloster) (53) 61

St. Simon und Juda/Kostel svatého Šimona a Judy 55

St. Stephan/Kostel svatého Štěpána 56

St. Thomas/Kostel svatého Tomáše 56

St.-Ursula/Kostel svaté Voršily 59

St.-Veits-Dom/Katedrála svatého Víta (59) 90

St.-Veits-Domschatz 91

St. Wenzel/Kostel svatého Václava (Smíchov) 57

St. Wenzel/Kostel svatého Václava (Vršovice) 58

St. Wenzel am Zderaz/Kostel svatého Václava na Zderaze 58

St. Wenzel/Kostel svatého Václava (Prosek) 241

Schloß Cibulka/Letohrádek Cibulka 120

Schloß Stern/Letohrádek Hvězda 124

Schloßstiege/Zámecké schody 213

Schloß Troja/Trojský zámek 139

Schönborn-Palais/Schönbornský palác 134

Schützeninsel/Střelecký ostrov 236

Schwarzenberg-Palais/Schwarzenberský palác 134

Schwarzer Turm/Černá věž 108

Schwarzes Theater/Černé divadlo 171

Slaw. Haus, ehem. Deutsches Haus/Slovanský dům 164

Slaw. Insel/Slovanský ostrov 236

Smetana-Theater →Státní opera Praha 174

Smiřicky-Palais/Smiřických palác 136

Spanische Synagoge/Španělská synagóga 79

Spartakiaden-Stadion/Spartakiádní stadión 164

Ständetheater/Stavovské divadlo 174

Sternberg-Palais/Šternberský palác (Hradčany) 137

Sternberg-Palais/Šternberský palác (Malá Strana/Kleinseite) 137

Straka-Akademie/Strakova akademie 158

Svatopluk-Čech-Brükke/Most Svatopluka Čecha 233

Sverma-Brücke/Švermův most 234

Sweerts-Sporck-Palais/-Sweerts-Sporckův palác 137

Sylva-Taroucca-Palais/Palác Sylva-Taroucca 137

T

Technisches Nationalmuseum/Národní technické muzeum 239

Teynhof, Ungeld/Týn 205

Teynkirche oder Kirche der Jungfrau Maria vor dem Teyn/Kostel Panny Marie před Týnem 35

Theater ABC/Divadlo ABC 171

Theater am Geländer/Divadlo Na zábradlí 176

Thunsches Palais/Thunský palác 137

Thunsches Palais, Leslie-Palais/Thunský palác 137

Thun-Hohenstein-Palais/Thun-Hohenštejnský palác 138

Toskana-Palais/Toskánský palác 139

Tyrs-Haus/Tyršův dům (Michna-Palais) 132 (149)

V

Veltrusy 242

V. I.-Lenin-Museum, Volkshaus/Muzeum V. I. Lenina, Lidový dům 237

Villa Amerika, Michna-Lustschloß/Vila Amerika 142

Villa Bertramka/Vila Bertramka 143

Villa der Capek-Brüder/Čapkova vila 144

Villa Gröbe/Gröbova vila 144

Vojan-Park/Vojanovy sady 218

Volkshaus/Lidový dům 237

Vrtba-Garten/Vrtbovská zahrada 142 (219)

Vrtba-Palais/Vrtbovský palác 142

Vyšehrad 112

W

Waldstein-Garten/Valdštejnská zahrada 141 (218)

Waldsteingasse/Valdštejnská ulice 209

Waldstein-Palais/Valdštejnský palác 140

Wallgarten/Na valech 112 (216)

Weinberger Friedhof/Vinohradský hřbitov 85

Weinberger Theater/Divadlo na Vinohradech 174

Weißer Turm/Bílá věž 109

Welsche Gasse/Vlašská ulice 211

Welsche Kapelle/Vlašská kaple 75

Wenzelskapelle/Kaple svaté-

ho Václava (St.-Veits-Dom) (74) 94

Wenzelsplatz/Václavské náměstí 207

Wolschauer Friedhöfe/Olšanské hřbitovy 82

Z

Zeltnergasse/Celetná ulice 179

Zoologischer Garten/Zoologická zahrada 220

Zu den 3 Kronen/U tří korunek 151

Zu den 3 Straußen/U tří pštrosů 152

Zu den Marktbuden/V kotcích 210

Zu den 2 goldenen Bären/U dvou zlatých medvědů 149

Zum Fleck/U Fleků 177

Zum goldenen Brunnen/U zlaté studně 154

Zum goldenen Hirsch/U zlatého jelena 154

Zum goldenen Schwan/U zlaté labutě 152

Zum großen Bienenstock/Velký úl 155

Zum Kelch/U kalicha 177

Zum Samuel/U Samuela 151

Zum St. Thomas/U svatého Tomáše 177

Zum steinernen Tisch/U kamenného stolu 149

Zum Turm/U věže 152

Zur eisernen Tür/U železných dveří 155

Zur goldenen Melone/U zlatého melouna 155

Zur Minute/U minuty 151

Zur Stadt Wien/U města Vídně 206

Zur schwarzen Mutter Gottes/U černé Matky Boží (158) 181

Zur steinernen Glocke/U kamenného zvonu 150

Nützliche Begriffe aus dem Tschechischen

bílý	weiß	město	Stadt	sever	Norden
brána	Tor	mlýn	Mühle	sobota	Sonnabend
černý	schwarz	most	Brücke	stanice	Haltestelle
český	tschechisch, böhmisch	nábřeží	Quai, Ufer	starý	alt
		nádraží	Bahnhof	středa	Mittwoch
chrám	Domkirche, Kathedrale	náměstí	Platz	svatý	heilig, Heiliger
		národní	Volks-, National-	trh	Markt
čtvrtek	Donnerstag			třída	Straße, Allee
divadlo	Theater	neděle	Sonntag	údolí	Tal
dům	Haus	nový	neu	ulice	Gasse, Straße
hora	Berg	ostrov	Insel	úterý	Dienstag
hrad	Burg	otevřeno	geöffnet	vchod	Eingang
jezero	See	palác	Palast, Palais	velký	groß
jih	Süden	pátek	Freitag	věž	Turm
kaple	Kapelle	pivnice	Bierstube	vinárna	Weinstube
kavárna	Café	pomník	Denkmal	východ	Ausgang,
klášter	Kloster	pondělí	Montag		Aufgang,
kostel	Kirche	potok	Bach		Osten
král	König	pramen	Quelle		
letiště	Flughafen	radnice	Rathaus	zahrada	Garten
leto-	Lustschloß,	řeka	Fluß	zámek	Schloß
hrádek	Sommer-	rybník	Teich	západ	Westen
	schloß	šady	Park,	zavřeno	geschlossen
malý	klein		Grünanlage	zlatý	golden

Abkürzungen

a.d.	an der	got.	gotisch	r	rechte(r), rechts
ahdt.	althochdeutsch	griech.	griechisch	rest.	restauriert
bad.-wü.	badenwürttembergisch	Hl., hl.	Heilige(r), heilig(e)	röm.	römisch
				roman.	romanisch
bayr.	bayrisch	ital.	italienisch	rum.	rumänisch
böhm.	böhmisch	Jh.	Jahrhundert	russ.	russisch
bulg.	bulgarisch	Jht.	Jahrtausend	sel.	selige(r)
byz.	byzantinisch	jüd.	jüdisch	slowe.	slowenisch
christl.	christlich	jug.	jugoslawisch	sm	Seemeile
dt.	deutsch	kaiserl.	kaiserlich	Sv.	Sveta, Sveti
d.T.	der Täufer	kgl.	königlich		(= Hl.)
engl.	englisch	kroat.	kroatisch	sv.	sveta, sveti
europ.	europäisch	l	linke(r), links		(= hl.)
franz.	französisch	lat.	lateinisch	tsch.	tschechisch
gegr.	gegründet	ma	mittelalterlich	türk.	türkisch
geb.	geboren	MA	Mittelalter	ukr.	ukrainisch
geogr.	geographisch	n	nördlich	ung.	ungarisch
germ.	germanisch	ndl.	niederländisch	urspr.	ursprünglich
gew.	geweiht	ö	östlich	v.a.	vor allem
gest.	gestorben	österr.	österreichisch	w	westlich

Knaurs Kulturführer in Farbe
Griechische Inseln

Knaurs Kulturführer in Farbe
Großbritannien und Irland

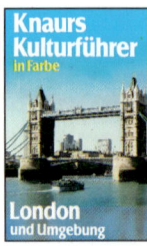

Knaurs Kulturführer in Farbe
London und Umgebung

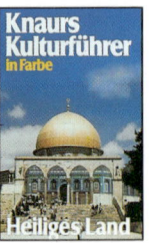

Knaurs Kulturführer in Farbe
Heiliges Land

Knaurs Kulturführer in Farbe
Holland

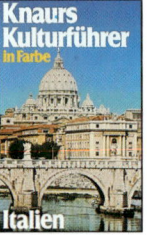

Knaurs Kulturführer in Farbe
Italien

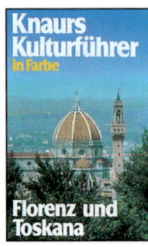

Knaurs Kulturführer in Farbe
Florenz und Toskana

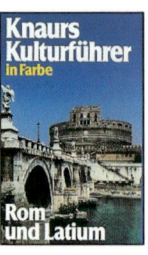

Knaurs Kulturführer in Farbe
Rom und Latium

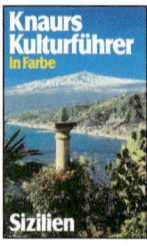

Knaurs Kulturführer in Farbe
Sizilien

Knaurs Kulturführer in Farbe
Südtirol

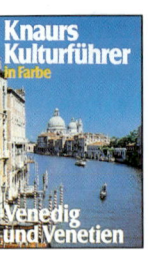

Knaurs Kulturführer in Farbe
Venedig und Venetien

Knaurs Kulturführer in Farbe
Japan

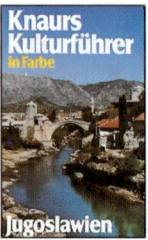

Knaurs Kulturführer in Farbe
Jugoslawien

Knaurs Kulturführer in Farbe
Norwegen

Knaurs Kulturführer in Farbe
Österreich

Knaurs Kulturführer in Farbe
Kärnten